AF888323

Die Verlustverrechnung von Körperschaften nach § 8 Abs. 4 KStG, § 8c KStG im Rechtsvergleich mit dem US-amerikanischen Steuerrecht

Bochumer Schriften zum Steuerrecht

Herausgegeben von Roman Seer

Band 20

PETER LANG

Frankfurt am Main · Berlin · Bern · Bruxelles · New York · Oxford · Wien

Kristina Frankus

Die Verlustverrechnung von Körperschaften nach § 8 Abs. 4 KStG, § 8c KStG im Rechtsvergleich mit dem US-amerikanischen Steuerrecht

PETER LANG
Internationaler Verlag der Wissenschaften

Bibliografische Information der Deutschen Nationalbibliothek
Die Deutsche Nationalbibliothek verzeichnet diese Publikation in der Deutschen Nationalbibliografie; detaillierte bibliografische Daten sind im Internet über http://dnb.d-nb.de abrufbar.

Zugl.: Köln, Univ., Diss., 2010

Umschlaggestaltung:
Olaf Glöckler, Atelier Platen, Friedberg

Abbildung auf dem Umschlag:
Siegel der Universität Bochum.
Abdruck mit freundlicher Genehmigung
der Universität Bochum.

Gedruckt auf alterungsbeständigem,
säurefreiem Papier.

D 38
ISSN 1613-933X
ISBN 978-3-631-61245-3

© Peter Lang GmbH
Internationaler Verlag der Wissenschaften
Frankfurt am Main 2010
Alle Rechte vorbehalten.

Das Werk einschließlich aller seiner Teile ist urheberrechtlich geschützt. Jede Verwertung außerhalb der engen Grenzen des Urheberrechtsgesetzes ist ohne Zustimmung des Verlages unzulässig und strafbar. Das gilt insbesondere für Vervielfältigungen, Übersetzungen, Mikroverfilmungen und die Einspeicherung und Verarbeitung in elektronischen Systemen.

www.peterlang.de

Vorwort

Die vorliegende Arbeit wurde im Wintersemester 2009/2010 von der Rechtswissenschaftlichen Fakultät der Universität zu Köln als Dissertation angenommen. Der Arbeit liegen Literatur und Rechtsprechung mit Stand bis August 2009 zugrunde. Das Wachstumsbeschleunigungsgesetz, welches am 30. Dezember 2009 im Bundesgesetzblatt veröffentlicht wurde, sowie die Sanierungsklausel gemäß § 8c Abs. 1a KStG konnten noch im Rahmen eines Exkurses berücksichtigt werden.

Danken möchte ich zunächst meiner Doktormutter, Frau Professor Dr. Johanna Hey, die das Thema der Arbeit angeregt und ihr Gelingen in jeder Phase gefördert hat. Des Weiteren danke ich Herrn Professor Dr. Joachim Lang für die zügige Erstellung des Zweitgutachtens und weitere wertvolle Hinweise.

Für die großzügige Förderung meines Promotionsaufenthalts an der New York University (NYU) im Jahr 2008 möchte ich der Ernst & Young Stiftung danken. Besonderer Dank gilt Herrn Professor Dr. Dr. Georg Kofler für die Betreuung vor Ort sowie Frau Professor Dr. Johanna Hey für die Vermittlung des Stipendiums.

Bei Herrn Professor Dr. Roman Seer bedanke ich mich schließlich für die Aufnahme der Dissertation in die Schriftenreihe „Bochumer Schriften zum Steuerrecht".

Zuletzt danke ich meinen Eltern und meinem Ehemann, die mich in jeder Phase der Arbeit unterstützt haben. Ihnen widme ich diese Arbeit.

Köln, im August 2010 *Kristina Frankus*

Inhaltsverzeichnis

Literaturverzeichnis

Abrams, Howard E. Doernberg, Richard L.	Essentials of United States Taxation; London, Boston 1999; zit.: *Abrams/Doernberg*, Essentials of United States Taxation.
Altrichter-Herzberg, Torsten	Untergang der steuerlichen Verlustvorträge nach § 8c KStG – Auch unter Berücksichtigung des BMF-Schreibens zur Verlustabzugsbeschränkung für Körperschaften (§ 8c KStG) vom 4.7.2008; GmbHR 2008, S. 857-861; zit.: *Altrichter-Herzberg*, GmbHR 2008, 857.
Avella, Felice-Alfredo Ziegler, Lars	Mantelkauf nach § 8c KStG – Auswirkungen und Gestaltungsmöglichkeiten unter Berücksichtigung des BMF-Schreibens vom 04.07.2008; SteuerConsultant, Heft 10, 2008, S. 24-31; zit.: *Avella/Ziegler*, SteuerConsultant 10/2008, 24.
Bach, Stefan	Die Perspektiven des Leistungsfähigkeitsprinzips im gegenwärtigen Steuerrecht; StuW 1991, S. 116-135; zit.: *Bach*, StuW 1991, 116.
Behrendt, Lars Arjes, André Nogens, Tim	§ 8c KStG – Struktur zum Erhalt gewerbesteuerlicher Verlustvorträge; BB 2008, S. 367-369; zit.: *Behrendt/Arjes/Nogens*, BB 2008, 367.
Behrens, Stefan	BB-Kommentar; BB 2006, S. 1429-1430; zit.: *Behrens*, BB 2006, 1429.

Beller, Herbert N.	„D“ Reorganizations and Dropdowns: An Uneasy Match; Journal of Corporate Taxation 1999, S. 177-211; zit.: *Beller*, Journal of Corporate Taxation 1999, 177.
Beußer, Thomas	Die Verlustabzugsbeschränkung gem. § 8c KStG im Unternehmensteuerreformgesetz 2008; DB 2007, S. 1549-1553; zit.: *Beußer*, DB 2007, 1549.
Bien, Roland Wagner, Thomas	Die Konzernklausel bei § 8c KStG; BB 2010, S. 923-933; zit.: *Bien/Wagner*, BB 2010, 923.
Bittker, Boris I. Eustice, James S.	Federal Income Taxation of Corporations and Shareholders; Volume 1; 7. Auflage, Valhalla 2006; zit.: *Bittker/Eustice*, Vol. 1; Volume 2; 7. Auflage, Valhalla 2006; zit.: *Bittker/Eustice*, Vol. 2.
Blanchard, Jr., Jerred G.	The Single Entity Theory of the Consolidated Section 382 Regulations: A Study in Complexity; TAXES, Dezember 1991, S. 915-938; zit.: *Blanchard*, Taxes, Dez. 1991, 915.
Blumenberg, Jens Benz, Sebastian (Hrsg.)	Die Unternehmensteuerreform 2008; Köln 2007; zit.: *Bearbeiter* in: Blumenberg/Benz, Die Unternehmensteuerreform 2008.
Blümich Heuermann, Bernd (Hrsg.)	Kommentar zum EStG, KStG; München, Loseblatt: Stand Juni/2008; zit.: *Bearbeiter* in: Blümich, KStG.
Bock, Volker	Telos und Tatbestand des § 8 Abs. 4 KStG – Ist die Vorschrift wirklich gescheitert? GmbHR 2004, S. 221- 232; zit.: *Bock*, GmbHR 2004, 221.

Bokelmann, Gunther	Der Prozeß gegen eine im Handelsregister gelöschte GmbH; NJW 1977, S. 1130-1133; zit.: *Bokelmann*, NJW 1977, 1130.
Bork, Reinhard	Die als vermögenslos gelöschte GmbH im Prozeß; JZ 1991, S. 841-850; zit.: *Bork*, JZ 1991, 841.
Breinersdorfer, Stefan	Kompliziertes Steuerrecht, muss das sein? – Eine normanalytische Betrachtung der neueren Steuergesetzgebung am Beispiel des „Mantelkaufs" und der „back-to-back-Finanzierung" bei der Abgeltungsteuer; StuW 2008, S. 216-227; zit.: *Breinersdorfer*, StuW 2008, 216.
Breithecker, Volker Förster, Guido Förster, Ursula Klapdor, Ralf (Hrsg.)	Unternehmensteuerreformgesetz 2008 – Kommentar; Berlin 2007; zit.: *Bearbeiter* in: Breithecker/Förster/Förster/Klapdor, UntStRefG.
Breuninger, Gottfried Schade, Dirk	Entwurf eines BMF-Schreibens zu § 8c KStG – „Verlustvernichtung" ohne Ende? Ubg 2008, S. 261-268; zit.: *Breuninger/Schade*, Ubg 2008, 261.
Breuninger, Gottfried Frey, Johannes	Erste Anmerkungen zum Entwurf des BMF-Schreibens zur Anwendung von § 8 Abs. 4 KStG n.F. und § 12 Abs. 3 S. 2 UmwStG n.F.; GmbHR 1998, S. 866-875; zit.: *Breuninger/Frey*, GmbHR 1998, 866.
Bundesministerium für Wirtschaft und Finanzen, (Hrsg.)	Gutachten der Steuerreformkommission 1971; BMF-Schriftenreihe; Bonn 1971, Heft 17; zit.: Gutachten der Steuerreformkommission 1971.

Centrale für GmbH Dr. Otto Schmidt — Stellungnahme der Centrale für GmbH Dr. Otto Schmidt vom 14.3.2008 zum Entwurf eines BMF-Schreibens vom 20.2.2008 zur Verlustnutzungsbeschränkung bei Körperschaften aufgrund von § 8c KStG;
GmbHR 2008, S. 421-425;
zit.: *Centrale für GmbH Dr. Otto Schmidt*, GmbHR 2008, 421.

– — Centrale für GmbHR Dr. Otto Schmidt – Stellungnahme vom 26.3.2007 zum Gesetzesentwurf der Bundesregierung eines Unternehmensteuerreformgesetz 2008 vom 14.3.2007;
GmbHR 2007, S. 421-431;
zit.: *Centrale für GmbH Dr. Otto Schmidt*, GmbHR 2007, 421.

Cloppenburg, Bernd
Strunk, Günther — Der Erlaßentwurf zur Verlustnutzung nach § 8 Abs. 4 KStG sowie § 12 Abs. 3 UmwStG;
BB 1998, S. 2446-2452;
zit.: *Cloppenburg/Strunk*, BB 1998, 2446.

Colburn, Steven C.
Englebrecht, Ted D.
Lockwood, M. Jill — Gain Valuable Tax Benefits From Net Operating Losses;
Practical Tax Strategies/Taxation for Accountants; Volume 77, Nr. 77, September 2006, S. 132-136;
zit.: *Colburn/Englebrecht/Lockwood*, Practical Tax Strategies/Taxation for Accountants, Sept. 2006, 132.

Collins, Bryan P.
Garrett, Lawrence M.
Tucker, Horward J. — Temporary Regulations: Application of Section 382 to a Consolidated Group;
Journal of Corporate Taxation, Volume 24, Nr. 4, Winter 1998, S. 349-373;
zit.: *Collins/Garrett/Tucker*, Journal of Corporate Taxation 1998, 349.

Cortez, Benjamin
Brucker, Benjamin — Änderungen der Verlustabzugsbeschränkungsregelung des § 8c KStG durch das Wachstumsbeschleunigungsgesetz vom 22.12.2009;
BB 2010, S. 734-740;
zit.: *Cortez/Brucker*, BB 2010, 734.

Crezelius, Georg
Zum Grundverständnis des Mantelkaufs;
DB 2002, S. 2613-2616;
zit.: *Crezelius*, DB 2002, 2613.

–
Verhältnis der Erbschaftsteuer zur Einkommen- und Körperschaftsteuer;
in: Deutsche Steuerjuristische Gesellschaft, Band 22 – Steuern auf Erbschaft und Vermögen;
Hrsg.: Dieter Birk;
Köln 1999; S. 73-126;
zit.: *Crezelius*, DStJG 22, S. 73.

Cummings, Jr., Jasper L.
What were they thinking? – No-Net-Value and Type D Reorganizations;
Tax Analysts 2005, S. 249-254;
zit.: *Cummings*, Tax Analysts 2005, 249.

Dieterlen, Anja
Winkler, Hartmut
Konzernsachverhalte im Rahmen der neuen „Mantelkauf"-Regelung des § 8c KStG;
GmbHR 2007, S. 815-817;
zit.: *Dieterlen/Winkler*, GmbHR 2007, 815.

Djanani, Christiana
Brähler, Gernot
Lösel, Christian
Konzepte der Mindestbesteuerung – Eine vergleichende Darstellung für Deutschland, Österreich und die USA;
IWB Nr. 15 vom 14.8.2002, Gruppe 2, S. 1603-1618;
zit.: *Djanani/Brähler/Lösel*, IWB Nr. 15 (2002), Gruppe 2, 1603.

Dörfler, Harald
Wittkowski, Ansas
Verschärfung der Verlustnutzung bei Kapitalgesellschaften: Wie § 8c KStG-E das Kinde mit dem Bade ausschüttet;
GmbHR 2007, S. 513-518;
zit.: *Dörfler/Wittkowski*, GmbHR 2007, 513.

Dörr, Ingmar
Neuausrichtung der Mantelkaufregelung – Änderungen beim Verlustabzug für Körperschaften nach Anteilseignerwechsel;
NWB Nr. 31 vom 30.7.2007, Fach 4, S. 5181-5198;
zit.: *Dörr*, NWB Nr. 31 (2007), Fach 4, 5181.

– Wachstumsbeschleunigung durch den neuen § 8c KStG;
NWB Nr. 3 (2010), S. 184-203;
zit.: *Dörr*, NWB Nr. 3 (2010), 184.

– Verlustabzugsbeschränkung für Körperschaften nach § 8c KStG – BMF-Schreiben v. 4.7.2008 wirft neue Fragen auf;
NWB Nr. 33 vom 11.8.2008, Fach 4, S. 5339-5356;
zit.: *Dörr*, NWB Nr. 33 (2008), Fach 4, 5339.

Dötsch, Ewald – Abzugsbeschränkung für körperschaftsteuerliche und gewerbesteuerliche Verlustabzüge nach § 8 Abs. 4 KStG i.V. mit § 10a S. 4 GewStG;
in: Festschrift für Franz Wassermeyer: Körperschaftsteuer, Internationales Steuerrecht, Doppelbesteuerung;
Hrsg.: Rudolf Gocke, Dietmar Gosch und Michael Lang;
München 2005, S. 113- 137;
zit.: *Dötsch* in: FS Wassermeyer, S. 113.

– Körperschaftsteuerlicher Verlustabzug – Anwendung von § 8 Abs. 4 KStG und § 12 Abs. 3 Satz 2 UmwStG;
DB 1999, Beilage 8/99, S. 1-23;
zit.: *Dötsch*, DB 1999, Beilage 8/99, 1.

Dötsch, Ewald
Pung, Alexandra – § 8c KStG: Verlustabzugsbeschränkung für Körperschaften;
DB 2008, S. 1703-1711;
zit.: *Dötsch/Pung*, DB 2008, 1703.

Dötsch, Ewald
Jost, Werner
Pung, Alexandra
Witt, Georg (Hrsg.) – Die Körperschaftsteuer – Kommentar;
Band 2: §§ 8 Abs. 3-8c KStG;
Stuttgart, Loseblatt: Stand Juni/2008;
zit.: *Bearbeiter* in: Dötsch/Jost/Pung/Witt, KStG.

Drüen, Klaus-Dieter – Unternehmensfreiheit und Steuerumgehung;
StuW 2008, S. 154-166;
zit.: *Drüen*, StuW 2008, 154.

–	Die Bruttobesteuerung von Einkommen als verfassungsrechtliches Vabanquespiel; StuW 2008, S. 3-14; zit.: *Drüen*, StuW 2008, 3.
–	„Präzisierung“ und „Effektuierung“ des § 42 AO durch das Jahressteuergesetz 2008? Ubg 2008, S. 31-38; zit.: *Drüen*, Ubg 2008, 31.
Eckhoff, Rolf	Verluste im Einkommensteuerrecht; in: Deutsche Steuerjuristische Gesellschaft, Band 28 – Verluste im Steuerrecht; Hrsg.: Rüdiger von Groll; Köln 2005, S. 11-39; zit.: *Eckhoff*, DStJG 28, S. 11.
Eickhorst, Daniel	Auswirkungen der Unternehmensteuerreform 2008 auf Krisenunternehmen und ihre Sanierung; BB 2007, S. 1707-1710; zit.: *Eickhorst*, BB 2007, 1707.
Eisenhardt, Ulrich	Gesellschaftsrecht; 13. Auflage, München 2007; zit.: *Eisenhardt*, Gesellschaftsrecht.
Elicker, Michael	Entwurf einer proportionalen Netto-Einkommensteuer; Köln 2004; zit.: *Elicker*.
Emory, Meade Swenson, James B. Lerner, Herbert J.	Private Letter Rulings – „Control“ under Section 269 is a Labyrinth of Complexity; Journal of Corporate Taxation 1980 (2. Band), S. 181-182; zit.: *Emory/Swenson/Lerner*, Journal of Corporate Taxation 1980, 181.
Endres, Dieter Schreiber, Christoph (Hrsg.)	Investitions- und Steuerstandort USA; München 2008; zit.: *Bearbeiter* in: Endres/Schreiber.

Endres, Dieter
Spengel, Christoph
Reister, Timo
Neu Maß nehmen: Auswirkungen der Unternehmensteuerreform 2008;
WPg 2007, S. 478-489;
zit.: *Endres/Spengel/Reister*, WPg 2007, 478.

Englebrecht, Ted D.
Iyer, Govind
Colburn, Steven C.
Type F Reorganizations and the Impact of the *Jobco Manufacturing Company* Decision;
The CPA Journal, Februar 1994, S. 28-32;
zit.: *Englebrecht/Iyer/Colburn*, The CPA Journal, Feb. 1994, 28.

Englisch, Joachim
Dividendenbesteuerung – Europa- und verfassungsrechtliche Vorgaben im Vergleich der Körperschaftsteuersysteme Deutschlands und Spaniens;
Köln 2005;
zit.: *Englisch.*

Erle, Bernd
Sauter, Thomas (Hrsg.)
Heidelberger Kommentar zum Körperschaftsteuergesetz;
2. Auflage, Heidelberg 2006;
zit.: *Bearbeiter* in: Erle/Sauter, KStG.

Ernst & Young AG (Hrsg.)
Kommentar zum Körperschaftsteuergesetz;
Band 1: §§ 1-13 KStG;
Bonn, Berlin, Loseblatt: Stand April/2008;
zit.: *Bearbeiter* in: Ernst&Young, KStG.

Feiner, Andrew D.
Goldring, Stuart J.
Section 382 Ownership Change: Identification of 5 Percent Shareholders;
TAXES, September 1988, S. 619-657;
zit.: *Feiner/Goldring*, TAXES, Sept. 1988, 619.

Flick, Hans
Wassermeyer, Franz
Baumhoff, Hubertus (Begr.)
Kommentar zum Außensteuerrecht,
Band 1: §§ 1-6 AStG;
Köln, Loseblatt: Stand Dezember/2007;
zit.: *Bearbeiter* in: Flick/Wassermeyer/Baumhoff, AStG.

Förster, Guido
Schmidtmann, Dirk

Die Gesamtplanrechtsprechung im Steuerrecht – mit einem Vergleich der sog. „Step transaction doctrine" im amerikanischen, britischen und belgischen Steuerrecht;
StuW 2003, S. 114-124;
zit.: *Förster/Schmidtmann*, StuW 2003, 114.

Frey, Johannes
Mückl, Norbert

Konzeption und Systematik der Änderungen beim Verlustabzug (§ 8c KStG) – Chancen und Risiken für die Gestaltungspraxis;
GmbHR 2010, 71-78;
zit.: *Frey/Mückl*, GmbHR 2010, 71.

Frotscher, Gerrit
Maas, Ernst (Hrsg.)

Kommentar zum KStG/UmwStG;
Band 1: §§ 1-8b KStG;
Freiburg, Loseblatt: Stand Mai/2008;
zit.: *Bearbeiter* in: Frotscher/Maas, KStG.

Fuhrmann, Claas

Einzelfragen zum Mantelkauf bei konzerninternen Umstrukturierungen;
DB 2001, S. 1690-1693;
zit.: *Fuhrmann*, DB 2001, 1690.

Golücke, Martin
Reiser, Hagen

Betriebsvermögen i.S.d. § 8 Abs. 4 KStG vor dem Hintergrund des Referentenentwurfs eines „*Steuervergünstigungsabbaugesetzes*";
GmbHR 2002, S. 1187-1191;
zit.: *Golücke/Reiser*, GmbHR 2002, 1187.

Gordon, Jared H.
Stewart, Dave N.
Thompson, Steven C.

The Saga Continues: New Interim Loss Disallowance Regulations;
Journal of Corporate Taxation, Volume 29, Nr. 4, Juli/August 2002, S. 3-28;
zit.: *Gordon/Stewart/Thompson*, Journal of Corporate Taxation, Jul./Aug. 2002, 3.

Groß, Wolfgang
Klein, Martin

Kein Untergang von Verlusten nach § 8c KStG beim Börsengang;
AG 2007, S. 896-902;
zit.: *Groß/Klein*, AG 2007, 896.

Grunewald, Barbara	Gesellschaftsrecht; 7. Auflage, Tübingen 2008; zit.: *Grunewald*, Gesellschaftsrecht.
Grützner, Dieter	Verschärfung der bisherigen Einschränkungen beim Verlustabzug nach § 8 Abs. 4 KStG durch § 8c KStG-E; StuB 2007, S. 339-343; zit.: *Grützner*, StuB 2007, 339.
Hachenburg Ulmer, Peter (Hrsg.)	Großkommentar zum GmbHG; Band 3: §§ 53-85 GmbHG; 8. Auflage, Berlin, New York 1997; zit.: *Bearbeiter* in: Hachenburg, GmbHG.
Hamilton, Robert W. Booth, Richard A.	Corporations; 6. Auflage, St. Paul 2006; zit.: *Hamilton/Booth*, Corporations.
Hans, Adrian	Unternehmensteuerreform 2008: Kritik der Neufassung über die Nutzung körperschaftsteuerlicher Verluste (§ 8c KStG); FR 2007, S. 775-781; zit.: *Hans*, FR 2007, 775.
–	Verhindert § 8 Abs. 4 KStG die Berücksichtigung von Verlustvorträgen einer übertragenden Körperschaft bei einer aufnehmenden Körperschaft nach einer Verschmelzung? FR 2005, S. 907-918; zit.: *Hans*, FR 2005, 907.
Heckschen, Heribert Simon, Stefan	Umwandlungsrecht – Gestaltungsschwerpunkte der Praxis; Köln, Berlin, Bonn, München 2003; zit.: *Simon* in: Heckschen/Simon, Umwandlungsrecht.
Henderson, Gordon D. Goldring, Stuart J.	Tax Planning for Troubled Corporations; New York 2004; zit.: *Henderson/Goldring*.

Hennrichs, Joachim	Dualismus der Unternehmensbesteuerung aus gesellschaftsrechtlicher und steuersystematischer Sicht – Oder: Die nach wie vor unvollendete Unternehmenssteuerreform; StuW 2002, S. 201-216; zit.: *Hennrichs*, StuW 2002, 201.
Hermanns, Marc	Übertragung von Mitgliedschaftsrechten an Dritte – Gestaltungsmöglichkeiten und -grenzen; ZIP 2005, S. 2284-2290; zit.: *Hermanns*, ZIP 2005, 2284.
Herrmann, Carl Heuer, Gerhard Raupach, Arndt (Hrsg.) Prinz, Ulrich Wendt, Michael (Mithrsg.)	Jahresband 2008 – Kurzkommentar, Unternehmensteuerreform 2008; Köln 2008; zit.: *Bearbeiter* in: H/H/R, Jahresband 2008.
– Hey, Johanna (Mithrsg.)	Einkommensteuer- und Körperschaftsteuergesetz – Kommentar; Band 2: §§ 2-3 EStG; Köln, Loseblatt: Stand Mai/2008; zit.: *Bearbeiter* in: H/H/R, EStG; Band 15: §§ 1-8a KStG; Köln, Loseblatt: Stand Oktober/2007; zit.: *Bearbeiter* in: H/H/R, KStG.
Herzberg, Torsten	Ausgewählte Fragen zur Einschränkung der Verlustnutzung nach § 8 Abs. 4 KStG; DStR 2001, S. 553-557; zit.: *Herzberg*, DStR 2001, 553.
–	Der Begriff des Betriebsvermögens i.S. des § 8 Abs. 4 Satz 2 KStG; DStR 2002, S. 1290-1293; zit.: *Herzberg*, DStR 2002, 1290.
Herzig, Norbert	Verluste im Körperschaftsteuerrecht; in: Deutsche Steuerjuristische Gesellschaft, Band 28 – Verluste im Steuerrecht;

Hrsg.: Rüdiger von Groll;
Köln 2005, S. 185-203;
zit.: *Herzig*, DStJG 28, S. 185.

Hey, Johanna — Spezialgesetzliche Missbrauchsgesetzgebung aus steuersystematischer, verfassungs- und europarechtlicher Sicht;
StuW 2008, S. 167-183;
zit.: *Hey*, StuW 2008, 167.

– — Verletzung fundamentaler Besteuerungsprinzipien durch die Gegenfinanzierungsmaßnahmen des Unternehmensteuerreformgesetzes 2008;
BB 2007, S. 1303-1309;
zit.: *Hey*, BB 2007, 1303.

– — Das Individualsteuerprinzip in Einkommen-, Körperschaft- und Gewerbesteuer;
in: Gedächtnisschrift für Christoph Trzaskalik;
Hrsg.: Klaus Tipke und Hartmut Söhn;
Köln 2005, S. 219-237;
zit.: *Hey* in: Gedächtnisschrift für Trzaskalik, S. 219.

– — Harmonisierung der Unternehmensbesteuerung in Europa;
Köln 1997;
zit.: *Hey*, Harmonisierung der Unternehmensbesteuerung in Europa.

– — Stellungnahme zu dem Gesetzesentwurf der Bundesregierung „Entwurf eines Jahressteuergesetzes 2009";
Öffentliche Anhörung im Finanzausschuss vom 8.10.2008;
2008, in Internet als PDF-Dokument abrufbar unter: www.bundestag.de/ausschuesse/a07/anhoerungen/ 099/Stellungnahmen/44-Prof_Hey.pdf –;
zit.: *Hey*, Stellungnahme zum Entwurf des JStG 2009.

Hofmann, Paul	Zur Liquidation einer GmbH (II); GmbHR 1976, S. 258-269; zit.: *Hofmann*, GmbHR 1976, 258.
Hölzle, Gerrit	Unternehmensumwandlung in Krise, Sanierung und Insolvenz; FR 2006, S. 447-461; zit.: *Hölzle*, FR 2006, 447.
Hörger, Helmut Kemper, Nicolas	Mantelkauf bei Kapitalgesellschaften; DStR 1989, S. 15-22; zit.: *Hörger/Kemper*, DStR 1989, 15.
Hueck, Götz Windbichler, Christine	Gesellschaftsrecht; 21. Auflage, München 2008; zit.: *Hueck/Windbichler*, Gesellschaftsrecht.
Hüffer, Uwe	Aktiengesetz – Kommentar; 8. Auflage, München 2008; zit.: *Hüffer*, AktG.
–	Das Ende der Rechtspersönlichkeit von Kapitalgesellschaften – Überlegungen zur konstitutiven Wirkung der Gesellschaftslöschung und zur Zuordnung von Restvermögen; in: Gedächtnisschrift für Dietrich Schultz; Hrsg.: Günther Jahr; Köln, Berlin, Bonn, München 1987, S. 99-115; zit.: *Hüffer* in: Gedächtnisschrift für Schultz, S. 99.
Institut der Wirtschaftsprüfer in Deutschland e.V.	IDW Stellungnahme gegenüber dem Finanzausschuss des Deutschen Bundestages zum Entwurf des Unternehmensteuerreformgesetzes 2008; IDW Fachnachrichten Nr. 5, 2007, S. 194-207; zit.: *IDW*, IDW Fachnachrichten 5/2007, S. 194.
Isensee, Josef	Empfiehlt sich, das Einkommensteuerrecht zur Beseitigung von Ungleichbehandlungen und zur Vereinfachung neu zu ordnen? Gutachten N zum 57. Deutschen Juristentag; Verhandlungen des 57. Deutschen Juristentag, Band 2;

München 1988, S. N 32-60;
zit.: *Isensee*, Gutachten N zum 57. Deutschen Juristentag.

Jachmann, Monika — Besteuerung von Unternehmen als Gleichheitsproblem – Unterschiedliche Behandlung von Rechtsformen, Einkunftsarten, Werten und Steuersubjekten im Ertrags- und Erbschaftsteuerrecht;
Deutsche Steuerjuristische Gesellschaft, Band 23 – Europa- und verfassungsrechtliche Grenzen der Unternehmensbesteuerung;
Hrsg.: Jürgen Pelka;
Köln 2000, S. 9-65;
zit.: *Jachmann*, DStJG 23, S. 9.

– — Steuergerechtigkeit durch Abziehbarkeit von Erwerbsaufwendungen;
Zweiter Deutscher Finanzgerichtstag: Für ein gerechteres Steuerrecht;
Hrsg.: Jürgen Brandt;
Stuttgart u.a. 2005, S. 59-102;
zit.: *Jachmann*, Für ein gerechteres Steuerrecht, S. 59.

Jacobs, Otto H. — Unternehmensbesteuerung und Rechtsform – Handbuch zur Besteuerung deutscher Unternehmen;
3. Auflage, München 2002;
zit.: *Jacobs*, Unternehmensbesteuerung und Rechtsform.

Kaeser, Christian — Der „Mantelkauf“ – ein Fall für die Altkleidersammlung?
DStR 2005, S. 349-353;
zit.: *Kaeser*, DStR 2005, 349.

Kallmeyer, Harald (Hrsg.) — Umwandlungsgesetz – Kommentar;
3. Auflage, Köln 2006;
zit.: *Bearbeiter* in: Kallmeyer, UmwG.

Kirchhof, Paul — EStG – KompaktKommentar;
8. Auflage, Heidelberg 2008;
zit.: *Bearbeiter* in: Kirchhof, EStG.

–	Empfiehlt es sich, das Einkommensteuerrecht zur Beseitigung von Ungleichbehandlungen und zur Vereinfachung neu zu ordnen? Gutachten F für den 57. Deutschen Juristentag; Verhandlungen des 57. Deutschen Juristentag, Band 1; München 1988, S. F 1-F 96; zit.: *P. Kirchhof,* Gutachten F zum 57. Deutschen Juristentag, 1988, S. 1.
–	Einkommensteuergesetzbuch – Ein Vorschlag zur Reform der Einkommen- und Körperschaftsteuer; Heidelberg 2003; zit.: *P. Kirchhof*, Einkommensteuergesetzbuch.
Klein, Steven I. Looney, Stephen R.	Current Developments; Business Entities, Mai/Juni 2006, S. 48-52; zit.: *Klein/Looney*, Business Entities, Mai/Jun. 2006, 48.
Klingebiel, Olaf	Neuregelung zum Mantelkauf – Voraussetzungen und Rechtsfolgen; Steuer und Studium 2008, S. 276-284; zit.: *Klingebiel*, Steuer und Studium 2008, 276.
Knight, Ray A. Knight, Lee G.	Utilizing Corporate Tax Attributes Following Ownership Changes; The CPA Journal, Dezember 1991, S. 42-50; zit.: *R. Knight/L. Knight*, The CPA Journal, Dez. 1991, 42.
Kölner Kommentar zum Aktiengesetz	Hrsg.: Wolfgang Zöllner; Band 5/1: §§ 179-240 AktG; 2. Auflage, Köln, Berlin, Bonn, München 1995; zit.: *Bearbeiter* in: Kölner Kommentar zum Aktienrecht.
Korn, Klaus Carlé, Dieter Stahl, Rudolf Strahl, Martin (Hrsg.)	Einkommensteuergesetz – Kommentar; Bonn, Berlin, Loseblatt: Stand März/2008; zit.: *Bearbeiter* in: Korn, EStG.

Korn, Klaus — Einschränkungen des Verlustabzuges bei Kapitalgesellschaften;
KÖSDI Spezialseminar, Unternehmensteuerreform 2008 (KSp 3, Abschnitt A/VII) v. 21.08.2007, S. 63-72;
zit.: *Korn*, KÖSDI Spezialseminar, Unternehmensteuerreform 2008, 63.

Kroniger, Axel — Mindestbesteuerung – Vorbild USA (?);
BB 2003, S. 1987-1990;
zit.: *Kroniger*, BB 2003, 1987.

Kröner, Michael — Überlegungen zur Verlustnutzung vor dem Hintergrund des Erlaßentwurfs zu §§ 8 Abs. 4 KStG und 12 Abs. 3 S. 2 UmwStG;
DStR 1998, S. 1495-1503;
zit.: *Kröner*, DStR 1998, 1495.

Kübler, Friedrich
Assmann, Heinz-Dieter — Gesellschaftsrecht;
6. Auflage, Heidelberg 2006;
zit.: *Kübler/Assmann*, Gesellschaftsrecht.

Kugelmüller-Pugh, Anette — Der „Gesamtplan" im deutschen Steuerrecht – mehr als nur ein plastischer Name?
FR 2007, S. 1139-1148;
zit.: *Kugelmüller-Pugh*, FR 2007, 1139.

Kußmaul, Heinz
Richter, Lutz
Tcherveniachki, Vassil — Ausgewählte praktische Problemfelder im Kontext des § 8c KStG – Zugleich Anmerkungen zum BMF-Schr. vom 4.7.2008;
GmbHR 2008, S. 1009-1017;
zit.: *Kußmaul/Richter/Tcherveniachki*, GmbHR 2008, 1009.

Kußmaul, Heinz
Zabel, Michael — Ist Deutschland auf dem Weg (zurück) zu einer verstärkten Substanzbesteuerung? – Kritische Anmerkungen zu aktuellen Gesetzesvorhaben der Bundesregierung;
BB 2007, S. 967-974;
zit.: *Kußmaul/Zabel*, BB 2007, 967.

Lang, Bianca	Die Neuregelung der Verlustabzugsbeschränkung gem. § 8c KStG durch das Unternehmensteuerreformgesetz 2008; DStZ 2007, S. 652-663; zit.: *B. Lang*, DStZ 2007, 652.
–	Das BMF-Schreiben zur Verlustabzugsbeschränkung für Körperschaften (§ 8c KStG) vom 4.7.2008; DStZ 2008, S. 549-561; zit.: *B. Lang*, DStZ 2008, 549.
Lang, Joachim	Der Stellenwert des objektiven Nettoprinzips im deutschen Einkommensteuerrecht; StuW 2007, S. 3-15; zit.: *J. Lang*, StuW 2007, 3.
–	Prinzipien uns Systeme der Besteuerung; in: Deutsche Steuerjuristische Gesellschaft, Band 24 – Besteuerung von Einkommen; Hrsg.: Iris Ebling; Köln 2001; S. 49-133; zit.: *J. Lang*, DStJG 24, S. 49.
– Englisch, Joachim	Zur Verfassungswidrigkeit der neuen Mindestbesteuerung; StuW 2005, S. 3-24; zit.: *J. Lang/Englisch*, StuW 2005, 3.
Lehner, Moris	Verfassungsrechtliche Vorgaben für die Verlustberücksichtigung; in: Verluste im nationalen und Internationalen Steuerrecht; Münchener Schriften zum Internationalen Steuerrecht, Heft 24; Hrsg.: Moris Lehner; München 2004; S. 1-22; zit.: *Lehner* in: Verluste im nationalen und Internationalen Steuerrecht, S. 1.

Leibholz, Gerhard, Rinck, Hans-Justus	Grundgesetz – Kommentar; Band 1: Art. 1-11 GG; Köln, Loseblatt: Stand Juli 2007; zit.: *Leibholz/Rinck*, GG.
Leisner-Egensperger, Anna	Umbau des Einkommensteuerrechts – Neuorientierung bei den gemischten Erwerbsaufwendungen; BB 2007, S. 639-645; zit.: *Leisner-Egensperger*, BB 2007, 639.
Lenz, Martin	Der neue § 8c KStG aus Unternehmenssicht; Ubg 2008, S. 24-30; zit.: *Lenz*, Ubg 2008, 24.
– Ribbrock, Martin	Versagung des Verlustabzugs bei Anteilseignerwechsel – kritische Analyse des § 8c KStG in der Fassung des Referentenentwurfs zur Unternehmensteuerreform 2008; BB 2007, S. 587-591; zit.: *Lenz/Ribbrock*, BB 2007, 587.
– Behnes, Stephan	Vermögensumschichtungen als Zuführung neuen Betriebsvermögens i.S. des § 8 Abs. 4 KStG? BB 2005, S. 2219-2224; zit.: *Lenz/Behnes*, BB 2005, 2219.
Lind, Stephen A. Schwarz, Stephen Lathrope, Daniel J. Rosenberg, Joshua D.	Fundamentals of Corporate Taxation; 6. Auflage, New York 2006; zit.: *Lind/Schwarz/Lathrope/Rosenberg*, Fundamentals of Corporate Taxation.
Lutter, Marcus Hommelhoff, Peter (Hrsg.)	GmbH-Gesetz – Kommentar; 16. Auflage, Köln 2004; zit.: *Bearbeiter* in: Lutter/Hommelhoff, GmbHG.
Maiterth, Ralf Müller, Heiko	Abschaffung der Verlustübernahme bei Verschmelzung von Körperschaften – steuersystematisch geboten oder fiskalisch motiviert? DStR 2006, S. 1861-1866; zit.: *Maiterth/Müller*, DStR 2006, 1861.

McCarty, L. Thorne	Reflections on Taxman: An Experiment in Artificial Intelligence and Legal Reasoning; Harvard Law Review, Volume 90, Nr. 5, März 1977, S. 837-893; zit.: *McCarty*, Harvard Law Review 1977, 837.
McDaniel, Paul R. McMahon, Jr., Martin J. Simmons, Daniel L.	Federal Income Taxation of Corporations; 2. Auflage, New York 1999; zit.: *McDaniel/McMahon/Simmons*, Federal Income Taxation of Corporations.
– Abreu, Alice G.	Federal Income Taxation; 5. Auflage, New York 2004; zit.: *McDaniel/McMahon/Simmons/Abreu*, Federal Income Taxation.
Meichssner, Claus	Die Besteuerung der Kapitalgesellschaftsgewinne im internationalen Vergleich und Wege zu einer Verbesserung dieser Besteuerung; Köln 1982; zit.: *Meichssner*.
Meiisel, Patrick Bokeloh, Bettina	Anmerkungen zum Entwurf des BMF-Schreibens zu § 8c KStG; BB 2008, S. 808-815; zit.: *Meiisel/Bokeloh*, BB 2008, 808.
Moog, Rüdiger	Der Verlust des Verlustvortrags bei mittelbaren Beteiligungen; DB 2000, S. 1638-1641; zit.: *Moog*, DB 2000, 1638.
Mössner, Manfred Seeger, Siegbert (Hrsg.)	Körperschaftsteuergesetz – Kommentar; Band 1: §§ 1-13 KStG; Herne, Loseblatt: Stand Juli/2008; zit.: *Bearbeiter* in: Mössner/Seeger, KStG.
Müller-Gatermann, Gert	Sanierung und Mantelkauf – ein Widerspruch? DStR 1991, S. 597-603; zit.: *Müller-Gatermann*, DStR 1991, 597.

Münchener Handbuch des Gesellschaftsrechts — Band 3: Gesellschaft mit beschränkter Haftung; Hrsg.: Hans-Joachim Priester und Dieter Mayer; 2. Auflage, München 2003; Band 4: Aktiengesellschaft; Hrsg.: Michael Hoffmann-Becking; 3. Auflage, München 2007; zit.: *Bearbeiter* in: Münchener Handbuch des Gesellschaftsrechts, Bd.

Neumann, Ralf — Die neue Mantelkaufregelung in § 8c KStG – Verlustabzugsbeschränkungen nach der Unternehmensteuerreform 2008; GmbH-StB 2007, S. 249-254; zit.: *Neumann*, GmbH-StB 2007, 249.

– — Verlustabzugsbeschränkung beim Mantelkauf – Auslegungsfragen zu § 8 Abs. 4 KStG mit Anmerkungen zum BMF-Schreiben v. 16.4.1999; FR 1999, S. 682-693; zit.: *Neumann*, FR 1999, 682.

Neumann, Ralf; Stimpel, Thomas — Ausgewählte Zweifelsfragen zur neuen Verlustabzugsbeschränkung nach § 8c KStG; GmbHR 2007, S. 1194-1201; zit.: *Neumann/Stimpel*, GmbHR 2007, 1194.

Neyer, Wolfgang — Verlustnutzung nach Anteilsübertragung: Die Neuregelung des Mantelkaufs durch § 8c KStG n.F.; BB 2007, S. 1415-1420; zit.: *Neyer*, BB 2007, 1415.

– — Verlustabzug nach Anteilsübertragung im Konzern – Das Urteil des FG Baden-Württemberg vom 26.7.2001 – 6 K 358/00; BB 2003, S. 73-79; zit.: *Neyer*, BB 2003, 73.

– — Sanierungsprivileg gem. § 8c Abs. 1a KStG – Qualifizierte Zuführung von Betriebsvermögen als Verlustrettungsmaßnahme; BB 2009, 2284-2289 zit.: *Neyer*, BB 2009, 2284.

Orth, Manfred — Gesetz zur Fortsetzung der Unternehmenssteuerreform: Zu den Einschränkungen der Verlustabzugsberechtigung von Kapitalgesellschaften durch § 8 Abs. 4 KStG n.F. und § 12 Abs. 3 Satz 2 UmwStG n.F.;
DB 1997, S. 2242-2249;
zit.: *Orth*, DB 1997, 2242.

Palandt — Bürgerliches Gesetzbuch – Kommentar;
66. Auflage, München 2007;
zit.: *Bearbeiter* in: Palandt.

Peaslee, James M.
Levy, Lisa A. — Section 382 and Separate Tracking;
Tax Notes, September 1992, S. 1779-1790;
zit.: *Peaslee/Levy*, Tax Notes, Sept. 1992, 1779.

Peischel, James A. — Adjustments to the Value of a Loss Corporation for Purposes of Section 382;
Corporate Taxation, November/Dezember 2003, S. 3-16;
zit.: *Peischel*, Corporate Taxation, Nov./Dez. 2003, 3.

Pezzer, Heinz-Jürgen — Rechtfertigung der Körperschaftsteuer und ihre Entwicklung zu einer allgemeinen Unternehmensteuer;
in: Festschrift für Klaus Tipke;
Hrsg.: Joachim Lang;
Köln, 1995, S. 419-432;
zit.: *Pezzer* in: FS Tipke, S. 419.

Prinz, Ulrich — Neue Rechtsprechung zum „Mantelkauf" – Bedeutung und Gestaltungsaspekte des BFH-Urteils vom 13.8.1997, I R 89/96;
DStR 1997, S. 1963-1964;
zit.: *Prinz*, DStR 1997, 1963.

Prokscha, Armin — Aktuelle Rechtsprechung zu § 8 Abs. 4 KStG;
BB 2008, S. 310-315;
zit.: *Prokscha*, BB 2008, 310.

Reis, Stefan | Konsumorientierte Unternehmensbesteuerung aus verfassungsrechtlicher Sicht;
Berlin 2007;
zit.: *Reis*.

Rödder, Thomas
Herlinghaus, Andreas
van Lishaut, Ingo (Hrsg.) | Umwandlungsteuergesetz – Kommentar;
Köln 2008;
zit.: *Bearbeiter* in: Rödder/Herlinghaus/van Lishaut, UmwStG.

Rödl Rechtsanwaltsgesellschaft Steuerberatungsgesellschaft mbH | Anmerkungen zur öffentlichen Anhörung zu dem Gesetzesentwurf der Koalitionsfraktionen „Entwurf eines Unternehmensteuerreformgesetzes 2008";
Öffentliche Anhörung im Finanzausschuss 25.04.2007;
2007, in Internet als PDF-Dokument abrufbar unter: http://www.bundestag.de/ausschuesse/a07/anhoerungen/056/stellungnahmen/index.html;
zit.: *Rödl&Partner*, Unternehmensteuerreformgesetz 2008.

Rombey, Ute
Imschweiler, Christoph | Erwerb von Beteiligungen durch Verlustgesellschaften – Grenzen des § 8 Abs. 4 KStG und Plädoyer für eine Neuregelung;
DStR 2007, S. 321-326;
zit.: *Rombey/Imschweiler*, DStR 2007, 321.

Roser, Frank | Verlustabzüge nach § 8c KStG – ein ernüchterndes Anwendungsschreiben;
DStR 2008, S. 1561-1567;
zit.: *Roser*, DStR 2008, 1561.

– | Verlust- (und Zins-) Nutzung nach § 8c KStG;
DStR 2008, S. 77-81;
zit.: *Roser*, DStR 2008, 77.

Scharfenburg, Jens | BMF-Schreiben zur Verlustabzugsbeschränkung für Körperschaften nach § 8c KStG;
Steuer-journal 2008, Heft 20, S. 19-24;
zit.: *Scharfenburg*, SJ 2008, Heft 20, 19.

Schaumburg, Harald — Mantelkauf;
Beitrag zum Arbeitsbuch der 58. Steuerrechtlichen Jahresarbeitstagung: Unternehmen 2007;
2. Generalthema Unternehmensteuerreform 2008, IV. Mantelkauf, S. 85-95;
Wiesbaden 2007;
zit.: *Schaumburg*, 58. Jahresarbeitstagung Wiesbaden 2007, S. 85.

Scheipers, Thomas
Linn, Alexander — Änderungen des § 8c KStG durch das Wachstumsbeschleunigungsgesetz;
Ubg 2010, S. 8-16;
zit.: *Scheiper/Linn*, Ubg 2010, 8.

Schick, Walter — Der Verlustrücktrag;
München 1976;
zit.: *Schick*.

Schmidt, Karsten — Gesellschaftsrecht;
4. Auflage, Köln, Berlin, Bonn, München 2002;
zit.: *K. Schmidt*, Gesellschaftsrecht.

– Löschung und Beendigung der GmbH – Grundfragen der Vermögenslosigkeit, Vollbeendigung und Nachtragsliquidation;
GmbHR 1988, S. 209-213;
zit.: *K. Schmidt*, GmbHR 1988, 209.

– Zur Ablösung des Löschungsgesetzes – Was ändert die Insolvenzrechtsreform für GmbH bzw. GmbH & Co.?
GmbHR 1994, S. 829-835;
zit.: *K. Schmidt*, GmbHR 1994, 829.

–
Uhlenbruck, Wilhelm (Hrsg.) — Die GmbH in Krise, Sanierung und Insolvenz;
3. Auflage, Köln 2003;
zit.: *Bearbeiter* in: K. Schmidt/Uhlenbruck, Die GmbH in Krise, Sanierung und Insolvenz.

Schneider, Dieter — Körperschaftsteuerreform und Gleichmäßigkeit der Besteuerung;
StuW 1975, S. 97-112;
zit.: *Schneider*, StuW 1975, 97.

Scholz — Kommentar zum GmbH-Gesetz;
Band 2: §§ 45-87 GmbHG;
9. Auflage, Köln 2002;
zit.: *Bearbeiter* in: Scholz, GmbHG.

Schönherr, Frank
Lemaitre, Claus — Neuregelung zum Mantelkauf – Änderungen durch die Unternehmensteuerreform 2008;
Steuer-Journal 2007, Heft 15, S. 17-21;
zit.: *Schönherr/Lemaitre*, SJ 2007, Heft 15, 17.

Schumacher, Andreas
Hageböke, Jens — Umwandlungssteuerrechtliche Rückwirkungsfiktion und Übertragung von Anteilen im Rahmen des § 8c KStG;
DB 2008, S. 493-495;
zit.: *Schumacher/Hageböke*, DB 2008, 493.

Schwarz, Bernhard (Hrsg.) — Kommentar zur Abgabenordnung;
Band 1: §§ 2-92 AO;
Band 2: §§ 93-178 AO;
Freiburg i. Br., Loseblatt: Stand August/2008;
zit.: *Bearbeiter* in: Schwarz, AO.

Schwedhelm, Rolf — Die Neuregelung des Mantelkaufs in § 8c KStG – verfassungs- und steuersystematische Würdigung;
GmbHR 2008, S. 404-408;
zit.: *Schwedhelm*, GmbHR 2008, 404.

Semler, Johannes
Stengel, Arndt (Hrsg.) — Umwandlungsgesetz – Kommentar;
2. Auflage, München 2007;
zit.: *Bearbeiter* in: Semler/Stengel, UmwG.

Silberberg, Marc L. — Consolidated Section 382: The Proposed Regulations;
TAXES, Juli 1991, S. 395-414;
zit.: *Silberberg*, TAXES, Jul. 1991, 395.

Silverman, Mark J.
Keyes, Kevin M.
An Analysis of the New Ownership Regs. Under Section 382: Part II;
Journal of Taxation, März 1988, S. 68-75;
zit.: *Silverman/Keyes*, Journal of Taxation, März 1988, 68.

– An Analysis of the New Ownership Regs. Under Section 382: Part III;
Journal of Taxation, März 1988, S. 300-311;
zit.: *Silverman/Keyes*, Journal of Taxation, März 1988, 300.

– How Stock Acquisitions Will Trigger Section 384;
Journal of Taxation, Februar 1990, S. 74-79;
zit.: *Silverman/Keyes*, Journal of Taxation, Feb. 1990, 74.

Sistermann, Christian
Brinkmann, Jan
Verlustabzugsbeschränkungen nach § 8c KStG – Anmerkungen zum BMF-Schreiben vom 4.7.2008;
BB 2008, S. 1928-1936;
zit.: *Sistermann/Brinkmann*, BB 2008, 1928.

– Verlustuntergang aufgrund konzerninterner Umstrukturierungen – § 8c KStG als Umstrukturierungshindernis?
DStR 2008, S. 897-903;
zit.: *Sistermann/Brinkmann*, DStR 2008, 897.

– Wachstumsbeschleunigungsgesetz: Die Änderungen bei der Mantelkaufregelung Entschärfung der Verlustabzugsbeschränkungen durch Konzernklausel und Verschonung in Höhe der stillen Reserven;
DStR 2009, S. 2633-2638;
zit.: *Sistermann/Brinkmann*, DStR 2009, 2633.

Söhn, Hartmut
Betriebsausgaben, Privatausgaben, gemischte Aufwendungen;
in: Deutsche Steuerjuristische Gesellschaft, Band 3

	– Die Abgrenzung der Betriebs- oder Berufssphäre von der Privatsphäre im Einkommensteuerrecht; Hrsg.: Hartmut Söhn; Köln 1980, S. 13-102; zit.: *Söhn*, DStJG 3, S. 13.
Stewart, Dave N. Call, Robert W.	Overlap of NOL Limitation Provisions Causes Unwarranted Complexity; Journal of Corporate Taxation, Winter 1995, S. 353-365; zit.: *Stewart/Call*, Journal of Corporate Taxation 1995, 353.
Streck, Michael (Hrsg.)	Körperschaftsteuergesetz – Kommentar; 6. Auflage, München 2003; zit.: *Bearbeiter* in: Streck, KStG (6. Auflage).
– (Hrsg.)	Körperschaftsteuergesetz – Kommentar; 7. Auflage, München 2008; zit.: *Bearbeiter* in: Streck, KStG (7. Auflage).
– Schwedhelm, Rolf	Verlustabzug und Mantelkauf nach der Steuerreform; FR 1989, S. 153-158; zit.: *Streck/Schwedhelm*, FR 1989, 153.
Strunk, Günther	Verlustabzugsbeschränkungen für Körperschaften gem. § 8c KStG – Erste Analyse des Entwurfs eines BMF-Schreibens vom 20.2.2008; Stbg 2008, S. 192-195; zit.: *Strunk*, Stbg 2008, 192.
Suchanek, Markus	Verlustabzugsbeschränkung für Körperschaften – Anmerkungen zum Entwurf eines BMF-Schreibens vom 20.2.2008 zu § 8c KStG; GmbHR 2008, S. 292-296; zit.: *Suchanek*, GmbHR 2008, 292.

–	Verlustabzugsbeschränkung für Körperschaften (§ 8c Abs. 1 KStG): Das BMF-Schreiben v. 4.7.2008 aus Beratersicht; FR 2008, S. 904-909; zit.: *Suchanek*, FR 2008, 904.
Suchanek, Markus Herbst, Christian	Erweiterte Verlustabzugsmöglichkeiten für Investitionen in „junge“ Unternehmen – § 8c Abs. 2 KStG i.d.F. des Gesetzes zur Modernisierung der Rahmenbedingungen für Kapitalbeteiligungen (MoRaKG); GmbHR 2008, S. 862-867; zit.: *Suchanek/Herbst*, GmbHR 2008, 862.
–	Unternehmensteuerreform 2008: fatale Wirkungen des neuen § 8c KStG zur Verlustnutzung bei Körperschaften und der Auslaufvorschrift zu § 8 Abs. 4 KStG; FR 2007, S. 863-873; zit.: *Suchanek/Herbst*, FR 2007, 863.
Thiel, Jochen	Mantelkauf oder Sanierung – Zur Auslegung des § 8 Abs. 4 KStG; GmbHR 1990, S. 223-229; zit.: *Thiel*, GmbHR 1990, 223.
Tiedchen, Susanne	Das Merkmal der „Zuführung neuen Betriebsvermögens“ in § 8 Abs. 4 KStG; FR 2008, S. 201-208; zit.: *Tiedchen*, FR 2008, 201.
Tipke, Klaus	Steuergerechtigkeit unter besonderer Berücksichtigung des Folgerichtigkeitsgebots; StuW 2007, S. 201-220; zit.: *Tipke*, StuW 2007, 201.
–	Die Steuerrechtsordnung; Band I; 2. Auflage, Köln 2000; Band II; 2. Auflage, Köln 2003; Band III; 1. Auflage, Köln 1993; zit.: *Tipke*, Die Steuerrechtsordnung, Bd.

– Lang, Joachim (Hrsg.)
Steuerrecht;
19. Auflage, Köln 2008;
zit.: *Bearbeiter* in: Tipke/Lang, Steuerrecht.

– Kruse, Heinrich Wilhelm (Hrsg.)
Kommentar zur AO und FGO;
Band 1: §§ 1-154 AO;
Köln, Loseblatt: Stand November/2007;
zit.: *Bearbeiter* in: Tipke/Kruse, AO.

Trzaskalik, Christoph
Vom Einkommen bis zu den Einkunftsarten – Marginalien zum steuertheoretischen Grundsatz von Klaus Tipke;
in: Festschrift für Klaus Tipke;
Hrsg.: Joachim Lang;
Köln, 1995, S. 321-341;
zit.: *Trzaskalik* in: FS Tipke, S. 321.

van Lishaut, Ingo
Grenzfragen zum „Mantelkauf" (§ 8c KStG;
FR 2008, S. 789-801;
zit.: *van Lishaut*, FR 2008, 789.

Viskorf, Stephan
Michel, Bettina
Stimmrechtsübertragungen und vergleichbare Sachverhalte im Rahmen des § 8c KStG;
DB 2007, S. 2561-2565;
zit.: *Viskorf/Michel*, DB 2007, 2561.

Wacke, Oliver
Verlustabzug beim Mantelkauf;
Stuttgart u.a. 2004;
zit.: *Wacke.*

Wank, Rolf
Die Auslegung von Gesetzen;
Köln u.a. 1997;
zit.: *Wank*, Die Auslegung von Gesetzen.

Warner, James C.
Frias, Anjanette T.
Consolidated Return Election Offers Tax Advantages – with Complexity;
Practical Tax Strategies/Taxation for Accountants, Volume 67, Nr. 3, September 2001, S. 148-155;
zit.: *Warner/Frias*, Practical Tax Strategies/ Taxation for Accountants, Sept. 2001, 148.

Watrin, Christoph Wittkowski, Ansas Strohm, Christiane	Auswirkungen der Unternehmensteuerreform 2008 auf die Besteuerung von Kapitalgesellschaften; GmbHR 2007, S. 785-793; zit.: *Watrin/Wittkowski/Strohm*, GmbHR 2007, 785.
Watrin, Christoph Wittkowski, Ansas Pott, Christiane	Förderung von Wagniskapital im Visier des Gesetzgebers – Was erwartet Private Equity und Venture Capital Gesellschaften? DB 2007, S. 1939-1944; zit.: *Watrin/Wittkowski/Pott*, DB 2007, 1939.
Wendt, Michael	Prinzipien der Verlustberücksichtigung; in: Deutsche Steuerjuristische Gesellschaft, Band 28 – Verluste im Steuerrecht; Hrsg.: Rüdiger von Groll; Köln 2005, S. 41-80; zit.: *Wendt*, DStJG 28, S. 41.
Wernsmann, Rainer Desens, Marc	Gleichheitswidrige Gewerbesteuernachbelastung durch ein Nichtanwendungsgesetz – Zur Verfassungswidrigkeit des § 18 Abs. 3 UmwStG i.d.F. JStG 2008; DStR 2008, S. 221-228; zit.: *Wernsmann/Desens*, DStR 2008, 221.
Wiedemann, Herbert	Gesellschaftsrecht; Band 2: Recht der Personengesellschaften; München 2004; zit.: *Wiedemann*, Gesellschaftsrecht II.
Wiese, Götz	Der Untergang des Verlust- und Zinsvortrages bei Körperschaften – Zu § 8c KStG i.d.F. des Regierungsentwurfs eines Unternehmensteuerreformgesetzes 2008; DStR 2007, S. 741-745; zit.: *Wiese*, DStR 2007, 741.
Wiesemann, Magdalena	§ 8 Abs. 4 KStG im Regelungssystem des Verlustausgleichs; Aachen 2004; zit.: *Wiesemann*.

Willens, Robert — Can Post-„Squeeze-Out“ Merger Net Operating Losses Be Carried Back to Pre-Merger Years? Journal of Taxation, November 2005, S. 271-275; zit.: *Willens*, Journal of Taxation, Nov. 2005, 271.

Wittkowski, Ansas; Hielscher, Stephan — Änderungen des § 8c KStG durch das Wachstumsbeschleunigungsgesetz; DB 2010, S. 11-18; zit.: Wittkowski/Hielscher, DB 2010, 11.

Yates, Richard F.; Eisenberg, Andrew M.; Madden, David P.; Rainey, Steven K.; Vogel, Jeffrey L. — Final SRLY/Consolidated Section 382 Regs. Remove SRLY Limitation for most Groups as of 1999; Journal of Taxation, Dezember 1999, S. 325-340; zit.: *Yates/Eisenberg/Madden/Rainey/Volgel*, Journal of Taxation, Dez. 1999, 325.

Zerwas, Peter; Fröhlich, Sebastian — § 8c KStG – Auslegung der neuen Verlustabzugsbeschränkung; DStR 2007, S. 1933-1940; zit.: *Zerwas/Fröhlich*, DStR 2007, 1933.

Zipfel, Lars; Franke, Verona — Gesetz zur Modernisierung der Rahmenbedingungen für Kapitalbeteiligungen (MoRaKG) – Kurzüberblick; BB 2008, S. 2211-2214; zit.: *Zipfel/Franke*, BB 2008, 2211.

Einleitung

Hauptziel des Unternehmensteuerreformgesetzes 2008[1] ist neben der Sicherung des deutschen Steuersubstrats die Erhöhung der Standortattraktivität, die insbesondere durch eine steuerliche Entlastung von Kapital- und Personengesellschaften erreicht werden soll. Dafür wurden der Körperschaftsteuersatz von 25% auf 15% gesenkt, thesaurierte Gewinne von Personengesellschaften begünstigt und eine Abgeltungsteuer auf Kapitaleinkünfte eingeführt. Diese Maßnahmen führen nach Schätzung des Gesetzgebers zu Mindereinnahmen von rund 18 Mrd. EUR[2]. Da andererseits die Gesetzesbegründung davon ausgeht, dass Steuermindereinnahmen in Höhe von mehr als 5 Mrd. EUR nicht mit der Haushaltspolitik der Bundesregierung vereinbar sind[3], sieht das Unternehmensteuerreformgesetz 2008 gleichzeitig finanzierende und substraterhaltende Maßnahmen vor. Hierzu zählt auch[4] § 8c KStG, der die Verlustnutzung von Körperschaften beschränkt, da – nach Einschätzung des Bundesfinanzministeriums[5] – die angehäuften Verlustvorträge[6] im Rahmen der Körperschaftsteuer eine erhebliche Gefahr für die ordentliche und geplante Haushaltsführung der Gebietskörperschaften darstellen. Von § 8c KStG verspricht sich der Gesetzgeber Mehreinnahmen in Höhe von 1,475 Mrd. EUR[7].

1 Unternehmensteuerreformgesetz 2008 v. 14.8.2007, BGBl. I 2007, 1912 f.

2 Vgl. Finanztableau in der Begründung zum Entwurf des Unternehmensteuerreformgesetzes 2008 der Koalitionsfraktionen (im Folgenden wird aus Vereinfachungsgründen von „Gesetzesbegründung" gesprochen), BT-Drs. 16/4841, S. 39 ff.; gleichlautender Gesetzesentwurf der Bundesregierung, BT-Drs. 16/5377.

3 BT-Drs. 16/4841, S. 33.

4 Zu den finanzierenden Maßnahmen gehören die Abschaffung des Betriebsausgabenabzuges der Gewerbesteuer und der degressiven Absetzung für Abnutzung sowie die Besteuerung von grenzüberschreitenden Geschäften zwischen nahe stehenden Personen bzw. Unternehmensteilen, vgl. zu weiteren finanzierenden Maßnahmen BT-Drs. 16/4841, S. 33 f.

5 Informationen des Bundesfinanzministeriums, häufige Fragen und Antworten (Teil 1), ursprünglich abrufbar unter www.bundesfinanzministerium.de. Nun gleichlautend abrufbar unter http://rsw.beck.de/rsw/shop/default.asp?sessionid=7599C73F9A0940989F36AF7116252292&docid=189901 (zuletzt abgerufen am 2.11.2008).

6 Ende 2001 bestanden körperschaftsteuerliche Verlustvorträge in Höhe von knapp 390 Mrd. EUR, vgl. BT-Drs. 16/3942, S. 5.

7 Vgl. Finanztableau, BT-Drs. 16/4841, S. 43.

Nach § 8c Abs. 1 KStG gehen die nicht genutzten Verluste einer Körperschaft anteilig verloren, sobald innerhalb von fünf Jahren mehr als 25%, und vollständig verloren, sobald mehr als 50% des gezeichneten Kapitals oder der Mitgliedschafts-, Beteiligungs- oder Stimmrechte der Körperschaft unmittelbar oder mittelbar auf einen Erwerber übertragen werden.

§ 8c KStG ersetzt den bisherigen § 8 Abs. 4 KStG[8], der die ursprüngliche Mantelkaufrechtsprechung des BFH normierte und den missbräuchlichen Handel mit Verlustmänteln unterbinden sollte. Maßgeblich für die Verlustnutzung von Körperschaften war nach § 8 Abs. 4 KStG der Erhalt der wirtschaftlichen Identität der Körperschaft. Nach § 8 Abs. 4 S. 2 KStG ging die wirtschaftliche Identität verloren, wenn mehr als 50% der Anteile einer Kapitalgesellschaft übertragen werden und diese Gesellschaft ihren Geschäftsbetrieb mit überwiegend neuem Betriebsvermögen fortführt oder wieder aufnimmt.

Da einerseits § 8c KStG tatbestandlich allein auf den Wechsel in der Beteiligungsstruktur abstellt, andererseits in der Rechtsfolge (Verlustnutzungsbeschränkung) den Grundsatz durchbricht, dass Verluste und Einnahmen saldiert werden und nur der positive Nettobetrag besteuert wird, werden vielfach steuersystematische, wirtschaftspolitische und verfassungsrechtliche Bedenken gegen die Vorschrift erhoben.

Diesen Bedenken soll im Rahmen der vorliegenden Untersuchung nachgegangen werden. Dazu wird in Teil 1 der Arbeit auf die allgemeinen Voraussetzungen der Verlustnutzung für natürliche und juristische Personen eingegangen. In Teil 2 der Arbeit wird die Entwicklung der Verlustnutzung von Körperschaften nach dem deutschen Recht dargestellt. Nachdem zunächst die ursprüngliche Mantelkaufrechtsprechung des BFH skizziert wird, wird § 8 Abs. 4 KStG diskutiert. Im Anschluss daran erfolgt eine ausführliche Darstellung des neuen § 8c KStG. Zunächst werden Tatbestand und Rechtsfolge der Norm untersucht. Danach wird die Vorschrift auf ihren verfassungsrechtlichen und steuersystematischen Bestand geprüft und in ihren wirtschaftlichen Folgen dargestellt. Teil 3 der Arbeit befasst sich mit der Verlustnutzung von Körperschaften nach dem US-amerikanischen Recht. Dabei konzentriert sich die Darstellung auf Sec. 381 und 382 IRC sowie Sec. 269 IRC. In Teil 4 erfolgt schließlich ein Rechtsvergleich zwischen den Vorschriften beider Länder, wobei insbesondere untersucht wird, ob das US-amerikanische Recht zu sachgerechteren Ergebnissen führt.

---

8 Steuerreformgesetz 1990, BGBl. I 1988, 1093, modifiziert durch das Gesetz zur Fortsetzung der Unternehmensteuerreform, BStBl. I 1997, 928 ff.

1. Teil: Verlustausgleich und Verlustabzug

A. Natürliche Personen

Im Folgenden wird die Verlustnutzung von natürlichen Personen dargestellt. Nach einer verfassungsrechtlichen Einordnung des Verlustausgleichs und Verlustabzuges wird auf die Verlustverrechnungsvorschriften des Einkommensteuergesetzes im Einzelnen eingegangen.

I. Objektives Nettoprinzip

Den Ausgangspunkt für die verfassungsrechtliche Beurteilung von steuerrechtlichen Vorschriften stellt das Leistungsfähigkeitsprinzip dar. Insbesondere das BVerfG sieht in diesem Prinzip ein grundsätzliches Gebot der Steuergerechtigkeit[9]. Dieser in erster Linie aus dem allgemeinen Gleichheitsgrundsatz nach Art. 3 Abs. 1 GG hergeleitete Grundsatz gebietet als Fundamentalprinzip einer allgemeinen Steuergerechtigkeit, dass steuerliche Lasten entsprechend der jeweiligen wirtschaftlichen Leistungsfähigkeit der Steuerpflichtigen verteilt werden[10]. Verkürzt gesagt, sollen Steuerpflichtigen mit höherer Leistungsfähigkeit höhere Lasten auferlegt werden. Steuerpflichtige mit gleicher Leistungsfähigkeit sollen hingegen im gleichen Umfang belastet werden[11].

Dabei hat sich in den letzten Jahrzehnten die weitgehend einhellige Auffassung entwickelt, dass die wirtschaftliche Leistungsfähigkeit des Steuerpflichtigen nicht allein nach dessen wirtschaftlichen Vermögenszugängen bestimmt werden darf[12]. Der Staat darf die Besteuerung nicht an das Bruttovermögen, sondern muss sie an die Reinvermögenszuwächse des Einzelnen anknüpfen[13].

---

9 Vgl. z.B. BVerfG v. 22.2.1984, 1 BvL 10/80, BVerfGE 66, 214 (223); BVerfG v. 3.11.82, 1 BvR 620/78, BVerfGE 61, 319 (343 f.); BVerfG v. 17.10.1984, 1 BvR 527/80, BVerfGE 68, 143 (152).

10 Vgl. *Wendt*, DStJG 28, S. 41 ff.

11 Vgl. z.B. BVerfG v. 6.3.2002, 2 BvL 17/99, BVerfGE 105, 73 (126).

12 Vgl. *Tipke*, Die Steuerrechtsordnung, Bd. II, S. 764.

13 *Tipke*, Die Steuerrechtsordnung, Bd. II, S. 762 f.

Dieses objektive Nettoprinzip, welches zu den „identitätskonstituierenden Merkmalen der Einkommensteuer“ gehört[14], ist in § 2 Abs. 2 EStG einfachgesetzlich verankert. Die „Summe der Einkünfte“ im Sinne des § 2 Abs. 1 bis 3 EStG wird durch die Saldierung positiver und negativer Einkünfte bestimmt[15]. Erwerbsaufwendungen – namentlich Werbungskosten und Betriebsausgaben – und damit auch Verluste müssen grundsätzlich unbeschränkt zum Abzug zugelassen werden.

1. Verfassungsrang?

Uneinigkeit besteht darüber, ob dem objektiven Nettoprinzip Verfassungsrang zukommt[16].

In der Literatur wird überwiegend die Position vertreten, das objektive Nettoprinzip stelle ein aus dem Prinzip der Besteuerung nach der Leistungsfähigkeit abzuleitendes verfassungsrechtlich verankertes Besteuerungsprinzip dar[17]. Die Besteuerung nach der wirtschaftlichen Leistungsfähigkeit wird danach als ein systemtragendes Prinzip des Einkommensteuerrechts begriffen, in dessen Rahmen dem objektiven Nettoprinzip eine „konkretisierende und maßstabsbildende“ Funktion zukommt[18]. Das Leistungsfähigkeitsprinzip stelle ein abstraktes Fundamentalprinzip dar, welches auslegungs- und konkretisierungsbedürftig sei, weshalb es Subprinzipien wie des objektiven Nettoprinzips bedürfe[19]. Zur Bestimmung der wirtschaftlichen Leistungsfähigkeit müssen daher Erwerbsaufwendungen – namentlich Werbungskosten und Betriebsausgaben – und damit auch Verluste grundsätzlich unbeschränkt zum Abzug zugelassen werden. Die Verlustberücksichtigung stellt also keine Steuervergünstigung dar, sondern ist Ausdruck des objektiven Nettoprinzips, wonach Verluste die Bemessungsgrundlage mindern[20]. Entsprechend dem Leistungsfähigkeitsprinzip kann zwar auch das objektive Nettoprinzip durchbrochen werden. Jeder Verstoß gegen das objektive Nettoprinzip bedarf jedoch als Ausnahme zu der Regel eines sachlich einleuchtenden Rechtfertigungsgrundes.

---

14 *Isensee*, Gutachten N zum 57. Deutschen Juristentag, 1988, S. 46.

15 Der Verlustausgleich ist nach ganz h.M. Ausdruck des objektiven Nettoprinzips, vgl. für alle: *Tipke*, Die Steuerrechtsordnung, Bd. II, S. 764 und 780; *a.A. Wendt*, DStJG 28, S. 41 (53), der den Verlustausgleich von anderen Einkünften desselben Besteuerungsabschnittes nicht aus dem objektiven Nettoprinzip ableiten will.

16 Vgl. ausführlich *Drüen*, StuW 2008, 3 (4 ff.); *J. Lang*, StuW 2007, 3 (4 ff.).

17 Vgl. grundlegend *Söhn*, DStJG 3, 13 (17 f.).

18 Vgl. *J. Lang/Englisch*, StuW 2005, 3 (5).

19 *Drüen*, StuW 2008, 3 (6); *Tipke*, Die Steuerrechtsordnung, Bd. III, S. 1263 f.

20 Vgl. grundlegend *Tipke*, Die Steuerrechtsordnung, Bd. II, S. 763 ff. und 780.

Das BVerfG hat bisher ausdrücklich offen gelassen, ob die Geltung des objektiven Nettoprinzips verfassungsrechtlich geboten ist[21]. Es betont jedoch in jüngeren Entscheidungen die enge Verbindung des Leistungsfähigkeitsprinzips mit dem – ebenfalls in Art. 3 Abs. 1 GG angesiedelten – Prinzip der Folgerichtigkeit als Beschränkung der grundsätzlichen Freiheit des Gesetzgebers, Sachverhalte tatbestandlich zu bestimmen, an die das Gesetz dieselben Rechtsfolgen knüpft[22]. Der Gesetzgeber müsse seine – im Rahmen seines weiten Entscheidungsspielraums – einmal getroffene Belastungsentscheidung folgerichtig im Sinne der Belastungsgleichheit umsetzen[23]. Jede Ausnahme einer derartigen folgerichtigen Umsetzung bedürfe eines besonderen sachlichen Grundes.

Da der Gesetzgeber die finanzielle Leistungsfähigkeit des Einzelnen nach dem objektiven und subjektiven Nettoprinzip bemisst, zählt das BVerfG das objektive Nettoprinzip zu den Belastungsentscheidungen des Gesetzgebers[24]. Der Gesetzgeber habe als Grundentscheidung eine Nettobesteuerung gewählt, wonach der steuerliche Zugriff nach Maßgabe des objektiven Nettoprinzips als Ausgangstatbestand der Einkommensteuer beschränkt werde. Diese einmal getroffene Grundentscheidung könne der Gesetzgeber nur aufgrund eines besonderen, sachlich rechtfertigenden Grundes durchbrechen[25].

Die Besteuerung knüpft also – zur Vermeidung einer Bruttobesteuerung – an das Nettovermögen an. Ob dieses objektive Nettoprinzip – wie es ein Großteil der Literatur annimmt – verfassungsrechtlich geboten ist oder eine Grundentscheidung des Gesetzgebers darstellt, welches folgerichtig umgesetzt werden muss, kann insoweit dahinstehen. Denn nach beiden Ansichten darf das objektive Nettoprinzip ohne Vorliegen gewichtiger sachlicher Gründe nicht durchbrochen werde.

2. *Bedeutung des objektiven Nettoprinzips für den Verlustabzug*

Übersteigen die negativen Einkünfte die positiven Einkünfte, ist die Summe der Einkünfte ihrerseits negativ. Ein nach dem Verlustausgleich verbleibender Verlust kann im Wege des sog. Verlustabzuges gemäß § 10d EStG periodenübergreifend berücksichtigt werden.

---

21 Z.B. BVerfG v. 4.12.2002, 2 BvR 400/98, 1735/00, BVerfGE 107, 27 (48).

22 Vgl. z.B. BVerfG v. 4.12.2002, 2 BvR 400/98, 1735/00, BVerfGE 107, 27 (46).

23 BVerfG v. 6.3.2002, 2 BvL 17/99, BVerfGE 105, 73 (126); BVerfG v. 30.9.1998, 2 BvR 1818/91, BVerfGE 99, 88 (95 ff.); BVerfG v. 4.12.2002, 2 BvR 400/98, 1735/00, BVerfGE 107, 27 (48).

24 BVerfG v. 4.12.2002, 2 BvR 400/98, 1735/00, BVerfGE 107, 27 (47).

25 BVerfG v. 4.12.2002, 2 BvR 400/98, 1735/00, BVerfGE 107, 27 (48); BVerfG v. 11.11.1998, 2 BvL 10/95, BVerfGE 99, 280 (290).

Ob auch der Verlustabzug als Ausfluss des objektiven Nettoprinzips geboten ist, ist umstritten. Entscheidend ist, welcher Zeitraum für die Berücksichtigung von Verlusten maßgebend ist, wie also die „zeitliche Dimension“ des objektiven Nettoprinzips zu bewerten ist. Zu klären ist also, welche Bedeutung dem in §§ 2 Abs. 7, 25 Abs. 1 EStG normierten Abschnittsbesteuerungsprinzip beizumessen ist.

a) 1. Ansicht: Totalitätsprinzip

Die überwiegende Literaturansicht[26] sieht in der Abschnittsbesteuerung ein rein praktisches Prinzip, wonach neben einer horizontalen Steuergerechtigkeit der Gedanke tritt, dass Steuerpflichtige mit gleichen Totaleinkommen auch gleich besteuert werden sollen. Als idealer Indikator müsse hierfür das Lebenseinkommen eines Steuerpflichtigen herangezogen werden[27].

Schon hieraus ergibt sich, dass nach dem Totalitätsprinzip der intertemporale Verlustausgleich verfassungsrechtlich geboten sein muss. Steuerpflichtige mit dem gleichen Totaleinkommen sollen auch gleich besteuert werden. Eine solche gleichmäßige Besteuerung ist jedoch – vor dem Hintergrund des Lebenseinkommens als richtiger Bemessungsgrundlage – nur möglich, wenn Verluste nicht nur innerhalb einer Steuerperiode, sondern periodenübergreifend Berücksichtigung finden. Nach dem Totalitätsprinzip ist der Verlustabzug somit ein Bestandteil des Leistungsfähigkeitsprinzips.

b) 2. Ansicht: Periodizitätsprinzip

Die – insbesondere von *P. Kirchhof* begründete – Gegenansicht[28] sieht in der Abschnittsbesteuerung hingegen nicht nur eine Technik der Steuererhebung, sondern misst dieser einen materiell-rechtlichen Gehalt zur Wahrung einer gerechten Besteuerung bei. Der Staat nehme am gegenwärtigen Einkommenserfolg gegenwärtiger individueller Nutzung der Einkommensgrundlage teil und finanziere so seinen gegenwärtigen Bedarf. Durch eine abschnittsweise Einkommensbesteuerung werde die individuelle Steuerlast zeitgerecht verteilt und das staatliche Aufkommen aus der Einkommensteuer gesichert[29].

---

26 *J. Lang* in: Tipke/Lang, Steuerrecht, § 9 Rn. 44; *Zugmaier* in: H/H/R, EStG, § 2 Rn. 901; *Kaminski* in: Korn, EStG, § 10d Rn. 66; *Tipke*, Die Steuerrechtsordnung, Bd. II, S. 754 ff.

27 *J. Lang* in: Tipke/Lang, Steuerrecht, § 9 Rn. 44.

28 *P. Kirchhof*, Gutachten F zum 57. Deutschen Juristentag, 1988, S. 75 ff.; *Eckhoff*, DStJG 28, S. 11 (31 ff.); *Lehner* in: Verluste im nationalen und Internationalen Steuerrecht, S. 1 (15); *Trzaskalik* in: FS Tipke, S. 321 (331, Fn. 58).

29 Vgl. *Eckhoff*, DStJG 28, S. 11 (31).

Eine konsequente Anwendung des Periodizitätsprinzips steht einem abschnittsübergreifenden Verlustabzug generell entgegen, da die Leistungsfähigkeit des Einzelnen gerade abschnittsweise zu beurteilen sein soll. Dennoch halten die Vertreter des Periodizitätsprinzips den Verlustabzug mit unterschiedlichen Begründungen für zulässig.

Zum Teil wird vertreten, der Verlustabzug sei solange zulässig, wie dieser einen überschaubaren Zeitraum betreffe[30]. Andere bejahen den Verlustabzug zumindest für die sog. „echten" Verluste[31].

Auch *P. Kirchhof* hat jüngst seine Ansicht zum Verlustabzug modifiziert. Das materielle Periodizitätsprinzip stelle nämlich auf den „Periodenabschnitt des Wirtschaftens" ab, welcher nicht zwangsläufig mit dem Kalenderjahr identisch, sondern einzelfallabhängig zu beurteilen sei[32]. Ein jahresübergreifender Verlustausgleich müsse zulässig sein, um Verluste verrechnen zu können, die mit positiven Einkünften wirtschaftlich verknüpft seien. Dabei sei eine wirtschaftliche Verknüpfung stets bei negativen und positiven Einkünften derselben Einkunftsquelle – unabhängig von ihrem zeitlichen Anfall – gegeben[33]. Auch *P. Kirchhof* tritt also letztlich für einen unbeschränkten Verlustabzug ein, solange die Einkünfte aus derselben Einkunftsquelle stammen.

c) Stellungnahme und Ergebnis

Verstünde man das Periodizitätsprinzip so, dass die Leistungsfähigkeit eines Steuerpflichtigen ausschließlich anhand einer Steuerperiode, also im Regelfall anhand des einzelnen Steuerjahres bemessen wird, müsste man konsequenterweise den Verlustabzug insgesamt ablehnen. Im Extremfall würde ein Unternehmer, der im Dezember des Jahres 01 einen Gewinn von 1000 erwirtschaftet und im Januar des Jahres 02 einen Verlust in selber Höhe erleidet, dennoch im Jahr 01 besteuert, ohne dass er die Verluste aus dem Jahr 02 geltend machen könnte.

Ein solches Verständnis der Abschnittsbesteuerung ist nicht gerechtfertigt und wird so auch nicht vertreten[34]. Vielmehr besteht auch unter den Vertretern des Periodizitätsprinzips Einigkeit, dass ein überperiodischer Verlustabzug verfassungsrechtlich zumindest teilweise zulässig ist. Überzeugender ist es insgesamt, auf ein lebenszeitliches Verständnis für eine gerechte Besteuerung nach der wirtschaftlichen Leistungsfähigkeit abzustellen. Eine nur abschnittsweise Besteuerung führt regelmäßig zu willkürlichen Ergebnissen. Ungleichbehandlungen

---

30 *Schick*, S. 14 f.

31 *Lehner* in: Verluste im nationalen und Internationalen Steuerrecht, S. 1 (17 f.).

32 *P. Kirchhof*, Einkommensteuergesetzbuch, § 9 Rn. 4 ff.

33 *P. Kirchhof*, Einkommensteuergesetzbuch, § 9 Rn. 5 und Rn. 10.

34 1. Teil, A. I. 2. b).

entstehen nicht nur durch die Kürze der Zeitabschnitte, sondern insbesondere durch den Grad der Progression und durch die Schwankungen des Einkommens während der verschiedenen Perioden[35]. Für eine gerechte Besteuerung ist es daher sachgemäßer, auf die sich in dem Lebenseinkommen ausdrückende wirtschaftliche Leistungsfähigkeit des Steuerpflichtigen abzustellen. Hingegen kommt dem Abschnittsprinzip eine rein technische Funktion zu, die den Steuerhaushalt des Fiskus sichert. Für die Verlustnutzung bedeutet dies, dass nur eine zeitlich unbeschränkte Verlustverrechnung dem Ideal, das Lebenseinkommen nach der wirtschaftlichen Leistungsfähigkeit zu besteuern, gerecht wird. Dabei ist eine Besteuerung des Lebenseinkommens nicht absolut zu verstehen. Das Totalitätsprinzip besagt vielmehr nur, dass die wirtschaftliche Leistungsfähigkeit nicht auf das Ende des Steuerjahres begrenzt ist, sondern überperiodisch zu verstehen ist[36].

Vor diesem Hintergrund kann auch der Verlustabzug sachgerecht eingeordnet werden. Wenn es nämlich dem objektiven Nettoprinzip entspricht, dass Verluste geltend gemacht werden dürfen, und nach dem Totalitätsprinzip eine Schlussbesteuerung erst nach einer gewissen Periode stattfinden soll, ist es auch Ausfluss des objektiven Nettoprinzips, dass Verluste periodenübergreifend Berücksichtigung finden. Regelungen, die den Verlustausgleich oder den Verlustabzug einschränken, bedürfen also der Rechtfertigung.

II. Verlustausgleich und Verlustabzug im Einzelnen

1. Verlustausgleich gemäß § 2 Abs. 2 EStG

Von einem Verlustausgleich spricht man, wenn negative und positive Einkünfte innerhalb einer Steuerperiode saldiert werden, um die „Summe der Einkünfte" gemäß § 2 Abs. 3 EStG zu ermitteln. Dabei können Verluste zunächst mit positiven Einkünften derselben Einkunftsart ausgeglichen werden (sog. horizontaler Verlustausgleich). Verbleibende negative Einkünfte können sodann mit positiven Einkünften aus anderen Einkunftsarten ausgeglichen werden (sog. vertikaler Verlustausgleich). In den Veranlagungszeiträumen 1999 bis 2003 sah § 2 Abs. 3 S. 2 bis 8 EStG eine einschränkende Regelung für den vertikalen Verlustausgleich vor. Diese Beschränkung ist im Rahmen des Korb II-Gesetzes[37] gestrichen worden,

35 *Tipke*, Die Steuerrechtsordnung, Bd. II, S. 756.
36 So auch *Seer*, Diskussionsbeitrag, DStJG 28, S. 91 f.
37 Vgl. Gesetz zur Umsetzung der Protokollerklärung der Bundesregierung zur Vermittlungsempfehlung zum Steuervergünstigungsabbaugesetz v. 22.12.2003, BGBl. I 2003, 2840 ff.

so dass der vertikale Verlustausgleich nunmehr – entsprechend dem horizontalen Verlustausgleich – uneingeschränkt möglich ist.

2. *Verlustabzug nach § 10d EStG*

Führt die Saldierung der negativen mit den positiven Einkünften derselben Steuerperiode zu einem negativen Ergebnis oder ist die Verrechnung der Verluste innerhalb eines Besteuerungsabschnitts – beispielsweise mangels Vorliegens positiver Einkünfte – nicht möglich, können Verluste gemäß § 10d EStG mit positiven Einkünften aus anderen Bemessungszeiträumen verrechnet werden. Dabei stellt der „Verlustabzug" den Oberbegriff für den „Verlustrücktrag" (§ 10d Abs. 1 S. 1 EStG) und für den „Verlustvortrag" (§ 10d Abs. 2 EStG) dar.

a) Verlustrücktrag

Der in § 10d Abs. 1 S. 1 EStG normierte Verlustrücktrag sieht vor, dass negative Einkünfte bis zu einem Betrag von 511.500,00 EUR (bzw. 1.023.000,00 EUR bei zusammenveranlagten Ehegatten) von dem Gesamtbetrag der Einkünfte des unmittelbar vorangegangenen Veranlagungszeitraums abziehbar sind. Es besteht somit sowohl eine zeitliche (Begrenzung auf ein Jahr) als auch eine betragsmäßige (bis 511.500,00 EUR) Beschränkung des Verlustrücktrages.

b) Verlustvortrag

aa) Allgemeines

Bei dem Verlustvortrag nach § 10d Abs. 2 EStG werden Verluste mit den positiven Einkünften der nachfolgenden Veranlagungszeiträume verrechnet. Gemäß § 10d Abs. 2 S. 3 EStG können Verluste nur vorgetragen werden, wenn kein Verlustrücktrag erfolgt ist. Der Verlustvortrag erfolgt also gegenüber dem Verlustrücktrag nachrangig. Anders als der Verlustrücktrag ist der Verlustvortrag zeitlich unbeschränkt möglich. Betragsmäßig waren Verluste, die nach 1999 entstanden, bis zum Veranlagungszeitraum 2003 innerhalb einer Einkunftsart ohne absolute Begrenzung vortragbar, soweit sie nicht durch Ausgleich oder Rücktrag ausgenutzt wurden bzw. durch Vortrag ausgenutzt werden konnten. Außerhalb derselben Einkunftsart war ein Verlustvortrag nur bis 51.500,00 EUR – bzw. 103.000,00 EUR bei zusammenveranlagten Ehegatten – jährlich möglich, darüber hinaus zur Hälfte der verbleibenden positiven Einkünfte. Diese betragsmäßige Beschränkung bei der vertikalen Verlustverrechnung ist im Rahmen des Korb II-Gesetzes gestrichen worden. Stattdessen ist in § 10d Abs. 2 EStG eine neue horizontale Beschränkung der Verlustverrechnung, die sog. Mindestbesteuerung, eingeführt worden.

bb) Mindestbesteuerung nach § 10d Abs. 2 EStG

Mit der durch das Korb II-Gesetz eingeführten Mindestbesteuerung hat der Gesetzgeber den Verlustabzug gemäß § 10d Abs. 2 S. 1 EStG derart eingeschränkt, dass bei der steuerlichen Einkommensermittlung Verlustvorträge – unabhängig davon, ob eine Verrechnung innerhalb derselben Einkunftsart oder innerhalb verschiedener Einkunftsarten erfolgen soll – bis zu einem Betrag von 1 Mio. EUR voll, hinsichtlich des darüber hinausgehenden Betrages nur noch bis zu 60% abgezogen werden dürfen. Bei zusammenveranlagten Ehegatten verdoppeln sich die entsprechenden Beträge gemäß § 10d Abs. 2 S. 2 EStG. Somit werden im Ergebnis 40% des positiven Gesamtbetrages der laufenden Einkünfte eines Veranlagungszeitraums der Besteuerung unterworfen, soweit der Betrag von 1 Mio. EUR überschritten ist, unabhängig davon, ob aus vorangegangenen Perioden Verluste vorhanden sind.

Als Grund für die Begrenzung des Verlustvortrages wurde von der Bundesregierung das hohe Verlustvortragspotenzial der Unternehmen genannt[38]. Die Begrenzung würde jedoch nicht zu einem endgültigen Untergang, sondern lediglich – entsprechend § 2 Abs. 3 S. 2 bis 8 EStG a.F.[39] – zu einer zeitlichen Streckung der Verluste führen[40]. Eine Streckung des Verlustvortrages sei vor dem Hintergrund geboten, dass das Steueraufkommen für den Steuerhaushalt kalkulierbar sein müsse. Der Beschluss des Bundesverfassungsgerichts vom 30.9.1998[41], wonach die Verluste von Verfassungs wegen nicht gänzlich unberücksichtigt bleiben dürften, sei dabei beachtet worden[42].

---

38 BT-Drs. 15/1518, S. 13.

39 Eingeführt durch das StEntlG 1999/2000/2002 v. 24.3.1999, BGBl. I 1999, 402 ff.

40 Zur alten Mindestbesteuerung hat dies der BFH bestätigt, vgl. BFH v. 9.5.2001 – XI B 151/00, FR 2001, 777 ff.

41 BVerfG v. 30.9.1998, 2 Bvr 1818/91, BVerfGE 99, 88 (95).

42 Entwurf der Fraktionen SPD und Bündnis 90/die Grünen zum StEntlG 1999/200072002, BT-Drucks. 14/23 v. 9.11.1998, 127; *a.A. J. Lang/Englisch*, StuW 2005, 3 ff., die sich für die Verfassungswidrigkeit der neuen Mindestbesteuerung aussprechen. Ausgehend vom Totalitätsprinzip, sei ein zeitlich und betragsmäßig unbegrenzter Verlustvortrag zu fordern. Eine Besteuerung ohne Rücksicht auf zuvor aufgelaufene Verluste, führe zu einer Besteuerung der Vermögenssubstanz. Zudem stelle § 10d Abs. 2 EStG einen Verstoß gegen das subjektive Nettoprinzip dar.

3. Prinzip der Personenidentität

Im Steuerrecht gilt grundsätzlich das Individualsteuerprinzip. Jede Person hat die von ihr erwirtschafteten Einkünfte zu versteuern[43]. Eine Übertragung der Einkünfte auf eine andere Person ist grundsätzlich ausgeschlossen. Auch der Verlustabzug ist personenbezogen, d.h. es soll nur derjenige einen Verlust steuerlich geltend machen dürfen, der diesen auch erwirtschaftet hat. Die Personenidentität liegt bei natürlichen Personen so lange vor, wie sie rechtsfähig sind, also gemäß § 1 BGB mit Vollendung der Geburt bis zu ihrem Tode. Ursprünglich war der BFH der Auffassung, dass der Verlustabzug auch vererbbar ist[44]. Von dieser Rechtsprechung hat der Große Senat des BFH mit Beschluss vom 17.12.2007 Abstand genommen[45]. Negative Einkünfte verkörpern unlösbar mit der Person des Steuerpflichtigen verbundene Besteuerungsgrundlagen und seien somit personenbezogen. Sie können weder durch Rechtsgeschäft unter Lebenden übertragen werden, noch seien sie vererbbar. Auch könne schon aus einer potenziellen Vermögensqualität des Verlustvortrages nicht auf dessen Vererblichkeit geschlossen werden. Denn eine solche Betrachtungsweise würde letztlich das Auslegungsergebnis, ob ein Verlustvortrag vererblich sei, vorwegnehmen und zu einem Zirkelschluss führen[46]. Zudem könne als Rechtfertigung der Vererblichkeit des Verlustvortrages auch nicht das Totalitätsprinzip herangezogen werden[47]. Denn aus dem Erfordernis eines interperiodischen Verlustausgleiches könne nicht auf das Erfordernis eines interpersonellen Verlustausgleiches geschlossen werden. Schließlich ist der Große Senat in seiner Entscheidung dem Argument entgegengetreten, § 6 Abs. 3 EStG spreche für eine Vererblichkeit des Verlustvortrages[48]. Der Große Senat führt aus, dass § 10d EStG im Gegensatz zu § 6 Abs. 3 EStG nicht streng objekt- und einkunftsquellenbezogen konstruiert ist. Bei § 6 Abs. 3 EStG seien die stillen Reserven unlösbar mit den Wirtschaftsgütern verbunden, in deren Buchwertansätzen sie ruhten. Aus diesem Grunde gingen die stillen Reserven auch auf einen – ausschließlich unentgeltlichen – Betriebserwerber über. Allerdings sei dieser Erwerber nicht notwendigerweise mit dem Erben identisch.

---

43 *J. Lang* in: Tipke/Lang, Steuerrecht, § 9 Rn. 22.

44 Z.B. BFH v. 15.3.1962, IV 177/60, HFR 1963, 8 f.; BFH v. 16.5.2001, I R 76/99, BStBl. II 2002, 487 ff.

45 Gr. Senat des BFH v. 17.12.2007, GrS 2/04, DStR 2008, 545 ff.; der Divergenzanfrage des XI. Senats im Jahr 2003 (BFH v. 10.4.2003, XI R 54/99, BB 2003, 2445 ff.), stimmten die Senate I. und VIII. nicht zu, vgl. Ablehnung des I. Senats durch Beschluss v. 22.10.2003, I ER – S – 1/03 (XI R 54/99), BB 2004, 91; Ablehnung des VIII. Senats durch Beschluss v. 14.10.2003, VIII ER – S – 2/03, BFH/NV 2004, 331.

46 Gr. Senat des BFH v. 17.12.2007, GrS 2/04, DStR 2008, 545 (548).

47 Gr. Senat des BFH v. 17.12.2007, GrS 2/04, DStR 2008, 545 (549).

48 Gr. Senat des BFH v. 17.12.2007, GrS 2/04, DStR 2008, 545 (550).

Mit diesem Beschluss ist der in der Rechtsprechung bestehende Streit über die Vererblichkeit von Verlustvorträgen entschieden worden. Der Verlustabzug nach § 10d EStG eines Erblassers geht nicht auf dessen Erben über.

B. Juristische Personen

Gemäß § 8 Abs. 1 KStG wird das Einkommen der Körperschaften auch nach den Vorschriften des Einkommensteuergesetzes ermittelt. Die dargestellten Regelungen für die Verlustberücksichtigung sind also auch im Rahmen des Körperschaftsteuerrechts anwendbar. Im Folgenden werden daher nur die Besonderheiten des Körperschaftsteuergesetzes dargestellt, die für die Verlustnutzung von Körperschaften Bedeutung haben.

I. Juristische Personen als Zurechnungsobjekt steuerlicher Leistungsfähigkeit

Dem Leistungsfähigkeitsprinzip kommt im Rahmen der Verlustberücksichtigung entscheidende Bedeutung zu. Im Zusammenhang mit der Besteuerung juristischer Personen – insbesondere Kapitalgesellschaften – wird seit jeher darüber gestritten, ob diese überhaupt Zurechnungsobjekt steuerlicher Leistungsfähigkeit sein können.

1. 1. Ansicht: Leistungsfähigkeitsprinzip nicht anwendbar

Teilweise[49] wird in der Literatur vertreten, eine Kapitalgesellschaft verfüge über keine eigene Leistungsfähigkeit. Ihr Kapitalvermögen stehe im wirtschaftlichen Eigentum ihrer Anteilseigner. Die erzielten Gewinne einer Gesellschaft müssten daher unmittelbar den Gesellschaftern zugerechnet werden. Daher seien nicht die Gesellschaft selbst, sondern nur die hinter ihr stehenden Anteilseigner leistungsfähig.

Teilweise[50] wird auch argumentiert, das allgemeine Leistungsfähigkeitsprinzip könne keine Anwendung auf juristische Personen finden, da diese ihr Vermögen nicht zur Befriedigung eigener Bedürfnisse verwenden. Dem deutschen Steuerrecht liege aber der Gedanke zugrunde, dass die Auferlegung von Steuern ein Opfer des Einzelnen darstellt. Die Einbuße von Bedürfnisbefriedigung, die Voraussetzung eines solchen opfertheoretischen Verständnisses ist, könne aber

---

49 *Meichssner*, S. 129; *Bach*, StuW 1991, 116 (127 f.).
50 Gutachten der Steuerreformkommission 1971, Teil IV (KSt), Rn. 52 u. 75; *Schneider*, StuW 1975, 97 (101 f.).

schon begrifflich nicht von juristischen Personen erbracht werden, wenn diese über keinen eigenen Bedarf verfügen.

2. 2. Ansicht: Leistungsfähigkeitsprinzip anwendbar

Der überwiegende Teil der Literatur sieht im Leistungsfähigkeitsprinzip einen allgemeinen Maßstab, der auf das gesamte Steuerrecht – also auch im Rahmen der Körperschaftsteuer – Anwendung findet[51]. Juristische Personen seien von ihren Anteilseignern unabhängige eigenständige Vermögensträger. An diese zivilrechtlichen und wirtschaftlichen Vorgaben müsse auch das Steuerrecht anknüpfen. Da Unternehmen im Wettbewerb tätige Organismen darstellen, müsse das Ergebnis ihrer wirtschaftlichen Tätigkeit im Lichte ihrer steuerlichen Leistungsfähigkeit verstanden werden. Körperschaften seien zwar nicht subjektiv, aber objektiv leistungsfähig, da sie als eigenständige Steuersubjekte Erträge erwirtschafteten[52].

3. Stellungnahme und Zwischenergebnis

Es müssen zwei Gesichtspunkte unterschieden werden, die zuweilen in der Literatur vermengt werden[53]. Fraglich ist zum einen, ob Körperschaften überhaupt über eine eigene Leistungsfähigkeit verfügen, zum zweiten, ob das allgemeine Leistungsfähigkeitsprinzip in gleicher Weise Anwendung findet wie bei natürlichen Personen.

Für die erste Frage hilft Art. 19 Abs. 3 GG nicht weiter. Zwar findet über diese Vorschrift der allgemeine Gleichheitssatz auch auf inländische Personenvereinigungen Anwendung, jedoch besagt dies nicht, dass eine unterschiedliche Behandlung von natürlichen und juristischen Personen generell ausgeschlossen ist[54].

Für die Leistungsfähigkeit von juristischen Personen spricht entscheidend, dass diese nicht nur rechtsfähig, sondern vor allem vermögensrechtsfähig sind[55]. Eine Gesellschaft verfügt in der Regel über eigenes Vermögen und erzielt eigenes Einkommen. Dass dieses Einkommen – wie es die zuerst genannte Ansicht annimmt – im wirtschaftlichen Vermögen der Anteilseigner steht, vermag nicht zu

---

51 *Tipke*, Die Steuerrechtsordnung, Bd. II, S. 1173 ff.; *J. Lang/Englisch*, StuW 2005, 3 (6); *J. Lang* in: Tipke/Lang, Steuerrecht, § 4 Rn. 90; *ders.*, DStJG 24, S. 49 (58 f.); *Jachmann*, DStJG 23, S. 9 (18); *Crezelius*, DStJG 22, S. 73 (108); *Englisch*, S. 116 ff.; *Hennrichs*, StuW 2002, 201 (205); *Pezzer* in: FS Tipke, S. 419 (424 f.).

52 Dass Körperschaften nicht subjektiv leistungsfähig sind, ist unstreitig; vgl. für alle *Jachmann*, DStJG 23, S. 9 (17); *Crezelius*, DStJG 22, S. 73 (108).

53 Nicht ganz deutlich *Reis*, S. 217 f.

54 BVerfG v. 13.1.1976, 1BvR 631/69 u. 24/70, BVerfGE 31, 126 (183 und 187 f.).

55 Ebenso *Hennrichs*, StuW 2002, 201 (205); *Englisch*, S. 116.

überzeugen. Denn von einem wirtschaftlichen Eigentum im Sinne des § 39 Abs. 2 Nr. 1 AO kann regelmäßig nur gesprochen werden, wenn der Inhalt eines Eigentumsrechts nicht dem zivilrechtlichen Eigentümer (hier der Gesellschaft), sondern einem anderen (den Anteilseignern) zusteht. Bedenkt man jedoch, dass bei Gesellschaften in der Regel nicht die Anteilseigner, sondern die Geschäftsführung Herrschaft über die Wirtschafsgüter der Gesellschaft ausübt, kann von einer solchen „Leerhülle“ des rechtlichen Eigentums nicht gesprochen werden[56]. Solange die Gesellschaft ihre Vermögenszuwächse nicht an ihre Gesellschafter ausschüttet, ist daher sie selbst und nicht etwa ihre Anteilseigner leistungsfähig[57].

Verfügen juristische Personen über eine eigene Leistungsfähigkeit, so muss das allgemeine Leistungsfähigkeitsprinzip auch bei der Unternehmensbesteuerung angewandt werden. Denn gemäß Art. 19 Abs. 3 GG können sich inländische Personenvereinigungen nicht nur auf Art. 12 und 14 GG, sondern auch auf den allgemeinen Gleichheitssatz gemäß Art. 3 Abs. 1 GG berufen. Genauso wie bei der Besteuerung von natürlichen Personen untereinander, verlangt der allgemeine Gleichheitssatz für die Besteuerung von juristischen Personen untereinander zwingend einen sachgerechten Vergleichsmaßstab. Wie dieser Vergleichsmaßstab ausgestaltet sein soll, wenn das allgemeine Leistungsfähigkeitsprinzip keine Anwendung auf juristische Personen findet, können selbst die Vertreter der zuerst genannten Auffassung nicht erklären. Ein gerechter Vergleichsmaßstab im Sinne des Art. 3 Abs. 1 GG für die Besteuerung von juristischen Personen stellt daher allein das Leistungsfähigkeitsprinzip – als ein das Steuerrecht umfassend beherrschender Maßstab – dar[58].

II. Trennungsprinzip

Besonderheiten der Verlustberücksichtigung bei juristischen Personen gegenüber natürlichen Personen ergeben sich aus dem zivilrechtlichen Trennungsprinzip. Die zivilrechtliche Selbständigkeit von Körperschaften muss danach auch steuerlich Beachtung finden. Da Kapitalgesellschaften als juristische Personen körperschaftsteuerpflichtig sind, wird strikt zwischen der Gesellschafts- und der Gesellschafterebene unterschieden[59]. Erwirtschaftet eine Kapitalgesellschaft Einkünfte, werden diese – unabhängig von der Art der Betätigung – nach dem Körper-

---

56 Vgl. dazu *Englisch*, S. 111 ff.

57 *Hey*, Harmonisierung der Unternehmensbesteuerung in Deutschland, S. 254 ff., spricht deshalb von einer vorläufigen Leistungsfähigkeit.

58 Vgl. *Englisch*, S. 118 f.; *Reis*, S. 217 f.; *Hennrichs*, StuW 2002, 201 (205).

59 Vgl. *Herzig*, DStJG 28, S. 185 (187); *Jacobs*, Unternehmensbesteuerung und Rechtsform, S. 93 f.

schaftsteuerrecht stets als Einkünfte aus Gewerbebetrieb qualifiziert. Davon unabhängig unterliegen die Anteilseigner – als natürliche Personen – der Einkommensteuer. Aus der Trennung von Kapitalgesellschaft und Gesellschaftern ergibt sich, dass Gewinne der Kapitalgesellschaft nicht unmittelbar den Gesellschaftern zugerechnet werden. Auch dürfen erzielte Verluste der Gesellschaft nicht mit Gewinnen der Gesellschafter oder umgekehrt verrechnet werden[60]. Die Verluste einer Kapitalgesellschaft bleiben also nur ihr selbst als Steuersubjekt erhalten und dürfen auch nur mit Gewinnen dieser Gesellschaft verrechnet werden.

III. Prinzip der Personenidentität

Auch bei der Körperschaftsteuer handelt es sich um eine Personensteuer, die die im Einkommen sich wiedergebende wirtschaftliche Leistungsfähigkeit von juristischen Personen erfasst[61]. Das im Einkommensteuerrecht herrschende Individualsteuerprinzip findet auch im Körperschaftsteuerrecht Geltung und wird nicht durch den Grundsatz der Einmalerfassung verdrängt[62]. Das Prinzip der Individualbesteuerung gilt nicht nur für Gewinne, sondern muss auch für Verluste Anwendung finden. Mindestvoraussetzung für den Fortbestand des Verlustvortrages einer juristischen Person ist daher die zivilrechtliche Identität des verlustverursachenden und des verlustnutzenden Rechtsträgers. Wie bei den natürlichen Personen ist die zivilrechtliche Personenidentität bei juristischen Personen so lange gegeben, wie diese rechtsfähig und damit zivilrechtsfähig sind. Ihre Zivilrechtsfähigkeit verliert eine Gesellschaft nicht bereits durch ihre Auflösung, die lediglich zur Liquidation der Gesellschaft führt mit dem Ziel, die Gläubiger zu befriedigen und Gesellschaftsvermögen auf die verbleibenden Gesellschafter zu verteilen[63]. Vielmehr ist festzustellen, ob die Gesellschaft beendet ist. Wann die Vollbeendigung einer Gesellschaft vorliegt, ist umstritten.

Nach heute herrschender Meinung reicht für die Beendigung einer Kapitalgesellschaft nicht alleine deren Vermögenslosigkeit aus[64]. Die ursprünglich in der

---

60 *Jacobs*, Unternehmensbesteuerung und Rechtsform, S. 94.

61 Vgl. 1. Teil, B. I.

62 *Hey* in: Gedächtnisschrift für Trzaskalik, 2005, S. 219 (223 f.).

63 Insoweit ist der Wortlaut des § 60 Abs. 1 Nr. 7 GmbHG ungenau. Vgl. *K. Schmidt* in: Scholz, GmbHG, § 60 Rn. 56.

64 *K. Schmidt*, Gesellschaftsrecht, § 11 V 6 (S. 316 f.); *ders.* in: Scholz, GmbHG, § 60 Rn. 56; *ders.*, GmbHR 1988, 209 ff.; *ders.*, GmbHR 1994, 829 (832); *Uhlenbruck* in: K. Schmidt/Uhlenbruck, Die GmbH in Krise, Sanierung und Insolvenz, Rn. 936 (S. 469); *Lutter/Kleindiek* in: Lutter/Hommelhoff, GmbHG, § 60 Rn. 17; *Bork*, JZ 1991, 841 (844); LG Köln v. 9.12.1988, 87 T 25/88, GmbHR 1990, 268 (269); BAG v. 22.3.1988, 3 AZR 350/86, GmbHR 1988, 388 f.; OLG Stuttgart v. 28.2.1986, 2 U 148/85, ZIP 1986, 647 (648).

Literatur[65] und Rechtsprechung[66] vertretene Auffassung, die Eintragung der Löschung einer GmbH in das Handelsregister habe lediglich deklaratorische Bedeutung, vermag vor dem Hintergrund der Wortlaute des § 74 Abs. 1 GmbHG und des § 273 Abs. 1 AktG nicht zu überzeugen[67]. Auch kann für die Vollbeendigung einer Gesellschaft – entgegen einer teilweise in der Literatur vertretenen Ansicht[68] – nicht alleine ausreichen, dass deren Löschung im Handelsregister eingetragen wurde. Denn gemäß § 66 Abs. 5 GmbHG muss eine Liquidation stattfinden, wenn sich nach der Löschung herausstellt, dass Vermögen vorhanden ist. Nach der von *K. Schmidt* begründeten Lehre vom Doppeltatbestand, der sich die h.M. angeschlossen hat, ergibt diese Vorschrift vielmehr, dass Voraussetzung für die Vollbeendigung einer Gesellschaft neben deren Vermögenslosigkeit zusätzlich – d.h. kumulativ – die Eintragung ihrer Löschung in das Handelsregister ist[69]. Auch spricht § 273 Abs. 4 AktG dafür, dass – neben der Eintragung der Löschung in das Handelsregister – die Gesellschaft auch vermögenslos sein muss[70]. Nur eine solche Betrachtungsweise schafft die notwendige Rechtssicherheit, indem auf die Eintragung in das Handelsregister abgestellt wird. Gleichzeitig verhindert sie aber auch, dass vorhandenes Aktivvermögen nicht herrenlos wird[71].

IV. Problemaufriss

Aus dem Dargestellten ergibt sich das Problem des sog. Mantelkaufs. Würden nämlich die Prinzipien der Trennung und der zivilrechtlichen Personenidentität streng befolgt, hätte dies zur Folge, dass ein Investor, der 100% der Gesellschaftsanteile einer Verlustgesellschaft erwirbt, die vorhandenen Verluste uneingeschränkt weiter nutzen kann. Problematisch wird dies in dem Fall, in dem der neue Anteilseigner nicht den ursprünglichen Geschäftsbetrieb der Gesellschaft fortführt, sondern einen neuen Geschäftsbetrieb unter dem „Mantel" der Gesellschaft aufnimmt.

---

65 *Hofmann*, GmbHR 1976, 258 (267); *Bokelmann*, NJW 1977, 1130 (1131).

66 Vgl. RG v. 12.11.1935, II 48/35, RGZ 149, 293 (296); RG v. 27.4.1937, VII 331/36, RGZ 155, 42 (44); BGH v. 29.9.1967, V ZR 40/66, BGHZ 48, 303 (307); OLG Düsseldorf v. 13.7.1979, 3 W 139/79, GmbHR 1979, 227 (229).

67 Vgl. *Wacke*, S. 36 ff.

68 *Ulmer* in: Hachenburg, GmbHG, § 60 Rn. 18; *Hüffer* in: Gedächtnisschrift für Schultz, S. 99 (103 ff.).

69 Vgl. *K. Schmidt*, Gesellschaftsrecht, § 11 V 6 (S. 316 f.); *ders.* in: Scholz, GmbHG, § 60 Rn. 56; *ders.*, GmbHR 1988, 209 ff.; *Uhlenbruck* in: K. Schmidt/Uhlenbruck, Die GmbH in Krise, Sanierung und Insolvenz, Rn. 936 (S. 469).

70 Vgl. *Wacke*, S. 40.

71 Vgl. *K. Schmidt*, GmbHR 1988, 209 (211).

Beispiel: Die X-GmbH vertreibt Schuhe. Im Jahr 01 betragen die angelaufenen Verluste der X-GmbH 1000. Der Investor A übernimmt im Jahr 02 100% der Gesellschaftsanteile der X-GmbH. Anstatt weiter Schuhe zu vertreiben, produziert er fortan gewinnbringend Möbel. Zu diesem Zwecke entlässt er die gesamte Belegschaft der X-GmbH und stellt neue Arbeitnehmer ein.

Obwohl der A mit dem ursprünglichen Zweck der X-GmbH nichts mehr gemeinsam hat, könnte er – wenn die genannten Prinzipien auch bei der Verlustnutzung von juristischen Personen strikte Geltung hätten – im Jahr 02 die angelaufenen Verluste der X-GmbH in Höhe von 1000 steuerlich geltend machen und mit Gewinnen aus seiner Möbelproduktion verrechnen.

Dies würde dazu führen, dass ein Handel mit Verlustvorträgen möglich wäre. Die Maßnahmen, die Rechtsprechung und Gesetzgeber zur Vermeidung eines solchen Handels mit Verlusten ergriffen haben, sollen im folgenden Teil 2 dargestellt werden.

2. Teil: Besonderheiten der Verlustnutzung von Körperschaften im deutschen Steuerrecht

Mit der Problematik der Verlustberücksichtigung bei Körperschaften hat sich der BFH bereits früh beschäftigt. Während er zunächst versuchte, den Handel mit Verlustmänteln über allgemeine Steuerprinzipien zu lösen (dazu unter A.), hat der Gesetzgeber im Rahmen des Steuerreformgesetzes 1990[72] mit § 8 Abs. 4 KStG erstmals die Verlustverrechnung bei Körperschaften normiert (dazu unter B.). Mit der Unternehmensteuerreform 2008 wird § 8 Abs. 4 KStG abgeschafft und durch § 8c KStG, der unter C. untersucht wird, ersetzt.

A. Historie

§ 8 Abs. 4 KStG beruht historisch auf der Mantelkaufrechtsprechung des BFH, die sich über einige Jahrzehnte hinweg entwickelt hat. Im Folgenden sollen einige wichtige Entscheidungen des BFH dargestellt werden.

I. Mantelkaufrechtsprechung

1. Urteil vom 8.1.1958

Mit Urteil vom 8.1.1958[73] traf der BFH zwar zunächst die Aussage, dass es für die Personengleichheit, die für die Verlustberücksichtigung nach § 10 Abs. 1 Nr. 4 EStG 1953 erforderlich war, grundsätzlich auf die bürgerlich-rechtliche Rechtslage ankommt. Jedoch gebe es Fälle, in denen eine wirtschaftliche Betrachtungsweise zu einer abweichenden Beurteilung führen kann. Die Personengleichheit könne beispielsweise zweifelhaft werden, wenn der – mangels eines Geschäftsbetriebes und eines ins Gewicht fallenden Vermögens – praktisch bedeutungslos gewordene Mantel einer Kapitalgesellschaft durch eine neue Vermögenszuführung eine völlig anders geartete Zweckbestimmung und Organisation erhält[74].

72 Steuerreformgesetz 1990 v. 25.7.1988, BGBl. I 1988, 1093.
73 BFH v. 8.1.1958, I 131/57 U, BStBl. III 1958, 97 ff.
74 BFH v. 8.1.1958, I 131/57 U, BStBl. III 1958, 97 (98).

Ob die wirtschaftliche Betrachtungsweise im konkreten Fall zu der Versagung des Verlustabzuges führte, ließ der Senat offen, da das Finanzgericht in erster Instanz in einer für den Senat bindenden Weise festgestellt hatte, dass eine missbräuchliche Gestaltung nach § 6 StAnpG (Vorgängervorschrift zu § 42 AO) vorlag. Das Finanzgericht hatte dabei festgestellt, dass allein die Möglichkeit, von günstigen steuerlichen Gestaltungen Gebrauch zu machen, zwar noch nicht missbräuchlich ist und von der Rechtsordnung grundsätzlich anerkannt wird. Jedoch könne von einem Missbrauch dann gesprochen werden, wenn ein nach bürgerlichem Recht ungewöhnlicher Weg zur Erreichung eines bestimmten Ziels gewählt werde und damit ein steuerlicher Erfolg erreicht werden soll, der bei sinnvoller Auslegung vom Gesetzgeber missbilligt werde. Eine bürgerlich-rechtliche Gestaltung, die nur den Zweck verfolge, den Verlustabzug auf einen anderen schon bestehenden wirtschaftlichen Organismus zu übertragen, erstrebe nur einen von der Steuerrechtsordnung missbilligten Erfolg[75]. In einem solchen Fall diene die bürgerlich-rechtliche Gestaltung nicht mehr der von der Rechtsordnung gebilligten Steuerersparnis, sondern der Steuerumgehung. Da das Finanzgericht dies in bindender Weise festgestellt hatte, lag ein Verstoß gegen § 6 StAnpG vor, und die Versagung des Verlustabzuges war rechtmäßig.

2. *Urteil vom 15.2.1966*

In seiner Entscheidung vom 15.2.1966[76] stellte der BFH erstmals auf das Merkmal der wirtschaftlichen Identität einer Gesellschaft für die Bestimmung der Personenidentität ab. Zwar komme es grundsätzlich auf die bürgerlich-rechtliche Rechtslage an. Eine Kapitalgesellschaft sei von ihren Gesellschaftern unabhängig, so dass von einem Wechsel der steuerlichen Rechtspersönlichkeit nicht gesprochen werden könne, wenn von mehreren Gesellschaftern einer ausscheide. Eine von der bürgerlich-rechtlichen Rechtslage abweichende Beurteilung sei aber geboten, wenn der Sinn und Zweck der steuerlichen Rechtsordnung und der wirtschaftliche Gehalt der Vorgänge dies rechtfertigen. Die Personenidentität einer Gesellschaft werde zweifelhaft, „wenn einerseits die bürgerlich-rechtliche Rechtspersönlichkeit mangels eines Geschäftsbetriebes und eines ins Gewicht fallenden Vermögens nur noch eine zur Abwicklung notwendige, im Hinblick auf eine wirtschaftliche Betätigung aber bedeutungslose Form" darstelle, „andererseits der praktisch bedeutungslos gewordene Mantel der Kapitalgesellschaft durch Zuführung neuen Vermögens durch neu eintretende Gesellschafter eine völlig anders geartete Zweckbestimmung

75 BFH v. 8.1.1958, I 131/57 U, BStBl. III 1958, 97 (99).
76 BFH v. 15.2.1966, I 112/63, BStBl. III 1966, 289 ff.

und Organisation“ erhalte[77]. Die Personengleichheit müsse in diesem Fall nicht nur rechtlich, sondern auch wirtschaftlich bestehen. Von einer wirtschaftlichen Personengleichheit könne nicht mehr gesprochen werden, wenn eine Kapitalgesellschaft ihr persönliches und sachliches Substrat verändert[78]. Der Verlustabzug könne nicht zugelassen werden, wenn die Personengleichheit nur formal gegeben sei, wirtschaftlich gesehen der Verlustabzug jedoch von einer Gesellschaft geltend gemacht werde, die einen ganz anderen Inhalt habe als die Gesellschaft, die den Verlust erlitten hat. Da in dem konkreten Fall die Voraussetzungen für die Personengleichheit nicht vorlagen, ist der BFH nicht mehr auf die Frage eingegangen, ob auch ein Missbrauch von Gestaltungsmöglichkeiten im Sinne des § 6 StAnpG vorlag.

3. Urteil vom 19.12.1973

In seinem Urteil vom 19.12.1973[79] führte der BFH – ergänzend zu seiner bisherigen Rechtsprechung – aus, dass nur dann die Personengleichheit zu verneinen sei, wenn eine Kapitalgesellschaft ihre bisherigen Vermögenswerte im Wesentlichen verloren habe und in dieser Lage neue Gesellschafter einträten, die der Gesellschaft neue Mittel zuführten und sie wirtschaftlich neu beleben. Erst in einem solchen Fall sei ein der Liquidation und Neugründung vergleichbarer Fall gegeben und könne von zwei Personen gesprochen werden, die nacheinander unter einem Rechtsmantel tätig würden, in ihrem persönlichen und sachlichen Substrat jedoch verschieden seien.

4. Urteile vom 29.10.1986

Von seiner bisherigen Rechtsprechung hat der BFH durch zwei Urteile vom 29.10.1986[80] Abstand genommen. Das Erfordernis der wirtschaftlichen Identität einer Gesellschaft für die Geltendmachung von Verlusten sei mit dem Wortlaut des § 10d EStG nicht vereinbar. Voraussetzung für den Verlustabzug nach § 10d EStG sei allein eine zivilrechtliche Personenidentität. Der Verlustabzug sei jedoch nicht an das Fortbestehen einer bestimmten steuerpflichtigen Tätigkeit – wie es die wirtschaftliche Identität vorsieht – angeknüpft. Eine Kapitalgesellschaft sei nicht gehindert, ein verlustreiches Engagement aufzugeben und sich einem anderen Gesellschaftszweck zuzuwenden. In gleicher Weise könne sie eine weitere Tätigkeit ausüben, um dadurch angefallene Verluste auszugleichen.

77 BFH v. 15.2.1966, I 112/63, BStBl. III 1966, 289 (290).
78 BFH v. 15.2.1966, I 112/63, BStBl. III 1966, 289 (290).
79 BFH v. 19.12.1973, I R 137/71, BStBl. II 1974, 181 ff.
80 BFH v. 29.10.1986, I R 202/82, BStBl. II 1987, 308 ff.; BFH v. 29.10.1986, I R 318-319/83, BStBl. II 1987, 310 ff.

Zudem stehe dem Verlustabzug auch nicht § 6 StAnpG entgegen. Diese Norm sei im Rahmen der Prüfung der zivilrechtlichen Identität einer Kapitalgesellschaft unanwendbar.

II. Zwischenergebnis

Nach dem Wortlaut des § 10d EStG, ist der Verlustabzug nicht an das Fortbestehen einer bestimmten steuerpflichtigen Tätigkeit angeknüpft. Dies muss nicht nur für natürliche, sondern auch für juristische Personen gelten. Das Abstellen auf die wirtschaftliche Identität einer Gesellschaft war daher nicht mit dem Wortlaut der Norm vereinbar.

Allerdings hat der BFH nur deshalb von seiner Mantelkaufrechtsprechung Abstand genommen, weil das Erfordernis der wirtschaftlichen Identität einer Gesellschaft nicht gesetzlich geregelt war. Die ursprüngliche Mantelkaufrechtsprechung lässt aber auch den Schluss zu, dass die wirtschaftliche Identität einer Gesellschaft im Rahmen der Verlustnutzung ein geeignetes Mittel darstellt, um missbräuchlichen Gestaltungen vorzubeugen. Eine Körperschaft soll einen Verlust nur dann geltend machen dürfen, wenn sie weder ihr personelles noch ihr sachliches Substrat verändert hat. Nur dann kann gewährleistet sein, dass es zu keiner – wegen des Trennungsprinzips sehr einfachen – Steuerumgehung kommt.

B. § 8 Abs. 4 KStG

Als Reaktion auf die geänderte Rechtsprechung hat der Gesetzgeber im Rahmen des Steuerreformgesetzes 1990[81] § 8 Abs. 4 KStG eingeführt. Nach § 8 Abs. 4 S. 1 KStG ist Voraussetzung für den Verlustabzug nach § 10d EStG bei einer Körperschaft, dass sie nicht nur rechtlich, sondern auch wirtschaftlich mit der Körperschaft identisch ist, die den Verlust erlitten hat. Die wirtschaftliche Identität ist in § 8 Abs. 4 KStG nicht definiert. Allerdings bestimmt § 8 Abs. 4 S. 2 KStG beispielhaft, wann die wirtschaftliche Identität einer Kapitalgesellschaft nicht mehr vorliegt (sog. Hauptanwendungsfall)[82]. Der Hauptanwendungsfall sah ursprünglich vor, dass die wirtschaftliche Identität insbesondere dann nicht mehr vorliegt, wenn mehr als 75% der Anteile an einer Kapitalgesellschaft übertragen werden und die Kapitalgesellschaft ihren Geschäftsbetrieb mit überwiegend neuem Betriebsvermögen wieder aufnimmt. Da die Vorschrift vielfältig Möglichkeiten zu ihrer

81 Steuerreformgesetz 1990 v. 25.7.1988, BGBl. I 1988, 1093.
82 Vgl. FG Berlin-Brandenburg v. 14.11.2007, 12 K 8379/03, EFG 2008, 433 (433).

Umgehung bot[83], wurde § 8 Abs. 4 S. 2 KStG im Rahmen des Gesetzes zur Fortsetzung der Unternehmensteuerreform[84] vom 4.8.1997 neugefasst. Nach der Neufassung führt nunmehr bereits eine Anteilsübertragung von mehr als 50% und – neben der Wiederaufnahme – auch die Fortführung des Geschäftsbetriebes mit überwiegend neuem Betriebsvermögen zum Verlust der wirtschaftlichen Identität einer Gesellschaft.

I. Telos der Vorschrift

Nach wie vor umstritten ist, welchen Zweck § 8 Abs. 4 KStG verfolgt. Teilweise wird angenommen, es handele sich um eine spezialgesetzliche Missbrauchsvorschrift. Eine andere Ansicht sieht in § 8 Abs. 4 KStG ein zusätzliches Tatbestandsmerkmal im Hinblick auf den Verlustabzug bei Körperschaften.

1. 1. Ansicht: Missbrauchsvorschrift

Die überwiegende Literaturauffassung sieht in § 8 Abs. 4 KStG eine gegenüber § 42 AO spezielle Missbrauchsvorschrift[85]. § 8 Abs. 4 KStG sei als Reaktion auf die geänderte Mantelkaufrechtsprechung eingeführt worden und verfolge daher denselben Zweck wie die ursprüngliche Rechtsprechung. Der Regelungszweck der Norm bestehe darin zu verhindern, dass neue Anteilseigner einer Verlustkapitalgesellschaft neues Betriebsvermögen zuführen, um sich Verlustvorträge nutzbar zu machen und auf diese Weise künftige Gewinne steuerfrei zu stellen. Es gehe daher darum, missbräuchlichen Gestaltungen vorzubeugen.

2. 2. Ansicht: Zusätzliches Tatbestandsmerkmal

Die Gegenansicht[86] hält § 8 Abs. 4 KStG für ein zusätzliches Tatbestandsmerkmal zu den allgemeinen Verlustvorschriften. Voraussetzung für den Verlustabzug einer Körperschaft sei, dass diese wirtschaftlich identisch mit der verlustverursachenden Körperschaft ist. Die wirtschaftliche Identität einer Gesellschaft werde in erster Linie durch die um eine personelle Komponente angereicherte Unter-

83 Darauf wird im Rahmen des sachlichen Substrats noch näher einzugehen sein.
84 Gesetz zur Fortsetzung der Unternehmensteuerreform, BStBl. I 1997, 928 ff.
85 *Schloßmann* in: H/H/R, KStG, § 8 Rn. 403; *Brendt* in: Erle/Sauter, KStG, § 8 Rn. 458; *Kaeser*, DStR 2005, 349 (351); *Bock*, GmbHR 2004, 221 (225); *Rombey/Imschweiler*, DStR 2007, 321 (322); *Simon* in: Heckschen/Simon, Umwandlungsrecht, § 13 Rn. 18.
86 *Frotscher* in: Frotscher/Maas, KStG, § 8 Rn. 182 a; *Dötsch* in: Dötsch/Jost/Pung/Witt, KStG, § 8 Abs. 4 Rn. 25; *Dötsch* in: FS Wassermeyer, S. 113 (118 ff.).

nehmensidentität, d.h. durch Erhaltung des sachlichen Substrats, gewahrt. Bei Fehlen dieser Unternehmensidentität sei ein Verlustabzug bereits dem Grunde nach steuerlich nicht nutzbar.

3. *Rechtsprechung*

Beide dargestellten Ansichten fühlen sich durch die Rechtsprechung des BFH bestätigt[87]. In den Urteilen vom 20.8.2003[88] führt der BFH einerseits aus, dass § 8 Abs. 4 KStG das Ziel verfolgt, den Handel mit „Verlustmänteln" zu unterbinden. Andererseits bezieht sich der Senat im direkten Anschluss an diese Aussage ausdrücklich auf die Auffassung von *Frotscher* und spricht von einer „um eine personelle Komponente angereicherten" Unternehmensidentität[89].

In dem Urteil vom 14.3.2006[90] distanziert sich der BFH ausdrücklich von der Auffassung *Frotschers*. In den Entscheidungsgründen führt der BFH aus, dass § 8 Abs. 4 KStG den Verlustabzug für Körperschaften begrenzt. Die Norm sei daher als Ausnahme zu § 10d EStG konzipiert, um letztlich missbräuchlichen Gestaltungen vorzubeugen. Der BFH hat sich also erstmalig ausdrücklich der zuerst genannten Ansicht angeschlossen und § 8 Abs. 4 KStG einen Missbrauchsvermeidungszweck zugesprochen[91].

4. *Stellungnahme*

Für eine Auslegung des § 8 Abs. 4 KStG als zusätzliches Tatbestandsmerkmal spricht zwar der Wortlaut der Norm. Voraussetzung für den Verlustabzug bei einer Körperschaft ist, dass sie wirtschaftlich mit der verlustverursachenden Körperschaft identisch ist. Allein nach dem Wortlaut scheint also der Verlustabzug bereits dem Grunde nach ausgeschlossen zu sein, sobald die wirtschaftliche Identität verloren geht.

Folge der Auffassung von *Frotscher* ist jedoch, dass das personelle Substrat einer Gesellschaft stark in den Hintergrund tritt und letztlich § 8 Abs. 4 S. 2 KStG überflüssig macht. Denn *Frotscher* betont, dass Voraussetzung für den Verlustabzug einer Körperschaft ihre Unternehmensidentität ist. Für diese sei insbesondere das sachliche Substrat, also die Identität des Geschäftsbetriebes, entscheidend. Danach

---

87 Vgl. *Rombey/Imschweiler*, DStR 2007, 321 (322); *Behrens*, BB 2006, 1429 (1430); *Frotscher* in: Frotscher/Maas, KStG, § 8 Rn. 182a.

88 BFH v. 20.8.2003, I R 61/01, DStR 2003, 1921 ff.; BFH v. 20.8.2003, I R 81/02, GmbHR 2004, 126 ff.

89 Vgl. BFH v. 20.8.2003, I R 61/01, DStR 2003, 1921 (1923).

90 BFH v. 14.3.2006, I R 8/05, BB 2006, 1426 ff.

91 Zuletzt bestätigend BFH v. 8.5.2008, I R 87/07, DStR 2008, 2107 ff.

würde die persönliche Komponente einer Gesellschaft, also der Anteilseignerwechsel, lediglich einen Anlass zur Prüfung der Unternehmensidentität darstellen und hätte untergeordnete Bedeutung. Konsequenterweise müsste auch in keinerlei Hinsicht ein Zusammenhang zwischen dem Verlust des sachlichen und des persönlichen Substrats der Gesellschaft bestehen[92]. Zu dieser Schlussfolgerung kommt jedoch selbst *Frotscher* nicht[93].

Für die Auslegung des § 8 Abs. 4 KStG als Missbrauchsvorschrift spricht – neben den grundsätzlichen Bedenken der Gegenansicht – auch eine historisch-telelogische Auslegung der Norm.

Im Rahmen einer historisch-teleologischen Auslegung zeigt sich, dass nach seiner Entstehungsgeschichte § 8 Abs. 4 KStG a.F. dem Zweck der Missbrauchsvermeidung diente[94]. Wie dargestellt, diente die ursprüngliche Mantelkaufrechtsprechung der Verhinderung des Handels mit Verlustmänteln[95]. Die typische missbräuchliche Gestaltung, die § 8 Abs. 4 KStG a.F.[96] zugrunde liegt, liegt darin, dass die mehrheitliche Anteilsübertragung den neuen Anteilseignern die Möglichkeit eröffnet, auf die Verlustgesellschaft einzuwirken, und die Anteilseigner diese Möglichkeit dazu nutzen, der Verlustgesellschaft ertragbringendes Betriebsvermögen zuzuführen und dadurch eine Besteuerung der Erträge des zugeführten Betriebsvermögens bei sich zu vermeiden[97]. § 8 Abs. 4 KStG a.F. dient daher dazu, eine Umgehung der Besteuerung der Erträge des zugeführten Betriebsvermögens und damit missbräuchliche Gestaltungen zu verhindern.

Dieser Gesetzeszweck hat sich nicht durch Verschärfung im Jahr 1997 grundlegend geändert[98]. Tatbestandlich wurden lediglich die quantitativen Voraussetzungen (50% anstatt 75%) verändert bzw. der sachliche Anwendungsbereich (neben der Wiederaufnahme, auch die Fortführung des Geschäftsbetriebes) erweitert. Diese Erweiterungen des Anwendungsbereichs führen jedoch nicht dazu, dass § 8 Abs. 4 KStG nicht als Norm zur Verhinderung der Verlagerung von Besteuerungssubstrat verstanden wird[99]. Zwar besteht für § 8 Abs. 4 KStG n.F. keine Gesetzesbegründung, da die Norm erst im Vermittlungsausschuss in das Gesetzgebungsverfahren eingeführt wurde. Jedoch kann aus den veröffentlichten

---

92 Auf den sachlichen und zeitlichen Zusammenhang wird im Laufe der Arbeit eingegangen, vgl. unten 2. Teil, B. II. 1. c).

93 *Frotscher* in: Frotscher/Maas, KStG, § 8 Rn. 187.

94 Vgl. amtliche Begründung zu § 8 Abs. 4 KStG a.F., BT-Drs. 11/2157, S. 171.

95 Der BFH hat sich ursprünglich sogar ausdrücklich auf § 6 StAnpG berufen, vgl. oben 2. Teil, A. I. 1.

96 Vgl. BT-Drs. 11/2157, S. 171; die Verluste seien sonst veräußerbar.

97 *Simon* in: Heckschen/Simon, Umwandlungsrecht, § 13 Rn. 18; *Bock*, GmbHR 2004, 221 (225).

98 Vgl. *Bock*, GmbHR 2004, 221 (225).

99 Vgl. *Simon* in: Heckschen/Simon, Umwandlungsrecht, § 13 Rn. 18.

Parlamentsdokumenten der Missbrauchsvermeidungszweck entnommen werden. Der parlamentarische Sekretär äußerte sich am 17.9.1997 dahingehend, dass die bisher geltende Regelung zum Mantelkauf nicht ausreichend sei, um den missbräuchlichen Handel mit Verlustvorträgen zu unterbinden[100]. Auch die Berichterstatterin formulierte gegenüber dem Bundesrat diese gesetzgeberische Zielsetzung. Es gehe bei dem Mantelkauf gerade nicht um die Einschränkung der Verlustverrechnung mit zukünftigen Gewinnen, sondern vielmehr solle solchen Verlustkaufsmodellen entgegengewirkt werden, bei denen Verluste anderer Körperschaften rein steuerlich genutzt werden[101].

Nach der neuen Rechtsprechung des BFH sowie einer historisch-teleologischen Auslegung dient § 8 Abs. 4 KStG somit der Missbrauchsvermeidung. Dieser Telos ist den folgenden Ausführungen zugrunde zu legen.

II. Rechtliche und wirtschaftliche Identität

Gemäß § 8 Abs. 4 S. 1 KStG ist Voraussetzung für den Verlustabzug einer Körperschaft, dass sie nicht nur rechtlich, sondern auch wirtschaftlich mit der Körperschaft identisch ist, die den Verlust erlitten hat. Im Folgenden wird zunächst auf den Hauptanwendungsfall des § 8 Abs. 4 S. 2 KStG eingegangen. Sodann wird das Verhältnis des Regelbeispiels zu § 8 Abs. 4 S. 1 KStG dargestellt. Abschließend erfolgt eine Darstellung der Ausnahmeregelung des § 8 Abs. 4 S. 3 KStG.

1. Hauptanwendungsfall

Nach dem Regelbeispiel des § 8 Abs. 4 S. 2 KStG geht die wirtschaftliche Identität einer Kapitalgesellschaft insbesondere verloren, wenn mehr als 50% ihrer Gesellschaftsanteile übertragen werden und die Kapitalgesellschaft ihren Geschäftsbetrieb mit überwiegend neuem Betriebsvermögen fortführt oder wieder aufnimmt. Maßgeblich für den Verlust der wirtschaftlichen Identität einer Kapitalgesellschaft ist also, dass sich sowohl ihr personelles Substrat als auch ihr sachliches Substrat verändert hat. Darüber hinaus muss zwischen den beiden Merkmalen ein wirtschaftlicher und zeitlicher Zusammenhang bestehen.

a) Personelles Substrat

Das personelle Substrat einer Gesellschaft geht verloren, wenn mehr als 50% ihrer Gesellschaftsanteile übertragen werden.

---

100 BT-Drs. 13/8534.

101 Bundesrat Sitzung v. 5.9.1997 (715. Sitzung, Berichterstatterin Simon), S. 322.

aa) Anteile im Sinne des § 8 Abs. 4 S. 2 KStG

(1) Beteiligung an den Gesellschaftsrechten oder am Nennkapital

Unter den „Anteilen" gemäß § 8 Abs. 4 S. 2 KStG sind die Beteiligungen am Nennkapital einer Gesellschaft zu verstehen. Dies ist jedenfalls dann unstreitig, wenn die Beteiligung am Nennkapital der Stimmrechtsquote entspricht. Problematisch sind die Fälle, in denen die Stimmrechte von der Beteiligung am Nennkapital abweichen. Dazu kann es kommen, wenn bei einer Aktiengesellschaft stimmrechtslose Vorzugsaktien ausgegeben werden oder in der Satzung einer GmbH das Stimmrecht abweichend von § 47 Abs. 2 GmbHG festgelegt wird. Ob in diesem Fall im Rahmen des § 8 Abs. 4 S. 2 KStG auf die Beteiligung am Nennkapital oder auf die Stimmrechte abgestellt werden muss, ist streitig.

(a) Meinungsstand

Eine Ansicht[102] stellt im Rahmen des § 8 Abs. 4 S. 2 KStG auf die Stimmrechte ab, wenn diese von der Höhe der Beteiligung am Nennkapital abweichen. Werden 51% der Gesellschaftsanteile übertragen, mit denen weniger Stimmrechte verbunden sind, soll keine schädliche Anteilsübertragung vorliegen. Umgekehrt könne es zu einer Verlustabzugsbeschränkung kommen, wenn zwar nicht mehr als 50% des Nennkapitals, jedoch über 50% der Stimmrechte übertragen werden. Die Vertreter dieser Auffassung begründen dies damit, dass es im Rahmen des § 8 Abs. 4 KStG um die Beherrschungsmöglichkeit neuer Anteilseigner über die Verlustgesellschaft gehe, die der Gesellschaft ein neues Gepräge geben. Ein Gesellschafter, der über kein Stimmrecht verfügt, könne auf die Gesellschaft keinen entscheidenden Einfluss ausüben. Aus diesem Grunde komme es im Rahmen des § 8 Abs. 4 S. 2 KStG allein auf die Übertragung der Stimmrechte an.

Die Finanzverwaltung stellt zwar grundsätzlich auf die Beteiligung am Nennkapital ab[103]. Sobald mehr als 50% der Gesellschaftsanteile übertragen werden, liege ein schädlicher Anteilsübergang vor. Jedoch könne in Ausnahmefällen auch eine Übertragung von mehr als 50% der Stimmrechte ohne entsprechende Anteilsübertragung zu einem Verlust der wirtschaftlichen Identität der Körperschaft führen[104]. Die 50%ige Stimmrechtsübertragung sei nämlich ein mit dem Hauptanwendungsfall vergleichbarer Fall[105].

---

102 *Neumann*, FR 1999, 682 (683); *Thiel*, GmbHR 1990, 223 (225); *Wacke*, S. 99.
103 Vgl. BMF v. 16.4.1999, IV C 6 – S 2745 – 12/99, BStBl. I 1999, 455 (456, Rn. 3).
104 Vgl. BMF v. 16.4.1999, IV C 6 – S 2745 – 12/99, BStBl. I 1999, 455 (458, Rn. 30).
105 Ebenso *Frotscher* in: Frotscher/Maas, KStG, § 8 Rn. 185.

Der überwiegende Teil der Literatur ist der Auffassung, es komme ausschließlich auf die Beteiligung am Nennkapital an[106]. Eine Anteilsübertragung, die gemäß § 8 Abs. 4 S. 2 KStG zum Verlust der wirtschaftlichen Identität einer Gesellschaft führen kann, könne nur vorliegen, wenn mehr als 50% der Gesellschaftsanteile übertragen werden. Die damit verbundenen Stimmrechte seien für die Annahme einer schädlichen Anteilsübertragung nicht maßgeblich.

(b) Stellungnahme

Für die zuletzt genannte Ansicht spricht der Wortlaut des § 8 Abs. 4 S. 2 KStG. Unter einem Anteil an einer Kapitalgesellschaft wird nach dem allgemeinen Sprachgebrauch die Beteiligung am Nennkapital einer Gesellschaft verstanden. Hätte der Gesetzgeber auf die Stimmrechte abstellen wollen, hätte er dies – wie beispielsweise in § 7 Abs. 2 AStG – ausdrücklich normieren können. Zudem hat der BFH zu § 17 Abs. 1 S. 1 EStG festgestellt, dass – wenngleich vor dem Hintergrund eines anderen Normzwecks – Stimmrechte keine „Anteile an einer Kapitalgesellschaft" im Sinne der Vorschrift darstellen[107].

Für das alleinige Abstellen auf die Beteiligung an dem Nennkapital einer Gesellschaft spricht auch der Sinn und Zweck des § 8 Abs. 4 KStG. § 8 Abs. 4 KStG soll verhindern, dass neue Anteilseigner einer Verlustgesellschaft nur deshalb Gewinnquellen zuführen, um Verluste nutzbar zu machen und die Erträge bei sich einer Besteuerung zu entziehen. Verluste können sich aber nur solche Anteilseigner zu Nutzen machen, die an dem Gewinn und an dem Verlust einer Gesellschaft beteiligt sind. Für die Verlustbeteiligung, um die es im Rahmen des § 8 Abs. 4 KStG geht, kommt es gerade nicht darauf an, ob die neuen Anteilseigner die Verlustgesellschafter beherrschen. Vielmehr bestimmt allein das mit dem Anteilsbesitz verbundene Dividendenbezugsrecht regelmäßig den Schlüssel für die Teilnahme an Gewinn und Verlust.

Aus diesem Grunde stellt die 50%ige Stimmrechtsübertragung auch keinen dem § 8 Abs. 4 S. 2 KStG vergleichbaren Fall dar. Ein Gesellschafter, der zwar über ein 51%iges Stimmrecht, jedoch über keine gleichwertige Beteiligung am Nennkapital verfügt, kann sich die Verluste der Gesellschaft nur in Höhe seiner Beteiligung zu Nutze machen. Erwirbt ein Gesellschafter ein höheres Stimmrecht, kann er die Verluste der Gesellschaft nicht in entsprechender Höhe geltend machen. Von einem „Mantelkauf" kann also bei einem isolierten Erwerb von Stimmrechten

106 *Schloßmacher* in: H/H/R, KStG, § 8 Rn. 445; *Rengers* in: Blümich, KStG § 8 Rn. 930; *Hörger/Kemper*, DStR 1989, 15 (16); *Müller-Gatermann*, DStR 1991, 597 (600); *Prinz*, DStR 1997, 1963 (1964).

107 BFH v. 25.11.1997, VIII R 29/94, BStBl. II 1998, 257 ff.

nicht gesprochen werden. Unter „Anteile“ im Sinne des § 8 Abs. 4 KStG fällt nur die Beteiligung am Nennkapital der Gesellschaft.

(2) Problem: Genussrechte und Bezugsrechte

Ein Genussrecht ist ein Recht gegen die Gesellschaft mit vermögensrechtlichem Inhalt, also insbesondere das Recht auf einen Anteil am Gewinn der Gesellschaft. Die Genussrechte sind aber keine Mitgliedschaftsrechte, sondern Gläubigerrechte rein schuldrechtlicher Art, die durch den Vertragsschluss zwischen der Gesellschaft und dem Erwerber entstehen[108]. Schon daraus ergibt sich, dass die Übertragung von Genussrechten – nach der hier vertretenen Auffassung – nicht in den Anwendungsbereich des § 8 Abs. 4 KStG fallen kann. Unter „Anteile“ im Sinne des § 8 Abs. 4 S. 2 KStG fallen ausschließlich kapitalmäßige Beteiligungen[109]. Genussrechte gewähren hingegen weder Stimmrechte noch vermitteln sie gezeichnetes Kapital; sie scheiden daher aus dem Anwendungsbereich des § 8 Abs. 4 KStG aus[110].

Unter Bezugsrechten versteht man das Recht eines Anteilseigners, im Falle einer Kapitalerhöhung einen seinem Anteil an dem bisherigen Grundkapital entsprechenden Teil der neuen Gesellschaftsanteile zu fordern[111]. Das Bezugsrecht stellt also eine Art Anwartschaftsrecht dar. Es gibt jedem Gesellschafter die Möglichkeit, seine Beteiligungsquote an der Kapitalgesellschaft zu erhalten. Im Aktiengesetz ist das Bezugsrecht ausdrücklich in §§ 186, 203 AktG geregelt. Im GmbH-Recht existiert zwar keine entsprechende Regelung, es ist jedoch allgemein anerkannt, dass auch dort Bezugsrechte bestehen[112].

Zum Teil wird in der Literatur vertreten, dass unter die Anteilsübertragung nach § 8 Abs. 4 KStG auch die Übertragung von Bezugsrechten fällt[113]. Die entgeltliche Übertragung eines Bezugsrechts müsse einer Anteilsübertragung gleichgestellt werden. Zur Begründung wird auf die Rechtsprechung des BFH[114] zu § 17 Abs. 1 S. 2 EStG verwiesen[115].

---

108 *K. Schmidt,* Gesellschaftsrecht, § 18 II 2 d (S. 521).

109 Vgl. oben 2. Teil, B. II. 1. a) aa).

110 So die h.M. z.B. *Janssen* in: Mössner/Seeger, KStG § 8 Rn. 1131; *B. Lang* in: Ernst&Young, KStG, § 8 Rn. 1262.1; *Frotscher* in: Frotscher/Maas, KStG § 8 Rn. 185; *a.A. Dötsch* in: Dötsch/Jost/Pung/Witt, KStG, § 8 Abs. 4 Rn. 49; *Müller-Gatermann*, DStR 1991, 597 (600).

111 *K. Schmidt,* Gesellschaftsrecht, § 29 III 2 d (S. 901 f.).

112 *K. Schmidt*, Gesellschaftsrecht, § 38 V 1 a ee (S. 1174 f.).

113 *Dötsch* in: Dötsch/Jost/Pung/Witt, KStG, § 8 Abs. 4 Rn. 49; *Neumann*, FR 1999, 682 (683); vgl. auch *Müller-Gatermann*, DStR 1991, 597 (600).

114 BFH v. 13.10.1992, VIII R 3/89, GmbHR 1993, 378.

115 *Neumann*, FR 1999, 682 (683).

Dieser Auffassung kann mit der überwiegenden Literaturansicht[116] nicht gefolgt werden. Nach § 17 Abs. 1 S. 1 EStG ist nämlich der Gewinn aus der Veräußerung von Anteilen an einer Kapitalgesellschaft steuerpflichtig, wenn der Veräußerer innerhalb der letzten fünf Jahre am Kapital der Gesellschaft zu mindestens 1% beteiligt war. Nach § 17 Abs. 1 S. 3 EStG stehen den Anteilen die Anwartschaften auf solche Beteiligungen gleich. Würden von § 17 EStG die Bezugsrechte nicht erfasst, hätte dies die Folge, dass der Fünfjahreszeitraum des § 17 EStG leicht umgangen werden könnte. Diese Gefahr besteht innerhalb des § 8 Abs. 4 KStG nicht. Vielmehr ist es ausreichend, auf den Zeitpunkt abzustellen, in dem das Bezugsrecht tatsächlich in Anspruch genommen wird und neue Gesellschaftsanteile übertragen werden.

Die Übertragung von Genussrechten oder Bezugsrechten kann also nicht zu dem Verlust der wirtschaftlichen Identität einer Gesellschaft führen.

bb) Übertragung

Des Weiteren ist zu untersuchen, was unter einer Anteilsübertragung zu verstehen ist. Dabei kommen eine entgeltliche und unentgeltliche sowie eine unmittelbare und mittelbare Übertragung in Betracht.

(1) Unmittelbare Übertragung

Von einer unmittelbaren Übertragung spricht man, wenn Gesellschaftsanteile einer Verlustgesellschaft von einem Anteilseigner auf einen anderen – neuen oder bestehenden – Anteilseigner übertragen werden. Ob eine Übertragung der Anteile vorliegt, muss nach zivilrechtlichen Maßstäben beurteilt werden. Entscheidend ist also der Wechsel der zivilrechtlichen Eigentümerstellung[117]. Die Finanzverwaltung versteht unter der Anteilsübertragung grundsätzlich jede entgeltliche und unentgeltliche Anteilsübertragung[118].

116 *Frotscher* in: Frotscher/Maas, KStG, § 8 Rn. 185; *B. Lang* in: Ernst&Young, KStG, § 8 Rn. 1262.1; *Janssen* in: Mössner/Seeger, KStG, § 8 Rn. 1131.

117 H.M., vgl. *B. Lang* in: Ernst&Young, KStG, § 8 Rn. 1263; *Frotscher* in: Frotscher/Maas, KStG, § 8 Rn. 185a; *Rengers* in: Blümich, KStG, § 8 Rn. 931; *a.A. Simon* in: Heckschen/Simon, Umwandlungsrecht, § 13 Rn. 22, der auf das wirtschaftliche Eigentum an den Anteilen abstellen will.

118 BMF v. 16.4.1999, IV C 6 – S 2745 – 12/99, BStBl. I 1999, 455 (455, Rn. 04).

(a) Entgeltliche Übertragung

Teilweise[119] wird vertreten, § 8 Abs. 4 KStG erfasse nur entgeltliche rechtsgeschäftliche Übertragungen. Verschmelzungen[120], Kapitalerhöhungen und Einbringungen von Betrieben, Teilbetrieben oder Mitunternehmeranteilen seien nicht vom Zweck der Vorschrift erfasst, da dieser in der Verhinderung des Verkaufs von Verlusten liege. Jedoch seien diese Fälle möglicherweise mit § 8 Abs. 4 S. 2 KStG wirtschaftlich vergleichbar und über § 8 Abs. 4 S. 1 KStG zu lösen[121]. Von letzterem geht auch die Finanzverwaltung aus, sobald sich die Beteiligungsquote an der Verlustgesellschaft dadurch zu mehr als 50% verändert[122].

Nach der Gegenansicht[123] kann eine „Übertragung" im Sinne des § 8 Abs. 4 S. 2 KStG auch im Wege der Verschmelzung und Spaltung sowie der Kapitalerhöhung erfolgen. Aus dem Wortlaut der Vorschrift lasse sich nichts Gegenteiliges entnehmen.

Diese Auffassung kann nicht überzeugen. Denn die Anteilsübertragung im Sinne des § 8 Abs. 4 S. 2 KStG ist nach zivilrechtlichen Maßstäben zu bestimmen. Entscheidend ist daher, ob eine rechtsgeschäftliche Übertragung der Gesellschaftsanteile vorliegt. Eine Umstrukturierung, bei der Gesellschaftsanteile auf einen Erwerber von Gesetzes wegen übergehen, ist daher kein Fall des § 8 Abs. 4 S. 2 KStG.

Allerdings können Umwandlungen und Kapitalerhöhungen einen dem Hauptanwendungsfall vergleichbaren Fall darstellen. Dies muss jedenfalls dann gelten, wenn sich durch diese Maßnahmen die Beteiligungsverhältnisse an der Gesellschaft um mehr als 50% verändern. Im Rahmen des § 8 Abs. 4 S. 1 KStG kommt es nicht darauf an, ob neuen oder bereits bestehenden Gesellschaftern Anteile übertragen werden. Ändert sich daher infolge einer Kapitalerhöhung oder Umwandlung das Beteiligungsverhältnis an einer Verlustgesellschaft zu mehr als 50%, ist das persönliche Substrat der Gesellschaft gleichermaßen betroffen wie bei der rechtsgeschäftlichen Anteilsübertragung. Die vorhandenen Verluste können dann wirtschaftlich von Personen genutzt werden, die im Zeitpunkt der Verlustentstehung nicht in dieser Höhe an der Gesellschaft beteiligt waren.

---

119 *Streck/Schwedhelm*, FR 1989, 153 (156); *Brendt* in: Erle/Sauter, KStG, § 8 Rn. 507; *Dötsch* in: Dötsch/Jost/Pung/Witt, KStG, § 8 Abs. 4 Rn. 50.

120 Für den Fall der Verschmelzung *Hölzle*, FR 2006, 447 (455); *Hans*, FR 2005, 907 ff.

121 *Brendt* in: Erle/Sauter, KStG, § 8 Rn. 507; *B. Lang* in: Ernst&Young, KStG, § 8 Rn. 1264; *Schloßmacher* in: H/H/R, KStG, § 8 Rn. 446.

122 BMF v. 16.4.1999, IV C 6 – S 2745 – 12/99; BStBl. I 1999, 455 (457, Rn. 26).

123 *Simon* in: Heckschen/Simon, Umwandlungsrecht, § 13 Rn. 21; *Wacke*, S. 101 f.

(b) *Unentgeltliche Übertragung*

Neben der entgeltlichen ist grundsätzlich auch die unentgeltliche Anteilsübertragung von § 8 Abs. 4 S. 2 KStG erfasst. Davon ausgenommen ist die Anteilsübertragung durch Erbfall einschließlich der Erbauseinandersetzung[124]. Die Anteilsübertragung durch Erbfall stellt keine rechtsgeschäftliche Abtretung dar, so dass sie vom Anwendungsbereich des § 8 Abs. 4 S. 2 KStG nicht erfasst wird.

Nach dem Erlass der Finanzverwaltung zu § 8 Abs. 4 KStG soll eine Anteilsübertragung im Wege der vorweggenommenen Erbfolge zum Verlust der wirtschaftlichen Identität einer Gesellschaft führen können[125]. Dieser Auffassung hat sich ein Teil der Literatur angeschlossen[126]. Bei der Anteilsübertragung durch vorweggenommene Erbfolge handele es sich nicht um eine erbrechtliche, sondern um eine schuldrechtliche Übertragung. Der Anteilseignerwechsel sei gestaltbar und daher vom Sinn und Zweck der Vorschrift erfasst. Der Erbfall stelle dabei lediglich das Motiv für die Anteilsübertragung dar.

Die Gegenansicht[127] hält eine Anteilsübertragung im Wege der vorweggenommenen Erbfolge nicht für eine Anteilsübertragung im Sinne des § 8 Abs. 4 KStG. Die Schlechterstellung der vorweggenommenen Erbfolge gegenüber dem Erbfall und der Erbauseinandersetzung sei nicht gerechtfertigt. Zudem werde bei der vorweggenommenen Erbfolge die schuldrechtliche Übertragungsform durch die erbrechtliche Zielsetzung überlagert.

Der Auffassung der Finanzverwaltung ist dahingehend zuzustimmen, dass es sich bei der Anteilsübertragung im Wege der vorweggenommenen Erbfolge um eine schuldrechtliche und nicht um eine erbrechtliche Übertragung handelt. Allein deshalb könnte man annehmen, eine solche Übertragung stelle eine Übertragung im Sinne des § 8 Abs. 4 KStG dar.

Allerdings hat der Gesetzgeber bei der Erbschaftsbesteuerung eine Schlechterstellung der vorweggenommenen Erbfolge gegenüber dem Erbfall bewusst vermieden. Der Anteilserwerb im Wege der vorweggenommenen Erbfolge wird nach §§ 13a, 19a ErbStG genauso privilegiert wie der Erwerb von Todes wegen. Diese Gleichstellung ist auch vor dem Hintergrund einer Planung des Generationenwechsels sinnvoll. Auch im Rahmen des § 8 Abs. 4 KStG kann nicht überzeugen,

---

124 BMF v. 16.4.1999, IV C 6 – S 2745 – 12/99, BStBl. I 1999, 455 (455, Rn. 04); *Schloßmacher* in: H/H/R, KStG, § 8 Rn. 446; *Frotscher* in: Frotscher/Maas, KStG, § 8 Rn. 186; *Brendt* in: Erle/Sauter, KStG, § 8 Rn. 504; *B. Lang* in: Ernst&Young, KStG, § 8 Rn. 1263.0.6.

125 BMF v. 16.4.1999, IV C 6 – S 2745 – 12/99, BStBl. I 1999, 455 (455, Rn. 04).

126 *Frotscher* in: Frotscher/Maas, KStG, § 8 Rn. 186; *Brendt* in: Erle/Sauter, KStG, § 8 Rn. 505.

127 *B. Lang* in: Ernst&Young, KStG, § 8 Rn. 1263.1; *Schloßmacher* in. H/H/R, KStG, § 8 Rn. 446; *Schwedhelm* in: Streck, KStG (6. Auflage), § 8 Rn. 152.

warum die Verlustnutzung von dem ungewissen Fall des Erbfalls abhängig gemacht werden soll. Die wirtschaftliche Identität einer Gesellschaft ist bei einer Anteilsübertragung im Wege der vorweggenommenen Erbfolge genauso betroffen wie bei einer Anteilsübertragung durch Erbfall, wenn der Erbe durch Zuführung neuen Betriebsvermögens den Geschäftsbetrieb der Gesellschaft ausweitet.

Auch kann kaum angenommen werden, dass die Anteilsübertragung im Wege der vorweggenommenen Erbfolge regelmäßig nur deshalb erfolgt, um den neuen Anteilseignern die Verluste der Gesellschaft zu Nutzen zu machen. Das Motiv, Gesellschaftsanteile vor dem Erbfall im Wege der vorweggenommenen Erbfolge zu übertragen, liegt vielmehr in der Regel darin, den Generationenwechsel zu vereinfachen und die Fortführung eines Unternehmens abzusichern. Eine missbräuchliche Gestaltung immer dann anzunehmen, wenn eine Anteilsübertragung durch vorweggenommene Erbfolge vorliegt, ginge zu weit und wäre mit Sinn und Zweck des § 8 Abs. 4 KStG nicht vereinbar. Die vorweggenommene Erbfolge sollte daher – entgegen der Auffassung der Finanzverwaltung – nicht von § 8 Abs. 4 KStG erfasst sein.

(2) Mittelbare Übertragung

Eine mittelbare Anteilsübertragung liegt dann vor, wenn nicht die Anteile an der Verlustgesellschaft selbst, sondern die Anteile einer der Verlustgesellschaft übergeordneten Gesellschaft übertragen werden.

(a) Literaturauffassung

Wie die mittelbare Anteilsübertragung zu behandeln ist, ist innerhalb der Literatur umstritten. Zum Teil[128] wird vertreten, § 8 Abs. 4 S. 2 KStG finde auf die mittelbare Anteilsübertragung keine Anwendung. § 8 Abs. 4 KStG müsse als Ausnahmevorschrift restriktiv ausgelegt werden. Andere stellen auf eine wirtschaftliche Betrachtungsweise ab[129]. Entscheidend sei nur, ob sich die Mehrheit des Gesellschaftereinflusses verändere. Bei einer konzerninternen Umstrukturierung ohne Veränderung der Konzernspitze könne davon nicht gesprochen werden.

(b) Auffassung der Verwaltung und des BFH

Die Finanzverwaltung hat im Rahmen des Verwaltungserlasses zu § 8 Abs. 4 KStG noch die Ansicht vertreten, dass der Verlustabzug nach § 8 Abs. 4 KStG

128 *Kröner*, DStR 1998, 1495 (1497); *Bock*, GmbHR 2004, 221 (226).
129 *Moog*, DB 2000, 1638 (1639).

auch dann verloren gehen kann, wenn mittelbar gehaltene Beteiligungen an der Verlustgesellschaft übertragen werden[130].

Dieser Auffassung hat der BFH in seinem Urteil vom 20.8.2003[131] eine Absage erteilt. Die mittelbare Anteilsübertragung sei weder von dem Wortlaut noch von dem Sinn und Zweck des § 8 Abs. 4 S. 2 KStG erfasst. Die Gleichstellung einer mittelbaren und unmittelbaren Beteiligung bedürfe grundsätzlich einer ausdrücklichen gesetzlichen Einbeziehung. § 8 Abs. 4 S. 2 KStG spreche jedoch nur von einer Anteilsübertragung, woraus nicht geschlossen werden könne, dass auch Anteilsübertragungen auf mittelbarer Gesellschaftsebene erfasst sind. Auch sei die mittelbare Anteilsübertragung nicht mit dem Sinn und Zweck der Norm, den Handel mit „GmbH-Mänteln" zu unterbinden, vereinbar. Der BFH betonte, dass sich die wirtschaftliche Identität einer Körperschaft grundsätzlich durch ihren Unternehmensgegenstand bestimmt. Die personelle Komponente sei zur Vermeidung von Umgehungsmöglichkeiten eingeführt worden. Betroffen sei dabei aber ausdrücklich nur die erste Stufe der Anteilseignerebene. Eine Veränderung auf höher gestaffelter Ebene sei hingegen unbeachtlich[132].

Da das Bundesfinanzministerium das Urteil des BFH im Bundessteuerblatt veröffentlicht hat[133], ist die Finanzverwaltung an die BFH-Rechtsprechung gebunden. An seiner Auffassung zur mittelbaren Anteilsübertragung hält die Finanzverwaltung daher nicht mehr fest.

(c) Stellungnahme

Der neueren BFH-Rechtsprechung ist zuzustimmen. Hätte der Gesetzgeber die mittelbare Anteilsübertragung erfassen wollen, hätte er dies in den Wortlaut der Norm ausdrücklich aufnehmen müssen. Schon der Wortlaut des § 8 Abs. 4 S. 2 KStG lässt nicht den Schluss zu, dass auch mittelbare Anteilsübertragungen, beispielsweise auf Ebene einer Großmuttergesellschaft, zu dem Verlust der wirtschaftlichen Identität einer Enkelgesellschaft führen können.

Aber auch der Sinn und Zweck des § 8 Abs. 4 KStG spricht gegen die pauschale Erfassung mittelbarer Anteilsübertragungen. Im Rahmen des § 8 Abs. 4 KStG geht es darum, Gestaltungen zu verhindern, im Rahmen derer ein neuer Anteilseigner einer Verlustkapitalgesellschaft nur deshalb neues Betriebsvermögen zuführt, um die vorhandenen Verluste für sich nutzbar zu machen und auf diese Weise einer Besteuerung zu entgehen. Denn es ist fernliegend, pauschal anzunehmen, dass

---

130 BMF v. 16.4.1999, IV C 6 – S 2745 – 12/99, BStBl. I 1999, 455 (457, Rn. 28).
131 BFH v. 20.8.2003, I R 61/01, DStR 2003, 1921 ff.
132 BFH v. 20.8.2003, I R 61/01, DStR 2003, 1921 (1923).
133 BStBl. II 2004, 616 ff.

eine Anteilsübertragung auf Ebene einer Großmuttergesellschaft typischerweise deshalb erfolgt, um den neuen Anteilseignern die Verluste der Enkelgesellschaft mittelbar zu Nutze zu machen. Die Anteilsübertragung auf mittelbarer Gesellschaftsebene erfolgt in vielen Fällen gerade nicht wegen möglicher bestehender Verluste auf untergeordneter Gesellschaftsebene. Dies gilt erst Recht für konzerninterne Umstrukturierungen, die – falls auch mittelbare Anteilsübertragungen zu einem Verlust der wirtschaftlichen Identität einer Gesellschaft führen können – zu einem Verlustuntergang führen würden, sobald mehr als 50% der Gesellschaftsanteile verschoben werden. Denn konzerninterne Umstrukturierungen erfolgen in einer Vielzahl von Fällen gerade nicht aus steuerlichen, sondern aus wirtschaftlichen Gründen. Die Verlustnutzung auf mittelbarer Konzernebene spielt im Regelfall bei derartigen Umstrukturierungen – wenn überhaupt – eine untergeordnete Rolle. Die Erfassung mittelbarer Anteilsübertragungen ist insbesondere im Hinblick auf mehrstufige oder internationale Konzerne mit dem Sinn und Zweck der Vorschrift, missbräuchliche Gestaltungen zu verhindern, unvereinbar.

(3) Zwischenergebnis

Unter die Anteilsübertragung im Sinne des § 8 Abs. 4 S. 2 KStG fällt grundsätzlich jede unmittelbare entgeltliche und unentgeltliche Übertragung von Gesellschaftsanteilen.

Im Rahmen der entgeltlichen Übertragung können auch eine Kapitalerhöhung sowie Umwandlungen zum Verlust der wirtschaftlichen Identität einer Gesellschaft führen, wenn sich durch diese Maßnahmen die Beteiligungsquote an der Verlustgesellschaft zu mehr als 50% verändert. Da es sich dabei nicht um rechtsgeschäftliche Übertragungen handelt, sind diese Fälle über § 8 Abs. 4 S.1 KStG zu lösen.

Im Rahmen der unentgeltlichen Übertragungen werden ausschließlich rechtsgeschäftliche Anteilsübertragungen erfasst. Übertragungen im Wege des Erbfalls fallen daher nicht in den Anwendungsbereich des § 8 Abs. 4 S. 2 KStG. Darüber hinaus muss eine Ausnahme für Anteilsübertragungen im Wege der vorweggenommenen Erbfolge gelten, die – ebenso wie Anteilsübertragungen durch Erbfall oder Erbauseinandersetzung – nicht zu einem Verlust der wirtschaftlichen Identität einer Gesellschaft führen können.

b) Sachliches Substrat

Für den Verlust ihrer wirtschaftlichen Identität muss eine Gesellschaft nach § 8 Abs. 4 S. 2 KStG nicht nur ihr personelles, sondern auch ihr sachliches Substrat verändern. Das sachliche Substrat einer Gesellschaft verändert sich, wenn die

Gesellschaft ihren Geschäftsbetrieb mit überwiegend neuem Betriebsvermögen fortführt oder wieder aufnimmt.

aa) Betriebsvermögen

In Rn. 9 des Erlasses zu § 8 Abs. 4 KStG[134] bestimmt die Finanzverwaltung unter Berufung auf das BFH-Urteil vom 13.8.1997[135] den Begriff des Betriebsvermögens als Aktivvermögen. Auch in der Literatur besteht weitgehend Einigkeit darüber, dass unter dem Betriebsvermögen im Sinne des § 8 Abs. 4 S. 2 KStG nur das Aktivvermögen verstanden wird[136]. Der BFH hatte in zwei Entscheidungen aus jüngerer Vergangenheit den Begriff Aktivvermögen näher mit „Anlagevermögen" beschrieben[137]. Daraus wurde in der Literatur teilweise der Schluss gezogen, dass das Betriebsvermögen auf das Anlagevermögen beschränkt ist[138].

Von dieser Auffassung hat der BFH mit Urteil vom 5.6.2007 ausdrücklich Abstand genommen und erklärt, dass in das zu betrachtende Aktivvermögen auch das Umlaufvermögen jedenfalls dann einzubeziehen ist, wenn es zu einer Änderung des Unternehmensgegenstandes (Branchenwechsel) gekommen ist und deshalb die Wirtschaftsgüter des Umlaufvermögens für das Unternehmen prägend sind[139]. Vor dem Hintergrund, dass ein Branchenwechsel einer Verlustgesellschaft ein starkes Indiz dafür ist, dass es den neuen Anteilseignern bei der Übernahme der Gesellschaft nicht um den Geschäftsbetrieb dieser Gesellschaft, sondern um die Übernahme der vorhandenen steuerlichen Verluste ging, kann die BFH-Rechtsprechung überzeugen[140].

Zu der Frage, ob in das zu betrachtende Aktivvermögen auch dann das Umlaufvermögen einzubeziehen ist, wenn kein Branchenwechsel bei der Verlustgesellschaft eingetreten ist, hat der Senat in seinen Entscheidungsgründen nicht eindeutig Stellung genommen. Da in dem zu entscheidenden Fall unstreitig ein

---

134 BMF v. 16.4.1999, IV C 6 – S 2745 – 12/99, BStBl. I 1999, 455 ff.

135 BFH v. 13.8.1997, I R 89/96, BStBl. II 1997, 829 ff.

136 *B. Lang* in: Ernst&Young, KStG, § 8 Rn. 1273.1 ff.; *Brendt* in: Erle/Sauter, KStG, § 8 Rn. 521; *Frotscher* in: Frotscher/Maas, KStG, § 8 Rn. 188; *Schloßmacher* in: H/H/R, KStG, § 8 Rn. 451; *Müller-Gatermann*, DStR 1991, 597 (600).

137 BFH v. 8.8.2001, I R 29/00, FR 2001, 1285 (1286); BFH v. 26.4.2004, I R 112/03, BB 2004, 2387 (2388).

138 *Herzberg*, DStR 2002, 1290 (1291); *ders.*, DStR 2001, 553 (557).

139 BFH v. 5.6.2007, I R 9/06, GmbHR 2007, 48 (51); ob der BFH bisher das Betriebsvermögen auf das Anlagevermögen beschränken wollte, geht aus der aktuellen Entscheidung nicht eindeutig hervor („soweit der bisherigen Rspr. etwas anders entnommen werden könnte, hält der Senat daran nicht mehr fest.").

140 Ebenso *Prokscha*, BB 2008, 310 (312).

Branchenwechsel vorlag, konnte der BFH sich einer „jedenfalls dann"-Formulierung bedienen.

Überzeugend ist es, unter dem Betriebsvermögen im Sinne des § 8 Abs. 4 S. 2 KStG stets das gesamte Aktivvermögen zu verstehen. Zum einen lässt sich dem Wortlaut des § 8 Abs. 4 S. 2 KStG nicht entnehmen, dass das Betriebsvermögen lediglich das Anlagevermögen umfassen soll[141]. Zum anderen kann die Zuführung von Umlaufvermögen die wirtschaftliche Identität einer Gesellschaft genauso wie die Zuführung von Anlagevermögen gefährden[142]. Zudem ist zu beachten, dass es Gesellschaften gibt, die entweder über gar kein Anlagevermögen verfügen oder bei denen dieses vollständig abgeschrieben ist. Würde im Rahmen des § 8 Abs. 4 KStG nur auf das Anlagevermögen abgestellt, läge bei jeder Neuanschaffung einer solchen Gesellschaft überwiegend neues Betriebsvermögen vor. Dieses Ergebnis ist mit dem Sinn und Zweck des § 8 Abs. 4 KStG, Missbräuche zu vermeiden, nicht vereinbar. Unter dem Betriebsvermögen im Sinne des § 8 Abs. 4 S. 2 KStG kann somit nur das gesamte Aktivvermögen verstanden werden.

bb) „Neues" Betriebsvermögen

Gemäß § 8 Abs. 4 S. 2 KStG muss das Betriebsvermögen als „neu" qualifiziert werden. Dies ist regelmäßig dann gegeben, wenn Betriebsvermögen einer Gesellschaft zugeführt wird. Das Erfordernis der Zuführung neuen Betriebsvermögens ergibt sich zwar nicht unmittelbar aus dem Wortlaut des § 8 Abs. 4 S. 2 KStG, jedoch indirekt aus § 8 Abs. 4 S. 3 KStG[143].

In diesem Zusammenhang stellt sich die Frage, durch wen die Zuführung des neuen Betriebsvermögens erfolgen muss, also nach der Quelle des Betriebsvermögens. Unter einer Betriebsvermögenszuführung könnte bereits jede Anschaffung neuen Sachanlagevermögens mit den von der Gesellschaft erwirtschafteten Mitteln verstanden werden. Andererseits könnten auch nur solche Vermögenszugänge als Betriebsvermögenszuführungen angesehen werden, die von außerhalb der Gesellschaft stammen. Dabei kommt als Quelle des neuen Betriebsvermögens entweder ein Gesellschafter oder ein – von der Gesellschaft unabhängiger – Dritter in Betracht.

---

141 Vgl. *Brendt* in: Erle/Sauter, KStG, § 8 Rn. 521; *B. Lang* in: Ernst&Young, KStG, § 8 Rn. 1273.1.2.1.

142 *Frotscher* in: Frotscher/Maas, KStG, § 8 Rn. 188a; *Schloßmacher* in: H/H/R, KStG, § 8 Rn. 451; *Simon* in: Heckschen/Simon, Umwandlungsrecht, § 13 Rn. 36.

143 Durch die Verwendung des bestimmten Artikels in S. 3 wird deutlich, dass jede Form von überwiegend neuem Betriebsvermögen im Sinne des S. 2 stets auch eine Zuführung des Betriebsvermögens darstellt.

(1) Betriebsvermögenszuführung durch „Innenfinanzierung“?

Das Schrifttum ist bisher einhellig davon ausgegangen, dass die Betriebsvermögenszuführung im Sinne des § 8 Abs. 4 S. 2 KStG nur vorliegt, wenn das Betriebsvermögen der Gesellschaft „von außen“, also von Gesellschaftern oder – von der Gesellschaft unabhängigen – Dritten zugeführt wird[144]. Eine Zuführung neuen Betriebsvermögens könne hingegen nicht angenommen werden, wenn die Gesellschaft aus eigenen Mitteln ihre Aktiva vermehrt bzw. austauscht[145].

In den Verwaltungserlass vom 16.4.1999[146] hat zwar die ursprüngliche Formulierung aus dem Erlassentwurf vom 7.7.1998, dass das Betriebsvermögen von „außerhalb“ der Verlustgesellschaft stammen muss, keinen Eingang gefunden. Jedoch enthält der Erlass die Aussage, dass das Betriebsvermögen über Einlagen und Fremdmittel zugeführt bzw. finanziert sein muss[147]. Auch die Finanzverwaltung ist also der Auffassung, dass nur die Zuführung neuen Betriebsvermögens „von außen“ eine schädliche Betriebsvermögenszuführung nach § 8 Abs. 4 S. 2 KStG darstellen kann, nicht hingegen eigenfinanzierte Betriebsvermögensmehrungen[148].

Diesen Auffassungen hat der BFH jüngst widersprochen. In seiner Entscheidung vom 5.6.2007 hat der BFH erstmals geurteilt, dass auch „innenfinanzierte“ Anschaffungen einer Gesellschaft eine Zuführung neuen Betriebsvermögens gemäß § 8 Abs. 4 S. 2 KStG darstellen können[149]. Dies gelte jedenfalls dann, wenn eine solche „Betriebsvermögenszuführung“ im Zusammenhang mit einer Änderung des Unternehmensgegenstandes, also einem Branchenwechsel, stehe.

Dass auch „innenfinanzierte“ Anschaffungen einer Gesellschaft eine Betriebsvermögenszuführung darstellen können, kann nicht überzeugen. Schon nach der ursprünglichen Mantelkaufrechtsprechung des BFH war für die Verlustversagung einer Körperschaft eine Vermögenszuführung durch neu eintretende Gesellschafter erforderlich[150].

Maßgeblich im Rahmen des § 8 Abs. 4 S. 2 KStG ist der Verlust der wirtschaftlichen Identität einer Gesellschaft. Diese Voraussetzung ist bei einer „innenfinanzierten“ Anschaffung nicht gegeben. Tätigt eine Gesellschaft größere An-

---

144 *Hörger/Endres*, DB 1998, 335 (336); *Lenz/Behnes*, BB 2005, 2219 (2223); *Fuhrmann*, DB 2001, 1690 (1692); *Golücke/Reiser*, GmbHR 2002, 1187 (1189).

145 *Lenz/Behnes*, BB 2005, 2219 (2223); *Golücke/Reiser*, GmbHR 2002, 1187 (1189).

146 BMF v. 16.4.1999, IV C 6 – S 2745 – 12/99, BStBl. I 1999, 455 ff.

147 BMF v. 16.4.1999, IV C 6 – S 2745 – 12/99, BStBl. I 1999, 455 (456, Rn. 9).

148 So auch *Brendt* in: Erle/Sauter, KStG, § 8 Rn. 541; *Schloßmacher* in: H/H/R, KStG, § 8 Rn. 452; *Rombey/Imschweiler*, DStR 2007, 321 (324).

149 BFH v. 5.6.2007, I R 106/05, FR 2008, 79 ff.; in seinem Urteil vom 26.5.2004 hatte der BFH diese Frage noch ausdrücklich offen gelassen, vgl. BFH v. 26.5.2004, I R 112/03, BB 2004, 2387 (2388).

150 Vgl. z.B. BFH v. 15.2.1966, I 112/63, BStBl. III 1966, 289 (290).

schaffungen durch erwirtschaftete Gewinne oder veräußert sie einen Teil ihrer Betriebsgrundlage, um neue Betriebsgrundlagen zu schaffen, liegt darin kein Verlust der wirtschaftlichen Identität einer Gesellschaft, sondern lediglich eine Umschichtung ihrer Aktiva. Dies gilt jedenfalls dann, wenn das Unternehmen seinen Unternehmensgegenstand unverändert fortführt. Es kann nicht angenommen werden, dass sich die wirtschaftliche Identität z.B. eines Industrieunternehmens, welches sein Betriebsgrundstück verkauft und mit dem Erlös ein neues Betriebsgrundstück erwirbt, verändert.

Aber auch im Fall eines Branchenwechsels stellen „innenfinanzierte" Anschaffungen keine Zuführung von Betriebsvermögen dar. Denn die Frage, ob der Gesellschaft Betriebsvermögen zugeführt wurde, ist unabhängig von der Frage zu beantworten, ob ein Branchenwechsel vorliegt[151]. Im Falle einer „innenfinanzierten" Maßnahme liegt gerade keine Zuführung von Betriebsvermögen vor, sondern eine Umschichtung der Aktiva der Gesellschaft. Ein Branchenwechsel der Gesellschaft kann nicht dazu führen, dass die Betriebsvermögenszuführung anders definiert wird.

Innenfinanzierungen können daher keine Betriebsvermögenszuführung gemäß § 8 Abs. 4 S. 2 KStG darstellen.

(2) Betriebsvermögenszuführung durch Außenstehende

Sollen eigenfinanzierte Aktivzugänge nicht unter § 8 Abs. 4 S. 2 KStG fallen, ist damit noch keine Aussage darüber getroffen worden, ob nur Betriebsvermögensmehrungen die wirtschaftliche Identität verändern können, die von einem neuen Anteileigner stammen, oder auch solche Mehrungen, die von dritter Seite herrühren. Der BFH[152] hat im Urteil vom 8.9.2001 – ohne nähere Begründung – festgestellt, dass auch von dritter Seite zugeführte Ersatzbeschaffungen im Ergebnis steuerschädlich seien. Diese Rechtsprechung hat der BFH jüngst bestätigt[153].

Ein Teil der Literatur vertritt die Auffassung, Betriebsvermögenszuführungen von dritter Seite seien nie schädlich im Sinne des § 8 Abs. 4 S. 2 KStG[154]. § 8 Abs. 4 KStG solle verhindern, dass neue Gesellschafter ertragbringendes Betriebsvermögen auf die Verlustgesellschaft verlagern, um so einer Besteuerung der daraus fließenden Erträge zu entgehen. Ein Außenstehender, der im Rahmen

---

151 Dies hat das FG Berlin-Brandenburg zwar in einem anderen Zusammenhang, aber zutreffend festgestellt, vgl. FG Berlin-Brandenburg v. 14.11.2007, 12 K 8379/03, EFG 2008, 433 (434).

152 BFH v. 8.8.2001, I R 29/00, FR 2001, 1285 (1287).

153 BFH v. 29.4.2008, I R 91/05, DB 2008, 2340 ff.

154 *Bock*, GmbHR 2004, 221 (228); *Simon* in: Heckschen/Simon, Umwandlungsrecht, § 13 Rn. 44 f.; *Lenz/Behnes*, BB 2005, 2219 (2224).

eines üblichen Geschäftsvorgangs einer Verlustkapitalgesellschaft Betriebsvermögen zuführt, erhalte in der Regel dafür eine angemessene und übliche Gegenleistung. Wegen der steuerlichen Erfassung der erbrachten Gegenleistung liege zwar eine Verlagerung von Gewinnpotential auf die Verlustgesellschaft vor, jedoch mangele es an einer schädlichen Verlagerung von Besteuerungssubstrat[155].

Dötsch vertritt die Auffassung, es komme nicht darauf an, ob das Betriebsvermögen durch einen Gesellschafter oder durch einen Dritten zugeführt werde[156]. Entscheidend sei allein, ob ein eigenfinanzierter Aktivzugang vorliegt oder nicht. Nur bei letzterem komme ein Verlust der wirtschaftlichen Identität überhaupt in Betracht.

Beiden Literaturauffassungen kann nicht uneingeschränkt gefolgt werden. Denn im Rahmen des § 8 Abs. 4 KStG kommt es entscheidend auf die wirtschaftliche Identität der verlustnutzenden und der verlustverursachenden Person an. Die wirtschaftliche Identität einer Kapitalgesellschaft geht aber nur verloren, wenn sowohl ein Anteilseignerwechsel als auch eine Betriebsvermögenszuführung vorliegt. Eine Betriebsvermögenszuführung im Sinne des § 8 Abs. 4 S. 2 KStG liegt nur dann vor, wenn ein Anteilseigner einer Verlustkapitalgesellschaft Betriebsvermögen zuführt. Vermögenszuführungen von dritter Seite können aber einen dem Hauptanwendungsfall wirtschaftlich vergleichbaren Fall im Sinne des § 8 Abs. 4 S. 1 KStG darstellen[157]. Die Betriebsvermögenszuführung muss dabei den neuen Gesellschaftern zurechenbar sein. Dies ist nur der Fall, wenn die Zuführung durch eine dem Gesellschafter nahe stehende Person oder einen fremden Dritten erfolgt, soweit der Gesellschafter die Zuführung durch den Dritten mitveranlasst hat[158]. Von einer „Mitveranlassung" kann gesprochen werden, wenn der Anteilseigner z.B. durch seine persönliche Beziehung zum Dritten eine Sicherung für die Betriebsvermögenszuführung durch den Dritten übernimmt[159]. Dass eine Betriebsvermögenszuführung im Sinne des § 8 Abs. 4 S. 2 KStG auch vorliegt, wenn ein Außenstehender, der in keiner Verbindung mit den Anteilseignern der Verlustgesellschaft steht, Betriebsvermögen zuführt, kann daher nicht überzeugen. Hingegen ist § 8 Abs. 4 S. 2 KStG einschlägig, wenn die Betriebsvermögenszuführung durch einen Dritten auf Anweisung eines Anteilseigners erfolgt.

---

155 *Bock*, GmbHR 2004, 221 (228).

156 *Dötsch* in: Dötsch/Jost/Pung/Witt, KStG, § 8 Abs. 4 Rn. 83; *Dötsch*, DB 1999, Beilage 8/99, 1 (6).

157 Vgl. dazu oben 2. Teil, B. II. 2. b) bb).

158 *Schloßmacher* in: H/H/R, KStG, § 8 Rn. 452; *Brendt* in: Erle/Sauter, KStG, § 8 Rn. 542 f., spricht davon, dass das Fremdkapital „aus der Sphäre eines Anteilseigners" der Gesellschaft stammen muss.

159 Z.B. im Rahmen einer Patronatserklärung.

cc) „Überwiegend" neues Betriebsvermögen

Die Gesellschaft muss ihren Geschäftsbetrieb mit überwiegend neuem Betriebsvermögen fortführen oder wieder aufnehmen. Ein Überwiegen des neuen Betriebsvermögens liegt dann vor, wenn das neue Betriebsvermögen das vorhandene Betriebsvermögen übersteigt. Es muss also eine Vergleichsrechnung vorgenommen werden. Wie diese vorzunehmen ist, ist zwischen BFH und Literatur streitig.

(1) Gegenständliche Betrachtungsweise des BFH

In seiner Entscheidung vom 8.8.2001 wendet der BFH[160] erstmals die sog. gegenständliche Betrachtungsweise an. Danach wird allein geprüft, ob das einzelne Wirtschaftsgut schon vor der Anteilsübertragung im Betriebsvermögen der Gesellschaft vorhanden war oder nicht. Bei der Vergleichsrechnung zwischen den Neuzuführungen (Vergleichsgröße II) und dem Bestand des vor der Zuführung vorhandenen Betriebsvermögens (Vergleichsgröße I) bleiben demnach Abgänge unberücksichtigt. Dies hat zur Folge, dass ein Austausch von Wirtschaftsgütern auch dann als Betriebsvermögenszuführung gilt, wenn die Summe der Aktiva unverändert geblieben ist.

Diese gegenständliche Betrachtungsweise hat der BFH in mehreren Entscheidungen eingeschränkt. Zum einen hat der BFH mit Urteil vom 26.5.2004 entschieden, dass eine Umschichtung von Finanzanlagen (Erwerb von Wertpapieren mit Bankguthaben) innerhalb des Umlaufvermögens nicht zum Verlust der wirtschaftlichen Identität einer Gesellschaft führen kann[161]. Unbeantwortet bleibt aber die Frage, ob dies auch für Umschichtungen zwischen verschiedenen Positionen des Umlaufvermögens, zwischen Positionen des Umlauf- und Anlagevermögens und zwischen verschiedenen oder den gleichen Positionen des Anlagevermögens gilt[162]. Zum anderen könne im Einzelfall eine wertende Betrachtung bei den neu angeschafften Wirtschaftsgütern geboten sein. Neuanschaffungen seien darauf zu prüfen, ob sie tatsächlich eine „Änderung der Struktur, Zusammensetzung und wirtschaftlichen Bedeutung des Betriebsvermögens" bewirken. Entscheidend sei, ob sich das Aktivvermögen nicht nur gegenständlich, sondern qualitativ verändert.

---

160 BFH v. 8.8.2001, I R 29/00, FR 2001, 1285 (1287).

161 BFH v. 26.5.2004, I R 112/03, BB 2004, 2387 (2388).

162 Vgl. *Dötsch* in: Dötsch/Jost/Pung/Witt, KStG, § 8 Abs. 4 Rn. 81; *Frotscher* in: Frotscher/Maas, KStG, § 8 Rn. 188c.

(2) Saldierungsmethode

Der überwiegende Teil der Literatur[163] wendet zur Berechnung des überwiegenden Betriebsvermögens die sog. Saldierungsmethode an. Danach bedeutet „Zuführung neuen Betriebsvermögens" eine Vermehrung des zum Zeitpunkt des schädlichen Anteilseignerwechsels vorhandenen Betriebsvermögens um mehr als 100%. Zur Berechnung wird zunächst zum Zeitpunkt des schädlichen Anteilseignerwechsels die sog. Vergleichsgröße I festgelegt, in die das gesamte Aktivvermögen[164] der Verlustgesellschaft aufgenommen wird. Dieser Vergleichsgröße I ist die Vergleichsgröße II gegenüberzustellen, die das Betriebsvermögen beinhaltet, das der Verlustgesellschaft zugeführt wurde. Übersteigt die Vergleichsgröße II die Vergleichsgröße I, handelt es sich um eine schädliche Betriebsvermögenszuführung im Sinne des § 8 Abs. 4 S. 2 KStG. Folge der Saldierungsmethode ist, dass der Austausch von Wirtschaftsgütern (sog. Aktivtausch) und die Ersatzbeschaffung nicht von § 8 Abs. 4 KStG erfasst sind.

Auch die Finanzverwaltung befürwortet grundsätzlich die Saldierungsmethode[165]. Die gegenständliche Betrachtungsweise sei nur im Falle eines Branchenwechsels anwendbar[166]. So erging auf das BFH-Urteil vom 8.8.2001 seitens der Finanzverwaltung mit Datum vom 17.6.2002 ein Nichtanwendungserlass[167]. Der BFH hat jedoch jüngst seine gegenständliche Betrachtungsweise erneut bestätigt und bekräftigt, dass er die von der Finanzverwaltung angewandte Saldierungsmethode ablehnt[168].

(3) Stellungnahme

Die gegenständliche Betrachtungsweise des BFH ist mit Sinn und Zweck des § 8 Abs. 4 KStG nicht vereinbar. Ziel des § 8 Abs. 4 KStG ist es, missbräuchliche Gestaltungen bei der Verrechnung von Verlusten zu verhindern. Ein solcher Missbrauch soll vorliegen, wenn eine Gesellschaft neben dem personellen Substrat auch ihr sachliches Substrat verändert. Eine missbräuchliche Gestaltung kann jedoch regelmäßig nicht angenommen werden, wenn ein vorhandenes Wirtschaftsgut durch ein gleichwertiges neues Wirtschaftsgut ausgetauscht wird. Eine Ersatzbeschaffung – z.B. für ein Wirtschaftsgut einer Gesellschaft, welches

163 *Frotscher* in: Frotscher/Maas, KStG, § 8 Rn. 188c; *Dötsch* in: Dötsch/Jost/Pung/Witt, KStG, § 8 Abs. 4 Rn. 79 f.; *B. Lang* in: Ernst&Young, KStG, § 8 Rn. 1273.4.4; *Brendt* in: Erle/Sauter, KStG, § 8 Rn. 522; *Wacke*, S. 112.

164 Vgl. oben 2. Teil, B. II. 1. b) aa).

165 BMF v. 16.4.1999, IV C 6 – S 2745 – 12/99, BStBl. I 1999, 455 (456, Rn. 9).

166 BMF v. 16.4.1999, IV C 6 – S 2745 – 12/99, BStBl. I 1999, 455 (456, Rn. 10).

167 BMF v. 17.6.2002, IV A 2 – S 2745 – 8/02, BStBl. I 2002, 629.

168 BFH v. 5.6.2007, I R 9/06, GmbHR 2008, 48 (51).

unverschuldet untergeht – kann nicht als missbräuchlich qualifiziert werden. In diesen Fällen wird die wirtschaftliche Identität der Gesellschaft gerade nicht verändert. Von einer Fortführung des Geschäftsbetriebs mit überwiegend neuem Betriebsvermögen kann bei einer Ersatzbeschaffung nicht gesprochen werden.

Auch die vom BFH vorgenommenen Einschränkungen der gegenständlichen Betrachtungsweise zugunsten einer wirtschaftlichen Betrachtungsweise können nicht überzeugen. Denn eine wirtschaftliche Betrachtung im Einzelfall im Hinblick darauf, ob die neuen Wirtschaftsgüter eine Änderung der Struktur, Zusammensetzung und wirtschaftlichen Bedeutung des Betriebsvermögens bewirken, ist schwer zu handhaben und führt zu einer erheblichen Rechtsunsicherheit. Einem Steuerpflichtigen ist es nicht mehr ohne weiteres möglich festzustellen, ob er überwiegend neues Betriebsvermögen zugeführt hat. Vielmehr wird er auf die Einzelfallentscheidungen der Finanzverwaltungen bzw. der Gerichte angewiesen sein.

Im Gegensatz zur gegenständlichen Betrachtungsweise führt die Saldierungsmethode bei weit wenigeren Fällen zu einer Veränderung des sachlichen Substrats einer Gesellschaft. Durch die einfach zu handhabende Berechnungsmethode führt die Saldierungsmethode zu einer erheblich höheren Rechtssicherheit und ist daher vorzugswürdig.

dd) Fortführung oder Wiederaufnahme des Geschäftsbetriebes

Vor der Gesetzesänderung durch das Gesetz zur Fortsetzung der Unternehmensteuerreform[169] ging der Verlustabzug nur verloren, wenn der Geschäftsbetrieb wieder aufgenommen wurde[170]. Voraussetzung für die Wiederaufnahme des Geschäftsbetriebes war (und ist nach wie vor), dass der Geschäftsbetrieb eingestellt war. War dies nicht der Fall, blieb der Verlustabzug erhalten. Folge dieser Gesetzesfassung war, dass Geschäftsbetriebe in ganz geringem Umfang aufrechterhalten wurden, nur um den Untergang von Verlustvorträgen zu verhindern. § 8 Abs. 4 KStG a.F. konnte somit leicht umgangen werden.

Im Rahmen des Gesetzes zur Fortsetzung der Unternehmensteuerreform wurde § 8 Abs. 4 S. 2 KStG dahingehend geändert, dass nunmehr neben der Wiederaufnahme auch die Fortführung des Geschäftsbetriebes in den Wortlaut der Norm aufgenommen wurde. Da ein Geschäftsbetrieb entweder nur eingestellt und wieder aufgenommen oder fortgeführt werden kann, kommt dem Merkmal „fortführt oder wieder nimmt" kein Regelungsgehalt im Sinne eines Abgrenzungskriteriums zu. Ausreichend im Sinne des § 8 Abs. 4 KStG ist, dass einer Gesellschaft überwiegend neues Betriebsvermögen zugeführt wird[171].

169 BStBl. I 1997, 928 ff.
170 Steuerreformgesetz 1990 v. 25.7.1988, BGBl. I 1988, 1093.
171 Vgl. *Breinersdorfer*, StuW 2008, 219 (222).

c) *Sachlicher und zeitlicher Zusammenhang*

Dass zwischen der Anteilsübertragung und der Betriebsvermögenszuführung ein gewisser Zusammenhang bestehen muss, ist allgemein anerkannt. Wie dieser ausgestaltet sein muss und ob er nur zeitlich oder auch sachlich zu bestimmen ist, ist streitig.

aa) *Ursprüngliche Verwaltungsauffassung*

Die Finanzverwaltung war ursprünglich der Auffassung, dass zwischen der Anteilsübertragung und der Zuführung neuen Betriebsvermögens lediglich ein zeitlicher Zusammenhang bestehen muss[172]. Es sei nur Betriebsvermögen zu berücksichtigen, das innerhalb von fünf Jahren nach der schädlichen Anteilsübertragung zugeführt wird. In Ausnahmefällen könne die Betriebsvermögenszuführung auch dann schädlich sein, wenn sie vor dem Zeitpunkt der Anteilsübertragung beginnt oder sogar schon abgeschlossen ist[173].

bb) *Kritik*

Der von der Finanzverwaltung festgelegte Fünfjahreszeitraum ist in der Literatur wiederholt auf Kritik gestoßen.

Zum einen wurde kritisiert, dass die Fünfjahresfrist zu lang bemessen ist. Vor dem Hintergrund des üblichen Planungszeitraums vieler Kapitalgesellschaften sei ein zeitlicher Zusammenhang von sechs Monaten bis zu einem Jahr[174] oder von zwei Jahren[175] zu fordern. Zudem sei diese Frist willkürlich[176] und nicht mit der Systematik des § 8 Abs. 4 KStG vereinbar. Denn der Gesetzgeber habe in § 8 Abs. 4 S. 3 KStG die Fünfjahresfrist ausdrücklich aufgenommen, so dass diese Frist im Rahmen des Satz 2 nicht unterstellt werden dürfe[177].

Zum anderen wurde wiederholt gefordert, dass zwischen der Anteilsübertragung und der Betriebsvermögenszuführung nicht nur ein zeitlicher, sondern auch ein sachlicher, d.h. wirtschaftlicher Zusammenhang bestehen muss[178]. Da der Sinn und Zweck des § 8 Abs. 4 KStG in der Verhinderung des missbräuchlichen

---

172 BMF v. 16.4.1999, IV C 6 – 2745 – 12/99, BStBl. I 1999, 455 (456, Rn. 12).
173 BMF v. 16.4.1999, IV C 6 – 2745 – 12/99, BStBl. I 1999, 455 (456, Rn. 31).
174 So *B. Lang* in: Ernst&Young, KStG, § 8 Rn. 1277.
175 *Kröner*, DStR 1998, 1495 (1500).
176 *Breuninger/Frey*, GmbHR 1998, 866 (868).
177 *B. Lang* in: Ernst&Young, KStG, § 8 Rn. 1266.3.
178 *Brendt* in: Erle/Sauter, KStG, § 8 Rn. 478; *Simon* in: Heckschen/Simon, Umwandlungsrecht, § 13 Rn. 35; *Hörger/Endres*, GmbHR 1999, 569 (575).

Handels mit Verlustmänteln liegt, müsse die Betriebsvermögenszuführung gerade aufgrund der Anteilsübertragung erfolgen. Erfolge sie aus einem anderen, von der Anteilsübertragung unabhängigen Grund, könne ein Verlust der wirtschaftlichen Identität einer Gesellschaft nicht angenommen werden.

cc) BFH Urteil vom 14.3.2006

Mit Urteil vom 14.3.2006 hat der BFH festgestellt, dass der Verlust der wirtschaftlichen Identität einer Gesellschaft gemäß § 8 Abs. 4 S. 2 KStG voraussetzt, dass zwischen der Übertragung der Gesellschaftsanteile und der Zuführung neuen Betriebsvermögens ein sachlicher und zeitlicher Zusammenhang besteht[179]. Das Erfordernis eines solchen Zusammenhangs lasse sich zwar nicht ohne weiteres aus dem Wortlaut der Norm entnehmen. Jedoch müsse die Regelung einschränkend ausgelegt werden. Als Durchbrechung des zivilrechtlichen Trennungsprinzips sei § 8 Abs. 4 KStG letztlich für eng begrenzte Fälle, nämlich zur Vorbeugung von missbräuchlichen Gestaltungen konzipiert worden. Aus diesem Grunde dürften die Tatbestandsvoraussetzungen auch nicht „lediglich unverbunden und zufällig nebeneinander stehen“[180].

Weiter führt der BFH aus, dass dem zeitlichen Zusammenhang Indizwirkung für den notwendigen sachlichen Zusammenhang zukommt. Der zeitliche Zusammenhang sei jedoch nicht pauschal bei fünf Jahren anzusetzen, sondern im Wege einer Einzelfallbetrachtung festzulegen[181].

dd) Reaktion der Finanzverwaltung

Die Finanzverwaltung hat mit Schreiben vom 2.8.2007 auf das Urteil des BFH reagiert[182]. Danach sei eine Frist von einem Jahr für die regelmäßige Annahme eines zeitlichen und sachlichen Zusammenhangs zu kurz bemessen. Vielmehr sei von einem sachlichen Zusammenhang auszugehen, wenn zwischen der Anteilsübertragung und der Betriebsvermögenszuführung nicht mehr als zwei Jahre vergangen sind. Darüber hinaus könne die wirtschaftliche Identität auch bei einem Überschreiten dieses Zweijahreszeitraums angenommen werden. Hierfür obliege jedoch der Finanzverwaltung die Darlegungs- und Beweislast.

---

179 BFH v. 14.3.2006, I R 8/05, BB 2006, 1426 (1428).

180 BFH v. 14.3.2006, I R 8/05, BB 2006, 1426 (1429).

181 Vgl. BFH v. 29.4.2008, I R 91/05, DB 2008, 2340 ff., wonach bei einem zeitlichen Zusammenhang von einem Jahr der sachliche Zusammenhang widerlegbar vermutet wird.

182 BMF v. 2.8.2007, IV B 7 – S 2745/0, BStBl. I 2007, 624.

ee) Stellungnahme

Dem BFH ist beizupflichten, dass neben einem zeitlichen auch ein sachlicher Zusammenhang zwischen der Anteilsübertragung und der Betriebsvermögenszuführung bestehen muss. Zwar kann das Erfordernis eines solchen Zusammenhangs nicht aus dem Wortlaut der Norm entnommen werden, da dieser nur von einem kumulativen Vorliegen der Tatbestandsvoraussetzungen ausgeht. Jedoch ergibt eine teleologische Auslegung des § 8 Abs. 4 KStG, dass auch ein sachlicher Zusammenhang erforderlich ist. Telos des § 8 Abs. 4 KStG ist die Verhinderung des missbräuchlichen Handels mit Verlustmänteln. Die Voraussetzungen für die Annahme einer wirtschaftlichen Identität einer Gesellschaft dürfen vor diesem Hintergrund jedoch gerade nicht unverbunden nebeneinander stehen. Es ist vielmehr erforderlich, dass die Betriebsvermögenszuführung gerade aufgrund des Anteilseignerwechsels geschehen ist.

Dass der BFH diesen sachlichen Zusammenhang annimmt, sobald ein zeitlicher Zusammenhang gegeben ist, ist nicht zu beanstanden. Werden innerhalb einer kurzen Zeit sowohl Anteile einer Gesellschaft übertragen als auch dieser neues Betriebsvermögen zugeführt, kommt diesem Vorgang Indizwirkung zu, dass ein sachlicher Zusammenhang besteht. Im Regelfall werden beide Übertragungen nicht unabhängig voneinander geschehen. Aus diesem Grunde ist es auch sachgerecht, dem Steuerpflichtigen die Möglichkeit zu geben, den sachlichen Zusammenhang zu entkräften, und ihm diesbezüglich die Beweislast aufzuerlegen.

Dass die Finanzverwaltung nunmehr sich der Auffassung des BFH angeschlossen hat, ist begrüßenswert. Einen sachlichen Zusammenhang dann zu vermuten, wenn die Anteilsübertragung und die Betriebsvermögenszuführung innerhalb von zwei Jahren erfolgen, ist sachgerecht. Werden innerhalb von nur zwei Jahren mehr als 50% der Gesellschaftsanteile einer Verlustgesellschaft übertragen und wird der Gesellschaft überwiegend neues Betriebsvermögen zugeführt, spricht vieles dafür, dass ein missbräuchlicher Mantelkauf vorliegt. Es obliegt dem Steuerpflichtigen, darzulegen und zu beweisen, dass der Anteilsübertragung und Betriebsvermögenszuführung keine missbräuchliche Gestaltung zugrunde lag. Die geänderte Auffassung der Finanzverwaltung ist daher nicht zu beanstanden.

d) Rechtsfolge: Ausschluss des Verlustabzugs

§ 8 Abs. 4 KStG hat eine Verlustnutzungsbeschränkung zur Folge. Gemäß § 8 Abs. 4 S. 4 KStG ist zum einen der Ausgleich des Verlusts vom Beginn des Wirtschaftsjahres bis zum Zeitpunkt der Anteilsübertragung von der Verlustnutzungsbeschränkung betroffen. Zum anderen versagt § 8 Abs. 4 KStG den Verlustabzug, also sowohl den Verlustvortrag als auch den Verlustrücktrag der Körperschaft[183]. Eine Körperschaft kann keine vorgetragenen Verluste geltend machen, die aus der Zeit vor dem Verlust der wirtschaftlichen Identität stammen. Umgekehrt können in den Zeitraum vor dem Verlust der wirtschaftlichen Identität der Körperschaft keine Verluste zurückgetragen werden, die nach dem Zeitpunkt des Verlusts der wirtschaftlichen Identität erwirtschaftet wurden. Fallen die Anteilsübertragung und die Zuführung neuen Betriebsvermögens zeitlich auseinander, stellt sich die Frage, welcher Zeitpunkt für die Verlustabzugsbeschränkung maßgeblich ist.

aa) Verwaltungsauffassung

Nach dem BMF-Schreiben vom 16.4.1999 dürfen Verluste, die bis zum Zeitpunkt des Verlusts der wirtschaftlichen Identität einer Gesellschaft entstanden sind, von danach entstandenen Gewinnen nicht abgezogen werden[184]. Voraussetzung für den Verlust der wirtschaftlichen Identität einer Gesellschaft ist eine Veränderung ihres persönlichen und sachlichen Substrats sowie ein zeitlicher und sachlicher Zusammenhang zwischen diesen beiden Komponenten. Die wirtschaftliche Identität einer Gesellschaft geht also erst bei einem kumulativen Zusammentreffen eines Anteilseignerwechsels und einer Betriebsvermögenszuführung verloren[185]. Die Auffassung der Finanzverwaltung hat also zur Folge, dass auch Verluste, die nach dem Anteilseignerwechsel, jedoch vor der Betriebsvermögenszuführung entstanden sind, vom Verlustabzugsverbot nach § 8 Abs. 4 KStG betroffen sind.

bb) Auffassung des BFH

Mit Urteil vom 5.6.2007 hat der BFH erstmals entschieden, dass die Verlustabzugsbeschränkung des § 8 Abs. 4 KStG nicht erst ab dem Zeitpunkt eintritt, in dem alle Tatbestandsmerkmale des § 8 Abs. 4 KStG kumulativ vorliegen, sondern bereits ab dem Zeitpunkt der Anteilsübertragung[186]. Zwar liege zum Zeitpunkt der Anteilsübertragung noch kein Verlust der wirtschaftlichen Identität einer Gesellschaft vor. Jedoch bestehe für eine Übergangsphase zumindest eine wirtschaftliche Teilidentität, die also solche nicht ausreiche, um den Verlustabzug auszuschließen[187]. Zusätzlich führt der BFH an, dass § 8 Abs. 4 S. 3 KStG 1996 a.F. (§ 8 Abs. 4 S. 4 KStG n.F.) für den Verlustausgleich ausdrücklich auf den Zeitpunkt der Anteilübertragung abstellt. Dieser Zeitpunkt müsse entsprechend auch für den Verlustabzug gelten. Ein Untergang der Verluste, die nach der Anteils-

183 *Simon* in: Heckschen/Simon, Umwandlungsrecht, § 13 Rn. 135.
184 BMF v. 16.4.1999, IV C 6 – S 2745 – 12/99, BStBl. I 1999, 455 (458, Rn. 33).
185 Vgl. oben 2. Teil, B. II. 1. c).
186 BFH v. 5.6.2007, I R 9/06, GmbHR 2008, 48 (52).
187 BFH v. 5.6.2007, I R 9/06, GmbHR 2008, 48 (52).

übertragung erwirtschaftet wurden, sei mit dem Sinn und Zweck des § 8 Abs. 4 KStG nicht vereinbar.

Verluste, die zwischen der Anteilsübertragung und der Betriebsvermögenszuführung einer Gesellschaft entstehen, gehen also nach Auffassung des BFH nicht gemäß § 8 Abs. 4 KStG verloren.

cc) Stellungnahme

Der neuen Rechtsprechung des BFH ist uneingeschränkt zuzustimmen. Während es Ausfluss des Trennungsprinzips ist, dass ein Anteilseignerwechsel allein nicht zum Verlust der wirtschaftlichen Identität einer Gesellschaft führen kann, kommt es für den Zeitpunkt des Verlustuntergangs entscheidend auf den Anteilseignerwechsel an. Denn Verluste, die in der Interimsphase zwischen Anteilsübertragung und Betriebsvermögenszuführung entstehen, sind letztlich den neuen Anteilseignern zuzurechnen. Von einem Missbrauch zu sprechen, wenn neue Anteilseigner Verluste geltend machen, die sie selbst erwirtschaftet haben, ist nicht sachgerecht. Ein „Handel" mit Verlustvorträgen kann in diesem Fall nicht angenommen werden. Für diese Auslegung spricht zudem § 8 Abs. 4 S. 4 KStG, wonach bei dem Verlust der wirtschaftlichen Identität einer Gesellschaft auch ihr Verlustausgleich bis zum Zeitpunkt der Anteilsübertragung untergeht. Ist für den Verlustausgleich der Zeitpunkt der Anteilsübertragung maßgeblich, muss dieser Zeitpunkt auch für den Verlustabzug gelten.

2. Generalklausel des § 8 Abs. 4 S. 1 KStG

§ 8 Abs. 4 S. 2 KStG regelt nur beispielhaft, unter welchen Voraussetzungen die wirtschaftliche Identität einer Gesellschaft verloren geht. Darüber hinaus können gemäß § 8 Abs. 4 S. 1 KStG auch weitere Gestaltungen, die nicht unter das Regelbeispiel des § 8 Abs. 4 S. 2 KStG fallen, zu dem Verlust der wirtschaftlichen Identität einer Gesellschaft führen.

a) Systematische Einordnung

§ 8 Abs. 4 S. 2 KStG stellt einen erläuternden Rechtssatz zu § 8 Abs. 4 S. 1 KStG dar[188]. Die Rechtssätze stehen nicht isoliert nebeneinander, sondern ergeben erst

---

188 H.M., vgl. *Schloßmacher* in: H/H/R, KStG, § 8 Rn. 401; *B. Lang* in: Ernst&Young, KStG, § 8 Rn. 1257; *Hörger/Kemper*, DStR 1989, 15 (19); *a.A. Streck/Schwedhelm*, FR 1989, 153 (156), die in § 8 Abs. 4 S. 2 KStG die speziellere Vorschrift gegenüber § 8 Abs. 4 S. 1 KStG sehen. Dass § 8 Abs. 4 S. 1 KStG nur für sonstige Körperschaften Geltung haben soll, kann jedoch – vor dem Hintergrund, dass § 8 Abs. 4 KStG die ur-

gemeinsam den vollständigen Rechtssatz. Dies hat zur Folge, dass der Verlustabzug nur in den Fällen nach § 8 Abs. 4 S. 1 KStG versagt werden kann, die mit den Fällen des § 8 Abs. 4 S. 2 KStG wirtschaftlich vergleichbar sind.

b) Vergleichbarkeit zum Hauptanwendungsfall

Die von § 8 Abs. 4 S. 1 KStG erfassten Fälle müssen mit dem Hauptanwendungsfall wirtschaftlich vergleichbar sein[189]. Eine derartige Vergleichbarkeit ist zum einen gegeben, wenn es sich bei dem Besteuerungssubjekt nicht um eine Kapitalgesellschaft, sondern um eine sonstige Körperschaft handelt[190]. Bei Körperschaften, z.B. Erwerbs- und Wirtschaftsgenossenschaften, Versicherungsvereinen auf Gegenseitigkeit und Wirtschaftsvereinen, bezieht sich die Übertragung von mehr als 50% der Anteile auf die beteiligungs- oder mitgliedschaftsähnlichen Rechte. Im Übrigen kann auf die obigen Ausführungen verwiesen werden.

Zum anderen sind Fälle erfasst, die mit einem Anteilseignerwechsel bzw. mit der Betriebsvermögenszuführung wirtschaftlich vergleichbar sind.

aa) Vergleichbarkeit mit dem Anteilseignerwechsel

Wie bereits dargestellt, sind Gestaltungen mit einer rechtsgeschäftlichen Anteilsübertragung vergleichbar, bei denen zwar keine rechtsgeschäftliche Übertragung von Gesellschaftsanteilen erfolgt, durch die sich jedoch die Beteiligungsverhältnisse an einer Körperschaft qualifiziert –zu mehr als 50% – verändern[191]. Dies kann z.B. durch eine Kapitalerhöhung oder eine sonstige Umstrukturierung geschehen. Wird der Gesellschaft zusätzlich neues Betriebsvermögen zugeführt, handelt es sich um einen Fall des § 8 Abs. 4 S. 1 KStG. Die isolierte Übertragung von Stimmrechten kann hingegen – wie bereits diskutiert wurde – nicht zu einem Fall des § 8 Abs. 4 S. 1 KStG führen[192].

bb) Vergleichbarkeit mit der Betriebsvermögenszuführung

Voraussetzung für § 8 Abs. 4 S. 1 KStG ist, dass überhaupt ein mit der Betriebsvermögenszuführung vergleichbarer Fall vorliegt. Gestaltungen, bei denen einer

---

sprüngliche Mantelkaufrechtsprechung des BFH normieren sollte – nicht überzeugen.

189 Ständige Rechtsprechung des BFH, vgl. z.B. BFH v. 28.5.2008, I R 87/07, DStR 2008, 2107 ff.

190 Vgl. *Brendt* in: Erle/Sauter, KStG, § 8 Rn. 589.

191 Vgl. oben 2. Teil, B. II. 1. a) bb) (1) (a).

192 Vgl. oben 2. Teil, B. II. 1. a) aa) (1).

Körperschaft weder Betriebsvermögen zugeführt wird noch ein dazu vergleichbarer Fall vorliegt, fallen nicht unter § 8 Abs. 4 KStG[193].

Mit der Betriebsvermögenszuführung kann eine Vielzahl von Fällen wirtschaftlich vergleichbar sein. Grundvoraussetzung dabei ist, dass sich die wirtschaftliche Situation der Verlustgesellschaft entscheidend durch eine Maßnahme eines Anteilseigners verbessert hat[194]. War es einer Verlustkörperschaft nicht möglich, ihren Geschäftsbetrieb ohne neues Betriebsvermögen fortzuführen, und ermöglicht ein neuer Gesellschafter diese Weiterführung des Geschäftsbetriebes durch andere Maßnahmen, z.B. einer Bürgschaft, Garantie oder sonstigen Sicherheitsleistung[195], ist diese Maßnahme mit einer Betriebsvermögenszuführung wirtschaftlich vergleichbar[196].

Ebenso kann eine Verringerung der Verbindlichkeiten der Verlustgesellschaft durch einen Gesellschafter einen der Betriebsvermögenszuführung vergleichbaren Fall darstellen. Ein Anteilseigner kann die wirtschaftliche Situation einer Verlustgesellschaft nämlich verbessern, indem er die Verbindlichkeiten dieser Gesellschaft gegenüber den Gläubigern unmittelbar tilgt.

c) Ergebnis

Von § 8 Abs. 4 S. 1 KStG werden die Fälle erfasst, die mit dem Hauptanwendungsfall wirtschaftlich vergleichbar sind. Eine derartige wirtschaftliche Vergleichbarkeit kann zunächst vorliegen, wenn es sich bei dem Besteuerungssubjekt nicht um eine Kapitalgesellschaft, sondern um eine sonstige Körperschaft handelt. Die wirtschaftliche Identität einer Kapitalgesellschaft kann zudem, auch wenn keine Anteilsübertragung und/oder Betriebsvermögenszuführung vorliegt, verloren gehen, wenn es zu einer vergleichbaren Änderung des personellen und sachlichen Substrats kommt. Eine vergleichbare Änderung des personellen Substrats kann jede nicht rechtsgeschäftliche Übertragung von Gesellschaftsanteilen sein. Hinsichtlich der vergleichbaren Änderungen des sachlichen Substrats gibt es eine Vielzahl von Fällen, in denen der Gesellschaft zwar kein Betriebsvermögen zugeführt wird, durch die sich jedoch die wirtschaftliche Situation der Gesellschaft entscheidend verbessert. Soweit die Verbesserung der wirtschaftlichen Situation der Verlustgesellschaft auf einer Maßnahme eines Anteilseigners beruht,

---

193 FG Berlin-Brandenburg v. 14.11.2007, 12 K 8379/03, EFG 2008, 433 (434); BFH v. 28.5.2008, I R 87/07, DStR 2008, 2107 ff.

194 Maßnahmen durch Außenstehende können nicht mit einer Betriebsvermögenszuführung vergleichbar sein, vgl. oben 2. Teil, B. II. 1. b) bb) (2).

195 Z.B. eine Patronatserklärung.

196 Vgl. *Frotscher* in: Frotscher/Maas, KStG, § 8 Rn. 189f; *Dötsch* in: Dötsch/Jost/Pung/Witt, KStG, § 8 Abs. 4 Rn. 140; siehe auch 2. Teil, B. II. 1. b) bb) (2).

z.B. eine Tilgung von Gesellschaftsverbindlichkeiten, liegt ein mit der Betriebsvermögenszuführung wirtschaftlich vergleichbarer Fall vor.

3. *Sanierungsklausel gemäß § 8 Abs. 4 S. 3 KStG*

Im Rahmen des Gesetzes zur Fortsetzung der Unternehmensteuerreform[197] wurde im Jahr 1997 mit § 8 Abs. 4 S. 3 KStG eine Sanierungsklausel eingeführt. Danach ist die Zuführung neuen Betriebsvermögens unschädlich, wenn sie allein der Sanierung des Geschäftsbetriebs dient, der den verbleibenden Verlustvortrag verursacht hat, und die Körperschaft diesen Geschäftsbetrieb in einem nach dem Gesamtbild der wirtschaftlichen Verhältnisse vergleichbarem Umfang in den folgenden fünf Jahren fortführt.

a) *Sanierung im Sinne des § 8 Abs. 4 S. 3 KStG*

§ 8 Abs. 4 S. 3 KStG enthält keine Legaldefinition des Begriffs „Sanierung". Der Verwaltungserlass zu § 8 Abs. 4 KStG enthält zum Sanierungsbegriff nur die Aussage, dass die Kapitalgesellschaft sanierungsbedürftig sein muss[198] und ein einmal eingestellter Geschäftsbetrieb nicht mehr saniert werden kann[199].

Für die Bestimmung der Unternehmenssanierung kann zusätzlich auf die Rechtsprechung des § 3 Nr. 66 EStG a.F.[200], der im Gesetz zur Fortführung der Unternehmensteuerreform aufgehoben wurde, zurückgegriffen werden[201]. Nach § 3 Nr. 66 EStG a.F. waren Buchgewinne steuerfrei, die aus dem Erlass von Schulden zu Sanierungszwecken entstanden waren. Die Sanierung war nach ständiger Rechtsprechung eine Maßnahme, die darauf abzielte, ein Unternehmen vor dem finanziellen Zusammenbruch zu bewahren und wieder ertragsfähig zu machen. Dies setzte die Sanierungsfähigkeit der Körperschaft, die Sanierungseignung der Zuführung von neuem Betriebsvermögen sowie die Sanierungsabsicht des Anteilseigners voraus.

Auch im Rahmen des § 8 Abs. 4 S. 3 KStG kann die Zuführung von Betriebsvermögen nur dann „allein der Sanierung dienen", wenn ein Unternehmen sanierungsbedürftig und sanierungsfähig ist. Im Folgenden sollen die einzelnen Begriffe näher dargelegt werden.

---

197 Gesetz zur Fortsetzung der Unternehmensteuerreform, BStBl. I 1997, 928 ff.

198 BMF v. 16.4.1999, IV C – S 2745 – 12/99, BStBl. I 1999, 455 (456, Rn. 14).

199 BMF v. 16.4.1999, IV C – S 2745 – 12/99, BStBl. I 1999, 455 (457, Rn. 18).

200 BFH v. 22.11.1983, VIII R 14/81, BFHE 140, 521 (524 f.); BFH v. 18.12.1990, VIII R 39/87, BFHE 164, 404 (406 f.).

201 *Schloßmacher* in: H/H/R, KStG, § 8 Rn. 471; *Frotscher* in: Frotscher/Maas, KStG, § 8 Rn. 190; *Brendt* in: Erle/Sauter, KStG, § 8 Rn. 624; *Neumann*, FR 1999, 682 (688); FG Köln v. 8.2.2001, 13 K 6016/00, EFG 2001, 991 (992); *a.A. Hörger/Endres*, DB 1998, 335 (338 f.).

aa) Sanierungsbedürftigkeit

Eine Körperschaft ist sanierungsbedürftig, wenn sie auf die Betriebsvermögenszuführung angewiesen ist, weil sie sonst nicht überlebensfähig wäre[202]. Es muss also geprüft werden, wie sich das Unternehmen ohne die Zuführung des Betriebsvermögens entwickelt hätte und ob es nach kaufmännischen Gesichtspunkten rentabel und ertragsmäßig fortgeführt werden konnte[203]. Dabei muss eine Vielzahl von Kriterien Berücksichtigung finden, z.B. die Ertragslage, die Kapitalverzinsung, die Höhe des Betriebsvermögens vor und nach der Sanierung, die Liquidität oder die Gesamtleistungsfähigkeit des Unternehmens[204].

Nicht sanierungsbedürftig ist eine Gesellschaft, deren Geschäftsbetrieb bereits saniert oder eingestellt wurde[205]. Letzteres hat den Grund darin, dass das Sanierungsprivileg nur einer solchen Verlustgesellschaft zugute kommen soll, die werbend tätig geblieben ist.

bb) Sanierungsfähigkeit

Unter der Sanierungsfähigkeit versteht man, dass die konkrete Maßnahme geeignet sein muss, das sanierungsbedürftige Unternehmen vor dem Zusammenbruch zu bewahren und wieder ertragsfähig zu machen. Nach einer ex ante-Betrachtung muss die sanierende Maßnahme geeignet sein, die Körperschaft aus einer Verlust- in eine Gewinnphase zu führen[206].

cc) Sanierungsabsicht

Fraglich ist, ob neben der Sanierungsbedürftigkeit und der Sanierungsfähigkeit auch eine Sanierungsabsicht erforderlich ist.

Teilweise[207] wird vertreten, § 8 Abs. 4 S. 3 KStG sei rein objektiv zu verstehen und eine Sanierungsabsicht daher nicht erforderlich. Eine solche Absicht könne dem Wortlaut des § 8 Abs. 4 S. 3 KStG nicht entnommen werden.

Die Gegenansicht fordert auch im Rahmen des § 8 Abs. 4 S. 3 KStG eine Sanierungsabsicht. Teilweise[208] wird dies aus dem Tatbestandsmerkmal „allein" hergeleitet. Dient nämlich die Betriebsvermögenszuführung „allein der Sanierung",

---

202 *Schloßmacher* in: H/H/R, KStG, § 8 Rn. 472; *Dötsch* in: Dötsch/Jost/Pung/Witt, KStG, § 8 Abs. 4 Rn. 148; *Brendt* in: Erle/Sauter, KStG, § 8 Rn. 626.

203 Vgl. *Janssen* in: Mössner/Seeger, KStG, § 8 Rn. 1256.

204 Vgl. *Schloßmacher* in: H/H/R, KStG, § 8 Rn. 472.

205 BMF v. 16.4.1999, IV C – S 2745 – 12/99, BStBl. I 1999, 455 (456, Rn. 14).

206 *Brendt* in: Erle/Sauter, KStG, § 8 Rn. 627.

207 *Wiesemann*, S. 97 f.

208 *Frotscher* in: Frotscher/Maas, KStG, § 8 Rn. 190; einschränkend *Wacke*, S. 120 f.

wie es § 8 Abs. 4 S. 3 KStG vorsieht, impliziert dies bereits, dass die Gläubiger die Absicht haben, das Unternehmen zu sanieren. Handeln sie nur oder auch aus anderen Motiven, kann schon eine Betriebsvermögenszuführung „allein" zur Sanierung nicht angenommen werden. Andere leiten die Sanierungsabsicht unmittelbar aus der Rechtsprechung zu § 3 Nr. 66 EStG a.F. ab[209].

Die Auffassung, dass eine Sanierungsabsicht nicht erforderlich ist, kann nicht überzeugen. Soll die Betriebsvermögenszuführung „allein der Sanierung" dienen, impliziert dies bereits, dass die Gläubiger auch einen subjektiven Tatbestand erfüllen müssen. Es ist ein zweck- und zielgerichtetes Handeln erforderlich, um zufällige Ergebnisse zu vermeiden. Allerdings würde es dem Sinn und Zweck der Vorschrift zuwider laufen, wenn das Tatbestandsmerkmal „allein" als „ausschließlich" verstanden würde. Denn es wird sich kaum vermeiden lassen, dass bei einer Unternehmenssanierung auch weitere Motive, beispielsweise das Interesse an zukünftigen Gewinnausschüttungen, eine Rolle spielen. Solange es sich bei diesen Nebeninteressen um notwendige Folgen einer Sanierung handelt, stehen diese einer Sanierung nicht entgegen[210].

b) Geschäftsbetrieb im Sinne des § 8 Abs. 4 S. 3 KStG

Frotscher[211] erwägt, dass unter dem Begriff „Geschäftsbetrieb" im Sinne des § 8 Abs. 4 S. 3 KStG nicht die gesamte Tätigkeit einer Kapitalgesellschaft zu verstehen ist, sondern lediglich der selbständige Betriebsteil, der Teilbetrieb oder die Sparte, der/die den Verlust verursacht hat. Hätte der Gesetzgeber die gesamte Tätigkeit der Kapitalgesellschaft erfassen wollen, hätte der Begriff „Geschäftsbetrieb" in diesem Zusammenhang keine eigenständige Bedeutung.

Die Gegenansicht[212] stellt im Rahmen des § 8 Abs. 4 S. 3 KStG auf die gesamte Tätigkeit einer Kapitalgesellschaft ab. Der Geschäftsbetrieb einer Kapitalgesellschaft umfasse sämtliche wirtschaftliche Aktivitäten der Gesellschaft. Eine Gesellschaft könne daher nur einen einzigen Geschäftsbetrieb haben.

Für die zuerst genannte Auffassung spricht zwar der Wortlaut der Norm. *Frotscher* ist zuzustimmen, dass der Begriff „Geschäftsbetrieb" an Bedeutung verliert, wenn man darunter alle wirtschaftlichen Aktivitäten einer Gesellschaft versteht. Allerdings hat der BFH zu § 2 Abs. 2 GewStG entschieden, dass die gesamte Tätigkeit einer Kapitalgesellschaft als Geschäftsbetrieb im Sinne dieser

209 So wohl *Brendt* in: Erle/Sauter, KStG, § 8 Rn. 629.
210 So auch *B. Lang* in: Ernst&Young, KStG, § 8 Rn. 1299.4.
211 *Frotscher* in: Frotscher/Maas, KStG, § 8 Rn. 190a.
212 BMF v. 16.4.1999, IV C – S 2745 – 12/99, BStBl. I 1999, 455 (455, Rn. 08); *Schloßmacher* in: H/H/R, KStG, § 8 Rn. 450; *Orth*, DB 1997, 2242 (2246); *Simon* in: Heckschen/Simon, Umwandlungsrecht, § 13 Rn. 109; *Brendt* in: Erle/Sauter, KStG, § 8 Rn. 627.

Vorschrift zu verstehen ist. Eine Kapitalgesellschaft könne daher nur einen Betrieb haben[213]. Diese Grundsätze auch auf § 8 Abs. 4 S. 3 KStG zu übertragen, liegt nahe. Zudem sprechen rein praktische Erwägungen für die zweite Auffassung: Würde man den Geschäftsbetrieb in die verschiedenen Teilbetriebe oder Sparten aufteilen, müsste man die durch die Gesellschaft verursachten Verluste auch jeweils einem Teilbetrieb oder einer Sparte zuteilen. Für jeden einzelnen „Geschäftsbetrieb" müsste gesondert beurteilt werden, ob dieser noch besteht und ob die Verluste bereits bei früheren Verlustabzügen verwendet wurden. Dies würde zu einem sehr komplizierten und letztlich fast undurchführbaren Verfahren führen. Sinnvoller ist es daher, als Geschäftsbetrieb im Sinne des § 8 Abs. 4 S. 3 KStG die gesamte Tätigkeit der Kapitalgesellschaft zu verstehen.

c) Veränderungssperre

Die Privilegierung gemäß § 8 Abs. 4 S. 3 KStG greift nicht, wenn die Betriebsvermögenszuführung nicht allein der Sanierung dient (Verbot des sog. „Aufpfropfens") und die Körperschaft den verlustverursachenden Geschäftsbetrieb nicht in einem nach dem Gesamtbild der wirtschaftlichen Verhältnisse vergleichbaren Umfang in den folgenden fünf Jahren fortführt (Verbot des sog. „Abschmelzens").

aa) Übersanierung, sog. Aufpfropfen

Nach dem Wortlaut des § 8 Abs. 4 S. 3 KStG darf die Betriebsvermögenszuführung allein der Sanierung dienen[214]. Daraus ergibt sich, dass eine steuerschädliche Übersanierung vorliegt, wenn das zugeführte Betriebsvermögen den für das Fortbestehen des Geschäftsbetriebes notwendigen Umfang wesentlich überschreitet (sog. Aufpfropfen)[215].

Für ein Fortbestehen des Geschäftsbetriebes ist es zunächst erforderlich, dass dieser noch nicht eingestellt ist[216]. Darüber hinaus muss die Sanierung gerade dem Geschäftsbetrieb dienen. Da unter „Geschäftsbetrieb" im Sinne des § 8 Abs. 4 S. 3 KStG der gesamte Geschäftsbetrieb der Gesellschaft fällt[217], kann auch die Erschließung eines neuen Geschäftsfeldes den Geschäftsbetrieb sanieren.

---

213 BFH v. 14.3.2006, I R 1/04, BFHE 213, 38 ff.

214 Darunter ist nicht ein „ausschließliches" Dienen zu verstehen, vgl. oben unter 2. Teil, B. II. 3. a) bb).

215 BMF v. 16.4.1999, IV C – S 2745 – 12/99, BStBl. I 1999, 455 (456, Rn. 14).

216 H.M. vgl. z.B. *Schloßmacher* in: H/H/R, KStG, § 8 Rn. 481.

217 Vgl. oben 2. Teil, B. II. 3. b).

Eine Unternehmenssanierung scheidet daher nicht aus, wenn durch die Betriebsvermögenszuführung eine neue Unternehmenssparte geschaffen wird[218].

Die Finanzverwaltung erkennt als Übersanierung den Fall an, bei dem einer Verlustgesellschaft in zwei Schritten überwiegend neues Betriebsvermögen zugeführt wird, jedoch bereits die erste Betriebsvermögenszuführung eine gewinnbringende Tätigkeit der Gesellschaft zur Folge hat[219]. Da die Verlustgesellschaft bereits durch die erste Betriebsvermögenszuführung saniert ist, handelt es sich bei der zweiten Zuführung – insoweit ist der Finanzverwaltung zuzustimmen – nicht mehr um eine notwendige Zuführung. Eine Übersanierung kann also angenommen werden, sobald einem bereits sanierten Betrieb Betriebsvermögen zugeführt wird.

Die Finanzverwaltung behandelt jedoch auch den Fall als Übersanierung, bei dem einer Verlustgesellschaft neues Betriebsvermögen dadurch zugeführt wird, dass auf diese ein gewinnbringender Betrieb derselben Branche aufgeschmolzen wird und der jährliche Gewinn nach der Verschmelzung 2 Mio. EUR beträgt[220].

Dies kann nicht überzeugen. Denn anders als im Ausgangsfall ist der Verlustgesellschaft nur einmalig Betriebsvermögen zugeführt worden. Wird einer Verlustgesellschaft zur Sanierung Betriebsvermögen zugeführt, muss auch angenommen werden, dass dieses Betriebsvermögen insgesamt der Sanierung dient. Die Argumentation, eine Unternehmenssanierung hätte nur dann vorgelegen, wenn der Gesellschaft weniger Betriebsvermögen zugeführt wird, kann nicht überzeugen, da es dem Steuerpflichtigen im Regelfall erhebliche Schwierigkeiten bereitet zu beurteilen, wann das zugeführte Betriebsvermögen den für das Fortbestehen des Geschäftsbetriebes notwendigen Umfang wesentlich überschreitet[221].

Überzeugender ist es, eine Übersanierung nur anzunehmen, wenn die Verlustgesellschaft schon saniert ist und daher nicht mehr sanierungsbedürftig ist oder wenn die Betriebsvermögenszuführung gar nicht der Unternehmenssanierung dient[222]. Zusätzlich darf der Geschäftsbetrieb der Verlustgesellschaft nicht bereits eingestellt sein. Wird einer Verlustgesellschaft hingegen Betriebsvermögen zu-

---

218 Ebenso *Janssen* in: Mössner/Seeger, KStG, § 8 Rn. 1263.

219 BMF v. 16.4.1999, IV C – S 2745 – 12/99, BStBl. I 1999, 455 (456, Rn. 14).

220 BMF v. 16.4.1999, IV C – S 2745 – 12/99, BStBl. I 1999, 455 (456, Rn. 14); zur Begründung führt das BMF an, dass im genannten Beispiel die Verluste der Verlustgesellschaft statt innerhalb der nächsten 30 Jahre in nur zwei Jahren mit sonst steuerpflichtigen Gewinnen verrechnet werden.

221 Vgl. *Cloppenburg/Strunk*, BB 1998, 2446 (2450); *Wacke*, S. 126 f. Dies gilt insbesondere vor dem Hintergrund, dass die Finanzverwaltung dem Steuerpflichtigen die Feststellungslast dafür auferlegt, vgl. BMF v. 16.4.1999, IV C – S 2745 – 12/99, BStBl. I 1999, 455 (457, Rn. 23).

222 Da unter dem „Geschäftsbetrieb“ der gesamte Tätigkeitsbereich der Gesellschaft zu verstehen ist, sind derartige Fälle jedoch kaum denkbar.

geführt, das (auch) der Unternehmenssanierung dient, kann eine Übersanierung nicht angenommen werden.

bb) Abschmelzen

Des Weiteren ist für § 8 Abs. 4 S. 3 KStG erforderlich, dass der Geschäftsbetrieb in einem nach dem Gesamtbild der wirtschaftlichen Verhältnisse vergleichbaren Umfang in den folgenden fünf Jahren fortgeführt wird. Daraus wird das Verbot der übermäßigen Abschmelzung hergeleitet, wonach der Abbau oder die Einstellung des Geschäftsbetriebs unmittelbar nach der Anteilsübertragung und der Betriebsvermögenszuführung verhindert werden soll. Eine Abschmelzung liegt nach Ansicht der Finanzverwaltung vor, wenn der Geschäftsbetrieb um mehr als 50% seines Umfangs reduziert wird[223]. Um diese 50%-Grenze, die sich zwar nicht unmittelbar aus dem Wortlaut der Norm, sondern aus einer entsprechenden Auslegung der Formulierung „in einem dem Gesamtbild der wirtschaftlichen Verhältnisse vergleichbaren Umfang“ ergibt, berechnen zu können, muss eine Ausgangsgröße (Vergleichsgröße I) mit einer Fortführungsgröße (Vergleichsgröße II) verglichen werden. Als Vergleichskriterien können dabei im Rahmen einer auf den Einzelfall bezogenen Gesamtwürdigung der Umsatz, das Auftragsvolumen, das Aktivvermögen und die Zahl der Arbeitnehmer herangezogen werden[224].

(1) Vergleichsgröße I

Die Finanzverwaltung versteht unter der Vergleichsgröße I den verlustverursachenden Geschäftsbetrieb im durchschnittlichen Umfang während der Verlustphase, wobei diese spätestens mit dem Verlust der wirtschaftlichen Identität endet[225]. Gegen diese Auffassung spricht, dass die Finanzverwaltung den Beginn der Verlustphase offen lässt. Wann die Verlustphase beginnen soll, ist insbesondere für den Fall noch ungeklärt, dass ein Unternehmen nicht konstant Verluste erwirtschaftet, sondern schwankende Wirtschaftsergebnisse (Jahr 1 Verlust, Jahr 2 Gewinn, Jahr 3 Verlust) erzielt. Zudem führt eine durchschnittliche Betrachtung während der Verlustphase zu einem verzehrten Ergebnis. Erwirtschaftet eine Gesellschaft über Jahre Verluste und reagiert sie nach einigen Jahren mit einer Abschmelzung darauf (z.B. Abbau von Arbeitsplätzen), führt eine durchschnittliche Betrachtungsweise

---

223 BMF v. 16.4.1999, IV C – S 2745 – 12/99, BStBl. I 1999, 455 (456, Rn. 16).

224 *Dötsch* in: Dötsch/Jost/Pung/Witt, KStG, § 8 Rn. 162; *Brendt* in: Erle/Sauter, KStG, § 8 Rn. 639; *Janssen* in: Mössner/Seeger, KStG, § 8 Rn. 1288; *Frotscher* in: Frotscher/Maas, KStG, § 8 Rn. 190f.

225 BMF v. 16.4.1999, IV C – S 2745 – 12/99, BStBl. I 1999, 455 (456, Rn. 15).

dazu, dass die Vergleichsgröße I dennoch hoch angesetzt wird. Ein Unternehmer, der sich bemüht, möglichst wenige Arbeitsplätze abzubauen, wird bestraft[226].

Überzeugender ist es daher, mit einem Teil der Literatur[227] die Vergleichsgröße I zukunftsorientiert zu bestimmen. Maßgeblich ist das Vermögen der Gesellschaft zum Zeitpunkt der sanierenden Betriebsvermögenszuführung. Zwar besteht bei einer solchen Betrachtungsweise die Gefahr, dass eine Gesellschaft den Umfang ihres Geschäftsbetriebs unmittelbar vor der Betriebsvermögenszuführung bewusst reduziert, um so die Vergleichsgröße I möglichst gering zu halten. Jedoch darf einer Verlustgesellschaft das Sanierungsprivileg nur dann versagt werden, wenn gerade die neuen Anteilseigner den Umfang des Geschäftsbetriebs erheblich verringert haben. Eine steuerbegünstigte Sanierung einem Unternehmen nur deshalb zu versagen, weil der Durchschnittswert der Vergleichsgröße I in einem Zeitraum vor der Betriebsvermögenszuführung zu hoch war, ist unsachgemäß. Denn regelmäßig werden die ursprünglichen Anteilseigner den Betriebsumfang einer Verlustgesellschaft bewusst reduzieren, um das Unternehmen aus der Krise zu führen. Für die neuen Anteilseigner kann es daher nur auf den Zeitpunkt der Betriebsvermögenszuführung ankommen.

(2) Vergleichsgröße II

Voraussetzung für den Erhalt des Verlustabzuges ist, dass der verlustverursachende Geschäftsbetrieb in einem vergleichbaren Umfang zu der Vergleichsgröße I noch mindestens fünf Jahre nach dem Verlust der wirtschaftlichen Identität fortgeführt wird. Anders als im Rahmen der Berechnung der Vergleichsgröße I wird für die Festlegung dieser Vergleichsgröße II eine Durchschnittsberechnung angestellt (durchschnittliche Größe des Geschäftsbetriebes während des Fünfjahreszeitraums)[228]. Dabei beginnt der Fünfjahreszeitraum, sobald der Verlust der wirtschaftlichen Identität vorliegt.

Ergibt eine Gesamtbetrachtung, dass die Vergleichsgröße I mehr als doppelt so groß ist wie die auf diese Weise ermittelte Vergleichsgröße II, ist eine steuerschädliche Abschmelzung anzunehmen und das Sanierungsprivileg zu versagen. Die Abzugsfähigkeit der Verluste fällt rückwirkend auf den Zeitpunkt des Verlustes der wirtschaftlichen Identität fort[229].

---

226 So auch *Janssen* in: Mössner/Seeger, KStG, § 8 Rn. 1285; *Wacke*, S. 131.

227 *Simon* in: Heckschen/Simon, Umwandlungsrecht, § 13 Rn. 127 f.; *Orth*, DB 1997, 2242 (2248); *Kröner*, DStR 1998, 1495 (1501); *Janssen* in: Mössner/Seeger, KStG, § 8 Rn. 1283; *Wacke*, S. 131.

228 Dies ergibt sich schon aus dem Wortlaut des Gesetzes, indem das Gesetz von „Zeitraum“ spricht.

229 Steuerbescheide sind dann gemäß § 175 Abs. 1 Nr. 2 AO zu ändern.

Mit § 8 Abs. 4 KStG hat der Gesetzgeber auf die geänderte Rechtsprechung des BFH zum Mantelkauf reagiert. Voraussetzung für den Verlustabzug einer Körperschaft ist gemäß § 8 Abs. 4 S. 1 KStG, dass die verlustverursachende und verlustnutzende Körperschaft nicht nur rechtlich, sondern auch wirtschaftlich identisch sind. Den Begriff der wirtschaftlichen Identität hat der Gesetzgeber nicht legal definiert. Gemäß § 8 Abs. 4 S. 2 KStG geht die wirtschaftliche Identität einer Gesellschaft jedenfalls verloren, wenn sie ihr persönliches und sachliches Substrat verändert. Ihr persönliches Substrat verändert eine Gesellschaft, wenn mehr als die Hälfte ihrer Anteile übertragen werden. Ein Wechsel des sachlichen Substrats der Gesellschaft liegt vor, wenn sie ihren Geschäftsbetrieb mit überwiegend neuem Betriebsvermögen fortführt oder wieder aufnimmt.

§ 8 Abs. 4 KStG dient der Missbrauchsvermeidung. Vor dem Hintergrund, dass durch die Vorschrift insbesondere der typische Fall des Mantelkaufs verhindert werden soll, ist es geboten, die Regelung eng auszulegen. Unter einem „Anteil" im Sinne des § 8 Abs. 4 S. 2 KStG ist daher nur die Beteiligung an dem Nennkapital der Gesellschaft zu verstehen. Die Übertragung von Bezugs- oder Genussrechten sowie die isolierte Übertragung von Stimmrechten einer Gesellschaft fallen nicht in den Anwendungsbereich des § 8 Abs. 4 KStG[230]. Auch kann eine mittelbare Anteilsübertragung nicht zu einem Verlust der wirtschaftlichen Identität einer Gesellschaft führen[231].

Im Rahmen der Prüfung des sachlichen Substrats der Gesellschaft – also der Zuführung neuen Betriebsvermögens – besteht eine Vielzahl auslegungsbedürftiger Begriffe. Unter dem „Betriebsvermögen" wird das gesamte Aktivvermögen einer Gesellschaft verstanden. Eine Beschränkung des Betriebsvermögens lediglich auf das Anlagevermögen der Gesellschaft lässt der Wortlaut der Norm nicht zu[232]. Von neuem Betriebsvermögen kann im Rahmen des § 8 Abs. 4 S. 2 KStG nur gesprochen werden, wenn der Gesellschaft Betriebsvermögen durch einen Gesellschafter zugeführt wird. Eine Betriebsvermögensmehrung durch eine „Innenfinanzierung" – wie es neuerdings der BFH annimmt – kann nicht zum Verlust der wirtschaftlichen Identität einer Gesellschaft führen[233]. Schließlich ist im Rahmen des § 8 Abs. 4 S. 2 KStG die gegenständliche Betrachtungsweise des BFH abzulehnen. Für die Prüfung, ob überwiegend neues Betriebsvermögen der Gesellschaft zugeführt wurde, sind nicht nur die Zugänge, sondern auch die Abgänge maßgeblich[234].

230 Vgl. oben 2. Teil, B. II. 1. a) aa) (1) und (2).
231 Vgl. oben 2. Teil, B. II. 1. a) bb) (2).
232 Vgl. oben 2. Teil, B. II. 1. b) aa).
233 Vgl. oben 2. Teil, B. II. 1. b) bb) (1).
234 Vgl. oben 2. Teil, B. II. 1. b) cc).

Zwischen der Veränderung des persönlichen und des sachlichen Substrats einer Gesellschaft muss nicht nur ein zeitlicher, sondern auch ein sachlicher Zusammenhang bestehen[235]. Erfolgen die Anteilsübertragung und die Betriebsvermögenszuführung innerhalb eines Zeitraums von zwei Jahren, hat dies Indizwirkung für den sachlichen Zusammenhang. In diesem Fall obliegt es dem Steuerpflichtigen, darzulegen und zu beweisen, dass er nicht missbräuchlich gehandelt hat.

Gemäß § 8 Abs. 4 S. 1 KStG können auch Fälle, die nicht von § 8 Abs. 4 S. 2 KStG erfasst sind, zum Verlust der wirtschaftlichen Identität einer Gesellschaft führen. Voraussetzung dafür ist, dass die Gestaltung mit dem Hauptanwendungsfall wirtschaftlich vergleichbar ist[236]. Eine wirtschaftliche Vergleichbarkeit mit der Anteilsübertragung liegt beispielsweise vor, wenn Gesellschaftsanteile nicht rechtsgeschäftlich, sondern von Gesetzes wegen übertragen werden. Eine wirtschaftliche Vergleichbarkeit mit der Betriebsvermögenszuführung kann z.B. bei der Übernahme von Verbindlichkeiten der Gesellschaft durch einen Anteilseigner angenommen werden oder bei einer Vermögensmehrung von dritter Seite, die einem Anteilseigner zurechenbar ist.

Die Betriebsvermögenszuführung ist gemäß § 8 Abs. 4 S. 3 KStG unschädlich, sofern sie allein der Sanierung der Verlustgesellschaft dient und die Verlustgesellschaft ihren Geschäftsbetrieb in vergleichbarem Umfang in den folgenden fünf Jahren fortführt. Die Finanzverwaltung lässt die Frage offen, wie die Unternehmenssanierung zu verstehen ist. Der Begriff der Sanierung wurde durch die Rechtsprechung zu § 3 Nr. 66 EStG a.F. näher bestimmt, die im Rahmen des § 8 Abs. 4 S. 3 KStG entsprechend herangezogen werden kann. Unter dem Geschäftsbetrieb im Sinne des § 8 Abs. 4 S. 3 KStG ist der gesamte Tätigkeitsbereich der Verlustgesellschaft zu verstehen. Aus diesem Grunde ist die Auffassung der Finanzverwaltung zur Übersanierung abzulehnen. Denn eine Betriebsvermögenszuführung, die zumindest auch der Unternehmenssanierung dient, kann nie eine Übersanierung darstellen. Schließlich muss die Gesellschaft ihren Geschäftsbetrieb in einem dem Gesamtbild der wirtschaftlichen Verhältnisse vergleichbaren Umfang fortführen. Hierfür ist eine Vergleichsbetrachtung erforderlich.

Insgesamt wirft § 8 Abs. 4 KStG eine Vielzahl von Auslegungsfragen auf, die sowohl die erstinstanzlichen Gerichte als auch den BFH regelmäßig beschäftigen. Vor dem Hintergrund des Missbrauchsvermeidungszwecks ist es allerdings geboten, die Regelung möglichst einschränkend auszulegen.

235 Vgl. oben 2. Teil, B. II. 1. c).
236 Vgl. oben 2. Teil, B. II. 2. b).

C. Unternehmensteuerreform 2008: § 8c KStG

Im Rahmen des Unternehmensteuerreformgesetzes 2008, das am 25.5.2007 vom Deutschen Bundestag in zweiter und dritter Lesung gebilligt wurde und dem der Bundesrat am 6.7.2007 zugestimmt hat, ist § 8 Abs. 4 KStG aufgehoben und durch § 8c KStG ersetzt worden. Diese mit „Verlustabzug bei Körperschaften" überschriebene Vorschrift sieht einen zweistufigen Verlustabzug bei Körperschaften vor. Auf einer ersten Stufe kommt es zu einem anteiligen Verlustuntergang, wenn innerhalb von fünf Jahren mittelbar oder unmittelbar mehr als 25% des gezeichneten Kapitals, der Mitgliedschaftsrechte, der Beteiligungsrechte oder der Stimmrechte an einer Körperschaft an einen Erwerber oder eine diesem nahe stehende Personen übertragen werden. Auf einer zweiten Stufe kommt es zu einem vollständigen Verlustuntergang bei einer unmittelbaren oder mittelbaren Übertragung von mehr als 50% der genannten Rechte. Auf die Frage, ob die Verlustgesellschaft ihren Geschäftsbetrieb – wie bei dem früheren § 8 Abs. 4 KStG – mit überwiegend neuem Betriebsvermögen fortführt oder wieder aufnimmt, kommt es im Rahmen des § 8c KStG nicht an.

Als dauerhafte Ausnahme von der Verlustvernichtungsregelung hatte der Gesetzgeber die Einführung von § 8c Abs. 2 KStG vorgesehen, der Anteilserwerbe, an denen eine Wagnisbeteiligungsgesellschaft beteiligt ist, begünstigen sollte.[237] Diese Vorschrift ist allerdings nie in Kraft getreten. Am 30.09.2009 veröffentlichte die Kommission ihre Entscheidung, ihre Entscheidung, wonach der geplante § 8c Abs. 2 KStG als steuerliche Beihilfe mit dem Gemeinsamen Markt unvereinbar sei.

Im Rahmen des Bürgerentlastungsgesetz Krankenversicherung[238] ist § 8c KStG um einen neuen Abs. 1a – zunächst befristet für Beteiligungserwerbe nach dem 31.12.2007 und vor dem 1.1.2010 – erweitert worden, der eine Entschärfung für Sanierungsfälle vorsieht. Diese zeitliche Begrenzung der Sanierungsklausel hat der Gesetzgeber durch das Wachstumsbeschleunigungsgesetz (Gesetz zur Beschleunigung des Wirtschaftswachstums[239]) aufgehoben. Gleichzeitig hat der Gesetzgeber § 8c KStG durch eine Konzernklausel erweitert und lässt nunmehr die Verlustnutzung von Körperschaften – nach Maßgabe der Sätze 6 bis 8 des § 8c Abs. 1 KStG – in Höhe der vorhandenen stillen Reserven der Körperschaft uneingeschränkt für schädliche Beteiligungserwerbe nach dem 31.12.2009 zu.

Im Folgenden soll § 8c KStG analysiert werden. Dabei wird auf die einzelnen Tatbestandsmerkmale und die Rechtsfolge eingegangen. Im Anschluss wird die Norm auf ihren verfassungsrechtlichen und steuersystematischen Bestand ge-

---

237 Vgl. zu den Voraussetzungen des § 8c Abs. 2 KStG: 2. Teil, C. 4. a).

238 Gesetz zu verbesserten steuerlichen Berücksichtigung von Vorsorgeaufwendungen (Bürgerentlastungsgesetz Krankenversicherung), BGBl. I 2009, 1959 ff.

239 Gesetz zur Beschleunigung des Wirtschaftswachstums (Wachstumsbeschleunigungsgesetz), BGBl. I 2009, 3950 ff.

prüft und ihren wirtschaftlichen Folgen dargestellt. Abschließend werden die Änderungen des § 8c KStG, die durch das Wachstumsbeschleunigungsgesetz eingetreten sind, dargestellt und analysiert.

I. Zweck der Norm als Auslegungsmaßstab

Voraussetzung für eine Normanalyse und für eine verfassungsrechtliche Prüfung des § 8c KStG ist die Bestimmung des Regelungszwecks der Vorschrift. Als Nachfolgevorschrift des § 8 Abs. 4 KStG könnte auch § 8c KStG der Missbrauchsvermeidung dienen[240], was anhand des Wortlauts und der Gesetzesbegründung der Norm zu untersuchen ist.

1. Sinn und Zweck des § 8c KStG

a) Gesetzesbegründung

Welchen Zweck § 8c KStG verfolgt, geht aus der Gesetzesbegründung nicht eindeutig hervor. Der Gesetzgeber verfolgt – was sich aus dem allgemeinen Teil der Gesetzesbegründung ergibt – mit der Unternehmensteuerreform 2008 das Ziel, den Standort Deutschland insbesondere durch eine Absenkung des Körperschaftsteuersatzes von 25% auf 15%, durch die Tarifbegünstigung von Personenunternehmen und die Einführung einer Abgeltungsteuer auf Kapitaleinkünfte im internationalen Vergleich attraktiver zu machen[241]. Diese Maßnahmen führen zu Steuermindereinnahmen von ca. 18 Mrd. EUR[242]. Zum teilweisen Ausgleich dieser Mindereinnahmen[243] enthält das Unternehmensteuerreformgesetz 2008 zum einen Regelungen zur Bekämpfung steuerminimierender Gestaltungen, zum anderen rein finanzierende und substraterhaltende Maßnahmen[244]. § 8c KStG ordnet der Gesetzgeber als eine solche Gegenfinanzierungsmaßnahme ein[245]. Für den vollständigen oder teilweisen Wegfall

---

240 Dies wird vereinzelt in der Literatur vertreten, vgl. z.B. *Suchanek/Herbst*, FR 2007, 863 (864); *B. Lang*, DStZ 2007, 652 (656).

241 BT-Drs. 16/4841, S. 29 ff.

242 Die Absenkung der Körperschaftsbelastung führt zu Mindereinnahmen in Höhe von ca. 12,5 Mrd. EUR, die Begünstigung der Personenunternehmen zu Mindereinnahmen in Höhe von ca. 4 Mrd. EUR, die Abgeltungsteuer zu weiteren 1,3 Mrd. EUR, vgl. Finanztableau BT-Drs. 16/4841, S. 39 f.

243 Dabei gilt die politische Vorgabe, dass Steuermindereinnahmen von mehr als 5 Mrd. EUR nicht mit der Haushaltspolitik der Bundesregierung vereinbar sind, vgl. BT-Drs. 16/4841, S. 30.

244 BT-Drs. 16/4841, S. 30 f.

245 § 8c KStG ist unter dem Stichpunkt „Finanzierung der tariflichen Entlastung der Unternehmen" genannt, vgl. BT-Drs. 16/4841, S. 33 ff.

des Verlustvortrages werde nur noch darauf abgestellt, ob ein neuer Anteilseigner maßgebend auf die Geschicke der Kapitalgesellschaft einwirken kann und es so prinzipiell in der Hand habe, die Verwertung der Verluste zu steuern[246]. Die ausdrückliche Einordnung des § 8c KStG als Gegenfinanzierungsmaßnahme lässt jedoch nicht den Schluss zu, die Vorschrift diene nicht der Missbrauchsvermeidung. Denn auch die im Rahmen des Unternehmensteuerreformgesetzes 2008 ausdrücklich als Missbrauchsvermeidungsregelungen bezeichneten Vorschriften sind Bestandteil der Gegenfinanzierung[247]. Dem allgemeinen Teil der Gesetzesbegründung kann daher der Gesetzeszweck des § 8c KStG nicht entnommen werden.

Im besonderen Teil der Gesetzesbegründung wird § 8c KStG – anders als die Zinsschranke oder die Regelung der Gesellschafterfremdfinanzierung – nicht ausdrücklich als Missbrauchsvermeidungsvorschrift eingeordnet. Allerdings liege der Vorschrift der Gedanke zugrunde, dass sich die wirtschaftliche Identität einer Gesellschaft durch das wirtschaftliche Engagement eines anderen Anteilseigners ändert[248]. Zudem vereinfache § 8c KStG die Rechtsanwendung gegenüber § 8 Abs. 4 KStG a.F.[249]. Dabei werde die „geltende Mantelkaufregelung" wegen ihrer Kompliziertheit und Gestaltungsanfälligkeit durch § 8c KStG ersetzt[250]. Auch im Rahmen der Gesetzesbegründung des Gesetzes zur Modernisierung der Rahmenbedingungen für Kapitalbeteiligungen (MoRaKG) wird § 8c Abs. 2 KStG als „Sonderregelung zum Mantelkauf" bezeichnet[251]. Als Mantelkaufregelung soll § 8c KStG offensichtlich der Missbrauchsvermeidung dienen. Der Gesetzesbegründung ist jedenfalls nicht zu entnehmen, dass der Gesetzgeber von dem Missbrauchsgedanken Abstand genommen hat[252]. Die ausdrückliche Bezugnahme auf den „Mantelkauf" und die „wirtschaftliche Identität der Gesellschaft" sowie die rechtsvereinfachende Wirkung des § 8c KStG sprechen vielmehr dafür, dass der Gesetzgeber in § 8c KStG – als Nachfolgevorschrift zu § 8 Abs. 4 KStG – ebenfalls eine spezialgesetzliche Missbrauchsregelung sieht.

---

246 BT-Drs. 16/4841, S. 35.

247 Die Zinsschranke (§ 4h EStG), die Regelung zur Gesellschafterfremdfinanzierung (§ 8a Abs. 2 und Abs. 3 KStG) sowie die neuen Vorschriften im Außensteuerrecht (z.B. § 1 Abs. 3 S. 9 f.) werden als Missbrauchsvermeidungsregelungen eingeordnet, sind aber gleichzeitig Bestandteil der Gegenfinanzierung, vgl. Finanztableau, BT-Drs. 16/4841, S. 39 ff.

248 BT-Drs. 16/4841, S. 76.

249 BT-Drs. 16/4841, S. 75.

250 BT-Drs. 16/4841, S. 34.

251 BT-Drs. 16/6311, S. 2; auch die Stellungnahme des Bundesrates zum Gesetzesentwurf des MoRaKG enthält die Formulierung, dass das Gesetz sicherstellen soll, dass jungen und innovativen Unternehmen „durch die verschärfte Mantelkaufregelung (§ 8c KStG) nicht wesentliche Teile des Kapitalmarktes bei der Suche nach neuen Investoren verschlossen bleiben", vgl. BT-Drs. 16/6648, S. 7.

252 *Van Lishaut*, FR 2008, 789 (789).

b) *Umsetzung des Missbrauchsvermeidungszwecks?*

Allein die (konkludente) Behauptung des Gesetzgebers, eine Vorschrift diene der Missbrauchsvermeidung, macht die Regelung noch nicht zu einer spezialgesetzlichen Missbrauchsnorm[253]. Auch kann nicht allein von dem Charakter der Vorgängervorschrift – wie es bei § 8c KStG vereinzelt vertreten wird[254] – auf den Charakter der Nachfolgevorschrift geschlossen werden. Die Einordnung einer Regelung als Umgehungs- oder Missbrauchsvermeidungsvorschrift ist gerade nicht statisch[255]. Der Charakter einer Vorschrift – z.B. der Missbrauchsvermeidungszweck – kann sich im Wege eines Rechtsprechungswandels oder insbesondere durch Gesetzesänderung verändern[256]. Als Nachfolgevorschrift des § 8 Abs. 4 KStG a.F. stellt § 8c KStG daher keinesfalls zwingend eine Missbrauchsvermeidungsvorschrift dar.

Der Zweck einer Vorschrift muss „erkennbar sein", d.h. der Regelungszweck muss anhand objektiver Kriterien belegt werden[257]. Für die Annahme einer Missbrauchsvermeidungsvorschrift muss der Missbrauchsvermeidungszweck objektiv im Tatbestand der Norm erkennbar sein, d.h. der Gesetzgeber muss eine missbräuchliche Gestaltung zum Anlass einer gesetzlichen Typisierung genommen und hieran eine bestimmte Rechtsfolge geknüpft haben. Von einer spezialgesetzlichen Missbrauchsvorschrift kann hingegen nicht gesprochen werden, wenn gerade keine missbräuchliche Gestaltung typisiert wird[258], sondern lediglich ein potentieller Missbrauchsfall zum Anlass genommen wird, eine – grundsätzlich zulässige – Gestaltungsmöglichkeit der Steuerpflichtigen einzuschränken[259].

Diesen Anforderungen wird § 8c KStG nicht gerecht. Die Regelung versagt Körperschaften die Verlustnutzung, wenn innerhalb eines Zeitraums von fünf Jahren unmittelbar oder mittelbar mehr als 25% ihres gezeichneten Kapitals oder ihrer Mitgliedschafts-, Beteiligungs- oder Stimmrechte auf einen Erwerber übertragen werden. Eine typische missbräuchliche Gestaltung liegt bei der Übertragung von mehr als 25% der Anteile einer Kapitalgesellschaft nicht vor. Anteilsübertragungen

---

253 *Hey*, StuW 2008, 167 (171); *Drüen*, StuW 2008, 3 (13); *ders.* in: Tipke/Kruse, AO, § 4 Rn. 285.

254 *B. Lang*, DStZ 2007, 652 (656); *Suchanek/Herbst*, FR 2007, 863 (865).

255 *Drüen*, Ubg 2008, 31 (33); *ders.*, StuW 2008, 154 (160).

256 Wie *Drüen*, Ubg 2008, 31 (33), darlegt, hat sich z.B. der Charakter des Instruments der verdeckten Gewinnausschüttung in den letzten Jahrzehnten von der Missbrauchsvorbeugung hin zu einem eigenständigen Institut verfestigt.

257 Vgl. BVerfG v. 22.6.1995, 2 BvL 37/91, BVerfGE 93, 121 (147), das eine „erkennbare gesetzliche Entscheidung des Gesetzgebers" für außerfiskalische Verwaltungsziele verlangt.

258 Vgl. BVerfG v. 30.9.1998, 2 BvR 1818/91, BVerfGE 99, 88 (97); *Hey*, StuW 2008, 167 (171).

259 *Drüen*, StuW 2008, 3 (13); *Hey*, StuW 2008, 167 (171).

sind regelmäßig wirtschaftlich motiviert und dienen nicht dazu, die steuerlichen Verluste den neuen Anteilseignern indirekt zu Nutze zu machen[260]. Insbesondere geht die wirtschaftliche Identität einer Verlustgesellschaft – entgegen der Behauptung des Gesetzgebers[261] – nicht allein wegen des wirtschaftlichen Engagements eines neuen Anteilseigners verloren[262]. Gerade diese Erkenntnis führte im Rahmen des § 8 Abs. 4 KStG zum Erfordernis der Änderung des sachlichen Substrats als weitere kumulative Voraussetzung für den Verlust der wirtschaftlichen Identität einer Körperschaft. Hingegen stellt § 8c KStG allein auf die Veränderung des persönlichen Substrats der Verlustgesellschaft ab. In diesem Zusammenhang von dem Verlust der wirtschaftlichen Identität der Gesellschaft zu sprechen, würde zudem das zivilrechtliche Trennungsprinzip – worauf im Laufe dieser Arbeit noch eingegangen wird[263] – vollständig ignorieren[264]. Zwar werden auch im Rahmen eines Mantelkaufs, der als missbräuchliche Gestaltung anerkannt ist, Gesellschaftsanteile übertragen mit der Folge, dass auch ein Mantelkauf gemäß § 8c Abs. 1 S. 2 KStG in der Regel zu einem vollständigen Untergang der Verluste der erworbenen Gesellschaft führt[265]. Jedoch kann weder angenommen werden, dass ein Mantelkauf gerade den typischen Fall einer Anteilsübertragung darstellt, noch kann von einem typischen – und das heißt missbräuchlichen – Mantelkauf die Rede sein, wenn weniger als 50% der Gesellschaftsanteile einer Verlustgesellschaft übertragen werden[266]. Der Gesetzgeber hat vielmehr die potentielle Gefahr eines Mantelkaufs zum Anlass genommen, eine allgemeine Verlustnutzungsregelung für Körper-

---

260 Dies gilt erst Recht für Anteilsübertragungen auf mittelbarer Gesellschaftsebene, vgl. *Lenz/Ribbrock*, BB 2007, 587 (589 f.).

261 BT-Drs. 16/4841, S. 76.

262 Ebenso *Tiedchen*, FR 2008, 201 (208); *a.A. Altrichter-Herzberg*, GmbHR 2008, 857 (859), der die wirtschaftliche Identität der Verlustgesellschaft als ungeschriebenes Tatbestandsmerkmal des § 8c KStG ansieht. *Altrichter-Herzberg* beachtet jedoch nicht, dass die Behauptung des Gesetzgebers, die wirtschaftliche Identität einer Gesellschaft gehe allein durch eine Veränderung der Beteiligungsstruktur verloren, nicht ausreicht. Zudem äußert er sich nicht dazu, wie die Durchbrechung des zivilrechtlichen Trennungsprinzips gerechtfertigt sein soll.

263 Vgl. unten 2. Teil, C. III. 2.

264 Vgl. z.B. *Lenz/Ribbrock*, BB 2007, 587 (589).

265 Bei einem Mantelkauf werden regelmäßig mehr als 50% der Gesellschaftsanteile übertragen. Erfolgt die Übertragung an einen Erwerber oder Erwerberkreis, ist § 8c Abs. 1 S. 2 KStG mit der Rechtsfolge einschlägig, dass sämtliche Verluste der Verlustgesellschaft untergehen. Insofern lässt sich jedenfalls eine anerkannte missbräuchliche Gestaltung namentlich benennen; *a.A.* offenbar *Drüen*, StuW 2008, 3 (13), wonach sich im Rahmen des § 8c KStG keine „realen Missbrauchsszenarien" benennen lassen, da § 8c KStG sich insgesamt von dem historischen Ziel der Mantelkaufregelung gelöst hat.

266 Ebenso *Drüen*, StuW 2008, 154 (155, Fn. 11); *Schönherr/Lemaitre*, SJ 2007, Heft 15, 17 (19).

schaften zu erlassen. Eine derartige abstrakte Gefahr eines Missbrauchsfalls stellt jedoch einen sachwidrigen Typisierungsansatz dar.

§ 8c KStG stellt – im Gegensatz zu § 8 Abs. 4 KStG – keine Mantelkaufregelung dar. Der Charakter der Missbrauchsvermeidung ist im Rahmen des § 8c KStG vollständig verloren gegangen[267]. Unabhängig davon, ob der Gesetzgeber in § 8c KStG eine Mantelkaufregelung sieht, hat er diese missbräuchliche Gestaltung jedenfalls nicht auf zulässige Weise gesetzlich typisiert.

2. *Ergebnis*

§ 8c KStG ist – anders als § 8 Abs. 4 KStG – nicht als Missbrauchsvermeidungsvorschrift einzuordnen. Der Missbrauchsvermeidungscharakter ist im Rahmen des § 8c KStG vollständig verloren gegangen. Von einer Mantelkaufregelung kann im Zusammenhang mit § 8c KStG keine Rede sein. Auf das Merkmal der wirtschaftlichen Identität der Verlustgesellschaft ist bei § 8c KStG verzichtet worden.

Der Zweck des § 8c KStG liegt allein in der Mitfinanzierung des Unternehmensteuerreformgesetzes 2008. Mit der als „Verlustabzug für Körperschaften" überschriebenen Vorschrift erfährt die Verlustnutzung von Körperschaften insgesamt eine erhebliche Einschränkung. Die Voraussetzungen des § 8c KStG sind bei der Verlustnutzung einer Körperschaft zusätzlich zu beachten und wirken gegenüber § 8 Abs. 1 KStG i.V.m. §§ 2 Abs. 2, Abs. 3, 10d EStG einschränkend. § 8c KStG soll somit – was *Drüen* zutreffend feststellt – „Ausgleichspotential für politisch favorisierte Steuersatzsenkungen schaffen"[268].

Die rein fiskalisch motivierte Neuregelung macht die Verlustnutzung von Körperschaften allein von dem wirtschaftlichen Engagement und der Einflussnahmemöglichkeit neuer Anteilseigner abhängig. § 8c KStG wird von dem gesetzgeberischen Leitgedanken getragen, wonach für den Wegfall von Verlusten einer Körperschaft darauf abgestellt wird, ob ein Anteilseigner auf die Geschicke der Körperschaft einwirken kann und es so prinzipiell in der Hand hat, die Verwertung der Verluste zu steuern. Verändert sich das wirtschaftliche Engagement eines Anteilseigners, z.B. durch den Erwerb von Gesellschaftsanteilen, zu mehr als 25%, sollen die Verluste der Gesellschaft (anteilig) verloren gehen. § 8c KStG macht also die Verlustnutzung allein von dem objektiven Kriterium abhängig, inwieweit neue Anteilseigner auf die Verlustnutzung von Körperschaften Einfluss ausüben

---

267 So auch die überwiegende Literaturansicht, vgl. *Hey*, BB 2007, 1313 (1307); *Schwedhelm*, GmbHR 2008, 404 (406); *Drüen*, StuW 2008, 3 (13); *Dörfler/Wittkowski*, GmbHR 2007, 513 (516); *Wiese*, DStR 2007, 741 (744); *Lenz/Ribbrock*, BB 2007, 587 (589); *Beußer*, FR 2007, 775 (780).

268 *Drüen*, Ubg 2008, 31 (33); *ders.*, StuW 2008, 3 (13).

können[269]. Auf subjektive Motive der Anteilseigner oder auf sachliche Zusammenhänge zwischen den einzelnen Tatbestandsmerkmalen soll es hingegen nicht ankommen. Eine einschränkende Auslegung der Vorschrift ist daher nur beschränkt möglich[270]. Der Verlust des Missbrauchscharakters im Rahmen des § 8c KStG und der Leitgedanke der objektiven Möglichkeit der Einflussnahme neuer Anteilseigner auf eine Verlustgesellschaft liegt den folgenden Ausführungen zugrunde.

II. Normanalyse

§ 8c Abs. 1 KStG lässt die nicht genutzten Verluste einer Körperschaft entfallen, wenn ein schädlicher Beteiligungserwerb vorliegt. Wann ein Beteiligungserwerb als schädlich einzuordnen ist, wird im Folgenden dargestellt.

1. Persönlicher Anwendungsbereich

Der Wortlaut des § 8c Abs. 1 KStG stellt allgemein auf Körperschaften ab. In den persönlichen Anwendungsbereich der Vorschrift fallen unbeschränkt und beschränkt[271] steuerpflichtige Körperschaften gemäß §§ 1, 2 KStG. Dazu gehören neben den Kapitalgesellschaften auch Erwerbs- und Wirtschaftsgenossenschaften sowie wirtschaftliche Vereine[272].

Nach Auffassung der Finanzverwaltung umfasst der persönliche Anwendungsbereich des § 8c KStG auch Stiftungen und Anstalten sowie Personenvereinigungen und Vermögensmassen im Sinne des § 1 Abs. 1 KStG[273]. Personenvereinigungen, Vermögensmassen, Stiftungen und Anstalten sind keine Körperschaften. § 8c KStG ist aber mit „Verlustabzug bei Körperschaften" überschrieben. Ein schädlicher Beteiligungserwerb soll gemäß § 8c Abs. 1 S. 1 und S. 2 KStG nur vorliegen, wenn gezeichnetes Kapital oder sonstige Beteiligungsrechte einer *Körperschaft* auf einen Erwerber übertragen werden. Die Ausweitung des Anwendungsbereichs des § 8c Abs. 1 KStG auf sonstige körperschaftsteuerpflichtige juristische Personen stellt einen Verstoß gegen den ausdrücklichen Wortlaut

269 Vgl. BT-Drs. 16/4841, S. 35, wonach die Verlustnutzung von Körperschaften davon abhängig ist, ob ein neuer Anteilseigner maßgebend auf die Geschicke der Kapitalgesellschaft einwirken kann.
270 Vgl. *van Lishaut*, FR 2008, 789 (790).
271 Bei beschränkt steuerpflichtigen Körperschaften stellt sich die Frage nach der Anwendbarkeit des § 8c KStG nur, wenn eine Veranlagung durchzuführen ist, wenn also die Körperschaftsteuer für inländische Einkünfte gemäß § 32 KStG nicht mit dem Steuerabzug abgegolten wird, vgl. *Grützner*, StuB 2007, 339 (340).
272 Vgl. z.B. *Neyer*, BB 2007, 1415 (1418).
273 BMF v. 4.7.2008, IV C 7 – S 2745 – a/08/10001, DStR 2008, 1436 (1436 Rn. 1).

der Norm dar und kann daher nicht überzeugen. § 8c Abs. 1 KStG ist nur auf Körperschaften anwendbar, nicht jedoch auf Personenvereinigungen und Vermögensmassen sowie Stiftungen und Anstalten[274].

2. *Schädlicher Beteiligungserwerb*

Ein schädlicher Beteiligungserwerb ist nach § 8c Abs. 1 S. 1 KStG gegeben, wenn innerhalb von fünf Jahren unmittelbar oder mittelbar mehr als 25% des gezeichneten Kapitals, der Mitgliedschaftsrechte, der Beteiligungsrechte oder der Stimmrechte an einer Körperschaft an einen Erwerber oder diesem nahe stehende Personen übertragen werden oder ein vergleichbarer Sachverhalt vorliegt.

a) *Übertragungsgegenstand*

Zu klären ist zunächst, was unter dem gezeichneten Kapital, den Mitgliedschafts-, Beteiligungs- und Stimmrechten zu verstehen ist und in welchem Verhältnis diese Rechte stehen.

aa) *Gezeichnetes Kapital*

Der Begriff des gezeichneten Kapitals ist in § 272 Abs. 1 S.1 HGB definiert. Danach ist das gezeichnete Kapital das Kapital, „auf das die Haftung der Gesellschafter für die Verbindlichkeiten der Kapitalgesellschaft gegenüber den Gläubigern beschränkt ist“. Bei der Aktiengesellschaft und der Kommanditgesellschaft auf Aktien (KGaA) ist dies gemäß § 152 Abs. 1 S. 1 AktG das Grundkapital, bei der GmbH ist dies nach § 42 Abs. 1 GmbHG das Stammkapital. Da das gezeichnete Kapital selbst nicht übertragbar ist, ist damit die jeweilige Beteiligung des Gesellschafters am gezeichneten Kapital gemeint. Unter das gezeichnete Kapital fallen hingegen keine Genussrechte oder ähnliche Beteiligungen sowie Anwartschaften auf solche Beteiligungen. Vielmehr kommt es ausschließlich auf die Beteiligung am Nennkapital an, wobei der Nennbetrag der eigenen Anteile kürzend wirkt[275]. Der Begriff des gezeichneten Kapitals gemäß § 8c Abs. 1 S. 1 KStG ist also gleichbedeutend mit der hier vertretenen Auslegung der Anteile im Sinne des § 8 Abs. 4 KStG[276].

---

274 Ebenso *Suchanek*, GmbHR 2008, 292 (292); *ders.*, FR 2008, 904 (905); *Centrale für GmbH Dr. Otto Schmidt*, GmbHR 2008, 421 (421); *Frotscher* in: Frotscher/Maas, KStG, § 8c Rn. 18; *Suchanek* in: H/H/R, Jahresband 2008, § 8c Rn. J 07-3; *B. Lang*, DStZ 2008, 549 (550).

275 Ganz h.M. vgl. *Suchanek* in: H/H/R, Jahresband 2008, § 8c Rn. J 07-13; *Meiisel/ Bokeloh*, BB 2008, 808 (811).

276 Vgl. oben 2. Teil, B. II. 1. a) aa) (1).

bb) Beteiligungs- und Mitgliedschaftsrechte

Neben der Übertragung des gezeichneten Kapitals führt gemäß § 8c Abs. 1 S. 1 KStG auch die Übertragung von mehr als 25% der Beteiligungs-, Mitgliedschafts- oder Stimmrechte zu einem schädlichen Beteiligungserwerb. Was unter Beteiligungs- und Mitgliedschaftsrechten in diesem Sinne zu verstehen ist, ist umstritten. Die Gesetzesbegründung enthält hierzu keine weiteren Erläuterungen. Auch die Finanzverwaltung hat sich in ihrem Anwendungserlass nicht näher dazu geäußert. Dieser enthält lediglich die Aussage, dass auch der Erwerb von Mitgliedschaftsrechten und Beteiligungsrechten jeweils auch ohne Stimmrechte zu einem schädlichen Beteiligungserwerb führen kann[277]. Im Folgenden soll daher untersucht werden, welche Fälle unter die einzelnen Begriffe subsumierbar sind und in welchem Verhältnis die verschiedenen Rechte zueinander stehen.

(1) Wortlaut

Dem Wortlaut nach bestehen zwei Möglichkeiten, welche Rechte die „Mitgliedschaftsrechte“ im Sinne des § 8c Abs. 1 S. 1 und S. 2 KStG umfassen.

Zum einen könnten damit Rechte an solchen Körperschaften gemeint sein, die über kein gezeichnetes Kapital verfügen. Die Mitgliedschaftsrechte würden dann bei Erwerbs- und Wirtschaftsgenossenschaften sowie bei Vereinen die maßgebliche Bezugsgröße im Sinne des § 8c Abs. 1 KStG darstellen[278].

Zum anderen könnte der Begriff des Mitgliedschaftsrechts auch gesellschaftsrechtlich ausgelegt werden[279]. Als Mitgliedschaftsrechte werden im Gesellschaftsrecht solche Rechte eines Verbandsmitglieds bezeichnet, die aus der Mitgliedschaft hervorgehen. Dabei bezeichnet die Mitgliedschaft die Rechtsstellung einer Person, welche auf der Zugehörigkeit zu einem Verband beruht[280]. Die Mitgliedschaftsrechte können sich entweder aus dem Gesetz oder aus der Satzung (dem Gesellschaftsvertrag) ergeben[281]. Ihrer Funktion nach lassen sich die Mitgliedschaftsrechte in Vermögensrechte und Mitverwaltungsrechte einteilen, wobei deren Umfang sich regelmäßig nach dem Anteil am gezeichneten Kapital be-

277 BMF v. 4.7.2008, IV C 7 – S 2745 – a/08/10001, DStR 2008, 1436 (1436, Rn. 5).

278 So *Meiisel/Bokeloh*, BB 2008, 808 (809); *Suchanek*, GmbHR 2008, 292 (293); *Centrale für GmbH Dr. Otto Schmidt*, GmbHR 2008, 421 (422).

279 Davon geht offensichtlich die Finanzverwaltung aus, indem auch der Erwerb von Mitgliedschafts- oder Beteiligungsrechten, jeweils auch ohne Stimmrechte, zu einem schädlichen Beteiligungserwerb führen soll, vgl. BMF v. 4.7.2008, IV C 7 – S 2745 – a/08/10001, DStR 2008, 1436 (1436, Rn. 5); zustimmend *B. Lang* in: Ernst&Young, KStG, § 8c Rn. 20; *Neyer*, BB 2007, 1415 (1418); *Benz/Rosenberg* in: Blumenberg/Benz, Die Unternehmensteuerreform 2008, S. 17; *Olbing* in: Streck, KStG (7. Auflage), § 8c Rn. 9.

280 *K. Schmidt,* Gesellschaftsrecht, § 19 I 1 (S. 547).

281 *K. Schmidt*, Gesellschaftsrecht, § 19 III 3 (S. 557).

stimmt[282]. Unter einem Vermögensrecht werden bei Kapitalgesellschaften insbesondere die Ansprüche auf Beteiligung am periodischen Gewinn (§ 29 Abs. 1 GmbHG, § 58 Abs. 4 AktG) und am Liquidationserlös im Auflösungsfall (§ 72 GmbHG, § 271 AktG) verstanden[283]. Zu den Verwaltungsrechten gehören Informations- und Anfechtungsrechte, das Recht auf die Erhebung von Gesellschafterklagen und die Teilnahme an Versammlungen sowie insbesondere das Stimmrecht[284]. Das Recht auf Teilnahme an Gesellschafterversammlungen wird ergänzt durch das Recht einer qualifizierten Minderheit, die Einberufung einer Gesellschafterversammlung bzw. die Ergänzung der Tagesordnung zu verlangen.

Unklar ist auch, was unter einem Beteiligungsrecht an einer Körperschaft zu verstehen ist. Zum einen könnten sich die Beteiligungsrechte auf Substanzrechte von Körperschaften im Allgemeinen beziehen. Dem Beteiligungsrecht käme dann im Rahmen des § 8c Abs. 1 KStG eine Auffangfunktion für solche Körperschaften zu, deren maßgebliche Bezugsgröße nicht bereits die „Mitgliedschaftsrechte“ darstellen[285].

Dem Wortlaut nach könnte mit dem Beteiligungsrecht aber auch eine Rechtsposition eines Gesellschafters gemeint sein, die sich aus dessen Beteiligung ergibt. Der BFH nutzt den Begriff des Beteiligungsrechts regelmäßig untechnisch und verwendet ihn zur allgemeinen Umschreibung entweder von Mitverwaltungsrechten oder von Kapitalbeteiligungen[286]. Als Beteiligungsrechte können also neben Kapitalbeteiligungen auch Bezugsrechte oder sonstige Mitgliedschaftsrechte wie z.B. Stimmrechte bezeichnet werden. Dem Beteiligungsrecht käme dann gegenüber dem gezeichneten Kapital und den Mitgliedschaftsrechten keine weiter reichende Bedeutung zu[287].

---

282 Aus diesem Grund kann die Auffassung von *Wiese*, DStR 2007, 741 (742), nicht überzeugen, dass die Differenzierung des § 8c KStG darauf beruhe, Umgehungen – beispielsweise durch Trennung von Mitverwaltungs- und Vermögensrechten – zu vermeiden.

283 Vgl. *K. Schmidt,* Gesellschaftsrecht, § 19 III 3 (S. 557 f.); *Schiessl* in: Münchener Handbuch des Gesellschaftsrechts, Bd. 3, § 31 Rn. 4; *Grunewald*, Gesellschaftsrecht, 2C Rn. 189; *Kübler/Assmann*, Gesellschaftsrecht, § 18 IV (S. 281).

284 *Schiessl* in: Münchener Handbuch des Gesellschaftsrechts, Bd. 3, § 31 Rn. 4; *Grunewald*, Gesellschaftsrecht, 2C Rn. 189; *Kübler/Assmann*, Gesellschaftsrecht, § 18 IV (S. 281); *Hueck/Windbichler*, Gesellschaftsrecht, § 22 Rn. 34 ff.; *K. Schmidt*, Gesellschaftsrecht, § 19 III 3 (S. 557 f.), unterteilt die Mitgliedschaftsrechte in drei Gruppen. Neben den Vermögensrechten spricht er von Teilhabe- und Schutzrechten. Diese Differenzierung ist ein rein dogmatisches Problem.

285 Vgl. *Suchanek*, GmbHR 2008, 292 (293); *Centrale für GmbH Dr. Otto Schmidt*, GmbHR 2008, 421 (422).

286 BFH v. 21.9.2004, IX R 36/01, DStRE 2005, 143 (144); BFH v. 12.12.2007, X R 17/05, DStRE 2008, 408 (411).

287 In der Literatur wird vertreten, dass sich weder aus dem Wortlaut noch aus Sinn und Zweck der Norm eine sinnvolle Definition der Beteiligungsrechte ableiten lässt, z.B. *Meiisel/Bokeloh*, BB 2008, 808 (809).

Dem Wortlaut nach ist es vertretbar, die Begriffe des Mitgliedschafts- und Beteiligungsrechts entweder weit – im Sinne des Gesellschaftsrechts – oder eng auszulegen mit der Folge, dass diese Begriffe nur die maßgebliche Bezugsgröße für Körperschaften darstellen, die keine Kapitalgesellschaften sind.

(2) Systematik

(a) „Innere" Systematik

Gemäß § 8c Abs. 1 S. 1 KStG führt die Übertragung von mehr als 25% der Mitgliedschaftsrechte, der Beteiligungsrechte *oder* der Stimmrechte zu einem schädlichen Beteiligungserwerb. Die verschiedenen Rechte stehen also in einem Alternativverhältnis.

Diese Systematik des § 8c Abs. 1 S. 1 und S. 2 KStG spricht dafür, den Begriff des Mitgliedschaftsrechts und des Beteiligungsrechts eng auszulegen. Denn würde das Mitgliedschaftsrecht tatsächlich den Oberbegriff zu den Beteiligungs- und Stimmrechten darstellen, wäre die ausdrückliche Nennung dieser Rechte im Tatbestand der Norm überflüssig. Das Stimmrecht ist ein Unterfall des Mitverwaltungsrechts, und dem Beteiligungsrecht kommt keine weitere Bedeutung zu[288]. Hätte der Gesetzgeber mit dem Mitgliedschaftsrecht jedes Vermögens- oder Mitverwaltungsrecht gemeint, hätte er auf die übrigen Begriffe bei § 8c Abs. 1 KStG verzichten können.

Die ausdrückliche Nennung dieser Begriffe spricht dafür, dass die Mitgliedschaftsrechte und Beteiligungsrechte nur für Körperschaften gelten, die keine Kapitalgesellschaften sind[289].

(b) Abspaltungsverbot und Kernbereichslehre

Zudem sprechen zwei allgemeine gesellschaftsrechtliche Prinzipien, das Abspaltungsverbot und die Kernbereichslehre, gegen eine weite Auslegung der Mitgliedschafts- und Beteiligungsrechte.

(aa) Abspaltungsverbot

Aus der Einheitlichkeit der Mitgliedschaft ist das Abspaltungsverbot entwickelt worden, wonach Mitgliedschaftsrechte von der Mitgliedschaft grundsätzlich nicht

288 Vgl. oben 2. Teil, C. II. 2. a) bb) (1).
289 Vgl. *Suchanek*, GmbHR 2008, 292 (293); *Centrale für GmbH Dr. Otto Schmidt*, GmbHR 2008, 421 (422).

trennbar sind[290]. Eine Übertragung einzelner Gesellschafterrechte – beispielsweise Stimm-, Informations- oder Kontrollrechte – auf einen Nichtgesellschafter ohne die entsprechende Mitgliedschaft hat grundsätzlich die Nichtigkeit dieser Übertragung zur Folge. Den Legitimationsgrund findet das Abspaltungsverbot im Schutz des Verbandes als solchem[291]. Inhaber der Mitgliedschaftsrechte sollen grundsätzlich nur diejenigen Personen sein, die ihrerseits durch gesellschaftsrechtliche Mitgliedschaftspflichten an das Interesse des Verbandes gebunden sind[292]. Wäre eine isolierte Übertragung der Mitgliedschaftsrechte möglich, bestünde die Gefahr, dass der Verband nicht mehr selbst-, sondern fremdgesteuert wäre[293].

Nach herrschender Meinung ist die isolierte Übertragung von Mitverwaltungsrechten auf ein Nichtmitglied ausgeschlossen[294]. Auch darf nach dem Abspaltungsverbot ein Nichtmitglied nicht zur Ausübung dieser Rechte im eigenen Namen ermächtigt werden[295]. Zudem ist die unwiderrufliche Bevollmächtigung eines Dritten zur Ausübung der Verwaltungsrechte nach herrschender Ansicht unzulässig[296]. Zwar ist grundsätzlich die Zuhilfenahme eines Dritten zulässig. Dies gilt jedoch nur, solange keine schutzwürdigen Interessen der Körperschaft entgegenstehen. Die Inanspruchnahme der Hilfe eines Dritten ist in der Regel dann unzulässig, wenn dieser unwiderruflich für die Ausübung der Mitgliedschaftsrechte bevollmächtigt wurde. Schutzwürdige Interessen sind hingegen nicht betroffen, wenn eine obligatorische Gruppenvertretung vorgenommen wird, also mehrere Mitglieder sich verpflichten, ihre Mitgliedschaftsrechte einheitlich auszuüben[297]. Denn in diesem Fall liegt schon kein Loslösen der Mitgliedschaftsrechte von der Mitgliedschaft vor, sondern eine Zusammenfassung der mitgliedschaftsrechtlichen Macht.

(bb) Kernbereichslehre

Auch die sog. Kernbereichslehre kann Einfluss auf gesellschaftsrechtliche Gestaltungen haben. Während das Abspaltungsverbot in erster Linie dem Schutz des Verbandes dient, bezweckt die Kernbereichslehre den Schutz des einzelnen

---

290 *K. Schmidt*, Gesellschaftsrecht, § 19 III 4 (S. 560 ff.); *Eisenhardt*, Gesellschaftsrecht, § 21 Rn. 273 ff.; *Kübler/Assmann*, Gesellschaftsrecht, § 21 II 3 (S. 339 ff.).

291 Vgl. *Hermanns*, ZIP 2005, 2284 (2285).

292 *Wiedemann*, Gesellschaftsrecht II, § 3 III 2 c (S. 216).

293 *Kübler/Assmann*, Gesellschaftsrecht, § 21 II 3 b (S. 341).

294 Vgl. z.B. BGH v. 10.11.1951, II ZR 111/50, BGHZ 3, 354 (358 f.); *K. Schmidt*, Gesellschaftsrecht, § 19 III 4 a (S. 561).

295 Vgl. *Eisenhardt*, Gesellschaftsrecht, § 21 Rn. 275.

296 Vgl. z.B. BGH v. 10.11.1951, II ZR 111/50, BGHZ 3, 354 (358 f.); *Kübler/Assmann*, Gesellschaftsrecht, § 21 II 3 (S. 339 ff.); *K. Schmidt*, Gesellschaftsrecht, § 19 III 4 a (S. 561).

297 *K. Schmidt*, Gesellschaftsrecht, § 19 III 4 a (S. 562).

Mitgliedes vor der Selbstentäußerung seiner Mitgliedschaftsrechte[298]. Nach der Kernbereichslehre dürfen einem Gesellschafter bestimmte Mitgliedschaftsrechte nicht ohne dessen ausdrückliche Zustimmung entzogen werden[299]. Gesellschaftermehrheiten sollen dadurch daran gehindert werden, durch ihre Gestaltungsbefugnisse einem Minderheitsgesellschafter seine Mitgliedschaftsrechte zu entziehen. Darüber hinaus gibt es Mitgliedschaftsrechte, auf die ein Gesellschafter nicht abstrakt generell verzichten kann und die daher auch nicht abdingbar sind[300]. Zu diesem „verzichtsfesten" Kernbereich gehören insbesondere die Kontrollrechte der Gesellschafterminderheit[301]. Ein präventives Kontrollinstrument stellt dabei das Informationsrecht dar. Als repressives Kontrollmittel wird das gesellschaftsrechtliche Klagerecht, insbesondere das Recht der Beschlussanfechtung verstanden.

Ist ein generell abstrakter Verzicht auf bestimmte Mitgliedschaftsrechte gesellschaftsrechtlich unzulässig, muss auch eine entäußernde Übertragung dieser Rechte auf einen Nichtgesellschafter unzulässig sein. Die elementaren Gesellschaftsrechte – insbesondere das Kontrollrecht – kann ein Gesellschafter weder im Wege eines generellen Verzichts noch im Wege einer Übertragung verlieren[302]. Die Übertragung von Mitgliedschaftsrechten an Dritte scheitert also an der Kernbereichslehre, sofern deren Anwendungsbereich berührt ist.

(cc) Zwischenergebnis

Das Abspaltungsverbot sowie die Kernbereichslehre sprechen dafür, dass § 8c Abs. 1 KStG nicht die isolierte Übertragung von Mitgliedschaftsrechten einer Kapitalgesellschaft erfasst[303].

Weil die isolierte Übertragung eines Mitgliedschaftsrechts bei einer Kapitalgesellschaft unzulässig ist mit der Folge, dass die Übertragung nichtig ist, kann mit der Übertragung des Mitgliedschaftsrechts nicht ein Recht einer Kapitalgesellschaft gemeint sein. Vielmehr sprechen sowohl das Abspaltungsverbot als auch die Kernbereichslehre dafür, dass die Mitgliedschafts- und Beteiligungsrechte die maßgeblichen Bezugsgrößen für solche Körperschaften darstellen, die über kein gezeichnetes Kapital verfügen.

---

298 *Hermanns*, ZIP 2005, 2284 (2286).

299 *K. Schmidt*, Gesellschaftsrecht, § 16 III 3 b bb (S. 472).

300 *K. Schmidt*, Gesellschaftsrecht, § 16 III 3 a (S. 470 f.).

301 *Hermanns*, ZIP 2005, 2284 (2286).

302 *Hermanns*, ZIP 2005, 2284 (2287).

303 *Benz/Rosenberg* in: Blumenberg/Benz, Die Unternehmensteuerreform 2008, S. 175, vertreten die Auffassung, dass nur die isolierte Übertragung von Stimmrechten zu einem schädlichen Beteiligungserwerb führen kann.

(c) Ergebnis

Die „innere" Systematik des § 8c Abs. 1 KStG sowie das Abspaltungsverbot und die Kernbereichslehre sprechen dafür, die Begriffe des Mitgliedschaftsrechts und des Beteiligungsrechts eng auszulegen.

(3) Gesetzeszweck

Schließlich spricht auch der Gesetzeszweck des § 8c KStG für eine enge Auslegung des Mitgliedschafts- und Beteiligungsrechts. § 8c KStG dient allein der Gegenfinanzierung. Maßgeblich für die Verlustnutzung einer Körperschaft ist, ob neue Anteilseigner die Verlustgesellschaft wirtschaftlich beeinflussen und so die Verlustnutzung der Gesellschaft indirekt steuern können[304].

Durch Ausübung seiner Mitverwaltungsrechte, z.B. des Kontroll- oder Anfechtungsrechts, kann ein Anteilseigner die Entscheidungsfindung einer Kapitalgesellschaft zwar – insbesondere zeitlich – behindern. Wirtschaftlich beeinflussen kann er aber die Verlustgesellschaft dadurch nicht. Auch kann nicht überzeugen, dass die „Beteiligungsrechte" im Sinne des § 8c Abs. 1 KStG auch Bezugsrechte erfassen. Denn ein Bezugsrechtsinhaber erlangt – wie dargestellt – lediglich eine Art Anwartschaftsrecht, durch das er nicht auf die Geschicke der Verlustgesellschaft Einfluss nehmen kann. Auf Körperschaften, die über kein gezeichnetes Kapital verfügen, haben hingegen ausschließlich ihre Mitglieder Einfluss. Auch der Leitgedanke des § 8c KStG spricht daher dafür, die Mitgliedschafts- und Beteiligungsrechte als maßgebliche Bezugsgröße für sonstige Körperschaften einzuordnen und die Begriffe „Mitgliedschaftsrechte" und „Beteiligungsrechte" eng auszulegen[305].

(4) Auslegungsergebnis

Während der Wortlaut des § 8c Abs. 1 KStG mehrere Auslegungsmöglichkeiten der Begriffe „Mitgliedschafts- und Beteiligungsrecht" zulässt, sprechen die Systematik und der Zweck des § 8c KStG dafür, diese Begriffe eng auszulegen. Die isolierte Übertragung von Mitgliedschaftsrechten einer Kapitalgesellschaft ist regelmäßig vor dem Hintergrund des Abspaltungsverbots unzulässig. Zudem wäre die ausdrückliche Nennung der Stimmrechte in § 8c Abs. 1 S. 1 und S. 2 KStG überflüssig, wenn die Mitgliedschafts- und Beteiligungsrechte auch Rechte von Kapitalge-

304 Vgl. oben 2. Teil, C. I. 2.

305 Ebenso *Sistermann/Brinkmann*, BB 2008, 1928 (1929); *Brandis* in: Blümich, KStG, § 8c Rn. 40; *Meiisel/Bokeloh*, BB 2008, 808 (809); *Suchanek*, GmbHR 2008, 292 (293).

sellschaften erfassten. Da die Rechte jedoch in einem Alternativverhältnis stehen, kann mit den Mitgliedschaftsrechten nicht der Oberbegriff für das Stimmrecht gemeint sein.

Die Mitgliedschafts- und Beteiligungsrechte beziehen sich daher nicht auf Kapitalgesellschaften, sondern auf sonstige Körperschaften[306]. Dabei stellen die Mitgliedschaftsrechte die maßgebliche Bezugsgröße für Erwerbs- und Wirtschaftsgenossenschaften sowie für Vereine dar. Die Beteiligungsrechte stellen die maßgebliche Bezugsgröße für alle sonstigen Körperschaften dar. Ihnen kommt im Ergebnis keine konstitutive, sondern eine rein klarstellende Funktion zu.

cc) Stimmrechte

Anders als im Rahmen des § 8 Abs. 4 KStG kann gemäß § 8c Abs. 1 KStG nicht nur die Übertragung des gezeichneten Kapitals, sondern auch der Stimmrechte zu einem schädlichen Beteiligungserwerb führen.

(1) Isolierte Stimmrechtsübertragung

Zunächst stellt sich die Frage, ob auch die isolierte Übertragung von mehr als 25% der Stimmrechte zu einem schädlichen Beteiligungserwerb führen kann.

Dies kommt überhaupt nur dann in Betracht, wenn eine isolierte Übertragung gesellschaftsrechtlich zulässig ist. Auch die isolierte dingliche Übertragung von Stimmrechten auf einen Dritten verstößt gegen das Abspaltungsverbot und kann somit nicht zu einem schädlichen Beteiligungserwerb im Sinne des § 8c Abs. 1 KStG führen[307]. Der dinglichen Stimmrechtsübertragung kommt im Rahmen des § 8c Abs. 1 KStG daher nur bei einer von den Gesellschaftsanteilen abweichenden Stimmenverteilung eine eigenständige Bedeutung zu[308]. Eine solche abweichende Stimmverteilung ist beispielsweise bei der Einräumung von Mehrstimmrechtsanteilen gegeben[309].

Beispiel: A ist Alleingesellschafter der Verlustgesellschaft X-GmbH. Im Jahr 01 überträgt A auf die Y-GmbH 25% der Anteile an der X-GmbH. Die Y-GmbH möchte in den folgenden Jahren weitere Anteile an der X-GmbH erwerben. Um während der Erwerbsphase

---

306 *Meiisel/Bokeloh,* BB 2008, 808 (809), weisen zusätzlich auf die praktischen Probleme einer weiten Auslegung hin, die entstehen, wenn die Quote der schädlichen Übertragungen bestimmt werden muss.

307 *Benz/Rosenberg* in: Blumenberg/Benz, Die Unternehmensteuerreform 2008, S. 177; *Brandis* in: Blümich, KStG, § 8c Rn. 45.

308 *Viskorf/Michel*, DB 2007, 2561 (2561); *Dötsch/Pung*, DB 2008, 1703 (1705).

309 Bei Aktiengesellschaft ist die Einräumung von Mehrstimmrechten gemäß § 12 Abs. 2 AktG unzulässig.

den unternehmerischen Einfluss der Y-GmbH zu sichern, werden für die Y-GmbH Mehrstimmrechte geschaffen, indem ihr neben der 25%igen Kapitalbeteiligung auch 51% der Stimmrechte in der Gesellschaftsversammlung der X-GmbH eingeräumt werden.

Das Abspaltungsverbot ist hier nicht einschlägig. Die Stimmrechte wurden nicht von der Beteiligung vollständig isoliert übertragen, sondern der Y-GmbH wurden lediglich Mehrstimmrechte eingeräumt. Eine solche Gestaltung ist gesellschaftsrechtlich zulässig.

Teilweise wird in der Literatur gefordert, im Wege einer teleologischen Reduktion Stimmrechtsübertragungen aus dem Anwendungsbereich des § 8c Abs. 1 KStG herauszunehmen, wenn der Erwerber nicht auch an den Dividenden der Körperschaft partizipiert[310]. Die Vertreter dieser Auffassung stützen sich auf die Gesetzesbegründung des § 8c Abs. 1 KStG, wonach das „wirtschaftliche Engagement" eines anderen Anteilseigners entscheidend sei[311]. Von einem „wirtschaftlichen" Engagement könne nicht gesprochen werden, wenn die Erwerber nicht auch „wirtschaftlich an der wirtschaftlichen Entwicklung des Investments" beteiligt sind[312].

Gegen diese Auffassung spricht zum einen, dass der Gesetzgeber die Übertragungsgegenstände im Rahmen des § 8c Abs. 1 KStG ausdrücklich in ein Alternativverhältnis gesetzt hat. Neben der Übertragung des gezeichneten Kapitals kann auch allein die Übertragung von Stimmrechten zu einem schädlichen Beteiligungserwerb führen. Die alternative Aufzählung der Stimmrechte in § 8c Abs. 1 KStG kann nur so verstanden werden, dass ihnen dort eine eigenständige Bedeutung zukommt, wo die übrigen Bezugsgrößen nicht oder nicht in derselben Quote übertragen werden. Den Stimmrechten kommt also eine Auffangfunktion zu[313]. Hätte der Gesetzgeber gewollt, dass die isolierte Stimmrechtsübertragung nicht zu einem schädlichen Beteiligungserwerb führt, hätte er sich einer anderen Formulierung, beispielsweise der Übertragung „stimmberechtigte Gesellschaftsanteile" bedienen können.

Zum anderen stellt § 8c KStG maßgeblich auf die Einflussnahmemöglichkeit des Neugesellschafters ab[314]. Die Entscheidungen einer Gesellschaft kann ein Gesellschafter jedoch insbesondere durch die Ausübung seines Stimmrechts beeinflussen. Für die Einflussnahme des einzelnen Gesellschafters auf die Gesellschaft ist jedenfalls nicht ausschließlich die Dividendenbeteiligung maßgeblich. Nichts anderes kann auch unter „wirtschaftlichem Engagement" verstanden

310 *Viskorf/Michel*, DB 2007, 2561 (2564); unklar ist die Ansicht von *Frotscher*. Er möchte bei Anteilen mit Mehrfachstimmrechten nur auf die Höhe der Beteiligung am gezeichneten Kapital und nicht auf die Stimmrechte abstellen. Komme es hingegen auf die Stimmrechte an, solle auf die Höhe der Stimmrechte abgestellt werden, vgl. *Frotscher* in: Frotscher/Maas, KStG, § 8c Rn. 20 und Rn. 26.

311 BT-Drs. 16/4841, S. 76.

312 *Viskorf/Michel*, DB 2007, 2561 (2564).

313 *Dötsch/Pung*, DB 2008, 1703 (1704), sprechen von der Stimmrechtsübertragung als Ergänzungsmerkmal.

314 BT-Drs. 16/4841, S. 35.

werden. Dem Gesetzgeber kam es offensichtlich nicht nur auf eine Dividendenbeteiligung an. Vielmehr soll nunmehr auch jede Übertragung eines Stimmrechts, die die 25%-Grenze übersteigt, zu einem schädlichen Beteiligungserwerb führen. Ob mehr als 25% bzw. 50% der Stimmrechte übertragen worden sind, richtet sich dann nach dem Verhältnis der übertragenen Stimmrechte zu den gesamten, um die Stimmrechte der eigenen Anteile gekürzten Stimmrechte.

Eine teleologische Reduktion des § 8c Abs. 1 KStG dahingehend, dass bei der Stimmrechtsübertragung stets ein Dividendenbezug erforderlich ist, ist daher abzulehnen[315].

(2) Stimmrechtslose Vorzugsaktien

Darüber hinaus ist umstritten, ob die Übertragung von stimmrechtslosen Vorzugsaktien zu einem schädlichen Beteiligungserwerb führen kann.

Stimmrechtslose Vorzugsaktien haben ihr Wesen darin, dass durch sie grundsätzlich keine Stimmrechte gewährt werden, dies aber durch einen Vorzug bei der Verteilung des Gewinns kompensiert wird[316]. Mit Ausnahme der Stimmrechte gewähren sie gemäß § 140 AktG dem Vorzugsaktionär die gleichen Rechte und Pflichten wie die Stammaktien, also alle übrigen gesellschaftsrechtlichen Mitgliedschaftsrechte. Im Rahmen des § 8c Abs. 1 KStG stellt sich also die Frage, welche Bedeutung den Stimmrechten zukommt[317]. Aufgrund der ausdrücklichen Aufnahme der Stimmrechte in den Wortlaut der Norm könnte man schließen, dass der Gesetzgeber der Übertragung von Stimmrechten eine außerordentliche Bedeutung zukommen lassen wollte. Werden stimmrechtslose Vorzugsaktien ausgegeben, könnte im Umkehrschluss argumentiert werden, dass deren Übertragung im Rahmen des § 8c Abs. 1 KStG unschädlich ist[318]. Dem steht die Auffassung der Finanzverwaltung entgegen, wonach – ohne Angabe von Gründen – die Übertragung der in § 8c Abs. 1 KStG genannten Rechte jeweils auch ohne Stimmrechte zu einem schädlichen Beteiligungserwerb führen kann[319].

Nach dem Wortlaut des § 8c Abs. 1 KStG kann die Übertragung stimmrechtsloser Vorzugsaktien zu einem schädlichen Beteiligungserwerb führen.

---

315 Vgl. *Sistermann/Brinkmann*, BB 2008, 1928 (1929).

316 *Ziemons/Schluck-Amend* in: Nirk/Ziemons/Binnewies, Handbuch der Aktiengesellschaft, Band I, Rn. 6.131; *K. Schmidt*, Gesellschaftsrecht, § 28 IV 4 b aa (S. 849).

317 Diese Frage wirft *Beußer*, DB 2007, 1549 (1551), auf und verneint im Ergebnis die Anwendbarkeit des § 8c KStG auf stimmrechtslose Vorzugsaktien.

318 Vgl. *Beußer*, DB 2007, 1549 (1551); *Neumann*, GmbH-StB 2007, 249 (253); auch *Dörr*, NWB Nr. 31 (2007), Fach 4, 5181 (5185), verneint – ohne Angabe von Gründen – die Anwendbarkeit des § 8c KStG auf stimmrechtslose Vorzugsaktien.

319 BMF v. 4.7.2008, IV C 7 – S 2745 – a/08/10001, DStR 2008, 1436 (1436, Rn. 5).

Denn gemäß § 8c Abs. 1 S. 1 KStG führt auch die Übertragung des gezeichneten Kapitals, der Mitgliedschaftsrechte oder der Beteiligungsrechte zu einem anteiligen Verlustuntergang. Dass den Stimmrechten eine größere Bedeutung zukommen soll als den übrigen Rechten, ist dem Wortlaut des § 8c Abs. 1 KStG nicht zu entnehmen[320]. Vielmehr stehen die Rechte in einem alternativen Verhältnis, so dass eine mehr als 25%ige Übertragung jedes einzelnen Rechts, also des gezeichneten Kapitals oder des Stimmrechts bei Kapitalgesellschaften sowie der Mitgliedschaftsrechte und Beteiligungsrechte bei sonstigen Körperschaften zu einem (anteiligen) Untergang der Verluste führt[321]. Da auch stimmrechtslose Vorzugsaktien zu dem Grundkapital nach § 6 AktG und damit zum gezeichneten Kapital einer Aktiengesellschaft gehören, kann dem Wortlaut nach auch die Übertragung stimmrechtsloser Vorzugsaktien zu einem schädlichen Beteiligungserwerb führen.

Der Leitgedanke des § 8c KStG steht diesem Auslegungsergebnis nicht entgegen. Denn im Rahmen des § 8c Abs. 1 S. 1 und S. 2 KStG kommt den Stimmrechten – wie bereits dargestellt – eine Auffangfunktion für die Fälle zu, in denen die übrigen Bezugsgrößen nicht oder nicht in derselben Quote übertragen werden[322]. Insgesamt kommt es im Rahmen des § 8c KStG entscheidend auf die Einflussnahmemöglichkeit des neuen Gesellschafters an. Zwar ist die Möglichkeit, auf die Geschicke einer Gesellschaft Einfluss zu nehmen, für Inhaber von Vorzugsaktien eingeschränkt, weil ihnen regelmäßig keine Stimmrechte gewährt werden. Allerdings kann das Stimmrecht gemäß § 140 Abs. 2 AktG wieder in vollem Umfang aufleben, wenn der Vorzugsbetrag in einem Jahr nicht oder nicht vollständig gezahlt wird und dieser Rückstand im folgenden Jahr nicht nachgezahlt wird[323]. Zudem sind Vorzugsaktionäre bei einigen Sonderbeschlüssen gemäß § 141 AktG stimmberechtigt[324]. Demnach können auch stimmrechtslose Vorzugsaktionäre – eingeschränkt – auf die Geschicke der Aktiengesellschaft Einfluss nehmen[325].

---

320 Im Ergebnis ebenso *Korn*, KÖSDI Spezialseminar, Unternehmensteuerreform 2008, 63 (67); *Brandis* in: Blümich, KStG, § 8c Rn. 40; *Frotscher* in: Frotscher/Maas, KStG, § 8c Rn. 20.

321 Vgl. bereits oben 2. Teil, C. II. 2. a) bb) (4).

322 Vgl. *Suchanek* in: H/H/R, Jahresband 2008, § 8c KStG Rn. J 07-14.

323 *Hüffer*, AktG, § 140 Rn. 4 f.

324 Dazu zählen alle Gesellschaftsbeschlüsse, die die Rechte der Vorzugsaktionäre betreffen.

325 So z.B. *Meiisel/Bokeloh*, BB 2008, 808 (808 Fn. 13); *a.A. Frotscher* in: Frotscher/Maas, KStG, § 8c KStG, Rn. 20, dem zufolge zwar auch die Übertragung von stimmrechtslosen Vorzugsaktien zu einem schädlichen Beteiligungserwerb führen kann. Er begründet dies jedoch damit, dass es im Rahmen des § 8c KStG entscheidend auf die wirtschaftliche Teilhabe an den Verlusten, hingegen nicht auf die Einflussnahmemöglichkeit der Gesellschafter ankommt.

Nach dem eindeutigen Wortlaut der Vorschrift sowie nach dem Leitgedanken führt die Übertragung von stimmrechtslosen Vorzugsaktien zu einem schädlichen Beteiligungserwerb, sobald die 25%-Grenze überschritten ist[326].

dd) Quotenermittlung bei „gemischten" Übertragungen

Werden innerhalb von fünf Jahren neben Gesellschaftsanteilen auch sonstige Rechte im Sinne des § 8c Abs. 1 S. 1 KStG auf einen Erwerber übertragen, ist diejenige Bezugsgröße für die Bestimmung der Schädlichkeitsquote maßgeblich, die die weitestgehende Anwendung des § 8c Abs. 1 KStG erlaubt[327]. Werden stimmberechtigte Gesellschaftsanteile auf einen Erwerber übertragen, wird die Schädlichkeitsquote selbstverständlich nicht doppelt (Anteil des gezeichneten Kapitals plus Anteil der Stimmrechte), sondern nur einfach gezählt. Dabei ist diese Bezugsgröße um den Betrag der eigenen Anteile zu kürzen[328].

Schwieriger gestaltet sich der Fall, bei dem neben Stammaktien auch stimmrechtslose Vorzugsaktien erworben werden. Die Finanzverwaltung möchte für die Ermittlung der Quote bei der Übertragung von Stammaktien nur auf das stimmberechtigte Kapital und bei der Übertragung von Vorzugsaktien auf das gesamte Stammkapital abstellen[329]. Die verschiedenen Quoten sollen dabei nicht addiert werden.

Der Differenzierung zwischen Stammaktien und stimmrechtslosen Vorzugsaktien bei der Quotenermittlung fehlt die Rechtsgrundlage[330]. Gemäß § 6 AktG gehören stimmrechtslose Vorzugsaktien zum Grundkapital einer Aktiengesellschaft und sind somit zum gezeichneten Kapital im Sinne des § 8c Abs. 1 S. 1 und S. 2 KStG zu zählen. Dieses gezeichnete Kapital stellt im Rahmen des § 8c Abs. 1 KStG die maßgebliche Bezugsgröße für die Bestimmung der Schädlichkeitsgrenzen dar. Stimmrechte hingegen haben – wie dargestellt – nur dort einen eigenständigen Anwendungsbereich, wo das gezeichnete Kapital nicht in entsprechender Höhe übertragen wird[331]. Bei der Ermittlung der Quote der übertragenen Stammaktien ist daher auf das gesam-

326 So auch die h.M., vgl. *Korn*, KÖSDI Spezialseminar, Unternehmensteuerreform 2008, 63 (67); *Brandis* in: Blümich, KStG, § 8c Rn. 40; *Frotscher* in: Frotscher/Maas, KStG, § 8c Rn. 20; *Suchanek* in: H/H/R, Jahresband 2008, § 8c KStG Rn. J 07-14; *Meiisel/Bokeloh*, BB 2008, 808 (808 Fn. 13); *a.A. B. Lang* in: Ernst&Young, KStG, § 8c Rn. 20; *Olbing* in: Streck, KStG (7. Auflage), § 8c Rn. 11.

327 BMF v. 4.7.2008, IV C 7 – S 2745 – a/08/10001, DStR 2008, 1436 (1436, Rn. 5).

328 Allgemeine Meinung, vgl. z.B. *Suchanek* in: H/H/R, Jahresband 2008, § 8c KStG Rn. J 07-13.

329 BMF v. 4.7.2008, IV C 7 – S 2745 – a/08/10001, DStR 2008, 1436 (1436, Rn. 8).

330 Ebenso *Suchanek*, GmbHR 2008, 292 (293); *Centrale für GmbH Dr. Otto Schmidt*, GmbHR 2008, 421 (422).

331 Vgl. oben 2. Teil, C. II. 2. a) cc) (1).

te Grundkapital einschließlich des Kapitals Bezug zu nehmen, welches durch die stimmrechtslosen Vorzugsaktien bestimmt wird. Nur diese Auslegung wird den Stimmrechten in ihrer Auffangfunktion gerecht.

ee) Zwischenergebnis

Im Gegensatz zu § 8 Abs. 4 KStG sind nunmehr ausdrücklich neben dem gezeichneten Kapital auch die Mitgliedschafts-, Beteiligungs- und Stimmrechte von dem Wortlaut des § 8c Abs. 1 KStG erfasst. Die Mitgliedschafts- und Beteiligungsrechte sind eng auszulegen. Sie umfassen nicht jedes Vermögens- oder Mitverwaltungsrecht, sondern stellen die Bezugsgröße für sonstige Körperschaften, insbesondere für Erwerbs- und Wirtschaftsgenossenschaften sowie für Vereine dar.

Unter der Übertragung des gezeichneten Kapitals ist die Übertragung der Gesellschaftsanteile zu verstehen. Bei Kapitalgesellschaften kann nicht nur die Übertragung von (stimmrechtslosen) Gesellschaftsanteilen, sondern auch – soweit gesellschaftsrechtlich zulässig – die isolierte Stimmrechtsübertragung zu einem schädlichen Beteiligungserwerb führen. Maßgebliche Bezugsgröße stellt dabei stets das gesamte Grund- bzw. Stammkapital der Gesellschaft dar.

b) Unmittelbare oder mittelbare Übertragung

Für den schädlichen Beteiligungserwerb müssen gemäß § 8c Abs. 1 S. 1 KStG mindestens 25% der Anteile oder sonstigen Rechte unmittelbar oder mittelbar auf einen Erwerber übertragen werden. Im Vergleich zu § 8 Abs. 4 KStG ist die mittelbare Anteilsübertragung in den Tatbestand des § 8c Abs. 1 KStG neu eingeführt worden.

aa) Unmittelbare Übertragung

Von einer unmittelbaren Übertragung spricht man, wenn Gesellschaftsanteile oder sonstige Rechte an der Verlustgesellschaft auf einen Dritten, d.h. einen Mitgesellschafter oder Außenstehenden, übertragen werden.

(1) Übertragung

Überwiegend wird vertreten, dass von den Regelfällen des § 8c Abs. 1 S. 1 KStG auch Anteilsübertragungen im Wege der offenen und verdeckten Sacheinlage oder aufgrund gesellschaftsrechtlicher Umstrukturierungen (Verschmelzungen, Auf- und Abspaltungen sowie Ausgliederungen) erfasst sind[332]. Alle Umstruktu-

---

332 *Neyer*, BB 2007, 1415 (1415); *Benz/Rosenberg* in: Blumenberg/Benz, Die Unternehmensteuerreform 2008, S. 176; *Frotscher* in: Frotscher/Maas, KStG, § 8c Rn. 27;

rierungsarten haben gemeinsam, dass die Anteile am ursprünglichen Rechtsträger sich kraft Gesetzes in Anteile am neuen bzw. übernehmenden oder gewandelten Rechtsträger fortsetzen (vgl. § 20 Abs. 1 Nr. 1 UmwG)[333].

Gegen diese Ansicht spricht, dass der Gesetzgeber nunmehr ausdrücklich vergleichbare Sachverhalte in den Wortlaut der Norm aufgenommen hat. Gesellschaftsrechtliche Umstrukturierungen, die mit den Regelfällen des § 8c Abs. 1 KStG wirtschaftlich vergleichbar sind, werden dadurch erfasst. Zudem ist gemäß § 8c Abs. 1 S. 4 KStG die Kapitalerhöhung, die zu einer Veränderung der Beteiligungsquoten am Kapital der Körperschaft führt, ausdrücklich normiert. Damit sind auch Kapitalerhöhungen im Rahmen einer Verschmelzung oder Abspaltung gemeint[334]. Hätte der Gesetzgeber mit der Anteilsübertragung auch jede nicht rechtsgeschäftliche Übertragung erfassen wollen, wäre § 8c Abs. 1 S. 4 KStG in einer Vielzahl von Fällen überflüssig. Überzeugender ist es daher, unter einer Übertragung im Sinne des § 8c Abs. 1 S. 1 bzw. S. 2 KStG nur rechtsgeschäftliche Übertragungen (§§ 413, 398 BGB) zu verstehen[335]. Gestaltungen, die im Wege einer nicht rechtsgeschäftlichen Übertragung zu einer Verschiebung der Beteiligungsquote führen, sind nicht unter die Regelfälle des § 8c Abs. 1 S. 1 und S. 2 KStG subsumierbar, können aber einen vergleichbaren Sachverhalt darstellen[336].

Der Rechtsgrund, der der rechtsgeschäftlichen Übertragung zugrunde liegt, spielt dabei im Rahmen des § 8c Abs. 1 KStG keine Rolle. So können z.B. Anteilserwerbe an der Börse zu einem schädlichen Beteiligungserwerb im Sinne des

---

Brandis in: Blümich, KStG, § 8c Rn. 45; *Olbing* in: Streck, KStG (7. Auflage), § 8c Rn. 29; *Sistermann/Brinkmann*, DStR 2008, 897 (898).

333 Vgl. *Semler* in: Semler/Stengel, UmwG, § 1 Rn. 15; *Kallmeyer* in: Kallmeyer, UmwG, § 1 Rn. 5; *a.A. Suchanek* in: H/H/R, Jahresband 2008, § 8c KStG Rn. J 07-16, der der Ansicht ist, dass umwandlungsrechtliche Maßnahmen in der Regel rechtsgeschäftliche Übertragungen darstellen.

334 Vgl. unten 2. Teil, C. II. 2. b) cc).

335 Aus diesem Grund fallen Stimmbindungsverträge, bei denen sich der Gesellschafter gegenüber einem Nichtgesellschafter verpflichtet, die Gesellschafterrechte nur im Einvernehmen mit dem Nichtgesellschafter auszuüben, regelmäßig – mangels einer „Übertragung" von Stimmrechten – nicht unter die Regelfälle des § 8c Abs. 1 S. 1 KStG, können aber einen vergleichbaren Sachverhalt darstellen, vgl. dazu unten 2. Teil, C. II. 2. b) dd) (2) (c).

336 Vgl. *B. Lang* in: Ernst&Young, KStG, § 8c Rn. 92; *Dörr*, NWB Nr. 31 (2007), Fach 4, 5181 (5184); *Neumann*, GmbH-StB 2007, 249 (253); *Suchanek* in: H/H/R, Jahresband 2008, § 8c KStG Rn. J 07-16; davon geht offensichtlich auch die Finanzverwaltung aus, indem sie Umwandlungen auf eine Verlustgesellschaft als vergleichbaren Sachverhalt einordnet, vgl. BMF v. 4.7.2008, IV C 7 – S 2745 – a/08/10001, DStR 2008, 1436 (1436, Rn. 7); vgl. dazu auch unten 2. Teil, C. 2. b) dd) (2) (a); *a.A. Neumann/Stimpel*, GmbHR 2007, 1194 (1200), sind der Auffassung, dass Anteilsübertragungen im Wege der Gesamtrechtsnachfolge generell unschädlich sind.

§ 8c Abs. 1 KStG führen. Den Vorschlag der Literatur[337], eine Börsenklausel als Ausnahmetatbestand in § 8c Abs. 1 KStG aufzunehmen, da es einer Aktiengesellschaft nicht möglich sei, auf Änderungen des Gesellschafterbestandes Einfluss zu nehmen[338], hat der Gesetzgeber nicht aufgegriffen. Die Verluste der Aktiengesellschaft können also gemäß § 8c Abs. 1 S. 1 bzw. S. 2 KStG (anteilig) verloren gehen, sobald mehr als 25% ihrer Anteile von einem Aktionär erworben werden.

Unter einer „Übertragung" des gezeichneten Kapitals bzw. der Stimm- oder Mitgliedschaftsrechte wird also jede rechtsgeschäftliche Übertragung verstanden, unabhängig davon, ob die Verlustgesellschaft auf die Veränderung des Gesellschafterbestandes Einfluss nehmen kann. Nicht rechtsgeschäftliche Übertragungen und Gestaltungen, bei denen sich zwar die Quote des jeweiligen Rechts verändert, jedoch keine Anteile veräußert werden[339], fallen nicht unter die Regelfälle des § 8c Abs. 1 S. 1 bzw. S. 2 KStG und können allenfalls einen vergleichbaren Sachverhalt darstellen.

(a) Zivilrechtliches oder wirtschaftliches Eigentum?

Uneinigkeit besteht in der Literatur darüber, ob es bei der Übertragung des Eigentums auf das zivilrechtliche oder wirtschaftliche Eigentum ankommt.

Teilweise wird vertreten, der Übertragungsbegriff sei nur zivilrechtlich zu verstehen[340]. Die Übertragung des wirtschaftlichen Eigentums gemäß § 39 Abs. 2 Nr. 1 AO könne jedoch einen vergleichbaren Sachverhalt darstellen.

Dies kann nicht überzeugen. Das Abstellen auf das zivilrechtliche Eigentum führt zu Ergebnissen, die mit dem Sinn und Zweck des § 8c KStG nicht vereinbar sind. § 8c KStG knüpft daran an, ob ein Gesellschafter durch seine Gesellschafterstellung die Möglichkeit hat, die Gesellschaft zu beherrschen[341]. Würde bei der Anteilsübertragung auf das zivilrechtliche Eigentum abgestellt, führt z.B. auch der Anteilserwerb durch einen Treuhänder zu einer Beschränkung der Verlustnutzung, obwohl ein Wirtschaftsgut im Rahmen eines Treuhandverhältnisses gemäß § 39 Abs. 2 Nr. 1 S. 2 AO dem Treugeber zugerechnet wird. Im Rahmen

---

337 *Watrin/Wittkowski/Strohm*, GmbHR 2007, 785 (788).

338 Im Interesse der Transparenz der Beteiligungsverhältnisse sieht § 21 WpHG Mitteilungspflichten im Hinblick auf Stimmrechtsbeteiligungen an börsennotierten Gesellschaften vor, wenn bestimmte Schwellenwerte unter- oder überschritten werden. Der Vorstand und die Mitaktionäre einer Aktiengesellschaft erhalten daher jedenfalls Kenntnis vom schädlichen Beteiligungserwerb; *a.A. Wiese*, DStR 2007, 741 (744).

339 Z.B. der Stimmrechtsverzicht.

340 *Frotscher* in: Frotscher/Maas, KStG, § 8c Rn. 27; *Reitsam* in: Breithecker/Förster/Förster/Klapdor, UntStRefG, § 8c Rn. 43.

341 Vgl. oben 2. Teil, C. I. 2.

des § 8c Abs. 1 KStG ist nicht auf eine rein formal-rechtliche Position abzustellen. Maßgeblich ist vielmehr, wem diese Position tatsächlich wirtschaftlich zusteht. Entscheidend für die „Übertragung“ der Anteile oder Mitgliedschaftsrechte ist also, ob das wirtschaftliche Eigentum daran gemäß § 39 Abs. 2 Nr. 1 AO übertragen wurde. Dies hat der BFH bereits im Zusammenhang mit der Zurechnung einer Beteiligung im Sinne des § 17 EStG festgestellt[342]. Da die Finanzverwaltung im Rahmen des § 17 EStG die Veräußerung von Anteilen an einer Kapitalgesellschaft als „Anteilsübertragung“ bezeichnet[343], sollten für die Anteilsübertragung im Sinne des § 8c KStG die gleichen Maßstäbe gelten.

Im Rahmen des § 8c KStG ist also auf das wirtschaftliche Eigentum abzustellen. Dieser in der Literatur[344] weit verbreiteten Auffassung hat sich nunmehr auch die Finanzverwaltung[345] angeschlossen.

Für die Annahme von wirtschaftlichen Eigentum ist erforderlich, dass nach dem Gesamtbild der Umstände ein anderer als der zivilrechtliche Eigentümer die tatsächliche Sachherrschaft über ein Wirtschaftsgut ausübt und eine Position hat, die es ihm ermöglicht, den rechtlichen Eigentümer im Regelfall für die Nutzungsdauer des Wirtschaftsguts von der Einwirkung auf das betreffende Wirtschaftsgut auszuschließen, so dass dessen zivilrechtlicher Herausgabeanspruch bei dem für die Gestaltung typischen Verlauf zumindest tatsächlich keine nennenswerte praktische Bedeutung hat[346]. Dabei ist grundsätzlich entscheidend, ob der Erwerber alle mit der Beteiligung verbundenen wesentlichen Rechte ausüben kann[347]. Ob die Anteilsübertragung dabei zwischen Privatpersonen oder beispielsweise an der Börse erfolgt, ist dabei nicht relevant[348]. Sobald das wirtschaftliche Eigentum an den Gesellschaftsanteilen übertragen wird, kann ein schädlicher Beteiligungserwerb im Sinne des § 8c Abs. 1 S. 1 KStG vorliegen.

(b) Anteilsübertragung im Zusammenhang mit einem Börsengang

Einzige Voraussetzung für die Verlustnutzung einer Gesellschaft ist gemäß § 8c Abs. 1 KStG, dass sich die Beteiligungsquote nicht zu mehr als 25% verändert.

342 Vgl. BFH v. 17.2.2004, VIII R 26/01, BStBl. II 2004, 651 (652).
343 Vgl. H 17 (4) EStR 2005 („Teilentgeltliche Übertragung“).
344 *Korn*, KÖSDI Spezialseminar, Unternehmensteuerreform 2008, 63 (67); *Neyer*, BB 2007, 1415 (1417); *Neumann*, GmbH-StB 2007, 249 (250 f.); *Schumacher/ Hageböke*, DB 2008, 493 (494); *Meiisel/Bokeloh*, BB 2008, 808 (811); *Suchanek*, GmbHR 2008, 292 (293).
345 BMF v. 4.7.2008, IV C 7 – S 2745 – a/08/10001, DStR 2008, 1436 (1436, Rn. 6).
346 *Schwarz* in: Schwarz, AO, § 39 Rn. 22.
347 BFH v. 18.5.2005, VIII R 34/01, BStBl. II 2005, 857 ff.
348 Daher führt § 8c KStG gerade im Zusammenhang mit börsennotierten Aktiengesellschaften zu „katastrophalen“ Nebenwirkungen, vgl. *Roser*, DStR 2008, 77 (78 f.).

Von einer solchen, einen schädlichen Beteiligungserwerb auslösenden Anteilsübertragung kann nicht gesprochen werden, wenn die Anteile oder Mitgliedschaftsrechte nur vorübergehend durch einen Zwischenerwerber erworben werden. Insbesondere bei einem Börsengang einer Gesellschaft läge anderenfalls stets ein schädlicher Beteiligungserwerb vor. Denn bei einem *Initial Public Offering* (IPO) werden die Aktien für eine kurze Zeit von einer Emissionsbank übernommen und dann den Aktionären zugeteilt[349]. Aufgrund der Übertragung aller Anteile auf die Emissionsbank ist ein schädlicher Beteiligungserwerb im Sinne des § 8c Abs. 1 KStG dem Wortlaut nach gegeben mit der Folge, dass die nicht genutzten Verluste der nun börsennotierten Gesellschaft vollständig nach § 8c Abs. 1 S. 2 KStG untergehen[350].

Dieses Ergebnis stellte eine im internationalen Vergleich einmalige Behinderung von Börsengängen dar. Nach richtiger Auffassung spricht der Gesetzeszweck des § 8c KStG gegen die Erfassung von Börsengängen. § 8c KStG liegt der Gedanke des wirtschaftlichen Engagements der neuen Anteilseigner zugrunde und stellt entscheidend darauf ab, ob ein neuer Anteilseigner maßgebend auf die Geschicke der Kapitalgesellschaft einwirken kann und es so prinzipiell in der Hand hat, die Verwertung der Verluste zu steuern[351]. Eine Emissionsbank, die Aktien zum Zwecke ihrer kurzfristigen Platzierung übergangsweise erwirbt, übt keinen entscheidenden wirtschaftlichen Einfluss auf eine Verlustaktiengesellschaft aus[352]. Sie ist gerade nicht an der Ausübung der Aktienrechte, sondern allein an einer schnellen Weiterveräußerung der Aktien interessiert. § 8c KStG ist daher – nach ganz h.M.[353] – einschränkend dahingehend auszulegen, dass er Anteilserwerbe einer Emissionsbank im Rahmen eines Börsengangs, durch die Aktien lediglich umplatziert werden, nicht erfasst[354].

---

349 Die Emissionsbank wird dadurch nicht nur rechtlicher, sondern im Regelfall auch wirtschaftlicher Eigentümer. Der erste Erlassentwurf der Finanzverwaltung zu § 8c KStG v. 20.2.2008 sah vor, den Börsengang nur dann aus dem Anwendungsbereich des § 8c KStG herauszunehmen, wenn das wirtschaftliche Eigentum nicht auf die Emissionsbank übergeht.

350 *Dörr*, NWB Nr. 31 (2007), Fach 4, 5181 (5195); *Suchanek/Herbst*, FR 2007, 863 (870); *Groß/Klein*, AG 2007, 896 (900).

351 Vgl. BT-Drs. 16/4841, S. 35.

352 Vgl. die ausführliche Darstellung von *Groß/Klein*, AG 2007, 896 (900).

353 So auch *Dörr*, NWB Nr. 31 (2007), Fach 4, 5181 (5195); *Suchanek*, GmbHR 2008, 292 (293); *Brandis* in: Blümich, KStG, § 8c Rn. 45; *Groß/Klein*, AG 2007, 896 (900 f.); BMF v. 4.7.2008, IV C 7 – S 2745 – a/08/10001, DStR 2008, 1436 (1436, Rn. 6).

354 *A.A. Frotscher* in: Frotscher/Maas, KStG, § 8c Rn. 30, der insgesamt einen Durchgangserwerb für unschädlich hält. Eine solche Ausnahme wäre jedoch willkürlich und gestaltungsanfällig.

(2) Entgeltlich oder unentgeltlich

Eine unmittelbare Übertragung der Gesellschaftsanteile oder sonstigen Rechte kann entgeltlich oder unentgeltlich erfolgen.

Von einem entgeltlichen Erwerb der Anteile werden die Veräußerungsvorgänge erfasst, deren schuldrechtliche Grundlage den Erwerber zu einer finanziellen Gegenleistung verpflichtet[355]. Im Regelfall beruht die Übertragung der Gesellschaftsanteile (durch Abtretung gemäß §§ 413, 398 BGB) auf einem Kaufvertrag.

Ein rechtsgeschäftlicher Erwerb des gezeichneten Kapitals oder der Mitgliedschaftsrechte kann auch unentgeltlich – durch Schenkung – erfolgen[356]. Beteiligungserwerbe durch Erbfall und der vorweggenommenen Erbfolge sind hingegen nicht von § 8c Abs. 1 KStG erfasst. Dies soll nach Meinung der Finanzverwaltung allerdings nur für Erwerbe seitens einer natürlichen Person gelten[357].

Nach der hier vertretenen Auffassung könnte der Anteilserwerb durch Erbfall allenfalls einen vergleichbaren Sachverhalt darstellen, da es sich um eine nicht rechtsgeschäftliche Anteilsübertragung handelt. Schon im Rahmen des § 8 Abs. 4 KStG war jedoch die Anteilsübertragung im Wege des Erbfalls unschädlich[358]. Auch bei § 8c KStG kann nicht überzeugen, dass ein Anteilserwerb durch Erbfall schädlich sein soll[359].

Bei dem Anteilserwerb durch vorweggenommene Erbfolge handelt es sich um ein Rechtsgeschäft, mit dem ein (künftiger) Erblasser schon zu Lebzeiten sein Vermögen auf einen oder mehrere Empfänger überträgt. In der Literatur wird deshalb teilweise die Auffassung vertreten, § 8c Abs. 1 KStG erfasse auch Anteilsübertragungen im Wege der vorweggenommenen Erbfolge[360].

---

355 Dies ist unstreitig, vgl. z.B. *Beußer*, DB 2007, 1549 (1550); *Hans*, FR 2007, 775 (776); *Neyer*, BB 2007, 1415 (1415); *Benz/Rosenberg* in: Blumenberg/Benz, Die Unternehmensteuerreform 2008, S. 176.

356 Allgemeine Meinung, vgl. z.B. *Hans*, FR 2007, 775 (776); *Grützner*, StuB 2007, 339 (340).

357 BMF v. 4.7.2008, IV C 7 – S 2745 – a/08/10001, DStR 2008, 1436 (1436, Rn. 4).

358 *Centrale für GmbH Dr. Otto Schmidt*, GmbHR 2007, 421 (431); *Suchanek* in: H/H/R, Jahresband 2008, § 8c KStG Rn. J 07-16; *Neyer*, BB 2007, 1415 (1415).

359 Im Ergebnis ganz h.M. *Centrale für GmbH Dr. Otto Schmidt*, GmbHR 2007, 421 (431); *Suchanek* in: H/H/R, Jahresband 2008, § 8c KStG Rn. J 07-16; *Neyer*, BB 2007, 1415 (1415); *Benz/Rosenberg* in: Blumenberg/Benz, Die Unternehmensteuerreform 2008, S. 177; *Frotscher* in: Frotscher/Maas, KStG, § 8c Rn. 29; *Dötsch/Pung*, DB 2008, 1703 (1704); *a.A. Hans*, FR 2007, 774 (776), der im Erwerb durch eine Erbfall einen vergleichbaren Sachverhalt sieht.

360 *Benz/Rosenberg* in: Blumenberg/Benz, Die Unternehmensteuerreform 2008, S. 176; *Reitsam* in: Breithecker/Förster/Förster/Klapdor, UntStRefG, § 8c Rn. 44; *Korn*, KÖSDI Spezialseminar, Unternehmensteuerreform 2008, 63 (67); *Hans*, FR 2007, 774 (776); *Neyer*, BB 2007, 1415 (1415); *Brandis* in: Blümich, KStG, § 8c Rn. 45.

Dies kann nicht überzeugen. Wie bereits im Rahmen des § 8 Abs. 4 KStG dargestellt, werden erbschaftsteuerrechtlich der Erbfall und die vorweggenommene Erbfolge gleich behandelt. Ein derartiger Gleichlauf muss auch für andere Rechtsgebiete Geltung haben[361]. Zudem sind die Wirkungen einer Anteilsübertragung im Wege der Erbschaft und der vorweggenommenen Erbfolge wirtschaftlich vergleichbar. Denn eine Übertragung im Wege einer vorweggenommenen Erbfolge erfolgt regelmäßig zur Planung eines Generationswechsels.

Nicht überzeugen kann hingegen die Auffassung der Finanzverwaltung, dass nur Beteiligungserwerbe durch Erbfall und der vorweggenommenen Erbfolge seitens einer natürlichen Person unschädlich im Sinne des § 8c Abs. 1 KStG sein sollen[362]. Die Wirkungen der Gesamtrechtsnachfolge oder einer vorweggenommenen Erbfolge können auch Kapitalgesellschaften treffen, die unstreitig Erben sein können[363]. Erkennt die Verwaltung die Anteilsübertragung durch Erbfall und vorweggenommener Erbfolge als unschädlich an, darf folgerichtig nicht nur der Erwerb einer natürlichen Person, sondern auch der Erwerb einer Körperschaft nicht zu einem schädlichen Beteiligungserwerb führen. Die Ausnahmen für Anteilübertragungen im Zusammenhang mit Erbfällen stellt keine Verschonungsregelung für natürliche Personen dar[364], sondern ist eine notwendige und folgerichtige Auslegung des Begriffs „Übertragung“ im Sinne des § 8c Abs. 1 KStG[365].

Eine Differenzierung zwischen natürlichen Personen und Körperschaften kann daher nicht überzeugen. Unentgeltliche Anteilsübertragungen im Wege der vorweggenommenen Erbfolge oder durch Erbfall können insgesamt nicht zu einem schädlichen Beteiligungserwerb führen[366].

(3) Zwischenergebnis

Mit der Übertragung des gezeichneten Kapitals bzw. der Stimm- oder Mitgliedschaftsrechte sind ausschließlich rechtsgeschäftliche – entgeltliche oder unentgeltliche – Übertragungen gemeint. Fallen das rechtliche und das wirtschaftliche Eigentum auseinander, ist auf das wirtschaftliche Eigentum der Anteile bzw. der Mitgliedschaftsrechte abzustellen. Vor dem Hintergrund, dass nach dem Wortlaut

---

361 Vgl. oben 2. Teil, B. II. 1. a) bb) (1) (b).

362 Davon spricht das BMF erstmalig in der endgültigen Fassung des BMF-Schreibens, vgl. BMF v. 4.7.2008, IV C 7 – S 2745 – a/08/10001, DStR 2008, 1436 (1436, Rn. 4). In den Entwürfen vom November 2007 und Februar 2008 war eine solche Einschränkung noch nicht enthalten.

363 Vgl. für alle *Edenhofer* in: Palandt, § 1923 Rn. 7.

364 So aber *Roser*, DStR 2008, 1561 (1563).

365 Im Ergebnis ebenso *Suchanek*, FR 2008, 904 (905 f.).

366 Ebenso *Dörr*, NWB Nr. 33 (2008), Fach 4, 5339 (5342).

des § 8c Abs. 1 KStG jeder Börsengang eines Unternehmens zu einem schädlichen Beteiligungserwerb führen kann, ist der Tatbestand für Anteilserwerbe einer Emissionsbank im Rahmen eines Börsengangs, durch die Aktien lediglich umplatziert werden, einschränkend auszulegen.

bb) Mittelbare Übertragung

(1) Allgemeines

Eine mittelbare Anteilsübertragung liegt vor, wenn nicht die Anteile an der Verlustgesellschaft selbst, sondern Anteile an einer der Verlustgesellschaft übergeordneten Gesellschaft übertragen werden. Anders als im Rahmen des § 8 Abs. 4 KStG ist die mittelbare Übertragung des gezeichneten Kapitals bzw. der Mitgliedschafts-, Beteiligungs- oder Stimmrechte nunmehr ausdrücklich vom Wortlaut des § 8c Abs. 1 KStG erfasst. § 8c Abs. 1 KStG steht der Auffassung des BFH[367], dass mittelbare Anteilsübertragungen nur zu einer Beschränkung der Verlustnutzung führen können, wenn diese vom Wortlaut der Norm erfasst sind, nicht mehr entgegen. Durch die gesetzliche Einbeziehung mittelbarer Anteilsübertragungen sind Vorgänge auf höher gestaffelten Beteiligungsebenen erfasst.

Beispiel: An der Verlustgesellschaft X-GmbH ist die T-GmbH zu 100% beteiligt. Alleingesellschafterin der T-GmbH ist die M-GmbH. Die M-GmbH veräußert 100% ihrer Anteile an der T-GmbH an einen Dritten.

Da § 8c Abs. 1 KStG auch mittelbare Anteilsübertragungen erfasst, gehen die Verluste der X-GmbH unter, obwohl sich die unmittelbare Beteiligung der Verlustgesellschaft (T-GmbH) nicht verändert hat.

Eine Ausnahme für äußerst mittelbare Anteilsübertragungen, d.h. Anteilsübertragungen auf höchster Stufe eines Konzerns, sieht weder der Wortlaut des § 8c Abs. 1 KStG noch die Gesetzesbegründung vor. Der Bundesrat hat im Rahmen seiner Stellungnahme angeregt, eine Ausnahmeregelung für mittelbare Anteilsübertragungen zu erlassen[368]. Zwar sei die Erfassung von mittelbaren Anteilsübertragungen grundsätzlich zur Vermeidung von Umgehungsgestaltungen erforderlich. Jedoch seien durch die Aufnahme jeglicher mittelbarer Anteilseignerwechsel in den Tatbestand des § 8c Abs. 1 KStG auch solche Fälle betroffen, die sich mitunter als äußerst mittelbar darstellen und in denen der Handel mit einem

367 Vgl. BFH v. 20.8.2003, I R 61/01, DStR 2003, 1921 ff.

368 Vgl. BR-Drs. 220/1/07 v. 30.4.2007, Empfehlung der Ausschüsse (Finanzausschuss, Wirtschaftsausschuss und andere) zur 833. Sitzung des Bundesrates am 11.5.2007 bzgl. des Entwurfes eines Unternehmensteuerreformgesetzes 2008, Ziffer 37, zu Artikel 2 Nr. 7 (§ 8c KStG), S. 32 f.

Verlustmantel gerade nicht im Vordergrund stehe[369]. Mittelbare Anteilserwerbe sollten unter der Voraussetzung außer Betracht bleiben, dass der gemeine Wert der übertragenen Anteile deutlich höher als der gemeine Wert der Verlustgesellschaft sei[370]. Diesen Bedenken entgegnete die Bundesregierung damit, dass die generelle Erfassung mittelbarer Anteilserwerbe der Rechtsvereinfachung diene und missbräuchlichen Gestaltungen entgegenwirke. Zudem sei die Unternehmensbewertung zur Bestimmung des gemeinen Wertes „administrativ aufwendig"[371].

B. Lang möchte § 8c Abs. 1 KStG dahingehend einschränkend auslegen, dass ein schädlicher Beteiligungserwerb innerhalb eines Konzerns nur vorliegt, wenn sich die Beteiligungsquote der Verlustgesellschaft spätestens auf der zweiten Stufe, d.h. auf der ersten mittelbaren Konzernstufe, zu mehr als 25% verändert[372]. Eine solche Auslegung sei vor dem Hintergrund, dass § 8c KStG der Missbrauchsvermeidung diene, sachgerecht. Zudem sei die Prüfung eines schädlichen Anteilseignerwechsels auf höheren Konzernstufen in der Praxis kaum durchführbar.

Diese Auffassung kann nicht überzeugen. Es ist zwar zweifelhaft, ob die Ausdehnung des Anwendungsbereichs des § 8c Abs. 1 KStG auf mittelbare Anteilsübertragungen zu der gewünschten Rechtsvereinfachung führt. Denn im Rahmen des § 8c Abs. 1 KStG wird die Finanzverwaltung auch jede konzerninterne Umstrukturierung nachvollziehen müssen. In Fällen von mehrstöckigen Kapitalgesellschaftskonzernen kann dies – insoweit ist *B. Lang* zuzustimmen – mit einem erheblichen Verwaltungsaufwand verbunden sein, nicht zuletzt deshalb, weil die Finanzverwaltung bis zur obersten Beteiligungsstufe, regelmäßig also den natürlichen Personen, Übertragungen von Gesellschaftsanteilen oder sonstigen Rechten nachvollziehen muss[373]. Noch gravierender ist dieser Aufwand in Fällen von Beteiligungen von Ausländern oder Holdingstrukturen[374]. § 8c KStG sieht keine Ausnahme für Anteilsübertragungen im Ausland vor. Ein schädlicher Beteiligungserwerb einer ausländischen Konzerngesellschaft kann zu einem Untergang der Verluste aller untergeordneten inländischen Gesellschaften führen. Eine Veränderung der Unternehmensstruktur insbesondere im Ausland ist jedoch häufig den inländischen Tochter-, Enkel- oder Urenkelgesellschaften überhaupt nicht bekannt[375]. Wenn schon innerhalb eines Konzerns derartige Umstrukturierungen nicht offensicht-

369 BR-Drs. 220/1/07, S. 32.
370 BR-Drs. 220/1/07, S. 33.
371 BT-Drs. 16/5377, S. 27.
372 *B. Lang* in: Ernst&Young, KStG, § 8c Rn. 48.
373 Vgl. *Beußer*, DB 2007, 1549 (1551); *Wiese*, DStR 2007, 741 (744).
374 *Beußer*, DB 2007, 1549 (1551).
375 Während § 54 Abs. 1 EStDV u.a. eine Mitteilungspflicht an das Betriebsfinanzamt der Körperschaft bei inländischen unmittelbaren Anteilsübertragungen vorsieht, fehlt eine entsprechende Regelungen für Übertragungen im gesamten Ausland, vgl. *Klingebiel*, Steuer und Studium 2008, 276 (282).

lich sind, wird erst Recht die Finanzverwaltung einen erheblichen Verwaltungsaufwand betreiben müssen, um die Anteilsübertragungen zu erfassen[376].

Der Auffassung von *B. Lang* steht jedoch der eindeutige Wortlaut der Norm entgegen. § 8c Abs. 1 S. 1 KStG spricht von „mittelbaren Übertragungen". Dass damit nur Übertragungen bis zur zweiten Beteiligungsstufe gemeint sind, kann dem Wortlaut nicht entnommen werden[377]. Zudem dient § 8c KStG – entgegen der Auffassung von *B. Lang* – nicht der Missbrauchsvermeidung. In der Stellungnahme der Bundesregierung wurde die Aufnahme der mittelbaren Anteilserwerbe in § 8c KStG zwar mit der Verhinderung missbräuchlicher Gestaltungen begründet[378]. § 8c KStG selbst verfolgt jedoch – wie dargestellt – gerade nicht mehr das Ziel, missbräuchliche Gestaltungen zu verhindern[379]. Der Leitgedanke der Norm, die Verlustnutzung von Körperschaften einzuschränken, sobald neue Anteilseigner auf die Verlustgesellschaft – auch mittelbar – einwirken können, muss auch hier beachtet werden.

Wie groß der Einfluss des neuen Anteilseigners auf eine untergeordnete Gesellschaft ist, ist jedoch regelmäßig nicht anhand der Konzernstufe zu beurteilen[380].

Beispiel: In einem fünfstöckigen Konzern (Urgroßmuttergesellschaft, Großmuttergesellschaft, Muttergesellschaft, Tochtergesellschaft, Enkelgesellschaft, wobei die höherrangige Gesellschaft jeweils 100% der Anteile ihrer Tochter hält) ist die Enkelgesellschaft die Verlustgesellschaft (Verluste 1000). Wenn die Urgroßmuttergesellschaft ihre Anteile an der Großmuttergesellschaft dem X verkauft, ist § 8c Abs. 1 S. 2 KStG einschlägig, obwohl es sich um eine äußerst mittelbare Anteilsübertragung handelt.

Eine einschränkende Auslegung des § 8c Abs. 1 KStG, dass nur noch gewisse mittelbare Anteilsübertragungen von der Norm erfasst sind, scheidet daher aus. Ein schädlicher Beteiligungserwerb gemäß § 8c Abs. 1 KStG kann vielmehr durch jede mittelbare Anteilsübertragung eintreten.

(2) Konzernbetrachtung

Nach der Gesetzesbegründung des Unternehmensteuerreformgesetz 2008 und der Auffassung der Finanzverwaltung führt jede unmittelbare oder mittelbare

376 *Dörfler/Wittkowski*, GmbHR 2007, 513 (517); *Dötsch/Pung*, DB 2008, 1703 (1706).
377 So auch *Frotscher* in: Frotscher/Maas, KStG, § 8c Rn. 38.
378 Vgl. BT-Drs. 16/5377, S. 27.
379 Vgl. oben 2. Teil, C. I. 1. b).
380 Vgl. *Dötsch/Pung*, DB 2008, 1703 (1706), die darlegen, dass bei einer Zwischenschaltung von zwei „leeren" Holdinggesellschaften ein Gesellschafter auf zweiter mittelbarer Gesellschaftsebene ebenso großen Einfluss hat wie bei der Zwischenschaltung von nur einer Holdinggesellschaft.

Übertragung von mehr als 25% des gezeichneten Kapitals oder der sonstigen Rechte einer Körperschaft auf einen Erwerber zu einem schädlichen Beteiligungserwerb. Eine Veränderung der unmittelbaren Beteiligungsverhältnisse soll nicht deshalb unberücksichtigt bleiben, weil sich eine mittelbare Beteiligung dadurch nicht verändert[381]. Der Gesetzgeber hält eine solche Konzernbetrachtung für zu „verwaltungsaufwendig und gestaltungsanfällig"[382].

Diese Begründung kann nicht überzeugen[383]. Denn der Verwaltungsaufwand bei der Suche nach Anteilseignerwechseln auf mittelbarer Ebene kann ebenso hoch sein wie die Untersuchung, ob die mittelbare Anteilseignerstruktur innerhalb eines Konzerns unverändert fortbesteht. Dadurch, dass gemäß § 8c Abs. 1 KStG jede mittelbare Anteilsübertragung zu einem schädlichen Beteiligungserwerb führen kann, hat sich der Gesetzgeber für eine Konzernbetrachtung zulasten des Steuerpflichtigen entschieden. Eine Konzernbetrachtung zugunsten des Steuerpflichtigen soll hingegen versagt sein. Dass eine derartige Betrachtung an einer Stelle zu verwaltungsaufwendig sein soll und an anderer Stelle nicht, kann nicht überzeugen[384].

Aus der nicht überzeugenden Gesetzesbegründung kann jedoch nicht der Schluss gezogen werden, konzerninterne Umstrukturierungen seien aus dem Anwendungsbereich des § 8c Abs. 1 KStG herauszunehmen. § 8c Abs. 1 KStG erfordert die Übertragung des gezeichneten Kapitals bzw. der Mitgliedschafts-, Beteiligungs- oder Stimmrechte einer Körperschaft. Nach dem Regelungswortlaut kommt es nicht darauf an, ob die mittelbaren Anteilseigner unverändert fortbestehen. Eine Konzernbetrachtung im Rahmen des § 8c Abs. 1 KStG kommt dem Wortlaut nach nicht in Betracht[385].

Zudem stellt § 8c KStG entscheidend auf das wirtschaftliche Engagement bzw. die Einflussnahmemöglichkeit des neuen Anteilseigners ab[386]. Tritt ein Anteilseigner auf unmittelbarer Gesellschaftsstufe einer Verlustgesellschaft bei, kann er auf die Geschicke dieser Gesellschaft unmittelbaren Einfluss ausüben. Ob die mittelbare Konzernstufe unverändert fortbesteht oder nicht, ist im Rahmen des § 8c KStG nicht entscheidend. Mit dem Leitgedanken der Vorschrift ist also eine Konzernbetrachtung, dass unmittelbare Anteilsübertragungen außer Be-

381 Vgl. BT-Drs. 16/4841, S. 76, und BMF v. 4.7.2008, IV C 7 – S 2745 – a/08/10001, DStR 2008, 1436 (1437, Rn. 11).

382 BT-Drs. 16/4841, S. 76; im Rahmen des Wachstumsbeschleunigungsgesetzes hat der Gesetztgeber nunmehr eine Konzernklausel in § 8c Abs. 1 S. 5 KStG installiert, vgl. dazu 2. Teil, C. V. 2. a).

383 Ebenso *Grützner*, StuB 2007, 339 (343).

384 *Rödl&Partner*, Unternehmensteuerreformgesetz 2008, S. 5.

385 So im Ergebnis auch der BFH im Rahmen des § 8 Abs. 4 KStG, vgl. BFH v. 20.8.2003, I R 81/02, BStBl. II, 614 (615).

386 Vgl. oben 2. Teil, C. I. 2.

tracht bleiben, sobald sich die mittelbare Beteiligungsstruktur der Verlustgesellschaft nicht verändert, nicht vereinbar.

Beispiel: Die M-GmbH hat zwei Tochterunternehmen, T1-GmbH und T2-GmbH. Die T1-GmbH ist alleinige Gesellschafterin der E-GmbH, die im Jahr 01 über einen Verlust von 1000 verfügt. Im Jahr 02 veräußert die T1-GmbH ihre Anteile an der E-GmbH der T2-GmbH. Da auf unmittelbarer Ebene der E-GmbH ein Anteilseignerwechsel eintritt (T2-GmbH für T1-GmbH), ist § 8c Abs. 1 S. 2 KStG mit der Folge einschlägig, dass die Verluste der E-GmbH vollständig verloren gehen, obwohl auf mittelbarer Ebene (M-GmbH) keine Veränderung eintritt.

Dass gemäß § 8c Abs. 1 KStG grundsätzlich auch jede konzerninterne Umstrukturierung zu einem Verlustuntergang führen kann, ist wirtschaftspolitisch nicht begrüßenswert[387]. Insbesondere kann die Begründung des Gesetzgebers, weshalb von einer Konzernbetrachtung Abstand genommen wurde, nicht überzeugen. § 8c Abs. 1 KStG geht jedoch davon aus, dass ein schädlicher Beteiligungserwerb im Sinne des § 8c Abs. 1 S. 1 KStG eintritt, sobald auf einer Konzernebene mehr als 25% des gezeichneten Kapitals oder der Mitgliedschaftsrechte auf einen Erwerber übertragen werden[388].

(3) Ergebnis

Gemäß § 8c Abs. 1 KStG führt grundsätzlich neben der unmittelbaren, auch jede mittelbare Übertragung von mehr als 25% des gezeichneten Kapitals oder der Mitgliedschafts- Beteiligungs- oder Stimmrechte zu einem schädlichen Beteiligungserwerb. Eine Beschränkung des Anwendungsbereichs des § 8c Abs. 1 KStG bei mittelbaren Anteilsübertragungen auf die zweite Beteiligungsstufe der Verlustgesellschaft ist vor dem Hintergrund des eindeutigen Wortlauts der Norm nicht geboten. Auch ist im Rahmen des § 8c Abs. 1 KStG von einer Konzernbetrachtung Abstand genommen worden[389]. Die Ausdehnung des Anwendungsbereichs auf konzerninterne Umstrukturierungen ist zwar nicht begrüßenswert und die Gesetzesbegründung hierzu kann nicht überzeugen. Jedoch ist eine Konzernbetrachtung, wonach unmittelbare Anteilsübertragungen dann nicht zu einem schädlichen Beteiligungserwerb führen, wenn sich die mittelbare Beteiligungs-

---

387 Vgl. *Wiese*, DStR 2007, 741 (745); *Lenz/Ribbrock*, BB 2007, 587 (590).

388 Im Rahmen des § 8c Abs. 1 KStG fehlt eine Konzernklausel, die vor Inkrafttreten des § 8c Abs. 1 KStG in der Literatur vehement gefordert wurde, vgl. z.B. *Wiese*, DStR 2007, 741 (745); *Dörr*, NWB Nr. 31 (2007), Fach 4, 5181 (5198).

389 Vgl. zu der nunmehr – durch das Wachstumsbeschleunigungsgesetz – eingeführten Konzernklausel 2. Teil, C. V. 2. a).

quote der Verlustgesellschaft nicht verändert, mit dem eindeutigen Wortlaut der Norm nicht vereinbar.

cc) Kapitalerhöhung gemäß § 8c Abs. 1 S. 4 KStG

Gemäß § 8c Abs. 1 S. 4 KStG steht eine Kapitalerhöhung der Übertragung des gezeichneten Kapitals gleich, soweit sie zu einer Veränderung der Beteiligungsquote am Kapital der Körperschaft führt. Dabei muss entweder ein neu hinzutretender Erwerberkreis nach der Kapitalerhöhung zu mehr als 25% des Kapitals beteiligt sein oder eine bestehende Beteiligung muss sich um mehr als 25% erhöht haben[390]. Übernehmen in Folge einer Kapitalerhöhung die bisherigen Gesellschafter die weiteren Gesellschaftsanteile entsprechend ihrer bisherigen Beteiligungsquote, hat dieser Vorgang auf die Verlustvorträge der Gesellschaft keine Auswirkung.

Die Finanzverwaltung vertritt darüber hinaus die Auffassung, dass auch die Erhöhung anderer Beteiligungsrechte einem schädlichen Beteiligungserwerb gleichzusetzen ist[391]. Gemeint ist damit, dass jede Erhöhung der Mitgliedschafts-, Beteiligungs- oder Stimmrechte einem schädlichen Beteiligungserwerb entspricht, wenn sich dadurch entweder eine bestehende Beteiligung zu mehr als 25% erhöht oder ein neu hinzutretender Erwerberkreis nach der Erhöhung dieser Rechte zu mehr als 25% beteiligt ist. Dass gemäß § 8c Abs. 1 S. 4 KStG auch die Erhöhung sonstiger Beteiligungsrechte zu einem Untergang bestehender Verluste führen kann, kann nicht überzeugen. § 8c Abs. 1 S. 4 KStG bezieht sich seinem Wortlaut nach ausdrücklich nur auf die „Veränderung der Beteiligungsquote am Kapital". Die Kapitalerhöhung soll nur der Übertragung des gezeichneten Kapitals gleichstehen. Von § 8c Abs. 1 S. 4 KStG ist daher eine Erhöhung der übrigen Beteiligungsrechte nicht erfasst[392].

(1) Effektive und nominelle Kapitalerhöhung

Die Gründe für eine Kapitalerhöhung einer Gesellschaft können sehr unterschiedlich sein. Eine Kapitalerhöhung kann z.B. die Zuführung weiterer Betriebsmittel oder die Verbesserung der Kreditwürdigkeit einer Gesellschaft bezwecken. Auch kann die Kapitalerhöhung Einbringungs- und Verschmelzungsvorgänge vorbereiten oder zum Ausgleich von Verlusten durchgeführt werden[393]. Das Kapital von Kapitalgesellschaften kann zum einen im Wege der effektiven Kapitalerhö-

---

390 BMF v. 4.7.2008, IV C 7 – S 2745 – a/08/10001, DStR 2008, 1436 (1437, Rn. 9).
391 BMF v. 4.7.2008, IV C 7 – S 2745 – a/08/10001, DStR 2008, 1436 (1437, Rn. 9).
392 So auch *Sistermann/Brinkmann*, BB 2008, 1928 (1931).
393 *Wegmann* in: Münchener Handbuch des Gesellschaftsrechts, Bd. 3, § 53 Rn. 1.

hung, zum anderen im Wege der nominellen Kapitalerhöhung erhöht werden[394]. Bei der Aktiengesellschaft besteht zudem das Mittel der bedingten Kapitalerhöhung (§§ 192 ff. AktG) und des genehmigten Kapitals (§§ 202 ff. AktG).

Unter der effektiven Kapitalerhöhung wird die Kapitalerhöhung gegen Einlage verstanden. Sie bezweckt, dass der Gesellschaft neues Eigenkapital zugeführt wird. Dabei kann die Kapitalerhöhung durch Bar- oder Sacheinlage erfolgen. Im Aktienrecht ist die effektive Kapitalerhöhung in den §§ 182-192 AktG, im GmbH-Recht in den §§ 53–57 GmbHG geregelt. Gemäß § 186 AktG steht jedem Aktionär der Anspruch zu, einen seinem Anteil an dem bisherigen Grundkapital entsprechenden Teil der neuen Aktien zu erlangen (Bezugsrecht). Nehmen die Aktionäre dieses Bezugsrecht nicht in Anspruch oder wird das Bezugsrecht gemäß § 186 Abs. 3 und 4 KStG ausgeschlossen, kann die Ausgabe neuer Aktien zu einer Veränderung der Beteiligungsquote am Kapital der Gesellschaft führen. Als Sonderfälle der effektiven Kapitalerhöhung können auch die bedingte Kapitalerhöhung nach §§ 192 ff. AktG[395] und das genehmigte Kapital nach §§ 202 ff. AktG[396] zu einer Veränderung der Beteiligungsquote führen. Verändert sich auf diese Weise der Bestand eines Gesellschafters um mehr als 25%, ist § 8c Abs. 1 S. 4 KStG mit der Folge einschlägig, dass die Verluste der Gesellschaft zu einem entsprechenden Anteil untergehen.

Bei einer nominellen Kapitalerhöhung werden vorhandene offene Rücklagen einer Gesellschaft in Eigenkapital umgewandelt. Es wird also kein neues Kapital zugeführt, sondern lediglich vorhandenes Kapital gebunden[397]. Gemäß § 211 S. 1 AktG besteht für die bisherigen Aktionäre gerade kein Bezugsrecht an den neuen Aktien, sondern die Aktien stehen den Aktionären im Verhältnis ihrer Anteile am bisherigen Grundkapital zu. Nach Satz 2 der Vorschrift ist ein entgegenstehender Beschluss der Hauptversammlung nichtig. Aus § 211 AktG ergibt sich, dass die nominelle Kapitalerhöhung kein Fall des § 8c Abs. 1 S. 4 KStG sein kann. Denn das Erfordernis der Norm, dass sich durch die Kapitalerhöhung die Beteiligungsquote am Kapital der Gesellschaft verändert, kann gemäß § 211 S. 2 AktG nicht eintreten.

---

394 *Wegmann* in: Münchener Handbuch des Gesellschaftsrechts, Bd. 3, § 53 Rn. 1; *K. Schmidt*, Gesellschaftsrecht, § 29 III 2 (S. 898 f.).

395 Bei der bedingten Kapitalerhöhung steht den Aktionären gerade kein Bezugsrecht nach § 186 AktG zu. Die Norm soll vielmehr Bezugsrechte für die in § 192 Abs. 2 Nr. 1 bis Nr. 3 AktG genannten Fälle sichern.

396 Im Rahmen des genehmigten Kapitals hat der Vorstand einer Aktiengesellschaft bei der Ausgabe der neuen Aktien grundsätzlich das Bezugsrecht der Aktionäre nach § 186 AktG zu beachten. Wird dieses Bezugsrecht nicht wahrgenommen oder enthält die Satzung gemäß §§ 202 Abs. 4, 203 Abs. 1 S. 2 AktG eine abweichende Ermächtigung, kann die Aktienausgabe zu einer Veränderung der Beteiligungsquote der Gesellschaft führen.

397 *K. Schmidt*, Gesellschaftsrecht, § 29 III 3 (S. 906).

Folglich ist von § 8c Abs. 1 S. 4 KStG nur die effektive Kapitalerhöhung (einschließlich der Sonderfälle der bedingten Kapitalerhöhung und des genehmigten Kapitals) erfasst. Da die nominelle Kapitalerhöhung nicht zu einer Veränderung des Gesellschafterbestandes und der Anteilsverteilung führen kann, stellt sie auch keinen schädlichen Beteiligungserwerb gemäß § 8c Abs. 1 S. 1 und 4 KStG dar.

(2) Mittelbare Kapitalerhöhung

Dem Wortlaut des § 8c Abs. 1 S. 4 KStG ist nicht eindeutig zu entnehmen, ob eine Kapitalerhöhung auch dann einer Anteilsübertragung gleichsteht, wenn die Kapitalerhöhung nur mittelbar erfolgt.

Beispiel: An der Y-GmbH sind der A und der B zu jeweils 50% beteiligt. Die Y-GmbH ist die alleinige Gesellschafterin der Verlustgesellschaft X-GmbH (Verlustvortrag zum 31.12.01 = 1000). Bei der Y-GmbH erfolgt eine disquotale Kapitalerhöhung, die zu einer Anteilsverschiebung zugunsten des A führt. Nach der Kapitalerhöhung ist A zu 80% und B zu 20% an der Y-GmbH beteiligt.

Da hier die Kapitalerhöhung nicht bei der Verlustgesellschaft, sondern bei einer der Verlustgesellschaft übergeordneten Gesellschaft erfolgt, stellt sich die Frage, ob § 8c Abs. 1 S. 4 KStG Anwendung findet. Gegen die Anwendung spricht, dass gemäß § 8c Abs. 1 S. 4 KStG eine Kapitalerhöhung der Übertragung des gezeichneten Kapitals nur dann gleichgestellt ist, wenn diese zu einer Veränderung der Beteiligungsquoten am Kapital der Körperschaft führt. Würde man das „Kapital der Körperschaft" wörtlich verstehen, müssten Kapitalerhöhungen auf mittelbarer Gesellschaftsebene ausscheiden, weil dadurch gerade nicht das Kapital der Verlustgesellschaft verändert wird[398].

Da der Gesetzgeber die Kapitalerhöhung der Übertragung des gezeichneten Kapitals gleichsetzt, spricht mehr dafür, dass auch die mittelbare Kapitalerhöhung von § 8c Abs. 1 S. 4 KStG erfasst ist[399]. Mit der „Übertragung" im Sinne des § 8c Abs. 1 S. 4 KStG nimmt der Gesetzgeber auf § 8c Abs. 1 S. 1 KStG Bezug. Gemäß § 8c Abs. 1 S. 1 KStG kann ein schädlicher Beteiligungserwerb auch durch eine mittelbare Anteilsübertragung eintreten. Durch die in § 8c Abs. 1 S. 4 KStG enthaltene Gleichstellung der Kapitalerhöhung mit der Anteilsübertragung müssen für die Kapitalerhöhung dieselben Voraussetzungen wie für die Anteilsübertragung

398 So *Sistermann/Brinkmann*, BB 2008, 1929 (1931).

399 *Schaumburg*, 58. Jahresarbeitstagung Wiesbaden 2007, S. 85 (89 f.); *Dötsch/Pung*, DB 2008, 1703 (1705); BMF v. 4.7.2008, IV C 7 – S 2745 – a/08/10001, DStR 2008, 1436 (1437, Rn. 10).

gelten[400]. Hätte der Gesetzgeber nur die unmittelbare Kapitalerhöhung erfassen wollen, hätte er dies in § 8c Abs. 1 S. 4 KStG klargestellt. Wenn die Kapitalerhöhung sowohl der unmittelbaren als auch der mittelbaren Übertragung des gezeichneten Kapitals gleichsteht, kann mit dem „Kapital der Körperschaft" im Sinne des § 8c Abs. 1 S. 4 KStG nicht nur das Nennkapital der Verlustgesellschaft selbst gemeint sein. Vielmehr bezieht sich dieses Tatbestandsmerkmal im Falle einer mittelbaren Kapitalerhöhung auf das Nennkapital der Gesellschaft auf mittelbarer Konzernebene.

dd) Vergleichbarer Sachverhalt

Neben der Anteils- bzw. Stimmrechts- oder Mitgliedschaftsrechtsübertragung und der Kapitalerhöhung kann gemäß § 8c Abs. 1 S. 1 KStG auch ein der Übertragung vergleichbarer Sachverhalt zu einem schädlichen Beteiligungserwerb führen. Wie das Tatbestandsmerkmal „vergleichbarer Sachverhalt" einzuordnen und zu verstehen ist, ist in der bisher veröffentlichten Literatur noch nicht geklärt.

(1) Verstoß gegen das Bestimmtheitsgebot?

Bei dem Tatbestandsmerkmal „vergleichbarer Sachverhalt" handelt es sich um einen unbestimmten Rechtsbegriff. Es drängt sich also in diesem Zusammenhang die Frage auf, ob § 8c Abs. 1 KStG – wie es ein Teil der bisher veröffentlichten Literatur annimmt[401] – gegen das Bestimmtheitsgebot verstößt. Der Grundsatz der Gesetzesbestimmtheit berührt sowohl den Grundsatz der Gesetzmäßigkeit der Besteuerung als auch das Rechtsstaatsprinzip und die Gewaltenteilung[402].

Nach der ständigen Rechtsprechung des BVerfG darf sich der Gesetzgeber – insbesondere im Steuerrecht – grundsätzlich unbestimmter Rechtsbegriffe bedienen[403]. Einzelfragen müssen nicht – und können auch oft nicht – gesetzlich erfasst werden. Insbesondere bei Eingriffsnormen wird dem Bestimmtheitsgebot daher entsprochen, wenn der Gesetzgeber die wesentlichen Bestimmungen über die Steuer mit hinreichender Genauigkeit trifft[404]. Er muss sich um möglichst klare, bestimmte,

400 Vgl. *Schaumburg*, 58. Jahresarbeitstagung Wiesbaden 2007, S. 85 (90).

401 *Hans*, FR 2007, 774 (780); *Wiese*, DStR 2007, 741 (742); *Centrale für GmbH Dr. Otto Schmidt*, GmbHR 2007, 421 (430); *Zerwas/Fröhlich*, DStR 2007, 1933 (1935), erheben verfassungsrechtliche Bedenken.

402 Vgl. *Tipke*, Die Steuerrechtsordnung, Bd. I, S. 137.

403 Vgl. z.B. BVerfG v. 10.10.1961, 2 BvL 1/59, BVerfGE 13, 153 (161); BVerfG v. 31.5.1988, 1 BvR 520/83, BVerfGE 78, 214 (226).

404 BVerfG v. 14.3.1967, 1 BvR 334/61, BVerfGE 21, 209 (215).

widerspruchsfreie, verständliche und exakt formulierte Normen bemühen[405]. Hingegen nimmt die Auslegungsbedürftigkeit einer Norm allein noch nicht ihre rechtsstaatlich gebotene Bestimmtheit[406]. Es ist Aufgabe der Exekutive und der Gerichte, die Vorschriften mit Hilfe anerkannter Methoden auszulegen.

In früheren Entscheidungen hat das BVerfG zusätzlich verlangt, dass Steuernormen derart formuliert sein müssen, dass der Steuerpflichtige seine Steuerlast vorausberechnen kann[407]. Von einer derartigen Vorhersehbarkeit der Steuerbelastung hat das Gericht in jüngeren Entscheidungen zu Recht Abstand genommen[408]. Im Folgenden kommt es also darauf an, ob das Tatbestandsmerkmal „vergleichbarer Sachverhalt" bestimmbar ist.

(a) Regelfall als Maßstab

Stellt der Regelfall des § 8c Abs. 1 KStG den Vergleichmaßstab für sonstige Sachverhalte dar, muss ein Sachverhalt mit der rechtsgeschäftlichen Übertragung von mindestens 25% des gezeichneten Kapitals, der Beteiligungs-, Mitgliedschafts- oder Stimmrechte „vergleichbar" sein. § 8c Abs. 1 KStG verlangt zum einen eine Übertragung der genannten Rechte. Ein vergleichbarer Sachverhalt muss hiermit qualitativ vergleichbar sein. Zum anderen tritt ein schädlicher Beteiligungserwerb erst ein, wenn die Schädlichkeitsgrenze von 25% überschritten ist, so dass auch eine solche quantitative Vergleichbarkeit gegeben sein muss.

Ein Sachverhalt ist mit der Übertragung des gezeichneten Kapitals oder der Mitgliedschafts-, Beteiligungs- oder Stimmrechte qualitativ vergleichbar, wenn entweder hinsichtlich des Übertragungsgegenstandes ein Regelfall und hinsichtlich der Übertragungsart ein vergleichbarer Fall oder wenn – spiegelbildlich – hinsichtlich des Übertragungsgegenstands ein vergleichbarer Fall und hinsichtlich der Übertragungsart ein Regelfall vorliegt[409]. Notwendig ist also für eine qualitative Vergleichbarkeit eine Kombination von Regel- und vergleichbarem Fall im Hinblick auf Übertragungsart und -gegenstand. Vor dem Hintergrund, dass es nach dem Leitgedanken des § 8c KStG maßgeblich auf die Einflussnahmemöglichkeit des neuen Anteilseigners ankommt, sind in Bezug auf den Übertragungsgegenstand solche Sachverhalte mit den Regelfällen wirtschaftlich vergleichbar, in denen der neue Gesellschafter eine vergleichbare Möglichkeit der Einflussnahme auf die Verlustgesellschaft erhält. Die Vergleichbarkeit hinsichtlich der Übertragungsart ist

405 Vgl. *Tipke*, Die Steuerrechtsordnung, Bd. I, S. 143.
406 Vgl. BVerfG v. 14.3.1967, 1 BvR 334/61, BVerfGE 21, 209 (215); BVerfG v. 18.12.1953, 1 BvL 106/53, BVerfGE 3, 225 (242 f.).
407 BVerfG v. 14.12.1965, 1 BvR 571/60, BVerfGE 19, 253 (267).
408 BVerfG v. 11.5.1988, 1 BvR 520/83, BVerfGE 78, 214 ff.
409 Vgl. *Olbing* in: Streck, KStG (7. Auflage), § 8c Rn. 40.

gegeben, wenn ein Erwerber zumindest wirtschaftliches Eigentum an den Übertragungsgegenständen erlangt[410] oder wenn sich die Einflussnahmemöglichkeit des Erwerbers auf die Verlustgesellschaft durch eine Maßnahme entscheidend verändert. Dazu zählt die Kapitalerhöhung, die in § 8c Abs. 1 S. 4 KStG ausdrücklich normiert ist[411]. Darüber hinaus kann eine Vergleichbarkeit bei einer nicht rechtsgeschäftlichen Übertragung des gezeichneten Kapitals oder der sonstigen Rechte vorliegen[412]. Zudem sind Fälle denkbar, in denen zwar keine Gesellschaftsanteile oder Stimmrechte übertragen werden, durch die sich jedoch die Möglichkeit der Einflussnahme der Gesellschafter faktisch verändert.

Ein Sachverhalt ist quantitativ mit den Regelfällen des § 8c Abs. 1 S. 1 und S. 2 KStG vergleichbar, wenn sich die Einflussnahmemöglichkeit des Erwerbers im Rahmen des qualitativ vergleichbaren Sachverhalts zu mehr als 25% bzw. zu mehr als 50% verändert[413]. Dass ein Sachverhalt, durch den ein Erwerber weniger Einfluss als ein 25,1%-Anteilseigner erhält, mit den Regelfällen vergleichbar ist, kann weder dem Wortlaut noch dem Gesetzeszweck entnommen werden[414]. Der Vergleichsmaßstab ist im Rahmen des § 8c Abs. 1 S. 1 KStG bestimmbar.

(b) Historie

Die Gesetzesbegründung zu § 8c Abs. 1 KStG enthält keine Aussage darüber, was unter einem vergleichbaren Sachverhalt im Sinne des § 8c Abs. 1 S. 1 KStG zu verstehen ist. Allerdings hat § 8c KStG im Rahmen des Unternehmensteuerreformgesetzes 2008 die Vorschrift des § 8 Abs. 4 KStG ersetzt.

Im Rahmen der historischen Auslegung können auch Vorgängerregelungen herangezogen werden, die man mit der aktuellen Vorschrift vergleichen kann[415]. Es stellt sich also die Frage, ob § 8 Abs. 4 KStG – insbesondere Satz 1 der Vorschrift – für die Auslegung des Begriffs „vergleichbarer Sachverhalt" weiterhilft. Gemäß § 8 Abs. 4 S. 1 KStG tritt nach herrschender Meinung der Verlust der wirtschaftlichen Identität einer Gesellschaft in Fällen ein, die mit dem Hauptan-

---

410 Vgl. oben 2. Teil, C. II. 2. b) aa) (1) (a).

411 Dass die Kapitalerhöhung ausdrücklich normiert ist, lässt sich damit erklären, dass im Rahmen des § 8 Abs. 4 KStG noch nicht höchstrichterlich geklärt ist, ob die Kapitalerhöhung mit der Anteilsübertragung vergleichbar ist, vgl. *Olbing* in: Streck, KStG (7. Auflage), § 8c Rn. 50; *a.A. Sistermann/Brinkmann*, DStR 2008, 897 (900), wonach die Kapitalerhöhung kein der Anteilsübertragung vergleichbarer Fall ist.

412 Vom Regelfall des § 8c Abs. 1 KStG wird nur die rechtsgeschäftliche Übertragung erfasst, vgl. oben 2. Teil, C. II. 2. b) (aa) (1).

413 Vgl. *Suchanek* in: H/H/R, Jahresband 2008, § 8c KStG Rn. J 07-17; *a.A. B. Lang*, DStZ 2008, 549 (551), die die quantitative Vergleichbarkeit für „zu unbestimmt" hält.

414 *Viskorf/Michel*, DB 2007, 2561 (2563).

415 *Wank*, Die Auslegung von Gesetzen, S. 92.

wendungsfall des § 8 Abs. 4 S. 2 KStG wirtschaftlich vergleichbar sind[416]. Aus diesem Grund wird in der Literatur vertreten, dass für die Auslegung des „vergleichbaren Sachverhalts" auf die Auslegung des § 8 Abs. 4 S. 1 KStG zurückgegriffen werden kann[417].

Dazu müssten die Regelungen des § 8c KStG und des § 8 Abs. 4 S. 1 KStG allerdings vergleichbar sein. Denn nur wenn die Regelungen im Kern dasselbe regeln, kann auf die Vorgängerregelung im Rahmen der Auslegung zurückgegriffen werden. Das Konstrukt der wirtschaftlichen Identität der Verlustgesellschaft ist jedoch – wie bereits dargestellt – bei § 8c KStG vollständig verloren gegangen[418]. Entscheidend für die Verlustnutzung von Körperschaften ist allein, ob ein schädlicher Beteiligungserwerb durch die Übertragung von Gesellschaftsanteilen oder sonstigen Beteiligungsrechten eingetreten ist. § 8c KStG wird nunmehr entscheidend von dem Leitgedanken der Einflussmöglichkeit der neuen Anteilseigner getragen.

Im Ergebnis handelt es sich bei § 8 Abs. 4 KStG und § 8c KStG um nicht vergleichbare Regelungen. Die eine stellt eine spezialgesetzliche Missbrauchsvorschrift dar, indem die Verlustnutzung einer Körperschaft entscheidend von ihrer wirtschaftlichen Identität abhängig gemacht wird. Die andere bezweckt gerade nicht mehr die Missbrauchsvorbeugung, sondern stellt eine allgemeine, die Verlustnutzung für Körperschaften einschränkende Norm dar. § 8 Abs. 4 S. 1 KStG kann daher nicht für die Auslegung des Tatbestandsmerkmals „vergleichbarer Sachverhalt" gemäß § 8c Abs. 1 KStG herangezogen werden[419].

(c) Stellungnahme und Auslegungsergebnis

Für die Auslegung des Tatbestandsmerkmals „vergleichbarer Sachverhalt" hilft weder die Gesetzesbegründung des § 8c KStG noch die Bezugnahme auf § 8 Abs. 4 KStG weiter. Dennoch kann die Auffassung nicht überzeugen, dass die Auslegungsschwierigkeiten, die im Zusammenhang mit der Bestimmung des „vergleichbaren Sachverhalts" entstehen, ein „Maß der Unbestimmtheit" erreichen, „das einen Verstoß gegen Verfassungsrecht indiziert"[420].

Wie dargestellt, lassen sich qualitative und quantitative Vergleichsmaßstäbe festlegen, an denen sich der „vergleichbare Sachverhalt" zu orientieren hat. Die quantitative Vergleichbarkeit sieht zwingend vor, dass die Schädlichkeitsgrenze von 25% überschritten ist. Eine qualitative Vergleichbarkeit kann entweder im

---

416 Vgl. oben 2. Teil, B. II. 2.

417 *Suchanek/Herbst,* FR 2007, 863 (866), sprechen davon, dass § 8c KStG „den Gedanken des § 8 Abs. 4 S. 1 KStG aufnehmen" soll.

418 Vgl. oben 2. Teil, C. I. 1. b).

419 Ebenso *B. Lang*, DStZ 2007, 652 (655); *Beußer*, DB 2007, 1549 (1551).

420 *Hans*, FR 2007, 774 (780); *Wiese*, DStR 2007, 741 (742), spricht von einer unzulässigen „Angstklausel".

Hinblick auf den Übertragungsgegenstand oder auf die Übertragungsart vorliegen. Dabei kommt es maßgeblich darauf an, dass im Rahmen eines vergleichbaren Sachverhalts der Erwerber die Möglichkeit erhält, auf die Verlustgesellschaft Einfluss zu nehmen. Da vor diesem Hintergrund eine Vielzahl von Fällen denkbar ist, die keinen Regelfall des § 8c Abs. 1 S. 1 oder S. 2 KStG, aber einen vergleichbaren Sachverhalt darstellen können, kann auch die Ansicht von *Zerwas/Fröhlich*[421] nicht überzeugen, der schädliche Beteiligungserwerb gemäß § 8c Abs. 1 S. 1 und S. 2 KStG sei so weitreichend und unbestimmt formuliert, dass daneben für einen vergleichbaren Sachverhalt keinen Raum bleibt.

Da die Auslegung des vergleichbaren Sachverhalts am Maßstab des § 8c Abs. 1 KStG erfolgt, verstößt die Norm nicht gegen das Bestimmtheitsgebot[422].

(2) Einzelfälle

Im Folgenden sollen Fälle dargestellt werden, die anhand der aufgestellten Maßstäbe als „vergleichbare Sachverhalte“ in Betracht kommen.

(a) Umwandlungsfälle

Zu untersuchen ist, ob auch Umwandlungsfälle vergleichbare Sachverhalte im Sinne des § 8c Abs. 1 S. 1 KStG darstellen. Eine Veränderung der Beteiligungsquote kommt insbesondere bei einer Verschmelzung auf eine Verlustgesellschaft oder bei einer Abspaltung, bei der auf eine Verlustgesellschaft Vermögen übertragen wird, in Betracht.

(aa) Abspaltung/Verschmelzung

Bei der Abspaltung gemäß § 123 Abs. 2 UmwG überträgt der übertragende Rechtsträger einen Teil seines Vermögens auf einen oder mehrere, schon bestehende oder neu gegründete Rechtsträger (übernehmender Rechtsträger, hier die Verlustgesellschaft), wobei den Anteilseignern des übertragenden Rechtsträgers Anteile an dem übernehmenden Rechtsträger kraft Gesetzes gewährt werden.

Beispiel: Die Y-GmbH, die hauptsächlich Computer herstellt, überträgt auf die Verlustgesellschaft X-GmbH ihren Softwarebereich. Die Gesellschafter der Y-GmbH erhalten im Gegenzug Gesellschaftsanteile an der X-GmbH.

---

421 *Zerwas/Fröhlich*, DStR 2007, 1933 (1935).

422 Ebenso *Suchanek* in H/H/R, Jahresband 2008, § 8c KStG Rn. J 07-17; *Olbing* in: Streck, KStG (7. Auflage), § 8c Rn. 40.

Bei der Verschmelzung durch Aufnahme handelt es sich gemäß § 2 Nr. 1 UmwG um eine Gestaltung, bei der ein übernehmender Rechtsträger (hier die Verlustgesellschaft) das Vermögen eines anderen Rechtsträgers (übertragender Rechtsträger) als Ganzes übernimmt. Der übertragende Rechtsträger geht im Zuge der Verschmelzung rechtlich unter. Im Gegenzug erhalten die Anteilseigner des übertragenden Rechtsträgers, deren Beteiligung erloschen ist, Anteile an dem übernehmenden Rechtsträger kraft Gesetzes[423]. Bei der Verschmelzung auf Kapitalgesellschaften ist regelmäßig gleichzeitig eine Kapitalerhöhung erforderlich, vgl. § 69 UmwG[424].

Beispiel: Die Y-GmbH überträgt ihr gesamtes Vermögen, d.h. sämtliche Aktiva und Passiva, auf die Verlustgesellschaft X-GmbH. Die Y-GmbH erlischt anschließend. Im Gegenzug erhalten die Gesellschafter der Y-GmbH Gesellschaftsanteile an der X-GmbH.

In diesen Umwandlungsfällen wird das gezeichnete Kapital der Verlustgesellschaft nicht rechtsgeschäftlich, sondern kraft Gesetzes übertragen[425]. Eine „Übertragung" des gezeichneten Kapitals im Sinne des § 8c Abs. 1 S. 1 und S. 2 KStG ist daher nicht gegeben[426]. Allerdings ist die Anteilsübertragung mit einem Anteilserwerb in Folge eines Umwandlungsfalles wirtschaftlich vergleichbar. Denn auch im Rahmen einer der genannten Umwandlungsfälle können neue Gesellschafter erheblichen Einfluss auf eine Verlustgesellschaft erlangen. Ob ein Gesellschafter Gesellschaftsanteile durch einen rechtsgeschäftlichen Erwerb erlangt oder im Rahmen einer Umwandlung kraft Gesetzes, kann keinen Unterschied machen. Sobald sich die Beteiligungsquote an der Verlustgesellschaft durch die Umwandlung um mehr als 25 Prozentpunkte verändert hat, liegt ein der Übertragung des gezeichneten Kapitals vergleichbarer Fall vor.

(bb) Einschränkende Auslegung bei einer Verkürzung von Beteiligungsketten

Fraglich ist, ob im Rahmen des § 8c Abs. 1 KStG auch die Verkürzung von Beteiligungsketten zu einem schädlichen Beteiligungserwerb führt.

Beispiel: An der Verlustgesellschaft X-GmbH ist die T-GmbH zu 100% beteiligt. Die Alleingesellschafterin der T-GmbH ist die M-GmbH, an der die G-GmbH wiederum zu 100% beteiligt ist. Die M-GmbH wird auf die G-GmbH verschmolzen.

---

423 *Marsch-Barner* in: Kallmeyer, UmwG, § 20 Rn. 29.

424 Aus diesem Grund wird eine Vielzahl von Umwandlungsfällen bereits unmittelbar von § 8c Abs. 1 S. 4 KStG erfasst; vgl. *Sistermann/Brinkmann*, BB 2008, 1928 (1930).

425 *Marsch-Barner* in: Kallmeyer, UmwG, § 20 Rn. 29.

426 Vgl. oben 2. Teil, C. II. 2. b) aa) (1).

Die up-stream Verschmelzung[427] der M-GmbH auf die G-GmbH stellt nach dem Wortlaut des § 8c Abs. 1 S. 2 KStG einen schädlichen Beteiligungserwerb auf mittelbarer Gesellschaftsebene mit der Folge dar, dass die Verluste der X-GmbH vollständig verloren gehen.

Fraglich ist, ob im Rahmen des § 8c KStG eine einschränkende Auslegung für solche Fälle geboten ist, in denen eine Beteiligungskette auf mittelbarer Stufe lediglich verkürzt wird.

Wie dargestellt, trifft die Finanzverwaltung[428] zunächst die Aussage, dass ein unmittelbarer Anteilserwerb auch schädlich ist, wenn er mittelbar zu keiner Änderung der Beteiligungsquote führt[429]. Daraus könnte man schließen, dass ein mittelbarer Anteilserwerb, der mittelbar nicht zu einer Änderung der Beteiligungsquote führt, nicht schädlich im Sinne des § 8c Abs. 1 KStG sein soll. Allerdings geht aus Rn. 11 Beispiel 2 des Verwaltungserlasses hervor, dass bei Verkürzungen von Beteiligungsquoten – also insbesondere im Fall einer up-stream oder down-stream Verschmelzung – keine Ausnahme gelten soll[430].

Grundsätzlich stellt die Anteilsübertragung kraft Gesetzes infolge einer Verschmelzung einen mit den Regelfällen des § 8c Abs. 1 KStG qualitativ vergleichbaren Sachverhalt dar[431]. Eine qualitative Vergleichbarkeit mit der Übertragungsart kann bei einer nicht rechtsgeschäftlichen Übertragung jedoch nur vorliegen, wenn neue Anteilseigner durch den Erwerbsvorgang die Möglichkeit erhalten, auf die Verlustgesellschaft Einfluss auszuüben[432]. Wird eine mittelbare Beteiligungskette durch eine Verschmelzung im Konzern lediglich verkürzt, erwerben[433] die Anteilsinhaber des übertragenden Rechtsträgers keine weitergehende Möglichkeit der Einflussnahme auf die Verlustgesellschaft[434]. Vielmehr

427 Nach der hier vertretenen Auffassung handelt es sich dabei um einen „vergleichbaren Sachverhalt"; *a.A.* die h.M., die in einer Verschmelzung eine „Übertragung" i.S.d. § 8c Abs. 1 KStG sehen, vgl. oben 2. Teil, C. II. 2. b) aa) (1) Fn. 335.

428 BMF v. 4.7.2008, IV C 7 – S 2745 – a/08/10001, DStR 2008, 1436 (1437, Rn. 11).

429 Eine Verkürzung der Beteiligungskette von einem mittelbaren in ein unmittelbares Beteiligungsverhältnis ist stets schädlich, vgl. oben 2. Teil, C. II. 2. b) bb) (2) (a); *a.A. Dieterlen/Winkler*, GmbHR 2007, 815 (816).

430 BMF v. 4.7.2008, IV C 7 – S 2745 – a/08/10001, DStR 2008, 1436 (1437, Rn. 11 Beispiel 2).

431 Vgl. oben 2. Teil, C. II. 2. b) dd) (2) (a) (aa).

432 Vgl. oben 2. Teil, C. II. 2. b) dd) (1) (a).

433 *Sistermann/Brinkmann*, BB 2008, 1928 (1932), meinen daher, dass die Verkürzung der Beteiligungskette schon nicht von dem Wortlaut des § 8c KStG erfasst ist. Dieses Ergebnis kommt nur in Betracht, wenn die Anteilsübertragung infolge einer Verschmelzung eine „Übertragung" i.S.d. Regelfälle des § 8c Abs. 1 S. 1 und S. 2 KStG darstellt.

434 *Meiisel/Bokeloh*, BB 2008, 808 (812); *Suchanek* in: H/H/R, Jahresband 2008, § 8c KStG Rn. J 07-12; etwas anderes muss bei einem Wechsel einer mittelbaren in eine unmittelbare Beteiligung gelten.

wird eine bestehende mittelbare Gesellschafterstellung lediglich verkürzt mit der Folge, dass ein mittelbarer Gesellschafter „weniger" mittelbar, aber nach wie vor mittelbar an der Verlustgesellschaft beteiligt ist. Die Einflussnahmemöglichkeit der Anteilseigner des übertragenden Rechtsträgers auf die Verlustgesellschaft verändert sich daher nicht. Eine Anteilsübertragung infolge einer konzerninternen Verschmelzung entspricht somit nicht dem Leitgedanken des § 8c KStG, die Verlustnutzung von Körperschaften zu beschränken, sobald neue Anteilseigner die Möglichkeit erwerben, Einfluss auf die Verlustkörperschaft auszuüben. Eine Verkürzung von mittelbaren Beteiligungsketten fehlt die qualitative Vergleichbarkeit mit den Regelfällen des § 8c Abs. 1 KStG und führt daher nicht zu einem schädlichen Beteiligungserwerb[435].

(b) Stimmrechtsvereinbarungen

Nach dem BMF-Schreiben können auch Stimmrechtsvereinbarungen, Stimmrechtsbindungen oder der Stimmrechtsverzicht einen vergleichbaren Sachverhalt im Sinne des § 8c Abs. 1 S. 1 oder S. 2 KStG darstellen[436].

Unter Stimmbindungsverträgen versteht man schuldrechtliche Vereinbarungen, durch die sich ein Gesellschafter verpflichtet, sein Stimmrecht nach Weisungen eines Mitgesellschafters oder eines Dritten auszuüben[437]. Solche Verträge sind nach h.M. grundsätzlich zulässig[438]. Bei einem Stimmrechtsverzicht verpflichtet sich ein Gesellschafter gegenüber seinen Mitgesellschaftern, sein Stimmrecht nicht auszuüben. Insbesondere im Aktienrecht spielt der Stimmrechtsverzicht eine entscheidende Rolle, um die Abhängigkeitsvermutung gemäß § 17 Abs. 2 AktG zu widerlegen. Dabei kann zum einen ein sog. Entherrschungsvertrag zwischen der Gesellschaft und dem Mehrheitsgesellschafter geschlossen werden. Der Mehrheitsgesellschafter verzichtet dabei für einen Zeitraum von mindestens fünf Jahren auf die Ausübung seiner Stimmrechte aus einem so großen Teil der Beteiligung, dass es ihm mit den verbleibenden Stimmrechten und seinen sonstigen Mitgliedschaftsrechten nicht mehr möglich ist, beherrschenden Einfluss auf die Gesell-

---

435 Im Ergebnis ebenso *Hans*, FR 2007, 775 (778); *Meiisel/Bokeloh*, BB 2008, 808 (812); *Brandis* in: Blümich, KStG, § 8c Rn. 47; *Sistermann/Brinkmann*, BB 2008, 1928 (1932); *dies.*, DStR 2008, 897 (899); *Suchanek* in: H/H/R, Jahresband 2008, § 8c KStG Rn. J 07-12; *ders.*, FR 2008, 904 (907); *Zerwas/Fröhlich*, DStR 2007, 1933 (1935); *a.A. van Lishaut*, FR 2008, 789 (795).

436 BMF v. 4.7.2008, IV C 7 – S 2745 – a/08/10001, DStR 2008, 1436 (1436, Rn. 7).

437 *Grunewald*, Gesellschaftsrecht, 1. A Rn. 74 ff.

438 Unstreitig gilt dies für Stimmbindungsverträge gegenüber Mitgesellschaftern oder Treugebern, vgl. *Wolff* in: Münchener Handbuch des Gesellschaftsrechts, Bd. 3, § 38 Rn. 84 f.

schaft zu nehmen[439]. Zum anderen kann ein Stimmrechtsverzicht vereinbart werden, der sich nicht auf alle Abstimmungen, sondern nur auf die Bestellung der Geschäftsführungsorgane erstreckt[440].

Fraglich ist, ob derartige Stimmrechtsvereinbarungen, durch die Stimmrechte nicht auf einen Erwerber „übertragen" werden, mit der Übertragungsart qualitativ vergleichbar sind. Eine solche Vergleichbarkeit kann nur angenommen werden, wenn jemand durch die Stimmrechtsvereinbarung gesellschafterähnlichen Einfluss auf die Verlustgesellschaft erhält[441]. Davon kann nicht gesprochen werden, wenn eine Vereinbarung nicht zu einer Stimmrechtsverschiebung, sondern lediglich zu einer Stimmrechtspoolung führt. Mit einer Stimmrechtsübertragung sind auch solche Sachverhalte nicht vergleichbar, durch die dem Berechtigten im Innenverhältnis keine selbständige Rechtsausübung gestattet wird, die nicht auf Dauer angelegt oder die jederzeit kündbar sind[442].

Zu einer gesellschafterähnlichen Einflussnahmemöglichkeit können hingegen der Stimmrechtsverzicht[443] und – in gewissem Umfang – Stimmbindungsverträge[444] führen. Im Rahmen eines Entherrschungsvertrages verpflichtet sich der Mehrheitsgesellschafter, über einen Zeitraum von mindestens fünf Jahren seine Stimmrechte nicht auszuüben. Hierdurch erlangen die übrigen Gesellschafter dauerhaft verstärkten Einfluss auf die Verlustgesellschaft. Im Rahmen von Stimmbindungsverträgen, in denen sich ein Gesellschafter verpflichtet, seine Stimmrechte entsprechend dem Willen eines Mitgesellschafters auszuüben, entsteht ebenfalls eine dauerhafte Verschiebung der Stimmrechtsquoten der Verlustgesellschaft. Dabei kann auf die Abgabe der Stimmabgabe gemäß der eingegangenen Bindung geklagt werden[445]. Ob der Anweisende das Stimmrecht selbst ausübt oder einen Gesellschafter anweist, ein Stimmrecht auf bestimmte Weise dauerhaft auszuüben, macht für die Einflussnahme auf die Gesellschaft keinen Unterschied. Verpflichtet sich ein Gesellschafter, auf die Stimmrechtsabgabe in gewissem Umfang zu verzichten, ändert sich die Einflussnahmemöglichkeit auf die Gesellschaft.

---

439 *Krieger* in: Münchener Handbuch des Gesellschaftsrechts, Bd. 4, § 68 Rn. 58.

440 *Krieger* in: Münchener Handbuch des Gesellschaftsrechts, Bd. 4, § 68 Rn. 58.

441 Vgl. oben 2. Teil, C. II. 2. b) dd) (1) (a).

442 Ebenso *van Lishaut*, FR 2008, 789 (792).

443 Vgl. *van Lishaut*, FR 2008, 789 (793); *Suchanek* in: H/H/R, Jahresband 2008, § 8c KStG Rn. J 01-17; *Meiisel/Bokeloh*, BB 2008, 808 (810); *Frotscher* in: Frotscher/Maas, KStG, § 8c Rn. 61.

444 Vgl. *Meiisel/Bokeloh*, BB 2008, 808 (810); *Frotscher* in: Frotscher/Maas, KStG, § 8c Rn. 61.

445 Die Ansicht von *Sistermann/Brinkmann*, BB 2008, 1928 (1930), dass Stimmbindungsverträge keine „gesicherte Rechtsposition" vermitteln, kann daher nicht überzeugen.

Beispiel: An der X-GmbH sind der A zu 70% und der B zu 30% beteiligt. In einem Stimmbindungsvertrag verpflichtet sich der A, sein Stimmrecht nach Weisung des B auszuüben.

Abwandlung: Der A verzichtet auf die Stimmrechtsausübung.

In beiden Fällen ist durch die Stimmrechtsvereinbarung die Rechtsstellung des B in der X-GmbH erheblich gestärkt. Zwar hält er nach wie vor 30% der Anteile an der X-GmbH, womit auch ein 30%iges Stimmrecht verbunden ist. Allerdings hat der B nun aufgrund des Stimmbindungsvertrages bzw. des Verzichts des A das alleinige Bestimmungsrecht über die X-GmbH.

Indem § 8c KStG die Verlustnutzung von Körperschaften allein davon abhängig macht, ob ein neuer Anteilseigner maßgeblich Einfluss auf die Körperschaft erhält, stellen Stimmrechtsvereinbarungen vergleichbare Sachverhalte im Sinne des § 8c Abs. 1 KStG dar, wenn der Dritte dadurch ein uneingeschränktes und dauerhaftes Bestimmungsrecht hinsichtlich der Stimmrechtsausübung erhält. Stimmbindungs- und Stimmrechtsverzichtsverträge sind qualitativ vergleichbar mit der Stimmrechtsübertragung, sobald sich durch die Stimmrechtsvereinbarung die Möglichkeit der Einflussnahme eines Gesellschafters auf die Gesellschaft dauerhaft um mehr als 25% verändert[446].

Überzeugender ist daher, den Anteilserwerb in Folge eines Erbfalls insgesamt aus dem Anwendungsbereich des § 8c KStG herauszunehmen[447].

(c) Genussrechte

Die Finanzverwaltung sieht im Erwerb von Genussscheinen im Sinne des § 8 Abs. 3 S. 2 KStG einen vergleichbaren Sachverhalt gemäß § 8c Abs. 1 S. 1 und S. 2 KStG[448]. Wie dargestellt, vermitteln Genussscheine eine Beteiligung am Gewinn und Liquidationserlös der Gesellschaft, gewähren aber keine Stimmrechte[449]. Ein solches Recht ist nicht mit der Übertragung von stimmrechtslosen Vorzugsaktien, die von den Regelfällen des § 8c Abs. 1 KStG erfasst sind[450], vergleichbar. Während bei der Übertragung von stimmrechtslosen Vorzugsaktien ein Stimmrecht jeden-

---

446 Im Ergebnis ebenso *Frotscher* in: Frotscher/Maas, KStG, § 8c Rn. 61; *Meiisel/Bokeloh*, BB 2008, 808 (810); *Brandis* in: Blümich, KStG, § 8c Rn. 55; *van Lishaut*, FR 2008, 789 (792 f.); *Olbing* in: Streck, KStG (7. Auflage), § 8c Rn. 42.

447 Ganz h.M., vgl. z.B. *Suchanek* in: H/H/R, Jahresband 2008, § 8c KStG Rn. J 07-16; *Benz/Rosenberg* in: Blumenberg/Benz, Die Unternehmensteuerreform 2008, S. 177; *Frotscher* in: Frotscher/Maas, KStG, § 8c Rn. 29; *Dötsch/Pung*, DB 2008, 1703 (1704); *Neyer*, BB 2007, 1415 (1415).

448 BMF v. 4.7.2008, IV C 7 – S 2745 – a/08/10001, DStR 2008, 1436 (1436, Rn. 7).

449 Vgl. oben 2. Teil, B. II. 1. a) aa) (2).

450 Vgl. oben 2. Teil, C. II. 2. a) cc) (2).

falls dann vermittelt wird, wenn die Vorzugsdividende ausfällt[451], vermittelt ein Genussschein nie Stimmrechte. Dem Inhaber eines Genussrechts ist es daher nicht möglich, maßgeblich Einfluss auf die Verlustgesellschaft auszuüben[452]. Der Erwerb von Genussscheinen im Sinne des § 8c Abs. 3 S. 2 KStG ist daher – genauso wie der Erwerb eines Bezugsrechts[453] – nicht vom Sinn und Zweck des § 8c KStG erfasst und kann nicht zu einem schädlichen Beteiligungserwerb führen[454].

(d) Kapitalherabsetzung

Während § 8c Abs. 1 S. 4 KStG ausdrücklich die Kapitalerhöhung der Anteilsübertragung gleichstellt, ist die Kapitalherabsetzung vom Wortlaut der Norm nicht ausdrücklich erfasst. Die Finanzverwaltung und der überwiegende Teil der Literatur erkennen die Kapitalherabsetzung aber zu Recht als einen vergleichbaren Sachverhalt an, wenn sich hierdurch bei der Verlustgesellschaft die Beteiligungsquoten verändern. Ein schädlicher Beteiligungserwerb im Sinne des § 8c Abs. 1 KStG ist daher gegeben, sobald durch eine quotenverändernde Kapitalherabsetzung die quantitativen Voraussetzungen der Regelfälle zugunsten eines Erwerbers oder eines Erwerberkreises erfüllt werden[455].

Das Gesetz lässt drei Formen der Kapitalherabsetzung zu. Im Aktienrecht ist die sog. ordentliche Kapitalherabsetzung in §§ 222 ff. AktG geregelt. Diese kann zum einen nach § 222 Abs. 4 S. 1 Nr. 1 AktG durch Herabsetzung der Aktiennennbeträge erfolgen, wodurch jedoch die Beteiligungsquoten bei der Aktiengesellschaft nicht betroffen werden, da der Nennbetrag aller Aktien gleichmäßig herabgesetzt wird[456]. Gemäß § 222 Abs. 4 S. 1 Nr. 2 AktG kann eine Kapitalherabsetzung auch durch Zusammenlegung der Aktien erfolgen. Mehrere Aktien

---

451 Vgl. oben 2. Teil, C. II. 2. a) cc) (2).

452 *Meiisel/Bokeloh*, BB 2008, 808 (810).

453 Entgegen der ursprünglichen Fassung, ist in dem BMF-Schreiben zu § 8c KStG das Bezugsrecht nicht mehr unter den „vergleichbaren Sachverhalten" aufgezählt, vgl. BMF v. 4.7.2008, IV C 7 – S 2745 – a/08/10001, DStR 2008, 1436 (1436, Rn. 7).

454 Vgl. *Dörr*, NWB Nr. 31 (2007), Fach 4, 5181 (5185); *B. Lang*, DStZ 2007, 652 (653); *Zerwas/Fröhlich*, DStR 2007, 1933; *Brandis* in: Blümich, KStG, § 8c Rn. 41; *Meiisel/Bokeloh*, BB 2008, 808 (810); *a.A. Sistermann/Brinkmann*, BB 2008, 1928 (1930); *Frotscher* in: Frotscher/Maas, KStG, § 8c Rn. 21, der beteiligungsähnliche Genussrechte unter die Beteiligungsrechte im Sinne des § 8c Abs. 1 S. 1 und S. 2 KStG subsumieren möchte.

455 Vgl. *Suchanek* in: H/H/R, Jahresband 2008, § 8c KStG Rn. J 07-17; *Dörr*, NWB Nr. 31 (2007), Fach 4, 5181 (5183); BMF v. 4.7.2008, IV C 7 – S 2745 – a/08/10001, DStR 2008, 1436 (1436, Rn. 7); *van Lishaut*, FR 2008, 789 (792); *Dötsch/Pung*, DB 2008, 1703 (1705); *a.A. Sistermann/Brinkmann*, BB 2008, 1928 (1930), die annehmen, dass für einen vergleichbaren Sachverhalt eine Übertragung erforderlich ist.

456 *Lutter* in: Kölner Kommentar zum Aktienrecht, §§ 179 – 240 AktG, § 222 Rn. 22.

werden dann zu einer geringeren Zahl vereinigt. Dadurch besteht die Gefahr, dass Kleinaktionäre aus der Gesellschaft gedrängt werden[457]. Eine ähnliche Gefahr besteht bei der zweiten Form der Kapitalherabsetzung, der vereinfachten Kapitalherabsetzung gemäß §§ 229 ff. AktG. Bei ihr finden grundsätzlich die Regelungen der ordentlichen Kapitalherabsetzung Anwendung, jedoch gelten hier nicht die Gläubigerschutzregeln des § 225 AktG. Schließlich sieht das Gesetz noch in §§ 237 ff. AktG die Kapitalherabsetzung durch Einziehung von Aktien vor. Dadurch soll die gezielte Beseitigung bestimmter Mitgliedschaften ermöglicht werden[458]. Hierdurch können sich die Beteiligungsquoten einer Gesellschaft maßgeblich – d.h. zu mehr als 25% – verändern. Damit stellt die Kapitalherabsetzung durch Einziehung von Aktien einen vergleichbaren Sachverhalt im Sinne des § 8c Abs. 1 KStG dar.

(e) Erwerb eigener Anteile

Die Finanzverwaltung sieht auch im Erwerb eigener Anteile einen mit den Regelfällen des § 8c Abs. 1 S. 1 und S. 2 KStG vergleichbaren Sachverhalt, soweit die quantitativen Voraussetzungen – also eine Veränderung der Beteiligungsquoten zu mehr als 25% bzw. 50% – gegeben sind[459].

Sofern der Erwerb eigener Anteile einer GmbH gemäß § 33 GmbHG oder einer AG gemäß §§ 71 ff. AktG gesellschaftsrechtlich zulässig ist, ist er mit den Regelfällen des § 8c Abs. 1 KStG auch qualitativ vergleichbar. Durch den Eigenerwerb der Anteile kann es zu einer Veränderung der Beteiligungsquoten an einer Verlustgesellschaft kommen, da gemäß § 8c Abs. 1 S. 1 bzw. S. 2 KStG ein schädlicher Beteiligungserwerb vorliegt, wenn mehr als 25% bzw. mehr als 50% des gezeichneten Kapitals, welches um den Nennbetrag der eigenen Anteile gekürzt wurde, übertragen werden[460]. Indem der Nennbetrag der eigenen Anteile kürzend wirkt, kann sich durch den Erwerb eigener Anteile die Möglichkeit der Einflussnahme der Gesellschafter zu mehr als 25 Prozentpunkten verändern[461]. Liegen diese quantitativen Voraussetzungen vor, ist auch der Erwerb eigener Anteile – mit der ganz h.M.[462] – mit einem Anteilserwerb gemäß § 8c Abs. 1 KStG vergleichbar.

---

457 *Lutter* in: Kölner Kommentar zum Aktienrecht, §§ 179-240 AktG, Vorb. vor § 222 Rn. 19.

458 *Lutter* in: Kölner Kommentar zum Aktienrecht, §§ 179-240 AktG, Vorb. vor § 222 Rn. 20.

459 BMF v. 4.7.2008, IV C 7 – S 2745 – a/08/10001, DStR 2008, 1436 (1436, Rn. 7).

460 Vgl. oben 2. Teil, C. II. 2. a) aa).

461 Vgl. Beispiel bei *Frotscher* in: Frotscher/Maas, KStG, § 8c Rn. 57.

462 Vgl. *Neyer*, BB 2007, 1415 (1416); *Suchanek* in: H/H/R, Jahresband 2008, § 8c KStG Rn. J 07-17; *Frotscher* in: Frotscher/Maas, KStG, § 8c Rn. 56 ff.; *Dötsch/ Pung*, DB 2008, 1703 (1705); *van Lishaut*, FR 2008, 789 (793); *a.A. Sistermann/ Brinkmann*, DStR 2008, 897 (900), wonach die Kapitalerhöhung keinen normierten

ee) *Fünfjahreszeitraum*

Gemäß § 8c Abs. 1 KStG werden alle Anteilserwerbe, die isoliert betrachtet unterhalb der Schädlichkeitsgrenzen des § 8c Abs. 1 S. 1 oder S. 2 KStG liegen, innerhalb eines Fünfjahreszeitraums zusammengerechnet. Dabei erfolgt die Prüfung des Fünfjahreszeitraums bei § 8c Abs. 1 S. 1 KStG unabhängig von Satz 2 der Vorschrift[463]. Ist die 25%-Grenze erstmalig überschritten, entfaltet dieser Anteilserwerb eine Sperrwirkung für eine weitergehende Anwendung des § 8c Abs. 1 S. 1 KStG. Mit jedem weiteren Anteilserwerb wird daher zum einen eine neue Fünfjahresfrist bezogen auf die 25%-Grenze in Gang gesetzt, zum anderen finden weitere Anteilserwerbe für die 50%-Grenze Berücksichtigung[464].

Nach Auffassung der Finanzverwaltung beginnt der Fünfjahreszeitraum mit dem ersten unmittelbaren oder mittelbaren Erwerb, wobei es unerheblich sein soll, ob zu diesem Zeitpunkt bereits ein Verlustvortrag oder ein laufender Verlust bei der Gesellschaft vorhanden ist[465].

Diese Auffassung ist in der Literatur teilweise auf Kritik gestoßen[466]. § 8c KStG gehe davon aus, eine Verlustnutzung nur durch die wirtschaftlich bei der Verlustentstehung engagierten Gesellschafter zuzulassen. Die Auffassung der Finanzverwaltung, dass der Fünfjahreszeitraum auch in einem Gewinnjahr beginnt, habe bei einem 49%igen Anteilserwerb in einem Gewinnjahr (2009) und einem 2%igen Anteilserwerb in einem Verlustjahr (2012) einen vollständigen Verlustuntergang im Jahr 2012 zur Folge, obwohl nach der Verlustentstehung keine erhebliche Veränderung des wirtschaftlichen Engagements eingetreten ist[467]. Aus diesem Grund könne der Fünfjahreszeitraum auch nur in einem Verlustjahr der Gesellschaft beginnen, da anderenfalls Verluste vernichtet würden, die auf das wirtschaftliche Engagement des neuen Anteilseigners zurückzuführen sind[468].

Diese Auffassung ist nicht überzeugend. Der Wortlaut des § 8c KStG lässt nicht erkennen, dass zu Beginn des Fünfjahreszeitraumes ein Verlust bei der Körperschaft bestehen muss. Nach dem eindeutigen Wortlaut der Norm gehen die Verluste

---

vergleichbaren Sachverhalt darstellt mit der Folge, dass sonstige Verschiebungen der Beteiligungsquoten nicht zu einem schädlichen Beteiligungserwerb führen.

463 *Neyer*, BB 2007, 1415 (1418).

464 Vgl. ausführlich unten 2. Teil, C. 3. b) aa).

465 BMF v. 4.7.2008, IV C 7 – S 2745 – a/08/10001, DStR 2008, 1436 (1437, Rn. 17).

466 Vgl. zu diesem Problem *Neyer*, BB 2007, 1415 (1419); *Dörr*, NWB Nr. 31 (2007), Fach 4, 5181 (5188); *Beußer*, DB 2007, 1549 (1551).

467 Vgl. *Neyer*, BB 2007, 1415 (1419).

468 Vgl. *Brandis* in: Blümich, KStG, § 8c Rn. 50; *Neyer*, BB 2007, 1415 (1419); „Zweifel" äußern dies bezüglich auch *Meiisel/Bokeloh*, BB 2008, 808 (815); *Neyer*, BB 2007, 1415 (1419).

einer Körperschaft vollständig verloren, sobald ein Anteilseigner innerhalb von fünf Jahren mehr als 50% der Gesellschaftsanteile erwirbt. Dabei werden auch solche Verluste vernichtet, die partiell während der Besitzzeit der neuen Gesellschafter entstanden sind[469]. Dem liegt der Gedanke zugrunde, dass ein Mehrheitsgesellschafter regelmäßig die Entscheidungsfindung einer Verlustgesellschaft beeinflussen kann und es so prinzipiell in der Hand hat, die Verwertung der Verluste zu steuern[470]. Diese Einflussnahmemöglichkeit besteht unabhängig davon, ob der erste Anteilserwerb in einem Gewinn- oder in einem Verlustjahr erfolgt.

Zudem sprechen Praktikabilitätserwägungen für die Auffassung der Finanzverwaltung. Wenn der Fünfjahreszeitraum nur in einem Verlustjahr beginnen könnte, müsste nach Verlustarten[471] differenziert werden. Dies hätte nicht nur ggfs. unterschiedliche Fünfjahreszeiträume zur Folge[472], sondern es beständen auch erhebliche Schwierigkeiten, wenn die Verlustgesellschaft nicht konstant Verluste erwirtschaftet (z.B. Jahr 1: Verlust, Jahr 2: Gewinn, Jahr 3: Verlust etc). Wie derartige Fälle gelöst werden, wenn für den Beginn des Fünfjahreszeitraums nicht auf den ersten Anteilserwerb abgestellt wird, lassen auch die Vertreter der Gegenauffassung ungeklärt.

Daher ist die Auffassung der Finanzverwaltung im Ergebnis überzeugender. Der Fünfjahreszeitraum beginnt mit dem ersten unmittelbaren oder mittelbaren Beteiligungserwerb an der Verlustgesellschaft[473].

ff) Ergebnis

Die Verlustnutzung einer Körperschaft ist gemäß § 8c Abs. 1 KStG – im Gegensatz zu § 8 Abs. 4 KStG – nur noch davon abhängig, ob mehr als 25% des gezeichneten Kapitals, der Beteiligungs-, Mitgliedschafts- oder Stimmrechte einer Körperschaft innerhalb von fünf Jahren auf einen Erwerber übertragen werden. Dabei kann ein schädlicher Beteiligungserwerb nicht nur bei jeder unmittelbaren oder mittelbaren – auch konzerninternen – Übertragung eintreten. Auch eine Kapitalerhöhung kann auf die Verlustnutzung einer Körperschaft Einfluss haben,

---

469 Vgl. Finanztableau, BT-Drs. 16/4841, S. 76 und unten 2. Teil, C. II. 3. c) aa).

470 Vgl. oben 2. Teil, I. 2.

471 Von § 8c Abs. 1 KStG sind Verluste gemäß §§ 10d, 15 Abs. 4, 15a, 15b, 2a EStG sowie der Zinsvortrag und gewerbesteuerliche Verluste erfasst, vgl. unten 2. Teil, C. 3. a) cc).

472 Vgl. *van Lishaut*, FR 2008, 789 (796).

473 Ebenso *van Lishaut*, FR 2008, 789 (796); *B. Lang*, DStZ 2008, 549 (555); *Scharfenburg*, SJ 2008, Heft 20, 19 (21); *Sistermann/Brinkmann*, BB 2008, 1928 (1933); *Dötsch/Pung*, DStR 2008, 1703 (1708); *Dörr*, NWB Nr. 33 (2008), Fach 4, 5339 (5346), der von einer „retrospektiven Betrachtungsweise“ spricht.

soweit sich dadurch die Beteiligungsverhältnisse bei der Körperschaft zu mehr als 25% verändern. Darüber hinaus hat der Gesetzgeber das Merkmal des „vergleichbaren Sachverhalts“ in den Tatbestand des § 8c Abs. 1 KStG aufgenommen, wodurch insbesondere solche Gestaltungen erfasst werden, die mit einer rechtsgeschäftlichen Übertragung vergleichbar sind. So können eine disquotale Kapitalherabsetzung, Anteilsübertragungen im Wege einer Umstrukturierung, Stimmrechtsvereinbarungen sowie der Erwerb eigener Anteile zu einem vergleichbaren Sachverhalt führen. Maßgeblich ist, ob sich innerhalb eines Fünfjahreszeitraums die Einflussnahmemöglichkeit der Anteilseigner auf die Verlustkörperschaft entscheidend verändert hat.

c) Erwerberkreis

Gemäß § 8c Abs. 1 S. 1 und S. 2 KStG kann ein schädlicher Beteiligungserwerb eintreten, wenn das gezeichnete Kapital oder die sonstigen Beteiligungsrechte an einer Körperschaft an einen Erwerber oder diesem nahe stehende Personen übertragen werden. Gemäß § 8c Abs. 1 S. 3 KStG wird der Erwerberkreis auf eine Gruppe von Erwerbern mit gleichgerichtetem Interesse ausgedehnt.

aa) Personenbezogene Betrachtungsweise

Im Rahmen des § 8 Abs. 4 KStG kam es nur darauf an, ob 50% der Gesellschaftsanteile übertragen werden. Unerheblich war dabei, auf wie viele Erwerber die Anteile übertragen werden und in welchem Verhältnis die Erwerber zueinander stehen. Von dieser übertragungsbezogenen Sichtweise hat der Gesetzgeber im Rahmen des neuen § 8c Abs. 1 KStG Abstand genommen und sich stattdessen für eine personenbezogene Betrachtungsweise entschieden[474]. Es kommt nur noch darauf an, ob ein Anteilserwerb „in einer Hand“ vorliegt. Nur wenn mehr als 25% des gezeichneten Kapitals oder der Mitgliedschafts-, Beteiligungs- oder Stimmrechte an einer Körperschaft an einen Erwerber (und/oder diesem nahe stehende Personen oder Erwerbergruppen) übertragen werden, kann es zu einem Verlustuntergang kommen. Unerheblich ist dabei, ob die Schädlichkeitsgrenze durch eine oder mehrere Übertragungen überschritten wird.

Beispiel 1: An der X-GmbH sind A und B zu jeweils 50% beteiligt. A überträgt 30% seiner Gesellschaftsanteile auf den C. Die Verluste der X-GmbH gehen zu 30% gemäß § 8c Abs. 1 S. 1 KStG unter.

---

474 *Hans*, FR 2007, 775 (777); *Zerwas/Fröhlich*, DStR 2007, 1933 (1934); *Neumann/Stimpel*, GmbHR 2007, 1194 (1197).

Beispiel 2: An der X-GmbH sind A und B zu jeweils 50% beteiligt. Beide Gesellschafter übertragen jeweils 20% ihrer Anteile auf den C. C erwirbt insgesamt 40% der Gesellschaftsanteile, so dass ein schädlicher Beteiligungserwerb im Sinne des § 8c Abs. 1 S. 1 KStG vorliegt. Die Verluste der X-GmbH gehen zu 40% unter.

bb) Nahe stehende Personen

Der Begriff des Nahestehens ist in § 8c KStG nicht definiert. Auch enthält die Gesetzesbegründung keine weiteren Erläuterungen dazu, was unter einer nahe stehenden Person zu verstehen ist.

Ein Teil der Literatur möchte im Rahmen des § 8c Abs. 1 KStG auf die gesetzliche Definition der nahe stehenden Person gemäß § 1 Abs. 2 AStG zurückgreifen[475]. § 1 Abs. 2 AStG enthält für den Begriff des Nahestehens im Sinne des Absatzes 1 der Vorschrift eine abschließende gesetzliche Definition, die bei einer gewissen Mindestbeteiligung bzw. einem eigenen Interesse[476] ein Nahestehen von Personen ohne Möglichkeit eines Gegenbeweises unterstellt[477].

Auf die Definition der nahe stehenden Person gemäß § 1 Abs. 2 AStG darf bei § 8c Abs. 1 KStG – nach überzeugender Ansicht[478] – nicht zurückgegriffen werden. Denn während der Gesetzgeber an anderer Stelle, beispielsweise in § 8a Abs. 2 S. 1 KStG n.F., ausdrücklich auf die Vorschrift des § 1 Abs. 2 AStG verweist, spricht § 8c Abs. 1 KStG ohne einen solchen Verweis von „nahe stehenden Personen". Verweist der Gesetzgeber an einer Stelle des Gesetzes ausdrücklich auf die Vorschrift des § 1 Abs. 2 AStG und bei § 8c Abs. 1 KStG nicht, darf die in § 1 Abs. 2 AStG enthaltene Definition nicht im Rahmen des § 8c Abs. 1 KStG angewendet werden.

Die Finanzverwaltung[479] und Teile der Literatur[480] wollen für die Bestimmung dieses Begriffes auf die Rechtsprechung des BFH zur verdeckten Gewinnausschüttung (vGA) zurückgreifen. Bei der vGA geht es darum, Vermögenszuwendungen der Gesellschaft an einen Gesellschafter, die durch das Gesellschaftsverhältnis veranlasst sind, zu erfassen. Dies ist dann der Fall, wenn die Zuwendung einem

---

475 *Neyer*, BB 2007, 1415 (1418); *Neumann*, GmbH-StB 2007, 249 (251); *Hans*, FR 2007, 775 (777); *Meiisel/Bokeloh*, BB 2007, 808 (812); *IDW*, IDW Fachnachrichten Nr. 5/2007, S. 204; *Klingebiel*, Steuer und Studium 2008, 276 (282).

476 Dass § 1 Abs. 2 AStG das eigene Interesse erfasst, ist in der Literatur auf Kritik gestoßen, vgl. *Wassermeyer* in: Flick/Wassermeyer/Baumhoff, AStG, § 1 Rn. 857.

477 *Wassermeyer* in: Flick/Wassermeyer/Baumhoff, AStG, § 1 Rn. 826.

478 *Korn*, KÖSDI Spezialseminar, Unternehmensteuerreform 2008, 63 (66); *Suchanek* in: H/H/R, Jahresband 2008, § 8c KStG Rn. J 07-15; *Lenz*, Ubg 2008, 24 (27).

479 BMF v. 4.7.2008, IV C 7 – S 2745 – a/08/10001, DStR 2008, 1436 (1438, Rn. 25).

480 *Korn*, KÖSDI Spezialseminar, Unternehmensteuerreform 2008, 63 (66); *Suchanek* in: H/H/R, Jahresband 2008, § 8c KStG Rn. J 07-15; *Strunk*, Stbg 2008, 192 (195).

Fremdvergleich nicht standhält, wenn also bei Anwendung der Sorgfalt eines ordentlichen und gewissenhaften Geschäftsleiters einem Nichtgesellschafter derselbe Vorteil nicht zugewendet worden wäre. Dabei steht die Zuwendung an einen Gesellschafter der Zuwendung an einen Dritten gleich, wenn sie durch das Gesellschaftsverhältnis veranlasst ist[481]. Stehen sich der Dritte und der Gesellschafter nahe, hat dies dafür Indizwirkung. Dazu hat der BFH mit Urteil vom 19.1.1994 festgestellt, dass der im Rahmen der vGA verwendete Begriff der nahe stehenden Person nicht mit dem des § 1 Abs. 2 AStG deckungsgleich ist[482]. Vielmehr komme es für die Annahme einer nahe stehenden Person bei der vGA darauf an, ob die jeweilige Beziehung – unabhängig davon, ob sie familienrechtlicher, schuldrechtlicher, gesellschaftsrechtlicher oder rein tatsächlicher Art ist – den Schluss zulässt, dass sie die Vorteilszuwendung der Gesellschaft an den nahe stehenden Dritten beeinflusst hat[483]. Auf eine Mindestbeteiligung, wie sie § 1 Abs. 2 AStG vorsieht, komme es hingegen bei der vGA nicht an. Unter nahe stehende Personen könnten z.B. persönliche Freundschaften, eheähnliche Lebensgemeinschaften oder Angehörige, die nicht von § 15 AO erfasst sind, fallen. Die Beweislast für das Näheverhältnis trage das Finanzamt.

Im Rahmen des § 8c Abs. 1 KStG kann ein uneingeschränkter Rückgriff auf die vGA-Rechtsprechung des BFH nicht überzeugen. Vielmehr muss der Begriff „nahe stehende Person" im Sinne des § 8c Abs. 1 KStG normspezifisch einschränkend ausgelegt werden[484]. Eine uneingeschränkte Übernahme der vGA-Rechtsprechung des BFH hätte zum einen zur Folge, dass § 8c Abs. 1 S. 3 KStG im Ergebnis überflüssig wäre. Wenn nämlich jede familiäre, schulrechtliche, gesellschaftsrechtliche oder rein tatsächliche Beziehung zwischen zwei Personen grundsätzlich für die Begründung eines Näheverhältnisses ausreicht, bliebe § 8c Abs. 1 S. 3 KStG ohne Anwendungsbereich[485]. Zum anderen verfolgen die Vorschriften zur vGA und § 8c KStG unterschiedliche Ziele. Im Rahmen der vGA kommt es entscheidend darauf an, ob die Vorteilszuwendung der Gesellschaft an einen Dritten durch das konkrete Näheverhältnis zwischen dem Dritten und dem Gesellschafter beeinflusst worden ist. Maßgeblich ist, ob eine Vorteilsgewährung an einen Dritten dem Gesellschafter zugerechnet werden kann. Im Rahmen des § 8c KStG geht es nicht um Vorteilsgewährungen[486]. Vielmehr geht es darum, ob ein – objektiv gewöhnlicher – Anteilserwerb eines Dritten dem „Haupterwerber"

481 *Schulte* in: Erle/Sauter, KStG, § 8 Rn. 152.
482 BFH v. 19.1.1994, I R 93/93, BStBl. II 1994, 725 (725).
483 *Janssen* in: Mössner/Seeger, KStG, § 8 Rn. 181.
484 Vgl. *Suchanek*, GmbHR 2008, 292 (295).
485 *Suchanek* in: H/H/R, Jahresband 2008, § 8c KStG Rn. J 07-15.
486 *Frotscher* in: Frotscher/Maas, KStG, § 8c Rn. 48; *Centrale für GmbH Dr. Otto Schmidt*, GmbHR 2008, 421 (425).

zugerechnet werden kann. Dadurch soll verhindert werden, dass die personenbezogene Betrachtungsweise, die § 8c Abs. 1 KStG zugrunde liegt, umgangen wird. Insoweit dient das Tatbestandsmerkmal „nahe stehende Person" der Missbrauchsvermeidung[487]. Ein derartiges missbrauchsvermeidendes Element muss restriktiv ausgelegt werden[488]. Würde jede Beziehung familiärer, schuldrechtlicher, gesellschaftsrechtlicher oder rein tatsächlicher Art für ein Näheverhältnis zwischen dem „Haupterwerber" und dem „Zweiterwerber" ausreichen, würde die im Rahmen des § 8c Abs. 1 KStG geltende personenbezogene Betrachtungsweise praktisch zugunsten einer übertragungsbezogenen Betrachtungsweise aufgegeben[489].

Aus diesem Grund kann ein Näheverhältnis im Sinne des § 8c Abs. 1 KStG nur dann angenommen werden, wenn ein Dritter die Anteile einer Verlustgesellschaft nur im Interesse des Haupterwerbers erwirbt. Denn nur wenn der Zweiterwerb ausschließlich im wirtschaftlichen Interesse eines Haupterwerbers erfolgt, kann von einer Umgehung der personenbezogenen Betrachtungsweise im Rahmen des § 8c Abs. 1 KStG gesprochen werden. Ob ein konkretes Näheverhältnis im Sinne des § 8c Abs. 1 KStG gegeben ist bzw. ob der Zweiterwerber nur im Interesse des Haupterwerbers die Anteile oder sonstigen Rechte der Körperschaft erworben hat, muss die Finanzverwaltung darlegen und beweisen[490]. Dabei bestehen grundsätzlich keine Vermutungsregelungen. Insbesondere deuten enge familiäre Verhältnisse des Zweit- und Haupterwerbers nicht darauf hin, dass im fremden Interesse gehandelt wurde. Eine solche Vermutung würde gegen den Schutz von Ehe und Familie nach Art. 6 GG verstoßen[491].

Für einen Anteilserwerb im wirtschaftlichen Interesse des Haupterwerbers kann sprechen, dass Gesellschaftsanteile von einem Dritten nur für Rechnung des Haupterwerbers oder zur Sicherung gehalten werden, oder wenn dem Haupterwerber an den Gesellschaftsanteilen ein Nießbrauch eingeräumt wurde[492]. Denn in diesen Fällen soll der wirtschaftliche Vorteil des Anteilserwerbs im

---

487 Zwar dient das Tatbestandsmerkmal „nahe stehende Person" der Missbrauchsvermeidung, jedoch ändert dies nichts daran, dass § 8c KStG insgesamt nicht die Missbrauchsvermeidung bezweckt. Vielmehr stellt § 8c KStG eine reine Verlustnutzungsbeschränkung dar, die das Unternehmensteuerreformgesetz 2008 mit finanzieren soll, vgl. *Roser*, DStR 2008, 1561 (1562).

488 So *Frotscher* in: Frotscher/Maas, KStG, § 8c Rn. 48; *Roser*, DStR 2008, 1561 (1563), der jedoch offen lässt, wie eine derartige Einschränkung erfolgen soll.

489 So auch *Suchanek*, GmbHR 2008, 292 (295).

490 *Frotscher* in: Frotscher/Maas, KStG, § 8c Rn. 52.

491 Nach der Rechtsprechung des BVerfG zu Betriebsaufspaltungen reichen familiäre Verhältnisse nicht zur Annahme gleichgerichteter Interessen aus, vgl. BVerfG v. 12.3.1985, 1 BvR 571/81, 1 BvR 494/82, 1 BvR 47/83, BStBl. II 1985, 475 ff.

492 Vgl. die Zurechnung von Stimmrechten im Rahmen eines Übernahmeangebots gemäß § 30 WpÜG.

Ergebnis dem Haupterwerber zukommen, so dass eine Erwerbszurechnung gerechtfertigt ist. Auch kann von einer missbräuchlichen Gestaltung gesprochen werden, wenn der Haupterwerber eine Option auf den Erwerb von Anteilen besitzt, diese aber nicht selber ausübt, sondern eine ihm bekannte Person die Anteile erwerben lässt. Schließlich kann ein Näheverhältnis im Sinne des § 8c Abs. 1 KStG angenommen werden, wenn zwischen Haupt- und Zweiterwerber eine enge gesellschaftsrechtliche Verbundenheit besteht. Eine gesellschaftsrechtliche Verbundenheit liegt bei einer beherrschenden Stellung (Beteiligung von mehr als 50%) des Haupterwerbers über den „Zweiterwerber" (Kapitalgesellschaft) vor. Hält eine natürliche oder juristische Person die Mehrheitsbeteiligung einer Kapitalgesellschaft, kann sie diese Gesellschaft beherrschen und anweisen[493]. Bei einem Anteilserwerb durch den Zweiterwerber besteht daher die Vermutung, dass dieser Erwerb im Interesse des Hauptbeteiligten erfolgte. Diese Vermutung muss der Haupterwerber allerdings widerlegen können.

Alle übrigen – insbesondere familiäre, tatsächliche oder schuldrechtliche – Beziehungen zwischen dem Haupt- und Zweiterwerber lassen hingegen nicht ein Näheverhältnis gemäß § 8c Abs. 1 S. 1 und S. 2 KStG vermuten.

cc) Erwerbergruppe mit gleichgerichteten Interessen, § 8c Abs. 1 S. 3 KStG

Auf Drängen von Nordrhein-Westfalen ist § 8c Abs. 1 KStG im Finanzausschuss um einen Satz erweitert worden. Neben dem Erwerber und diesem nahe stehenden Personen zählen nach Satz 3 der Vorschrift auch Erwerbergruppen mit gleichgerichteten Interessen zum Erwerberkreis des § 8c Abs. 1 KStG. Für die Bildung einer Gruppe sind mindestens zwei Personen erforderlich[494]. Durch die Aufnahme des § 8c Abs. 1 S. 3 KStG wird das Konzept der personenbezogenen Betrachtungsweise relativiert und zugunsten einer anteilsbezogenen Betrachtungsweise, wie sie im Rahmen des § 8 Abs. 4 KStG gilt, abgeschwächt.

Nach der Begründung des Finanzausschusses des Bundestages ist § 8c Abs. 1 S. 3 KStG eingeführt worden, um Gestaltungen zu vermeiden, in denen z.B. vier einander nicht nahe stehende Erwerber zu gleichen Anteilen von je 25% strukturiert eine Verlustgesellschaft erwerben, um eine Anwendung des § 8c Abs. 1 KStG zu vermeiden (sog. Erwerberquartett)[495]. Indiz für ein gleichgerichtetes Interesse stelle beispielsweise die gemeinsame Beherrschung einer Kapitalgesellschaft

---

493 Ebenso *Frotscher* in: Frotscher/Maas, KStG, § 8c Rn. 53; eine Beteiligung von 25% reicht für die Beurteilung einer nahe stehenden Person – mangels ausdrücklichen Verweises auf § 1 Abs. 2 AStG – nicht aus.

494 Vgl. auch § 705 BGB, wonach zwei Personen eine GbR gründen können.

495 BT-Drs. 16/5491, S. 22.

durch die Erwerber dar[496]. Nach der Auffassung der Finanzverwaltung reicht zusätzlich regelmäßig jede Abstimmung zwischen den Erwerbern, auch ohne Vertrag, für die Annahme einer Erwerbergruppe mit gleichgerichteten Interessen im Sinne des § 8c Abs. 1 S. 3 KStG aus. Wie diese Abstimmung ausgestaltet sein muss, lässt die Finanzverwaltung offen. Ein gemeinsamer Zweck im Sinne des § 705 BGB sei für die Annahme eines gleichgerichteten Interesses ausreichend, nicht jedoch erforderlich. Insbesondere müssten sich die gleichgerichteten Interessen nicht auf den Erhalt des Verlustvortrages der Gesellschaft richten; ausreichend sei ein Zusammenwirken mehrerer Erwerber mit einheitlicher Willensbildung[497].

Dass ein gleichgerichtetes Interesse im Sinne des § 8c Abs. 1 S. 3 KStG nicht jedes Interesse kultureller, finanzieller, rechtlicher oder familiärer Art sein kann, ergibt sich schon daraus, dass auch § 8c Abs. 1 S. 3 KStG der Missbrauchsvermeidung dient und insbesondere den Anteilserwerb durch Erwerberquartette verhindern soll[498]. Würde jede Beziehung zwischen verschiedenen Erwerbern ausreichen, käme § 8c Abs. 1 S. 3 KStG kein Ausnahmecharakter zu, sondern würde dazu führen, dass im Rahmen des § 8c Abs. 1 KStG eine übertragungsbezogene Betrachtungsweise Geltung hätte[499].

Aus diesem Grund kann auch die Auffassung der Finanzverwaltung nicht überzeugen, dass ein gleichgerichtetes Interesse zwischen mehreren Erwerbern vorliegt, wenn eine Abstimmung zwischen ihnen stattgefunden hat. Da die Finanzverwaltung nicht näher erläutert, was unter einer Abstimmung verstanden wird, könnten hierunter sogar Beschlüsse der Aufsichts- oder Beiräte fallen. Jede Absprache mehrerer Gesellschafter – die beispielweise bei Unternehmenssanierungen nicht nur üblich, sondern auch notwendig sind – könnte zu einem Verlustuntergang führen[500]. Auch würden Verschmelzungen, bei denen eine Gesellschaft auf eine Verlustgesellschaft verschmolzen wird, wegen des Erfordernisses eines Verschmelzungsbeschlusses gemäß § 13 Abs. 1 S. 1 UmwG stets zu einem Untergang der vorhandenen Verluste der Verlustgesellschaft führen[501]. Eine

496 BT-Drs. 16/5491, S. 22.

497 BMF v. 4.7.2008, IV C 7 – S 2745 – a/08/10001, DStR 2008, 1436 (1438, Rn. 27).

498 Vgl. *Roser*, DStR 2008, 1561 (1562); *Klingebiel*, Steuer und Studium 2008, 276 (282); *Sistermann/Brinkmann*, DStR 2008, 897 (900); *van Lishaut*, FR 2008, 789 (799), wobei einstimmig zutreffend darauf hingewiesen wird, dass § 8c KStG insgesamt nicht als typisierende spezialgesetzliche Missbrauchsvorschrift einzuordnen ist; vgl. oben 2. Teil, C. I. 1. b).

499 Vgl. *van Lishaut*, FR 2008, 789 (799).

500 Vgl. *Dötsch/Pung*, DB 2008, 1703 (1708); *Meiisel/Bokeloh*, BB 2008, 808 (813).

501 Die Gesellschafter der Gewinngesellschaft müssen im Rahmen des Verschmelzungsbeschlusses gemeinsam abstimmen. Wäre § 8c Abs. 1 S. 3 KStG anwendbar, wären sie stets als Erwerber mit gleichgerichteten Interessen zu behandeln.

solche weite Auslegung des § 8c Abs. 1 S. 3 KStG kann durch den Gesetzgeber nicht gewollt sein[502].

Aber auch der Verweis der Finanzverwaltung auf die Steuerrichtlinie[503] und auf den dort näher bestimmten Begriff des „beherrschenden Gesellschafters" kann nicht uneingeschränkt überzeugen. Allein die Möglichkeit mehrerer Erwerber, beherrschenden Einfluss auf die Körperschaft auszuüben, führt nicht zu einem gleichgerichteten Interesse. Würde man allein auf die Möglichkeit des Beherrschens abstellen, wäre § 8c Abs. 1 S. 3 KStG stets einschlägig, wenn die Summe der Erwerbe die Quote von 50% überschreitet, selbst wenn die Gesellschafter an den vorhanden Verlusten der Gesellschaft kein Interesse haben[504]. Aber auch eine tatsächliche Beherrschung der Erwerber über die Verlustgesellschaft allein führt nicht ohne weitere objektive Umstände zu einem gleichgerichteten Interesse[505]. Zum einen können Begrifflichkeiten aus der vGA – wie dargestellt – wegen der unterschiedlichen Zielsetzungen nicht ohne weiteres auf § 8c Abs. 1 KStG übertragen werden[506], zum anderen hat der BFH zu § 17 EStG geurteilt, dass das Handeln eines Gesellschafters im Einvernehmen mit den übrigen Gesellschaftern nicht allein ausreicht, um ein missbräuchliches Verhalten zu begründen[507]. Vielmehr sind weitere objektive Umstände erforderlich, um von einem gleichgerichteten Interesse zu sprechen[508].

Ein gleichgerichtetes Interesse kann nur angenommen werden, wenn ein Erwerber freiwillig und ohne Zwang Gesellschaftsanteile einer Körperschaft erwirbt. Von einem „Interesse" kann nämlich schon dem Wortsinn nach keine Rede sein, wenn Anteils- oder Stimmrechtserwerber sich zufällig oder erzwungen koordinieren, beispielweise im Rahmen eines Poolvertrages[509]. Ein gezielt auf den Verlustvortrag der Körperschaft gerichtetes Handeln, welches gerade durch § 8c Abs. 1 S. 3 KStG – als ebenfalls missbrauchsvermeidende Vorschrift – verhindert werden soll, kann in einem solchen Fall nicht angenommen werden.

Dem Wortlaut nach erfordert ein „gleichgerichtetes" Interesse des Weiteren, dass die Erwerber nicht aus verschiedenen Beweggründen handeln, sondern dass

502 *A.A.* für die Unternehmenssanierung *Frotscher* in: Frotscher/Maas, KStG, § 8c Rn. 89.

503 H 36 KStH 2006 („beherrschender Gesellschafter – gleichgerichtetes Interesse").

504 Vgl. *Dörr*, NWB Nr. 31 (2007), Fach 4, 5181 (5187); *Neyer*, BB 2007, 1415 (1417); *Hans*, FR 2007, 775 (779).

505 Vgl. *Roser*, DStR 2008, 1561 (1566); *Sistermann/Brinkmann*, DStR 2008, 897 (900).

506 Vgl. *Centrale für GmbH Dr. Otto Schmidt*, GmbHR 2008, 421 (425).

507 Vgl. BFH v. 18.7.2001, I R 48/97, DStR 2001, 1883 (1884).

508 Vgl. *Lenz*, Ubg 2008, 24 (27); *Centrale für GmbH Dr. Otto Schmidt*, GmbHR 2008, 421 (425).

509 Vgl. *Roser*, DStR 2008, 1561 (1566); *a.A. Frotscher* in: Frotscher/Maas, KStG, § 8c Rn. 87.

sie dasselbe wirtschaftliche Interesse mit dem Erwerb der Anteile oder Stimmrechte der Verlustgesellschaft verfolgen. Nicht anders kann auch die Begründung des Finanzausschusses des Bundestages verstanden werden, wonach der Fall verhindert werden soll, in dem die Erwerber „strukturiert" eine Verlustgesellschaft erwerben, um § 8c Abs. 1 KStG zu umgehen. Von einem strukturierten Erwerb einer Verlustgesellschaft kann regelmäßig nur die Rede sein, wenn zu der gemeinschaftlichen Beherrschung der Verlustgesellschaft durch die Erwerber weitere Umstände hinzutreten, die den Schluss zulassen, dass der Anteilserwerb die Nutzung der vorhandenen Verluste der erworbenen Gesellschaft bezweckt[510]. Dabei begegnet die Auffassung der Finanzverwaltung, wonach das gleichgerichtete Interesse sich nicht auf den Erhalt des Verlustvortrages einer Körperschaft richten müsse, erheblichen Bedenken[511]. Denn § 8c KStG stellt allein eine die Verlustnutzung von Körperschaften einschränkende Vorschrift dar. Ein gleichgerichtetes Interesse im Sinne des § 8c Abs. 1 S. 3 KStG kann daher nur darin bestehen, Gesellschaftsanteile zu erwerben, um sich die vorhandenen Verluste steuerlich zu Nutze zu machen.

Die Beweislast für das Vorliegen einer Beherrschung durch mehrere Erwerber und die das gleichgerichtete Interesse begründenden zusätzlichen Umstände trägt die Finanzverwaltung[512]. Dabei spricht allein das Vorliegen eines Verlustvortrages nicht für ein gleichgerichtetes Interesse verschiedener Erwerber. Denn von einem gleichgerichteten Handeln kann nicht gesprochen werden, wenn kein einheitliches Konzept den Anteilserwerben zugrunde liegt. Die Finanzverwaltung muss vielmehr – anhand objektiver Umstände – darlegen und beweisen, dass mehrere Erwerber strukturiert sich die vorhandenen Verlustvorträge steuerlich zu Nutze machen, um auf diese Weise den Wert ihrer Anteile zu steigern und so eine Ausschüttung zu beschleunigen[513].

---

510 Z.B. bei einem typischen Quartettserwerb, bei dem vier Erwerber zum gleichen Zeitpunkt jeweils 25% der Gesellschaftsanteile einer Verlustgesellschaft erwerben. Bei einem derartigen strukturierten Anteilserwerb spricht eine Vermutung dafür, dass die Erwerber § 8c Abs. 1 S. 2 KStG umgehen und sich die vorhandenen Verluste steuerlich zu Nutze machen wollen.

511 Vgl. *Dötsch/Pung*, DB 2008, 1703 (1708); *Sistermann/Brinkmann*, DStR 2008, 897 (900); *Centrale für GmbH Dr. Otto Schmidt*, GmbHR 2008, 421 (425).

512 Dies ergibt sich aus den allgemeinen Beweislastregelungen, vgl. *Roser*, DStR 2008, 1561 (1566); *Dörr*, NWB Nr. 31 (2007), Fach 4, 5181 (5187).

513 *Dötsch/Pung*, DB 2008, 1703 (1708), nennen als Beispiel die gemeinsam beschlossene Gewinnverlagerung in eine Verlustgesellschaft.

3. Rechtsfolge

§ 8c KStG führt zu einer zweistufigen Verlustnutzungsbeschränkung. § 8c Abs. 1 S. 1 KStG sieht auf einer ersten Stufe einen quotalen Untergang der nicht genutzten Verluste vor, wenn mehr als 25% und bis zu 50% der Anteile oder sonstigen Rechte einer Körperschaft übertragen werden. Unabhängig von § 8c Abs. 1 S. 1 KStG kommt es gemäß Satz 2 der Vorschrift im Falle eines schädlichen Beteiligungserwerb von mehr als 50% innerhalb eines Fünfjahreszeitraums zum vollständigen Untergang des Verlustabzuges.

a) Nicht genutzte Verluste

§ 8c Abs. 1 KStG spricht vom Untergang der nicht genutzten Verluste. Gemäß § 8c Abs. 1 S. 1 KStG sind davon die bis zum schädlichen Beteiligungserwerb nicht ausgeglichenen und abgezogenen negativen Einkünfte erfasst. Maßgeblich ist dabei der Zeitpunkt, in dem das wirtschaftliche Eigentum des gezeichneten Kapitals oder der sonstigen Beteiligungsrechte übergeht[514].

aa) Laufende und nicht genutzte Verluste

Gemäß § 8c Abs. 1 KStG entfällt zum einen der laufende Verlust bis zum schädlichen Beteiligungserwerb (sog. Verlustausgleichsverbot)[515]. Zum anderen fällt unter die „nicht genutzten Verluste" auch der Verlustabzug. Zwar verweist § 8c Abs. 1 KStG nicht ausdrücklich auf § 10d EStG. Allerdings wird der Begriff „negative Einkünfte" auch im Rahmen des § 10d EStG verwendet. Gemäß 10d Abs. 4 EStG ist also die Verlustabzugsbeschränkung nach § 8c Abs. 1 KStG bereits im Rahmen der Verlustfeststellung und nicht erst im Verlustabzugsjahr zu prüfen[516].

Weitgehend unstreitig ist, dass Verluste, die vor dem Zeitpunkt des schädlichen Beteiligungserwerbs entstehen, insoweit von § 8c Abs. 1 KStG betroffen sind,

---

514 *Dötsch* in: Dötsch/Jost/Pung/Witt, KStG, § 8c Rn. 10; *Suchanek/Herbst*, FR 2007, 866; *Neyer*, BB 2007, 1415 (1417); auch die Finanzverwaltung stellt auf diesen Zeitpunkt ab, BMF v. 4.7.2008, IV C 7 – S 2745 – a/08/10001, DStR 2008, 1436 (1437, Rn. 13).

515 Vgl. BT-Drs. 16/4841, S. 76.

516 Dies ergibt sich aus der Rechtsprechung des BFH, wonach die in der Verlustfeststellung enthaltenen Beträge durch ihre steuerliche Abzugsfähigkeit (sog. „Wertigkeit") nach Maßgabe der im Feststellungszeitpunkt geltenden Rechtslage qualifiziert werden, vgl. z.B. BFH v. 22.10.2003, I R 18/02, BStBl. II 2004, 468 (470); so auch *Neumann*, GmbH-StB 2007, 249 (251).

als sie nicht im Wege des Verlustvortrages in die folgenden Veranlagungszeiträume vorgetragen werden dürfen[517].

Problematisch ist die Behandlung des Verlustrücktrages im Rahmen des § 8c Abs. 1 KStG. Die Finanzverwaltung ist der Auffassung, dass Verluste, die bis zum Zeitpunkt des schädlichen Beteiligungserwerbs entstanden sind, nicht in vorangegangene Veranlagungszeiträume zurückgetragen werden dürfen[518]. Verluste, die nach dem schädlichen Beteiligungserwerb entstehen, sind mit danach entstehenden Gewinnen also ausgleichsfähig[519]. Auch können solche Verluste in Veranlagungszeiträume vor dem schädlichen Beteiligungserwerb zurückgetragen werden. Denn von § 8c Abs. 1 KStG sind nur solche Verluste betroffen, die bis zum schädlichen Beteiligungserwerb entstanden sind[520]. Ob mit der Finanzverwaltung hingegen angenommen werden kann, dass Verluste, die bis zum Zeitpunkt des schädlichen Beteiligungserwerbs entstanden sind, nicht in vorangegangene Veranlagungszeiträume zurückgetragen werden dürfen[521], ist zweifelhaft.

Dagegen spricht der Wortlaut des § 8c Abs. 1 S. 1 KStG. Denn danach sollen „die bis zum schädlichen Beteiligungserwerb nicht ausgeglichenen oder abgezogenen negativen Einkünfte nicht mehr abziehbar“ sein. Gemäß § 10d Abs. 4 EStG ist der am Schluss eines Veranlagungszeitraums verbleibende Verlustvortrag gesondert festzustellen. Ein etwaiger Verlustrücktrag ist in diesem nicht genutzten Verlust nicht mehr enthalten, sondern ist gemäß § 10d Abs. 1 S. 2 EStG bereits vor dem schädlichen Beteiligungserwerb steuerlich genutzt worden[522]. Unabhängig davon, ob der Steuerpflichtige zeitlich erst nach dem schädlichen Beteiligungserwerb den Verlustrücktrag verfahrensrechtlich geltend macht, kann der

---

517 Vgl. BMF v. 4.7.2008, IV C 7 – S 2745 – a/08/10001, DStR 2008, 1436 (1438, Rn. 30); *B. Lang* in: Ernst&Young, KStG, § 8c Rn. 69; *Dötsch* in: Dötsch/Jost/Pung/Witt, KStG, § 8c Rn. 27.

518 BMF v. 4.7.2008, IV C 7 – S 2745 – a/08/10001, DStR 2008, 1436 (1438, Rn. 30).

519 *Meiisel/Bokeloh*, BB 2008, 808 (814).

520 Vgl. *Meiisel/Bokeloh*, BB 2008, 808 (814); *Frotscher* in: Frotscher/Maas, KStG, § 8c Rn. 80; *B. Lang* in: Ernst&Young, KStG, § 8c Rn. 72; *Avella/Ziegler*, SteuerConsultant 10/2008, 24 (28); entgegen *Kußmaul/Richter/Tcherveniachki*, GmbHR 2008, 1009 (1010), ist dem Verwaltungserlass nicht zu entnehmen, dass die Finanzverwaltung hierzu eine andere Ansicht vertritt. Zwar nennt die Finanzverwaltung in Rn. 2 des Erlasses ausdrücklich den Verlustrücktrag. Dass damit aber der Rücktrag für solche Verluste versagt werden soll, die *nach* dem schädlichen Beteiligungserwerb entstanden sind, kann dem Erlass nicht entnommen werden. Vielmehr nimmt die Finanzverwaltung in Rn. 30 ausdrücklich auf solche Verluste Bezug, die bis zum schädlichen Beteiligungserwerb entstanden sind, vgl. BMF v. 4.7.2008, IV C 7 – S 2745 – a/08/10001, DStR 2008, 1436 (1438, Rn. 30).

521 BMF v. 4.7.2008, IV C 7 – S 2745 – a/08/10001, DStR 2008, 1436 (1438, Rn. 30); zustimmend *Kußmaul/Richter/Tcherveniachki*, GmbHR 2008, 1009 (1010).

522 Vgl. *Lambrecht* in: Kirchhof, EStG, § 10d Rn. 35 f.

Wirkung nach von „nicht ausgeglichenen oder abgezogenen negativen Einkünften" keine Rede sein[523]. Die Auffassung der Finanzverwaltung, dass Verluste, die bis zum schädlichen Beteiligungserwerb entstanden sind, nicht in vorangegangene Veranlagungszeiträume zurückgetragen werden dürfen, ist daher abzulehnen[524].

bb) Unterjähriger Beteiligungserwerb

Dadurch, dass das Gesetz nunmehr ausschließlich auf das persönliche Substrat der Gesellschaft abstellt und der Gesetzgeber auf eine sachliche Komponente verzichtet hat, haben sich zahlreiche Probleme im Zusammenhang mit der Behandlung von Verlusten, die zwischen der Anteilsübertragung und der schädlichen Betriebsvermögenszuführung entstanden[525], erledigt. Das Problem des unterjährigen Anteilseignerwechsels besteht hingegen auch im Rahmen des § 8c Abs. 1 KStG.

Nach der Gesetzesbegründung des § 8c Abs. 1 KStG unterliegen sowohl der Verlustvortrag als auch der laufende Verlust im Veranlagungszeitraum bis zur schädlichen Anteilsübertragung der Abzugsbeschränkung[526]. Verluste sollen nicht mehr abziehbar sein, wenn diese bis zum Zeitpunkt des schädlichen Beteiligungserwerbs nicht ausgeglichen wurden. Dabei macht der Gesetzgeber in der Gesetzesbegründung anhand eines Beispiels deutlich, dass diese Ausgleichsbeschränkung unterjährig wirken soll[527]. Erfolgt der schädliche Beteiligungserwerb unterjährig, müssen die bis zum schädlichen Beteiligungserwerb entstanden Verluste bestimmt werden. Verluste, die nach diesem Zeitpunkt entstanden sind, bleiben ausgleichs- und abzugsfähig, solange danach nicht erneut ein schädlicher Beteiligungserwerb erfolgt[528].

---

523 Ebenso *Roser*, DStR 2008, 1561 (1564); *Dötsch/Pung*, DB 2008, 1703 (1709).

524 Ebenso *Roser*, DStR 2008, 1561 (1564); *Dötsch* in: Dötsch/Jost/Pung/Witt, KStG, § 8c Rn. 5; *Olbing* in: Streck, KStG (7. Auflage), § 8c Rn. 65; *Suchanek*, FR 2008, 904 (909); *B. Lang*, DStZ 2008, 549 (550).

525 Im Rahmen des § 8 Abs. 4 S. 4 KStG ist insbesondere strittig, ob – wie es der Wortlaut der Vorschrift vorsieht – auf die Anteilsübertragung oder – wie die Finanzverwaltung meint – auf den Verlust der wirtschaftlichen Identität einer Gesellschaft für die Bestimmung des Zeitpunktes abzustellen ist, in dem die Verlustnutzung entfällt; vgl. zum Streitstand 2. Teil, B. II. 1. d).

526 BT-Drs. 16/4841, S. 76.

527 Vgl. BT-Drs. 16/4841, S. 76, Beispiel (Spalte „Jahr 02" unter „Verlustausgleichsverbot § 8c S. 1"); zustimmend *Hans*, FR 2007, 775 (778); *B. Lang*, DStZ 2007, 652 (653); *Neyer*, BB 2007, 1415 (1419); *Suchanek*, GmbHR 2008, 292 (296); auch die Finanzverwaltung ist dieser Auffassung, vgl. BMF v. 4.7.2008, IV C 7 – S 2745 – a/08/10001, DStR 2008, 1436 (1438, Rn. 31 f.).

528 Vgl. *Dörr*, NWB Nr. 31 (2007), Fach 4, 5181 (5189 f.).

Dass die Anteilsübertragung unterjährig wirken soll, ist in der Literatur zum Teil auf Kritik gestoßen[529]. Die Körperschaftsteuer sei eine Jahressteuer, für deren Besteuerungsgrundlage gemäß § 7 Abs. 3 KStG das Kalenderjahr maßgeblich sei. Eine unterjährige Einkommensermittlung sehe das Gesetz nicht vor[530]. Dies habe bereits das FG Berlin mit Urteil vom 24.8.2006 im Zusammenhang mit vortragsfähigen Gewerbeverlusten entschieden[531]. Auch könne die zeitliche Aufteilung der Verluste nach der Dauer der Beteiligung eines ausscheidenden Gesellschafters nicht auf das Gesetz gestützt werden. Aus diesem Grunde müssten laufende Verluste des betreffenden Jahres abziehbar und vortragsfähig sein, wenn ein unterjähriger Gesellschafterwechsel vorliege[532].

Dieser Auffassung ist nicht zu folgen. Zwar hat das FG Berlin angenommen, dass eine zeitanteilige Quotelung für die Dauer der Beteiligung des unterjährig ausgeschiedenen Gesellschafters im Gesetz keine Stütze findet[533]. Jedoch ist Gegenstand des Urteils nicht der körperschaftsteuerliche Verlustvortrag, sondern der vortragsfähige Gewerbeverlust. Das FG macht ausdrücklich geltend, dass sich dieses Ergebnis zum einen aus dem Objektsteuercharakter der Gewerbesteuer, zum anderen aus § 18 GewStG ableiten lasse[534].

Im Gegensatz zur Gewerbesteuer findet eine unterjährige Verlustnutzungsbeschränkung in § 8c Abs. 1 KStG eine Stütze[535]. Zwar enthält § 8c Abs. 1 KStG keine § 8 Abs. 4 S. 4 KStG entsprechende Regelung, wonach auch solche Verluste untergehen können, die vom Beginn des Wirtschaftsjahres bis zum Zeitpunkt der Anteilsübertragung entstanden sind. Jedoch spricht § 8c Abs. 1 KStG davon, dass die bis zum schädlichen Beteiligungserwerb nicht ausgeglichenen oder abgezogenen negativen Einkünfte nicht abziehbar sind. Dieser Formulierung lässt sich entnehmen, dass Verluste bis zu der Anteilsübertragung nicht abziehbar sein sollen, unabhängig davon, ob diese am Anfang oder während eines Jahres erfolgt. Ist grundsätzlich einer unterjährigen Verlustnutzungsbeschränkung zuzustimmen, lassen sich folgende Fälle unterscheiden:

---

529 *Neumann*, GmbH-StB 2007, 249 (251); *Posdziech*, Körperschaftsteuer, praxisbezogene Gesamtdarstellung, S. 207 f.

530 *Posdziech*, Körperschaftsteuer, praxisbezogene Gesamtdarstellung, S. 207, verweist auf § 7 Abs. 3 KStG, §§ 4 Abs. 1, 4a, 5 EStG.

531 FG Berlin v. 24.8.2005, 6 K 6080/02, EFG 2006, 755 ff.

532 *Neumann*, GmbH-StB 2007, 249 (251).

533 FG Berlin v. 24.8.2005, 6 K 6080/02, EFG 2006, 755 (756).

534 FG Berlin v. 24.8.2005, 6 K 6080/02, EFG 2006, 755 (756).

535 So auch *Neyer*, BB 2007, 1415 (1419); *Hans*, FR 2007, 775 (778); *Grützner*, StuB 2007, 339 (341), der auf eine sachgerechte Schätzung abstellen möchte; wohl auch *Dörr*, NWB Nr. 31 (2007), Fach 4, 5181 (5189).

Ausgangsfall: Zum 1.7.2009 erwirbt der A 100% der Anteile an der X-GmbH (Wirtschaftsjahr = Kalenderjahr). Im Zeitraum vom 1.1.2009 bis zum 30.6.2009 erwirtschaftet die X-GmbH einen Verlust in Höhe von 500. Im Zeitraum vom 1.7.2009 bis zum 31.12.2009 erzielt die X-GmbH einen Gewinn in Höhe von 1000.

Abwandlung 1: Der Sachverhalt entspricht dem Ausgangsfall, jedoch erwirtschaftet die X-GmbH im ersten Halbjahr 2009 einen Gewinn in Höhe von 900 und im zweiten Halbjahr einen Verlust in Höhe von 800.

Dötsch befürwortet zwar grundsätzlich eine zeitliche Aufteilung der Verluste einer Körperschaft, wenn der schädliche Beteiligungserwerb im Laufe eines Veranlagungszeitraums stattfindet[536]. Eine anteilige Verlustaufteilung soll jedoch nur stattfinden, wenn sich für den Veranlagungszeitraum insgesamt ein steuerlicher Verlust ergibt[537]. Sowohl im Ausgangs- als auch im Abwandlungsfall wäre § 8c Abs. 1 KStG daher nicht anwendbar.

Auch die Finanzverwaltung ist der Auffassung, dass die Verluste des gesamten Wirtschaftsjahres, in dem das schädliche Ereignis eingetreten ist, grundsätzlich zeitanteilig aufzuteilen sind[538]. Eine derartige zeitanteilige Aufteilung kommt nur in Betracht, wenn sich in dem Veranlagungszeitraum insgesamt ein Verlust ergibt[539]. Ergänzend eröffnet die Finanzverwaltung der Körperschaft die Möglichkeit, eine „andere, wirtschaftlich begründete Aufteilung“ darzulegen[540].

Aus § 8c KStG folgt eine Verlustnutzungsbeschränkung für die bis zum schädlichen Beteiligungserwerb nicht genutzten Verluste einer Körperschaft. Eine zeitanteilige Aufteilung der Verluste einer Körperschaft kann zum einen dazu führen, dass Verluste vollständig berücksichtigt werden, die bis zum schädlichen Beteiligungserwerb entstanden sind[541]. Zum anderen können auch solche Verluste von der Verlustnutzungsbeschränkung erfasst sein, die erst nach dem schädlichen Beteiligungserwerb entstanden sind[542].

---

536 *Dötsch* in: Dötsch/Jost/Pung/Witt, KStG, § 8c Rn. 27, distanziert sich ausdrücklich von der Auffassung von *Neumann*.

537 *Dötsch* in: Dötsch/Jost/Pung/Witt, KStG, § 8c Rn. 27; zustimmend *van Lishaut*, FR 2008, 789 (799).

538 BMF v. 4.7.2008, IV C 7 – S 2745 – a/08/10001, DStR 2008, 1436 (1438, Rn. 32).

539 *Van Lishaut*, FR 2008, 789 (799).

540 BMF v. 4.7.2008, IV C 7 – S 2745 – a/08/10001, DStR 2008, 1436 (1438, Rn. 32)

541 *Kußmaul/Richer/Tcherveniachki*, GmbHR 2008, 1009 (1012), sehen daher in einer zeitanteiligen Aufteilung der Verluste einen Widerspruch mit dem Gesetzeswortlaut des § 8c Abs. 1 KStG.

542 *Sistermann/Brinkmann*, BB 2008, 1928 (1935); *Meiisel/Bokeloh*, BB 2008, 808 (815), die im Rahmen des Entlassentwurfs, der die Möglichkeit der Erstellung einer Stichtagsbilanz nicht eröffnete, kritisieren, dass insbesondere bei Betrieben mit saisonalen Schwankungen oder außergewöhnlichen Ereignissen im laufenden Wirtschaftsjahr ei-

Um nur solche Verluste von der Verlustnutzungsbeschränkung des § 8c Abs. 1 KStG zu erfassen, müssen die untergehenden nicht genutzten Verluste anhand einer Stichtagsbilanz ermittelt werden[543]. Nicht anders kann die von der Finanzverwaltung eröffnete Möglichkeit verstanden werden, eine „andere, wirtschaftlich begründete Aufteilung" darzulegen[544]. Eine Körperschaft kann also durch Erstellung einer Zwischenbilanz darlegen, welche Verluste bis zum schädlichen Beteiligungserwerb entstanden sind[545].

Da die Erstellung von Stichtagsbilanzen im Regelfall mit einem erheblichen Aufwand verbunden ist, muss den Steuerpflichtigen aus Praktikabilitätsgründen ergänzend die Möglichkeit geboten werden, eine zeitanteilige Verlustaufteilung vorzunehmen[546]. Etwaige Vor- bzw. Nachteile, die dadurch für den Steuerpflichtigen entstehen, sind dabei in Kauf zu nehmen[547]. Bei einer zeitanteiligen Aufteilung der Verlustnutzung wäre § 8c Abs. 1 KStG sowohl im Ausgangsfall als auch im Abwandlungsfall nicht anwendbar, da das steuerliche Ergebnis der X-GmbH im Jahr 2009 jeweils positiv (im Ausgangsfall -500 + 1000 = 500, im Abwandlungsfall 900 – 800 = 100) und eine Verlustverteilung im Sinne von „pro rata temporis" nicht möglich ist.

Abwandlung 2: Die X-GmbH verfügt zum 31.12.2008 über einen Verlustvortrag in Höhe von 1000. Zum 1.7.2009 erwirbt der A 100% der Anteile an der X-GmbH (Wirtschaftsjahr = Kalenderjahr). In dem Zeitraum vom 1.1.2009 bis zum 30.6.2009 erwirtschaftet die X-GmbH einen Gewinn in Höhe von 900.

---

ne zeitanteilige Verteilung der Verluste zu einer unangemessenen Besteuerungswirkung führen würde.

543 *Suchanek* in: H/H/R, Jahresband 2008, § 8c KStG Rn. J 07-18; *Sistermann/Brinkmann*, BB 2008, 1928 (1935).

544 *Sistermann/Brinkmann*, BB 2008, 1928 (1935); *a.A. Kußmaul/Richter/Tcherveniachki*, GmbHR 2008, 1009 (1012), die den Verwaltungserlass insofern als „unklar" bezeichnen.

545 *A.A. van Lishaut*, FR 2008, 789 (799), der der Ansicht ist, dass über das Vorliegen eines Verlusts oder Gewinns und den Abzug eines Verlustvortrages von einem Gewinn grundsätzlich nur aufgrund der Verhältnisse zum Abschluss des Veranlagungszeitraums bzw. Wirtschaftsjahrs entschieden wird.

546 *Suchanek* in: H/H/R, Jahresband 2008, § 8c KStG Rn. J 07-18; *Frotscher* in: Frotscher/Maas, KStG, § 8c KStG Rn. 78; der zeitanteiligen Aufteilung der Verluste kommt also – entgegen der Auffassung der Finanzverwaltung, die in dieser Methode den Regelfall sieht – eine Ergänzungsfunktion aus Praktikabilitätsgründen zu.

547 Vgl. *Dörr*, NWB Nr. 33 (2008), Fach 4, 5339 (5349 f.), der einer Verteilung „pro rata temporis" daher kritisch gegenüber steht. Gleichwohl ist auch er der Auffassung, dass die Finanzverwaltung diese jährliche Verteilung anerkennen wird.

Nach Auffassung der Finanzverwaltung kann ein bis zum schädlichen Beteiligungserwerb erzielter Gewinn nicht mit noch nicht genutzten Verlusten verrechnet werden[548]. Danach wäre ein Verlustabzug für das erste Halbjahr 2009 ausgeschlossen, und die Verluste der X-GmbH gingen insgesamt gemäß § 8c Abs. 1 S. 2 KStG verloren.

Die Versagung der Verlustverrechnung mit den bis zum Beteiligungserwerb erzielten Gewinnen kann nicht überzeugen. Wenn § 8c KStG einer Verlustkörperschaft verwehrt, ihre bis zum schädlichen Beteiligungserwerb entstandenen Verluste geltend machen zu dürfen, muss ihr umgekehrt grundsätzlich erlaubt werden, die bis zur zeitlichen Zäsur erzielten Gewinne mit noch nicht genutzten Verlusten zu verrechnen[549]. Eröffnet die Finanzverwaltung dem Steuerpflichtigen die Möglichkeit, eine andere, wirtschaftlich begründete Aufteilung der Verluste darzulegen[550], muss es dem Steuerpflichtigen auch möglich sein, seine bis zum Eintritt des schädlichen Beteiligungserwerbs entstandenen Gewinne – beispielweise im Rahmen einer Stichtagsbilanz – zu bestimmen. Dem Steuerpflichtigen einerseits zu ermöglichen, seine Verluste bis zum Eintritt des schädlichen Beteiligungserwerbs zu bestimmen, und ihm andererseits zu versagen, seine Gewinne bis zum schädlichen Beteiligungserwerb wirtschaftlich begründet darzulegen, stellt einen Widerspruch dar.

Da der Zeitpunkt des schädlichen Beteiligungserwerbs (Übergang des wirtschaftlichen Eigentums) maßgeblich ist, kann die X-GmbH – sofern sie dies wirtschaftlich begründet darlegt – für den Gewinn im ersten Halbjahr 2009 (900) einen Verlustabzug vornehmen. Der am 1.7.2007 übrig gebliebene Verlust in Höhe von 100 geht gemäß § 8c Abs. 1 S. 2 KStG unter.

cc) Sonstige Verluste

Nach Auffassung der Finanzverwaltung sind von der Verlustnutzungsbeschränkung des § 8c Abs. 1 KStG auch Verluste aufgrund von §§ 15 Abs. 4, 15a, 15b EStG sowie § 2a EStG betroffen[551]. Die Erfassung dieser Verluste von § 8c Abs. 1 KStG ist in der Literatur teilweise auf Kritik gestoßen[552]. Die Formulierung „nicht

---

548 BMF v. 4.7.2008, IV C 7 – S 2745 – a/08/10001, DStR 2008, 1436 (1438, Rn. 31); zustimmend *Dötsch/Pung*, DB 2008, 1703 (1709).

549 Ebenso *Frotscher* in: Frotscher/Maas, KStG, § 8c Rn. 78; *Meiisel/Bokeloh*, BB 2008, 808 (815); *Suchanek* in: H/H/R, Jahresband 2008, § 8c KStG Rn. J 07-18; *Olbing* in: Streck, KStG (7. Auflage), § 8c Rn. 65; *Benz/Rosenberg* in: Blumenberg/ Benz, Die Unternehmensteuerreform 2008, S. 187.

550 BMF v. 4.7.2008, IV C 7 – S 2745 – a/08/10001, DStR 2008, 1436 (1438, Rn. 32).

551 BMF v. 4.7.2008, IV C 7 – S 2745 – a/08/10001, DStR 2008, 1436 (1436, Rn. 2).

552 *Centrale für GmbH Dr. Otto Schmidt*, GmbHR 2008, 421 (421).

ausgeglichenen oder abgezogenen negativen Einkünfte" lasse den Schluss zu, dass damit ausschließlich die Verluste im Sinne des § 10d EStG gemeint sind. Zudem sei § 8c KStG eine Nachfolgevorschrift des § 8 Abs. 4 KStG, so dass die Vorschrift keinen weiterreichenden Anwendungsbereich haben könne.

Wie dargestellt, handelt es sich bei § 8c KStG um eine neue, von § 8 Abs. 4 KStG unabhängige Vorschrift, die die Verlustnutzung von Körperschaften insgesamt einschränkt. Die Erfassung der Verluste gemäß §§ 15 Abs. 4, 15a, 15b EStG und § 2a EStG ist auch mit dem Wortlaut des § 8c Abs. 1 KStG vereinbar. Zwar spricht § 8c Abs. 1 S. 1 KStG ausdrücklich von „negativen Einkünften", während sich die übrigen Verlustvorschriften auf „Verluste" beziehen[553]. Jedoch kommt dem Klammerzusatz im Rahmen des § 8c Abs. 1 KStG „nicht genutzte Verluste" eine allgemeine, dem Normzweck entsprechende Bedeutung zu. Mit § 8c KStG hat der Gesetzgeber eine allgemeine Verlustnutzungsbeschränkung für Körperschaften erlassen, durch die alle Verluste betroffen sind, die einer Körperschaft zugute kommen können. Die Erfassung der Verluste gemäß §§ 15 Abs. 4, 15a, 15b, 2a EStG von § 8c Abs. 1 KStG ist daher sowohl mit dem Wortlaut als auch mit dem Sinn und Zweck des § 8c KStG vereinbar[554].

dd) Zinsvortrag und gewerbesteuerliche Verluste

Darüber hinaus hat § 8c Abs. 1 KStG eine Kürzung des Zinsvortrages und der gewerbesteuerlichen Verluste zur Folge.

(1) Zinsvortrag nach § 4h EStG

Gemäß § 8a Abs. 1 S. 3 KStG gilt § 8c KStG für den Zinsvortrag, also gemäß § 4h Abs. 1 S. 2 EStG vorgetragenen Zinsaufwendungen, entsprechend[555]. Ein bislang nicht genutzter Zinsvortrag einer Körperschaft geht demnach anteilig oder vollständig unter, sobald ein schädlicher Beteiligungserwerb im Sinne des

553 Vgl. *Breuninger/Schade*, Ubg 2008, 261 (263), die offen lassen, ob § 8c KStG auch zu einer Kürzung sonstiger Verluste führen kann.

554 Im Ergebnis ebenso *Dötsch* in: Dötsch/Jost/Pung/Witt, KStG, § 8c Rn. 22; *Frotscher* in: Frotscher/Maas, KStG, § 8c Rn. 76; *Dötsch/Pung*, DB 2008, 1703 (1704); *Dörr*, NWB Nr. 33 (2008), Fach 4, 5339 (5341); *Suchanek*, GmbHR 2008, 292 (292).

555 Dies ist während des Gesetzgebungsverfahrens wiederholt kritisiert worden, vgl. z.B. *IDW*, IDW Fachnachrichten Nr. 5/2007, S. 200; bei dem Zinsvortrag handele es sich nicht um einen Verlustvortrag im engeren Sinne, sondern um vorläufig nicht abziehbare Betriebsausgaben.

§ 8c Abs. 1 KStG bei dieser Körperschaft eintritt[556]. Die bisherigen Ausführungen können daher auf den Zinsvortrag übertragen werden. Da § 8a Abs. 1 S. 3 KStG nur auf den Zinsvortrag verweist, ist der unterjährige Zinsaufwand hingegen nicht von den Rechtsfolgen des § 8c KStG betroffen[557]. Die Zinsaufwendungen, die zwar im selben Wirtschaftsjahr wie der schädliche Beteiligungserwerb, jedoch vor dem Zeitpunkt der Anteilsübertragung entstanden sind, gehen daher nicht gemäß § 8c Abs. 1 S. 1 KStG anteilig unter, sondern können mit Zinserträgen nach dem schädlichen Beteiligungserwerb verrechnet werden[558].

Beispiel: An der X-GmbH sind A und B zu jeweils 50% beteiligt. Die X-GmbH verfügt zum 31.12.01 über einen Zinsvortrag in Höhe von 1000 (§ 4h Abs. 1 S. 2 EStG). Am 30.6.02 veräußert A 40% seiner Anteile an C.

Ein schädlicher Beteiligungserwerb im Sinne des § 8c Abs. 1 S. 1 KStG liegt vor. Durch die Anteilsübertragung fallen auf Ebene der X-GmbH Zinsvorträge in Höhe von 400 (40% von 1000) unter die Verlustabzugsbeschränkung des § 8c Abs. 1 S. 1 KStG i.V.m. § 8a Abs. 1 S. 2 KStG i.V.m. § 4h Abs. 1 S. 2 EStG. Zinsaufwendungen der X-GmbH, die zwischen dem 1.1.02 und dem 31.5.02 entstanden sind, unterliegen hingegen nicht der Abzugsbeschränkung.

(2) Gewerbesteuersteuerliche Verluste

Gemäß § 10a S. 9 GewStG gilt § 8c KStG auch für nicht genutzte gewerbesteuerliche Verluste von Körperschaften. Liegt ein schädlicher Beteiligungserwerb im Sinne des § 8c Abs. 1 S. 1 bzw. S. 2 KStG vor, geht ein bestehender gewerbesteuerlicher Verlustvortrag einer Körperschaft (anteilig) unter. Da von § 10a GewStG nur Verluste erfasst sind, die sich bei der Ermittlung des maßgebenden Gewerbeertrages in früheren Erhebungszeiträumen ergeben haben, werden (Teil-)Fehlbeträge, die in einem laufenden Erhebungszeitraum des schädlichen Beteiligungserwerbs erzielt wurden, nicht von § 8c KStG erfasst[559].

Darüber hinaus ist § 8c KStG nur entsprechend für gewerbesteuerliche Fehlbeträge auf Ebene der Körperschaft anzuwenden[560]. Werden Anteile an einer Körperschaft, die Mitunternehmerin ist, veräußert und führt diese Veräußerung zu einem schädlichen Beteiligungserwerb im Sinne des § 8c Abs. 1 KStG, umfasst § 8c KStG nicht die gewerbesteuerlichen Verluste auf Ebene der nachgela-

556 § 8c Abs. 2 KStG muss hingegen auch für den Zinsvortrag gelten, vgl. *G. Förster* in: Breithecker/Förster/Förster/Klapdor, UntStRefG, § 8a Rn. 24.
557 *G. Förster* in: Breithecker/Förster/Förster/Klapdor, UntStRefG, § 8a Rn. 22; *Suchanek* in: H/H/R, Jahresband 2008, § 8c KStG Rn. 07-18.
558 *Zerwas/Fröhlich* in: PWC, Unternehmensteuerreform 2008, Rn. 1692.
559 *Zerwas/Fröhlich*, DStR 2007, 1933 (1939); *Lenz*, Ubg 2008, 24 (25).
560 *Sistermann/Brinkmann*, BB 2008, 1928 (1928).

gerten Mitunternehmerschaft, denn die Mitunternehmerschaft ist im Rahmen der Gewerbesteuer ein eigenes Besteuerungsobjekt. Ein gewerbesteuerlicher Verlust wird daher nur auf Ebene der Personengesellschaft berücksichtigt[561].

b) Quotaler Verlustuntergang

aa) Quotenermittlung beim gestuften Anteilserwerb

Für einen schädlichen Beteiligungserwerb gemäß § 8c Abs. 1 S. 1 KStG ist maßgeblich, zu welchem Zeitpunkt erstmalig die 25%-Schwelle innerhalb von fünf Jahren überschritten wird[562]. Werden nach diesem Zeitpunkt weitere Anteile auf den Erwerber übertragen, hat diese Anteilsübertragung solange keine Auswirkung auf die Verlustnutzung der Körperschaft, wie die 50%-Schwelle gemäß § 8c Abs. 1 S. 2 KStG nicht erreicht ist.

Beispiel: Die X-GmbH[563] verfügt am Ende des Jahres 00 über einen Verlustvortrag von 100. An der X-GmbH sind die Gesellschafter A und B zu je 50% beteiligt. Im Jahr 01 überträgt der A an den C 10% seiner Geschäftsanteile. Im Jahr 02 erwirbt C weitere 20% der Anteile an der X-GmbH von B. Im Jahr 03 überträgt A an C weitere 10% der Gesellschaftsanteile.

Da der C im Jahr 01 lediglich 10% der Gesellschaftsanteile erwirbt, liegt noch kein schädlicher Beteiligungserwerb gemäß § 8c Abs. 1 S. 1 KStG vor. Die erste Anteilsübertragung hat auf die Nutzbarkeit des Verlustvortrages der X-GmbH im Jahr 01 keine Auswirkung.

Im Jahr 02 erhält C weitere 20% der Anteile der X-GmbH. Da die beiden Übertragungen innerhalb eines Zeitraums von fünf Jahren erfolgen, sind die Anteile zusammenzurechnen (30%). Die Schädlichkeitsgrenze nach § 8c Abs. 1 S. 1 KStG in Höhe von 25% ist überschritten, so dass 30% des Verlustvortrages untergehen. Der verbleibende Verlustvortrag der X-GmbH zum Ende des Jahres 02 beträgt 70.

Im Rahmen des § 8c Abs. 1 S. 1 KStG führen Anteilsübertragungen, die nach dem Eintritt des schädlichen Beteiligungserwerbs erfolgen und die 50%-Schwelle des § 8c Abs. 1 S. 2 KStG nicht überschreiten, nicht zu einem weiteren Verlustuntergang. Zwar kann dies dem Wortlaut der Norm nicht eindeutig entnom-

---

561 Vgl. ausführlich zur Anwendung des § 8c KStG auf gewerbesteuerliche Fehlbeträge *Behrendt/Arjes/Nogens*, BB 2008, 367 ff.

562 Vgl. oben 2. Teil, C. II. 2. b) ee).

563 Zur Vereinfachung erzielt die X-GmbH zunächst weder Gewinne noch Verluste.

men werden[564], jedoch geht dies aus der Gesetzesbegründung eindeutig hervor[565]. Die Anteilsübertragung im Jahr 03 hat somit keine Auswirkung auf die Verlustnutzung der X-GmbH.

§ 8c Abs. 1 S. 1 KStG hat zur Folge, dass die Verlustnutzung einer Gesellschaft davon abhängig ist, zu welchem Zeitpunkt die Schädlichkeitsgrenze des § 8c Abs. 1 S. 1 KStG überschritten wird.

Beispiel: Der A möchte insgesamt 50% der Gesellschaftsanteile der X-GmbH (Verlustgesellschaft) erwerben.

Variante 1:	A erwirbt im Jahr 01 50% der Gesellschaftsanteile von B.
Variante 2:	A erwirbt im Jahr 01 24% der Gesellschaftsanteile und im Jahr 02 weitere 26% der Gesellschaftsanteile von B.
Variante 3:	A erwirbt im Jahr 01 26% der Gesellschaftsanteile und im Jahr 02 weitere 24% der Gesellschaftsanteile von B.

Nach Variante 1 geht der zum Ende des Jahres 00 festgestellte Verlustvortrag im Jahr 01 zu 50% unter[566]. In der Variante 2 hat die Anteilsübertragung in Höhe von 24% im Jahr 01 auf den Verlustvortrag keinen Einfluss, da kein schädlicher Beteiligungserwerb im Sinne des § 8c Abs. 1 S. 1 KStG vorliegt. Durch die Anteilsübertragung im Jahr 02 von weiteren 26% ist die 25%-Schwelle erstmalig überschritten worden, so dass in Variante 2 der Verlustvortrag gemäß § 8c Abs. 1 S. 1 KStG zu 50% im Jahr 02 untergeht[567]. In Variante 3 ist im Jahr 01 ein nach § 8c Abs. 1 S. 1 KStG schädlicher Beteiligungserwerb gegeben, so dass der Verlustvortrag in diesem Jahr in Höhe von 26% untergeht. Die weitere Anteilsübertragung im Jahr 02 (24%) hat auf den verbleibenden Verlustvortrag keinen Einfluss mehr.

§ 8c Abs. 1 S. 1 KStG führt dazu, dass im Ergebnis gleiche Fälle – also der Anteilserwerb von 50% innerhalb von zwei Jahren – sehr unterschiedlich behandelt werden. Die steuerlichen Folgen einer Gestaltung können – abhängig davon, zu welchem Zeitpunkt und mit wie viel Prozentpunkten die 25%-Schwelle erstmalig überschritten wurde – stark variieren. Die Finanzverwaltung[568] möchte für Anteils-

---

564 Vgl. *Rödl&Partner*, Unternehmensteuerreformgesetz 2008, S. 7 ff., legen dar, dass mit dem Wortlaut des § 8c KStG auch weitere Möglichkeiten vereinbar wären. So wäre es möglich, dass mit der Anteilsübertragung im Jahr 03 insgesamt 40% der Verluste untergehen. Darüber hinaus wäre es auch möglich, dass im Jahr 03 40% des übrig gebliebenen Verlustes, also 40% von 70 = 28 untergeht.

565 BT-Drs. 16/4841, S. 76; auch die Finanzverwaltung stimmt dem zu, vgl. BMF v. 4.7.2008, IV C 7 – S 2745 – a/08/10001, DStR 2008, 1436 (1438, Rn. 30 Beispiel 5).

566 § 8c Abs. 1 S. 2 KStG ist nicht einschlägig, weil nicht mehr als 50% der Anteile übertragen wurden.

567 Die Anteilsübertragungen werden zusammengerechnet.

568 BMF v. 4.7.2008, IV C 7 – S 2745 – a/08/10001, DStR 2008, 1436 (1437, Rn. 19).

erwerbe innerhalb eines kurzen Zeitraums auf die Gesamtplan-Rechtsprechung des BFH zurückgreifen[569]. Nach Auffassung der Finanzverwaltung gilt eine Mehrzahl von Erwerben durch einen Erwerberkreis als ein Erwerb, wenn ihnen ein Gesamtplan zugrunde liegt. Ein derartiger Gesamtplan soll widerleglich vermutet werden, wenn die Erwerbe innerhalb eines Jahres erfolgen.

Der BFH hat in den letzten Jahrzehnten die Figur des Gesamtplans entwickelt. Im Einzelfall können mehrere Vorgänge, die auf einer einheitlichen Planung beruhen und in einem engen zeitlichen und sachlichen Zusammenhang stehen, zugunsten oder zulasten des Steuerpflichtigen für die steuerliche Beurteilung zu einem Vorgang zusammengefasst werden. Richtungsweisendes Merkmal der Gesamtplan-Rechtsprechung ist stets die Steuervermeidung oder Steuerersparnis des Steuerpflichtigen. Zu diesem Zwecke kann der Steuerpflichtige Ausweich- und Korrekturgeschäfte vornehmen oder mehrere Teilakte aus Gründen der Steuerersparnis aneinanderreihen. Dabei soll einem ersten Teilschritt keine oder nur eine – dem Endziel – untergeordnete wirtschaftliche Bedeutung zukommen[570].

Der Rückgriff auf die Gesamtplan-Rechtsprechung des BFH im Rahmen des § 8c Abs. 1 KStG[571] vermag nicht zu überzeugen[572]. § 8c KStG stellt ersichtlich eine typisierende Regelung dar, wonach die Verluste verloren gehen, sobald 25% der Gesellschaftsanteile auf einen Erwerber übertragen werden. Möchte der Gesetzgeber mit dieser technischen, auf die Verlustvernichtung gerichteten Vorschrift Härten im Einzelfall rechtfertigen, muss er auch Gestaltungen, die eine derartige Typisierungsvorschrift eröffnet, hinnehmen[573]. Es kann nicht überzeugen, dass ein Anteilserwerb von 26% keine missbräuchliche Gestaltung darstellt, ein Missbrauch aber dann gegeben ist, wenn im folgenden Jahr weitere Anteile erworben werden.

Unter gestalterischen Gesichtspunkten sollten daher – falls möglich – nur Anteilsübertragungen bis 25% auf einen Erwerber oder eine Erwerbergruppe vorgenommen werden. Sollen dennoch mehr als 25% der Gesellschaftsanteile innerhalb von fünf Jahren auf einen Erwerber übertragen werden, wäre zu raten, in einem ersten Schritt die 25%-Grenze geringstmöglich zu überschreiten. Die weiteren

---

569 Vgl. BFH v. 27.10.2005, IX R 76/03, BStBl. II 2006, 359 ff.

570 Vgl. grundlegend zur Gesamtplanrechtsprechung des BFH, *Kugelmüller-Pugh*, FR 2007, 1139 ff.; *Förster/Schmidtmann*, StuW 2003, 114 ff.

571 Nach *Dörr*, NWB Nr. 33 (2008), Fach 4, 5339 (5347), führt der Folgeerwerb, der auf einem Gesamtplan beruht, zu einem erneuten anteiligen Verlustuntergang. Werden im Mai 2008 26% der Anteile einer Verlustgesellschaft übertragen und im April 2009 weitere 22%, sollen im Mai 2008 26% der Verluste untergehen und im April 2009 weitere 22%.

572 Ebenso *Breuninger/Schade*, Ubg 2008, 261 (268); *Roser*, DStR 2008, 1561 (1566).

573 Vgl. *van Lishaut*, FR 2008, 789 (797); *Roser*, DStR 2008, 1561 (1566).

Anteilserwerbe bis zu 50% hätten dann keine Auswirkung auf die steuerlichen Verluste der Gesellschaft.

bb) Quotenermittlung bei mittelbaren Übertragungen

Im Zusammenhang mit der mittelbaren Übertragung des gezeichneten Kapitals bzw. der Stimm- oder Mitgliedschaftsrechte sowie mit der mittelbaren Kapitalerhöhung stellt sich die Frage, zu welcher Quote die Verluste in diesen Fällen gemäß § 8c Abs. 1 S. 1 KStG untergehen.

(1) Gesetzesbegründung

Die Gesetzesbegründung zu § 8c Abs. 1 KStG enthält die Aussage, dass im Falle einer mittelbaren Anteilsübertragung die auf die Verlustgesellschaft durchgerechnete Beteiligungsquote zugrunde zu legen ist[574].

Beispiel: Der A ist alleiniger Gesellschafter an der A-GmbH. Die A-GmbH hält 60% der Anteile an der Y-GmbH. Die Y-GmbH hält wiederum 50% der Anteile an der X-GmbH. Die X-GmbH verfügt zum 31.12.01 über einen Verlustvortrag von 1000. In 02 überträgt der A 100% seiner Gesellschaftsanteile an der A-GmbH auf den B.

Nach der Gesetzesbegründung muss der mittelbare Anteilseignerwechsel der X-GmbH rein rechnerisch bestimmt werden. Durch die Anteilsübertragung von A auf B gehen die Verluste der X-GmbH also gemäß § 8c Abs. 1 S. 1 KStG zu 30% verloren (50% von 60% = 30%).

Teilweise wird in der Literatur[575] kritisiert, dass der Gesetzgeber in seiner Begründung nicht auf das Urteil des BFH vom 20.8.2003[576] eingegangen ist, in dem dieser die Schwierigkeiten der Ermittlung der qualifizierten Mehrheit hervorhob. Allerdings hat der Gesetzgeber in seiner Gesetzesbegründung eine Entscheidung getroffen, wie die mittelbare Beteiligungsquote zu berechnen ist. Nichts anderes hat der BFH in seinem Urteil verlangt[577].

(2) Teleologische Reduktion?

Suchanek/Herbst[578] und *Dörr*[579] wollen bei der Quotenermittlung bei mittelbaren Übertragungen eine teleologische Reduktion in den Fällen vornehmen, in denen

574 BT-Drs. 16/4841, S. 76.
575 *Lenz/Ribbrock*, BB 2007, 587 (590).
576 BFH v. 20.8.2003, I R 61/01, DStR 2003, 1921 ff.
577 BFH v. 20.8.2003, I R 61/01, DStR 2003, 1921 (1924).
578 *Suchanek/Herbst*, FR 2007, 863 (865); ebenso *Suchanek*, FR 2008, 904 (907).

mittelbare Beteiligungen in die Schädlichkeitsprüfung einbezogen werden, bei denen, isoliert betrachtet, gerade kein schädlicher Beteiligungserwerb vorliegt.

Beispiel: Der A ist alleiniger Gesellschafter der M-GmbH. Die M-GmbH ist zu 40% an der T1-GmbH und zu 20% an der T2-GmbH beteiligt. Die T1-GmbH und die T2-GmbH sind jeweils 50%ige Anteilseigner der Verlustgesellschaft X-GmbH. Im Jahr 01 überträgt A 100% seiner Anteile auf B.

Würde man die Verlustquote – wie es die Gesetzesbegründung vorsieht – rein rechnerisch bestimmen, würden die Verluste der X-GmbH im Jahr 01 zu 30% gemäß § 8c Abs. 1 S. 1 KStG untergehen (mittelbar 20% über die T1-GmbH und mittelbar 10% über die T2-GmbH). Da eine mittelbare Beteiligung, nämlich die über die T2-GmbH, in die Berechnung mit eingeflossen ist, die, isoliert betrachtet, keinen schädlichen Beteiligungserwerb darstellt, wollen die Vertreter dieser Ansicht § 8c Abs. 1 S. 1 KStG in diesem Fall teleologisch reduzieren. Isoliert betrachtet, würden etwaig bestehende Verluste bei der T2-GmbH durch einen Anteilseignerwechsel nicht untergehen, weil die M-GmbH an dieser nur zu 20% beteilig ist. Aus diesem Grunde soll diese Beteiligung auch nicht mittelbar für die Verlustberechnung auf Ebene einer untergeordneten Gesellschaft berücksichtigt werden können. Zur Begründung führen *Suchanek/Herbst* an, § 8c KStG sei als Missbrauchsbekämpfungsvorschrift einzuordnen. Von einem solchen Missbrauchssachverhalt könne jedoch nicht gesprochen werden, wenn ein Sachverhalt in die Berechnung mit einfließt, der, isoliert betrachtet, nicht missbräuchlich ist.

(3) Stellungnahme

Dass der Gesetzgeber eine rein rechnerische Ermittlungsmethode anwenden möchte, ist mit dem Wortlaut der Norm zu vereinbaren. Die teleologische Reduktion, die *Suchanek/Herbst* und *Dörr* vornehmen wollen, kann nicht überzeugen. Zum einen würde eine derartige Einschränkung des § 8c Abs. 1 KStG die Anwendung der Vorschrift weiter verkomplizieren. Die Finanzverwaltung müsste nicht nur jeden einzelnen mittelbaren Anteilseigner herausarbeiten, sondern auch noch untersuchen, ob die Anteilsübertragung bei isolierter Betrachtung unter § 8c Abs. 1 S. 1 oder S. 2 KStG fällt. Zum anderen ist § 8c KStG nicht mehr als Missbrauchsvermeidungsvorschrift einzuordnen. Die Neuregelung verfolgt gerade nicht mehr den Zweck, „Mantelkäufe" zu verhindern, sondern stellt eine allgemeine Verlustnutzungsbeschränkung für Körperschaften dar. Eine teleologische Reduktion, wie sie *Suchanek/Herbst* vornehmen wollen, kommt also bei § 8c Abs. 1 KStG nicht in Betracht. Lässt man die mittelbaren Anteils-

579 *Dörr*, NWB Nr. 31 (2007), Fach 4, 5181 (5197).

übertragungen im Rahmen des § 8c Abs. 1 KStG uneingeschränkt zu, muss die Verlustquote auch rein rechnerisch bestimmt werden.

cc) Zwischenergebnis

§ 8c Abs. 1 S. 1 KStG sieht auf einer ersten Stufe einen quotalen Verlustuntergang vor, sobald erstmalig mehr als 25% der Gesellschaftsanteile oder der Mitgliedschafts-, Beteiligungs- oder Stimmrechte auf einen Erwerber oder auf eine Erwerbergruppe übertragen werden. Dabei ist die Quote rein rechnerisch zu bestimmen. Ein Rückgriff auf die Gesamtplan-Rechtsprechung des BFH ist im Rahmen des § 8c KStG abzulehnen, so dass alle weiteren Anteilserwerbe auf die Verlustnutzung einer Körperschaft solange keine Auswirkungen haben, wie die 50%-Grenze nicht überschritten ist.

c) Vollständiger Verlustuntergang

Werden innerhalb von fünf Jahren mehr als 50% der Gesellschaftsanteile oder der Mitgliedschafts-, Beteiligungs- oder Stimmrechte auf einen Erwerber übertragen, sind – unabhängig von § 8c Abs. 1 S. 1 KStG – bis zum schädlichen Beteiligungserwerb nicht genutzte Verluste vollständig nicht mehr abziehbar.

aa) Vollständiger Untergang des übrig gebliebenen Verlustes

Nach dem Wortlaut des § 8c Abs. 1 KStG gehen nur solche Verluste unter, die bis zum Zeitpunkt des schädlichen Beteiligungserwerbs entstanden sind. Verluste, die nach diesem Zeitpunkt entstehen, sollen hingegen verrechenbar bleiben, solange die 50%-Schwelle des § 8c Abs. 1 S. 2 KStG nicht erreicht ist[580]. Sobald mehr als 50% der Anteile auf einen Erwerber übertragen werden, gehen die nicht genutzten Verluste vollständig unter. Teilweise wird in der Literatur vorgeschlagen, die nicht genutzten Verluste im Sinne des § 8c Abs. 1 S. 2 KStG auf solche Verluste zu beschränken, die nach dem vorangegangenen (ersten) schädlichen Beteiligungserwerb entstanden sind[581]. Eine solche Auslegung kann jedoch zum einen nicht dem Wortlaut des § 8c Abs. 1 S. 2 KStG entnommen werden. Darüber hinaus ist Zweck der Vorschrift, dass die gesamten Verluste einer Gesellschaft verloren gehen sollen, sobald ein Gesellschafter die Mehrheitsbeteiligung an der

580 *Grützner*, StuB 2007, 339 (341).
581 *Benz/Rosenberg* in: Blumenberg/Benz, Die Unternehmensteuerreform 2008, S. 189 f.

Gesellschaft erwirbt. Hiervon müssen nach überzeugender Ansicht nicht nur die „neuen" Verluste, sondern alle bestehenden Verluste betroffen sein[582].

Beispiel: Die X-GmbH verfügt zum 31.12.00 über einen Verlustvortrag von 1000. Im Jahr 01 überträgt Alleingesellschafter A 30% der Anteile auf B. In den Jahren 02, 03 und 04 erleidet die X-GmbH weitere Verluste in Höhe von jährlich 200. Im Jahr 05 überträgt A weitere 30% der Anteile auf B.

Gemäß § 8c Abs. 1 S. 1 KStG ist der Verlustvortrag aus dem Jahr 00 durch die Anteilsübertragung im Jahr 01 zu 30% untergegangen (Verbleib: 700). Da durch die Anteilsübertragung im Jahr 05 innerhalb von fünf Jahren insgesamt mehr als 50% der Anteile auf den B übertragen wurden, findet § 8c Abs. 1 S. 2 KStG Anwendung, und die Verluste der X-GmbH gehen insgesamt unter. Dabei sind nicht nur die Ende des Jahres 01 verbleibenden Verluste in Höhe von 700 betroffen, sondern auch die in der Zwischenzeit erwirtschafteten Verluste von zusätzlich 600 (insgesamt 1300).

Durch § 8c Abs. 1 S. 2 KStG gehen also auch solche Verluste unter, die nach dem schädlichen Beteiligungserwerb im Sinne des § 8c Abs. 1 S. 1 KStG entstanden sind[583].

bb) Übertragung derselben Anteile

Neben einer gestuften Anteilsübertragung kann derselbe Gesellschaftsanteil auch zweimal hintereinander übertragen werden. Aus dem Wortlaut des § 8c Abs. 1 KStG lässt sich nicht entnehmen, wie die Übertragung eines nämlichen Gesellschaftsanteils zu behandeln ist.

Ausgangsfall: Die X-GmbH verfügt zum 31.12.00 über einen Verlustvortrag in Höhe von 1000. An der X-GmbH ist der A zu 100% beteiligt. Im Jahr 01 überträgt der A an den B 30% der Gesellschaftsanteile. Die X-GmbH erwirtschaftet im Jahr 02 weitere Verluste in Höhe von 300. Im Jahr 03 überträgt der B diese 30% der Gesellschaftsanteile weiter an den C.

Die Übertragung der Gesellschaftsanteile im Jahr 01 in Höhe von 30% von A auf B stellt einen schädlichen Beteiligungserwerb im Sinne des § 8c Abs. 1 S. 1 KStG dar. Die Verluste der X-GmbH zum 31.12.00 gehen zu 30% unter (verbleibende Verluste: 700). Wie die Übertragung der Anteile von B auf C im Jahr 03 zu behandeln ist, ist hingegen umstritten.

---

582 Ebenso *Brandis* in: Blümich, KStG, § 8c Rn. 56; *Dötsch* in: Dötsch/Jost/Pung/Witt, KStG, § 8c Rn. 30.

583 *Dörfler/Wittkowski*, GmbHR 2007, 513 (516), sprechen von „zukünftigen Verlusten".

Mit dem Wortlaut des § 8c Abs. 1 KStG wäre es grundsätzlich vereinbar, dass die Anteilsübertragungen aus den Jahren 01 und 03 addiert werden, so dass die Übertragung von B auf C in Höhe von 30% zu einem vollständigen Untergang der Verluste der X-GmbH gemäß § 8c Abs. 1 S. 2 KStG führt. Eine solche Auslegung verkennt jedoch, dass derselbe Anteil zweimal übertragen wird. Die Addition der beiden Anteilsübertragungen würde zu einem unbilligen Ergebnis führen, da lediglich 30% der Anteile der X-GmbH betroffen sind[584].

Die Finanzverwaltung[585] und ein Teil der Literatur[586] wenden bei der Übertragung eines nämlichen Gesellschaftsanteils § 8c Abs. 1 S. 1 KStG erneut an. Folge eines schädlichen Erwerbs nämlicher Gesellschaftsanteile ist zum einen eine erneute Kürzung des nach dem ersten steuerschädlichen Anteilserwerb noch verbliebenen und zwischenzeitlich nicht verbrauchten Altverlustes. Zum zweiten betrifft der Verlustuntergang auch in der Zwischenzeit erwirtschaftete weitere Verluste. Auch *Neumann*[587] ist grundsätzlich dieser Auffassung. Eine Ausnahme soll jedoch dann gelten, wenn der Erst- und der Zweiterwerb sich nahe stehen. Insbesondere bei Konzernsachverhalten sei ausnahmsweise eine Konzernbetrachtung gerechtfertigt mit der Folge, dass § 8c Abs. 1 S. 1 KStG nur einmal zur Anwendung kommt.

Nach der Gegenansicht[588] sind bei der Übertragung derselben Gesellschaftsanteile die mit der ersten Anteilsübertragung verbundenen Verluste bereits verloren gegangen. Die erneute Übertragung nämlicher Gesellschaftsanteile führt danach grundsätzlich nicht zu einer erneuten Anwendung des § 8c Abs. 1 S. 1 KStG und damit auch nicht zu einem weiteren quotalen Untergang der verbliebenen nicht genutzten Verluste. Eine Ausnahme soll nur für den Fall gelten, in dem die Körperschaft nach der ersten Anteilsübertragung neue, noch nicht abgezogene oder ausgeglichene Verluste erwirtschaftet hat. Allein diese in der Zwischenzeit neu entstandenen Verluste seien von der zweiten Verlustnutzungsbeschränkung gemäß § 8c Abs. 1 S. 1 KStG betroffen.

Dass die Übertragung eines nämlichen Anteils zu einer erneuten, uneingeschränkten Anwendung des § 8c Abs. 1 S. 1 KStG führen soll mit der Folge,

---

584 Die Addition der Übertragungen wird in der Literatur auch nicht vertreten.

585 BMF v. 4.7.2008, IV C 7 – S 2745 – a/08/10001, DStR 2008, 1436 (1437, Rn. 22).

586 *Dörr*, NWB Nr. 33 (2008), Fach 4, 5339 (5347 f.); *Breuninger/Schade*, Ubg 2008, 261 (268); *Frotscher* in: Frotscher/Maas, KStG, § 8c Rn. 30; *Neumann*, GmbH-StB 2007, 249 (252 f.); *Schaumburg*, 58. Jahresarbeitstagung Wiesbaden 2007, S. 85 (93); *Neumann/Stimpel*, GmbHR 2007, 1194 (1197).

587 *Neumann*, GmbH-StB 2007, 249 (253).

588 *Suchanek/Herbst*, FR 2007, 863 (866); *Suchanek* in: H/H/R, Jahresband 2008, § 8c KStG Rn. J 07-13; *Meiisel/Bokeloh*, BB 2008, 808 (815); *Reitsam* in: Breithecker/Förster/Förster/Klapdor, UntStRefG, § 8c Rn. 80; *Benz/Rosenberg* in: Blumenberg/Benz, Die Unternehmensteuerreform 2008, S. 190; *Centrale für GmbH Dr. Otto Schmidt*, GmbHR 2008, 421 (424).

dass die bereits anteilig verloren gegangenen Verluste erneut beschränkt werden, kann nicht überzeugen. Zwar ist die Ansicht der Finanzverwaltung mit dem sehr weiten Wortlaut des § 8c Abs. 1 KStG grundsätzlich vereinbar[589]. Auch ist der Finanzverwaltung dahingehend zuzustimmen, dass die Anwendbarkeit von § 8c Abs. 1 S. 1 KStG nicht davon abhängig sein kann, ob sich der Erst- und Zweiterwerber nahe stehen[590], denn der Gesetzgeber hat ausdrücklich von einer Konzernbetrachtung Abstand genommen. Würde § 8c Abs. 1 S. 1 KStG – wie es *Neumann* annimmt – nur bei der Übertragung eines nämlichen Anteils innerhalb eines Konzerns versagt werden, würde eine derartige Konzernbetrachtung „durch die Hintertür ermöglicht"[591].

Jedoch spricht der Leitgedanke des § 8c KStG gegen eine derart weite Auslegung. § 8c Abs. 1 KStG liegt der Gedanke zugrunde, dass die Verluste einer Körperschaft (anteilig) verloren gehen, sobald sich die wirtschaftliche Einflussnahme ihrer Anteilseigner zu mehr als 25% verändert. Bei der Übertragung eines nämlichen Anteils verändert sich die Möglichkeit der Einflussnahme auf eine Verlustgesellschaft zwar insofern, als Gesellschafter B bzw. C an die Stelle des Gesellschafters A tritt. Jedoch beachtet eine mehrfache uneingeschränkte Anwendung des § 8c Abs. 1 S. 1 KStG nicht den Umstand, dass die Verluste der Körperschaft bereits anteilig verloren gegangen sind. Im Rahmen des ersten schädlichen Beteiligungserwerbs sind die Verluste der Körperschaft bereits anteilig (im Beispiel zu 30%) gekürzt worden. Würde die mehrfache Übertragung derselben Anteile jeweils zu einer erneuten Kürzung der übrig gebliebenen Verluste führen, könnte dies im Ergebnis zu einem fast vollständigen Untergang der noch vorhandenen Verluste führen[592]. Der Erwerber eines nämlichen Anteils hat jedoch, unabhängig davon, in welchem Verhältnis er zum Ersterwerber steht, keinen größeren Einfluss auf die Geschicke der Verlustgesellschaft als der Ersterwerber. Die Möglichkeit der Einflussnahme wird vielmehr lediglich von Gesellschafter A auf Gesellschafter B verschoben. Dass der Erwerb des nämlichen Anteils im Ergebnis zu einer stärkeren Belastung für die Verlustgesellschaft führen soll als die einmalige Anteilsübertragung, kann somit nicht überzeugen.

Überzeugender ist es, grundsätzlich § 8c Abs. 1 S. 1 KStG bei der Übertragung eines nämlichen Anteils nicht anzuwenden. Eine Ausnahme muss dann gelten,

---

589 Vgl. *Breuninger/Schade*, Ubg 2008, 261 (268).

590 Vgl. BMF v. 4.7.2008, IV C 7 – S 2745 – a/08/10001, DStR 2008, 1436 (1437, Rn. 22, Beispiel 3 „B4").

591 *Dörr*, NWB Nr. 33 (2008), Fach 4, 5339 (5347 f.).

592 Im oben genannten Beispiel hätte die zweite Anteilsübertragung eine 30%ige Kürzung der übrig gebliebenen Verluste in Höhe von 700 zur Folge. Würde C im folgenden Jahr seine Beteiligung auf D übertragen, würden die übrig gebliebenen Verluste in Höhe von 490 erneut um 30% gekürzt. Im Ergebnis können so die Verluste einer Gesellschaft bei einer mehrfachen Übertragung nahezu vollständig verloren gehen.

wenn die Verlustgesellschaft zwischen dem ersten und zweiten Anteilserwerb erneut Verluste erwirtschaftet[593]. Diese Verluste unterliegen dann einer anteiligen Verlustnutzungsbeschränkung gemäß § 8c Abs. 1 S. 1 KStG.

Im Beispielsfall folgt aus der Anteilsübertragung im Jahr 03 von B auf C, dass die in der Zwischenzeit entstandenen Verluste in Höhe von 300 zu 30% gekürzt werden. Die X-GmbH kann im Jahr 03 also sowohl die übrig gebliebenen Verluste in Höhe von 700 als auch die in der Zwischenzeit entstanden Verluste in Höhe von 210 geltend machen. Zu einem vollständigen Verlustuntergang gemäß § 8c Abs. 1 S. 2 KStG im oben genannten Beispiel kommt es dann, wenn A im Jahr 03 weitere 21% der Gesellschaftsanteile auf B oder C oder diesen nahe stehende Personen überträgt. In diesem Fall ist die Anteilsübertragung aus dem Jahr 01 für das Jahr 03 relevant, weil insgesamt mehr als 50% der Gesellschaftsanteile von A auf einen Erwerber (entweder B oder C) übertragen werden[594].

cc) Zwischenergebnis

Auf einer zweiten Stufe tritt gemäß § 8c Abs. 1 S. 2 KStG ein vollständiger Verlustuntergang ein, sobald mehr als 50% des gezeichneten Kapitals bzw. der Mitgliedschaftsrechte auf einen Erwerber übertragen werden. Die Übertragung eines nämlichen Anteils hat nur den anteiligen Untergang der in der Zwischenzeit, d.h. zwischen dem ersten und zweiten Anteilserwerb, entstandenen Verluste zur Folge.

4. Ausnahmeregelungen

Der Gesetzgeber lenkt dem weiten Anwendungsbereich des § 8c Abs. 1 KStG mit verschiedenen Ausnahmetatbeständen entgegen. Ursprünglich war eine Ausnahme für Wagnisbeteiligungsgesellschaften in § 8c Abs. 2 KStG vorgesehen. Darüber hinaus regelt § 14 Abs. 3 FMStFG, dass § 8c Abs. 1 KStG unter gewissen Voraussetzungen nicht anwendbar sein soll.

Schließlich hat der Gesetzgeber im Rahmen des Wachstumsbeschleunigungsgesetzes eine Konzern- und eine – unbefristete – Sanierungsklausel installiert[595].

---

593 *Suchanek* in: H/H/R, Jahresband 2008, § 8c KStG Rn. J 07-13; *Meiisel/Bokeloh*, BB 2008, 808 (815); *Reitsam* in: Breithecker/Förster/Förster/Klapdor, UntStRefG, § 8c Rn. 80; *Benz/Rosenberg* in: Blumenberg/Benz, Die Unternehmensteuerreform 2008, S. 190.

594 *Suchanek/Herbst*, FR 2007, 863 (866 und Beispiel 867), erläutern dies im Zusammenhang mit der Übertragung eines nämlichen Anteils.

595 Auf die Konzern- und Sanierungsklausel wird unter 2. Teil, C. V. 2. eingegangen.

a) *§ 8c Abs. 2 KStG*

Im Rahmen des Gesetzes zur Modernisierung der Rahmenbedingungen für Kapitalbeteiligungen (MoRaKG) ist § 8c KStG ursprünglich um einen Absatz 2 als Ausnahmeregelung für sog. Wagniskapitalbeteiligungsgesellschaften im Sinne des § 2 Abs. 1 Wagniskapitalbeteiligungsgesetz (WKBG) ergänzt worden[596]. Durch die Neuregelung sollten junge und innovative Unternehmen, die in der Regel zu Beginn Verluste erwirtschaften und auf Investoren angewiesen sind, gefördert und entlastet werden[597]. Dabei sah die Vorschrift eine Ausnahme sowohl bei einem Beteiligungserwerb durch eine Wagniskapitalbeteiligungsgesellschaft als auch bei einer Weiterveräußerung von Anteilen von einer Wagniskapitalbeteiligungsgesellschaft an einen Dritten vor.

§ 8c Abs. 2 KStG war als punktuelle Ausnahmeregelung zu § 8 Abs. 1 KStG ausgestaltet. Voraussetzung für die Anwendbarkeit des § 8c Abs. 2 KStG war, dass „nicht abziehbare Verluste“ im Sinne des Absatzes 1 bestehen, die unter den Voraussetzungen des § 8c Abs. 2 KStG ausnahmsweise – über einen Zeitraum von fünf Jahren gestreckt und danach vollständig – genutzt werden können.

Allerdings ist § 8c Abs. 2 KStG nie in Kraft getreten, da die Vorschrift von der EU-Kommission als eine mit dem Gemeinsamen Markt unvereinbare Beihilfe qualifiziert wurde[598].

Im Folgenden sollen – aus Gründen der Vollständigkeit – gleichwohl die Voraussetzungen des § 8c Abs. 2 KStG a.F. dargestellt werde.

aa) *Verlustabzug dem Grunde nach*

Seiner Systematik nach sieht § 8c Abs. 2 KStG für den Verlustabzug im Zusammenhang mit Wagniskapitalbeteiligungsgesellschaften dem Grunde nach zwei Alternativen vor. Verluste, die nach Maßgabe des § 8c Abs. 1 S. 1 und S. 2 KStG untergehen, können unter den Voraussetzungen des § 8c Abs. 2 S. 1 und S. 2 KStG zum Abzug zugelassen werden.

(1) *§ 8c Abs. 2 S. 1 KStG*

Gemäß § 8c Abs. 2 S. 1 KStG bleibt ein Verlust, der nach den bisher dargestellten Grundsätzen anteilig oder vollständig untergeht, zeitlich gestreckt weiter nutzbar,

596 Gesetz zur Modernisierung der Rahmenbedingungen für Kapitalbeteiligungen, BGBl. I 2008, 1672 (1677).

597 BT-Drs. 16/6311, S. 27.

598 Vgl. Entscheidung der Europäischen Kommission v. 30.9.2009, IP/09/1449.

wenn ein unmittelbarer schädlicher Beteiligungserwerb *durch* eine Wagniskapitalbeteiligungsgesellschaft erfolgt, soweit der Verlust auf stille Reserven der Zielgesellschaft – also der Verlustgesellschaft – entfällt.

(a) Wagniskapitalbeteiligungsgesellschaft

Als eine Wagniskapitalbeteiligungsgesellschaft im Sinne des § 2 Abs. 1 WKBG gilt jede Gesellschaft, die als solche und nicht gleichzeitig als Unternehmensbeteiligungsgesellschaft von der Bundesanstalt für Finanzdienstleistungsaufsicht anerkannt ist. Grundvoraussetzung dafür ist, dass der satzungsmäßige oder gesellschaftsvertraglich festgelegte Unternehmensgegenstand der Wagniskapitalbeteiligungsgesellschaft der Erwerb, das Halten, die Verwaltung und die Veräußerung von Wagniskapitalbeteiligungen ist[599]. Darüber hinaus muss eine Wagniskapitalbeteiligungsgesellschaft gemäß § 5 WKBG den Sitz und ihre Geschäftsleitung im Inland haben und nach § 6 WKBG über ein Mindestkapital von 1 Mio. EUR verfügen, wobei die Beteiligungen eine Mindestrücklage von 25.000,00 EUR aufweisen müssen. Gemäß § 7 WKBG muss die Gesellschaft zwei fachlich geeignete und zuverlässige Geschäftsleiter haben. Die zulässigen Geschäfte einer Wagniskapitalbeteiligungsgesellschaft regelt § 8 WKBG. Die dort aufgeführten Beteiligungen darf eine Wagniskapitalbeteiligungsgesellschaft erwerben, halten, verwalten, veräußern, beraten und in begrenztem Umfang Finanzierungen gewähren. Schließlich sieht § 10 WKBG vor, dass die Wagniskapitalbeteiligungsgesellschaft spätestens nach fünf Jahren nach ihrer Anerkennung konzernfrei sein muss.

(b) Zielgesellschaft

Bei der Zielgesellschaft im Sinne des § 8c Abs. 2 S. 1 KStG handelt es sich um eine Kapitalgesellschaft, die zum Zeitpunkt des schädlichen Beteiligungserwerbs im Sinne des § 8c Abs. 1 KStG die Voraussetzungen des § 2 Abs. 3 Nr. 1-7 WKBG kumulativ erfüllt. Gemäß § 2 Abs. 3 Nr. 1 WKBG muss es sich um eine Kapitalgesellschaft handeln, die ihren Sitz und ihre Geschäftsleitung innerhalb der EU hat. Zudem darf zum Zeitpunkt des Beteiligungserwerbs durch eine Wagniskapitalbeteiligungsgesellschaft, die über ein Eigenkapital von nicht mehr als 20 Mio. EUR verfügt[600], die Gründung der Zielgesellschaft nicht länger als zehn Jahre zurück liegen[601], und es dürfen keine Wertpapiere in den Handel an einem organisierten Markt im Sinne des § 2 Abs. 5 WpHG oder einem gleichgerichteten Markt zuge-

---

599 Vgl. § 4 WKBG.
600 Vgl. § 2 Abs. 3 Nr. 2 WKBG.
601 § 2 Abs. 3 Nr. 3 WKBG.

lassen oder einbezogen sein[602]. Die Zielgesellschaft darf des Weiteren gemäß § 2 Abs. 3 Nr. 6 WKBG keine Unternehmen oder Unternehmensteile betreiben, die älter als die Zielgesellschaft sind. Während der Dauer des Haltens der Beteiligung durch die Wagniskapitalbeteiligungsgesellschaft dürfen schließlich weder Unternehmen oder Unternehmensteile auf die Zielgesellschaft im Wege der Einzel- oder Gesamtrechtsnachfolge übergehen, die älter als sie sind[603], noch darf die Zielgesellschaft Organträger im Sinne des § 14 KStG bzw. dessen Mitunternehmer sein[604].

(c) Schädlicher Beteiligungserwerb

Voraussetzung für § 8c Abs. 2 S. 1 KStG ist, dass ein schädlicher Beteiligungserwerb einer Wagniskapitalbeteiligungsgesellschaft an einer Zielgesellschaft vorliegt. Damit nimmt die Vorschrift implizit auf Absatz 1 der Regelung Bezug. Grundsätzlich kann daher jede von § 8c Abs. 1 KStG erfasste Transaktion von Absatz 2 der Vorschrift begünstigt werden. Einschränkungen gelten im Rahmen des § 8c Abs. 2 KStG nur insofern, als die Zielgesellschaft im Sinne des § 8 Abs. 2 S. 1 KStG stets eine Kapitalgesellschaft ist[605], so dass von der Ausnahmeregelung des § 8c Abs. 2 KStG nur Anteils- und Stimmrechtsübertragungen sowie Kapitalerhöhungen einschließlich der dazu vergleichbaren Sachverhalte erfasst sind[606]. Zudem sind von § 8c Abs. 2 KStG ausdrücklich nur schädliche Beteiligungserwerbe auf unmittelbarer Gesellschaftsebene erfasst. Beteiligungserwerbe auf mittelbarer Unternehmensebene, die gemäß § 8c Abs. 1 KStG zu einem anteiligen oder vollständigen Verlustuntergang führen, werden hingegen nicht nach § 8c Abs. 2 KStG begünstigt[607]. Dasselbe muss für die mittelbare Kapitalerhöhung gelten.

(d) Entfall auf stille Reserven

Liegt ein unmittelbarer Beteiligungserwerb einer Wagniskapitalbeteiligungsgesellschaft an einer Zielgesellschaft vor, ist der Verlustabzug gemäß § 8c Abs. 2 S. 1 KStG auf der Rechtsfolgenseite daran gekoppelt, dass stille Reserven im

---

602 § 2 Abs. 3 Nr. 4 WKBG.
603 § 2 Abs. 3 Nr. 6 WKBG.
604 § 2 Abs. 3 Nr. 7 WKBG.
605 Vgl. § 2 Abs. 3 WKBG.
606 Die Mitgliedschafts- und Beteiligungsrechte beziehen sich ausschließlich auf sonstige Körperschaften, vgl. 2. Teil, C. II. 2. a) bb).
607 Vgl. *Suchanek/Herbst*, GmbHR 2008, 862 (864); *Olbing* in: Streck, KStG (7. Auflage), § 8c Rn. 19.

inländischen Betriebsvermögen der Zielgesellschaft vorhanden sind[608]. Der Verlustabzug der Zielgesellschaft ist nur in dem Umfang möglich, wie stille Reserven in dem betreffenden Vermögen vorhanden sind[609].

(2) § 8c Abs. 2 S. 2 KStG

Gemäß § 8c Abs. 2 S. 2 KStG bleibt ein Verlust der Zielgesellschaft auch dann nutzbar, wenn nicht eine Wagniskapitalbeteiligungsgesellschaft selbst Anteile erwirbt, sondern ein Dritter die Anteile an der Zielgesellschaft *von* einer Wagniskapitalbeteiligungsgesellschaft erwirbt. Voraussetzung ist dabei, dass die Zielgesellschaft zum Zeitpunkt des schädlichen Beteiligungserwerbs entweder ein Eigenkapital von nicht mehr als 20 Mio. EUR aufweist oder ein Eigenkapital von nicht mehr als 100 Mio. EUR aufweist und die den Betrag von 20 Mio. EUR übersteigende Erhöhung des Eigenkapitals auf den Jahresüberschüssen der der Veräußerung vorangegangenen vier Geschäftsjahre beruht. Darüber hinaus muss der Zeitraum zwischen der Anschaffung und der Weiterveräußerung der Beteiligung an der Zielgesellschaft durch die Wagniskapitalbeteiligungsgesellschaft mindestens vier Jahre betragen (§ 8c Abs. 2 S. 2, 2. HS KStG).

Aus der Formulierung „Gleiches gilt" im Rahmen des § 8c Abs. 2 S. 2 KStG folgt, dass auch der Verlustabzug der Zielgesellschaft im Rahmen des § 8c Abs. 2 S. 2 KStG davon abhängig ist, inwieweit stille Reserven in dem Betriebsvermögen der Zielgesellschaft vorhanden sind (Rechtsfolgenverweis[610]). Nur in diesem Umfang ist der Verlustabzug ausnahmsweise zulässig.

bb) Verlustabzug der Höhe nach

Gemäß § 8c Abs. 2 S. 3 KStG ist der nach Satz 1 dem Grunde nach abziehbare Verlust im Jahr des schädlichen Beteiligungserwerbs zu einem Fünftel abzuziehen. In den folgenden vier Jahren erhöht sich dieser Betrag um je ein Fünftel.

(1) Anwendungsbereich

Nach dem ausdrücklichen Wortlaut des § 8c Abs. 2 S. 3 KStG bezieht sich diese Verlustabzugsbeschränkung nur auf den nach § 8c Abs. 2 S. 1 KStG dem Grunde

608 Dabei ist die Berechnung der stillen Reserven regelmäßig mit einem erheblichen Aufwand verbunden. Unternehmensbewertungen sind in der Regel nicht nur kostspielig, sondern auch streitanfällig, vgl. *Watrin/Wittkowski/Pott*, DB 2007, 1939 (1942).

609 Vgl. *Dötsch* in: Dötsch/Jost/Pung/Witt, KStG, § 8c Rn. 47; *Zipfel/Franke*, BB 2008, 2211 (2213).

610 *Suchanek/Herbst*, GmbHR 2008, 862 (865).

nach abziehbaren Verlust. Daraus könnte gefolgert werden, dass der nach § 8c Abs. 2 S. 2 KStG abziehbare Verlust ohne die betragsmäßige Beschränkung des § 8c Abs. 2 S. 3 KStG zum Abzug zugelassen wird.

Diesem sehr eindeutigen Wortlaut des § 8c Abs. 2 S. 3 KStG stehen die Gesetzesbegründung sowie die Systematik des § 8c Abs. 2 KStG entgegen. Denn im ursprünglichen Gesetzesentwurf waren Satz 1 und Satz 2 des § 8c Abs. 2 KStG als ein – mit einem Semikolon getrennter – Satz gefasst[611]. Schon in der damaligen Fassung bezog sich § 8c Abs. 2 S. 2 KStG – wortgleich mit dem heutigen Satz 3 – auf den „nach Satz 1 abziehbaren Verlust". Dass im Laufe des Gesetzgebungsverfahrens die durch das Semikolon getrennten Halbsätze zu je einem Satz geändert wurden, lässt darauf schließen, dass es sich bei § 8c Abs. 2 S. 3 KStG hinsichtlich der Bezugnahme allein auf Satz 1 um ein redaktionelles Versehen handelt. Auch der aktuellen Gesetzesbegründung des § 8c Abs. 2 KStG kann nicht entnommen werden, dass der Gesetzgeber eine Differenzierung der Rechtsfolgen zwischen § 8c Abs. 2 S. 1 und S. 2 KStG vornehmen wollte[612]. Dafür spricht auch das sich aus dem Wortlaut des § 8c Abs. 2 KStG ergebende Verhältnis zwischen § 8c Abs. 2 S. 1 und S. 2 KStG. Denn schon die sprachliche Abfassung des § 8c Abs. 2 S. 2 KStG lässt – wie dargestellt – den Schluss zu, dass es sich dabei um einen Rechtsfolgenverweis handelt.

Da es sich bei § 8c Abs. 2 S. 3 KStG um ein redaktionelles Versehen handelt, ist § 8c Abs. 2 S. 2 KStG dahingehend einschränkend auszulegen, dass ein dem Grunde nach abziehbarer Verlust nicht unbeschränkt, sondern nach Maßgabe des § 8c Abs. 2 S. 3 KStG zeitlich gestreckt abziehbar ist[613].

(2) Gestreckter Verlustabzug

Der dem Grunde nach gemäß § 8c Abs. 2 S. 1 und S. 2 KStG als abziehbar qualifizierte Verlust kann gemäß § 8c Abs. 2 S. 3 KStG im Jahr des schädlichen Beteiligungserwerbs zu einem Fünftel abgezogen werden. In den folgenden vier Jahren erhöht sich der abziehbare Betrag um je ein weiteres Fünftel. Zusätzlich müssen die Regelungen zur Mindestbesteuerung gemäß § 10d Abs. 2 EStG beachtet werden. Verluste, die die Zielgesellschaft nach dem schädlichen Beteiligungserwerb erzielt, fallen nicht unter § 8c Abs. 2 S. 3 KStG.

---

611 Vgl. Referentenentwurf zum MoRaKG des BMF v. 29.6.2007, S. 15, im Internet als PDF-Dokument abrufbar unter rsw.beck.de/rsw/upload/Beck_Aktuell/refe-bmf.pdf (zuletzt abgerufen am 11.11.2008).

612 Vgl. BR-Drs. 567/07, S. 37 ff.

613 So auch *Suchanek/Herbst*, GmbHR 2008, 862 (864).

Beispiel[614]: Die X-GmbH (Zielgesellschaft im Sinne des § 2 Abs. 3 WKBG) verfügt über einen Verlustvortrag in Höhe von 1 Mio. EUR. Die stillen Reserven des inländischen steuerpflichtigen Betriebsvermögens belaufen sich auf 800.000,00 EUR. Eine Wagniskapitalbeteiligungsgesellschaft erwirbt am 1.1.2008 80% der Anteile der X-GmbH und stellt der X-GmbH Kapital zur Verfügung.

Gemäß § 8c Abs. 2 S. 1 KStG ist dem Grunde nach der Verlustabzug an das Vorhandensein stiller Reserven gekoppelt. Der Verlustvortrag der X-GmbH geht also in Höhe von 200.000,00 EUR vollständig unter. Die übrig gebliebenen Verluste kann die X-GmbH gemäß § 8c Abs. 2 S. 3 KStG ab dem Jahr 2008 zu je einem Fünftel geltend machen (2008 160.000,00 EUR, 2009 320.000,00 EUR, 2010 480.000,00 EUR etc.).

Abwandlung: Der Sachverhalt entspricht dem des Ausgangsfalls, jedoch erwirbt die Wagniskapitalbeteiligungsgesellschaft am 1.1.2008 lediglich 40% der Anteile der X-GmbH.

Gemäß § 8c Abs. 1 S. 1 KStG ist der Verlustvortrag der X-GmbH in Höhe von 600.000,00 EUR von der Verlustnutzungsbeschränkung nicht betroffen. Die übrigen 400.000,00 EUR gingen nach § 8c Abs. 1 S. 1 KStG verloren. Da die X-GmbH jedoch über stille Reserven in Höhe von 800.000,00 EUR verfügt, also zu 80% des gesamten Verlustvortrages, darf die X-GmbH den sonst nach § 8c Abs. 1 S. 1 KStG untergehenden Verlust zu 80% – verteilt über einen Fünfjahreszeitraum – geltend machen (80% von 400.000,00 EUR = 320.000,00 EUR). Die X-GmbH kann also jährlich Verluste in Höhe von 64.000,00 EUR mit ihren Gewinnen verrechnen.

(3) Vollständiger Verlustabzug

Nach Ablauf der Fünfjahresfrist des § 8c Abs. 2 S. 3 KStG ist der Verlustabzug unbeschränkt möglich. Der Zielgesellschaft steht dann das gesamte verbliebene Verlustvolumen vollständig zur Verfügung. Ein nach Ablauf der Fünfjahresfrist verbleibender und nach § 10d Abs. 4 EStG festgestellter Verlustvortrag kann unbeschränkt mit erwirtschafteten Gewinnen verrechnet werden.

b) Finanzmarktstabilisierungsfondsgesetz

Durch das Finanzmarktstabilisierungsfondsgesetz (FMStFG), welches infolge der Bankenkrise am 18.10.2008 in Kraft getreten ist[615], besteht für Unternehmen des Finanzsektors nunmehr die Möglichkeit, staatliche finanzielle Hilfe in Form des „Finanzmarkstabilisierungsfonds“ in Anspruch zu nehmen und auf diese Weise bestehende Liquiditätsengpässe zu überwinden und ihre Eigenkapitalbasis zu stärken[616]. Zu diesem Zweck verfügt der Fonds über drei sich ergänzende Instrumente: Erstens kann der Fonds gemäß § 7 FMStFG Garantien in Höhe von bis zu 400 Mrd. EUR übernehmen, wodurch das Vertrauen der Markteilnehmer

614 Die Beispielsfälle entstammen dem Gesetzesentwurf der Bundesregierung des MoRaKG, vgl. BT-Drs. 16/6311, S. 27.

615 BGBl. I 2008, S. 1982 ff.

616 Vgl. BT-Drs. 16/10600, S. 16.

in die Werthaltigkeit der garantierten Schuldtitel oder Verbindlichkeiten aus Einlagen gestärkt werden soll. Zweitens kann der Fonds gemäß § 8 FMStFG von Unternehmen des Finanzsektors Risikopositionen, insbesondere Forderungen, Wertpapiere, derivative Finanzinstrumente, Rechte und Pflichten aus Kreditzusagen oder Gewährleistungen und Beteiligungen erwerben oder absichern. Drittens steht dem Fonds gemäß § 6 FMStFG die Möglichkeit zu, sich an der Rekapitalisierung des Unternehmens zu beteiligen und insbesondere Anteile oder stille Beteiligungen gegen Leistung einer Einlage zu erwerben. Sind dabei mehr als 25% der Gesellschaftsanteile des Finanzunternehmens betroffen, würde die Beteiligung des Fonds gemäß § 8c Abs. 1 KStG zu einem (anteiligen) Verlustuntergang bei den Unternehmen führen. Die Anwendung des § 8c Abs. 1 KStG liefe dem Ziel des FMStFG, die Finanzmärkte zu stabilisieren, durch die Verlustvernichtung zuwider[617]. Aus diesem Grund regelt § 14 Abs. 3 FMStFG, dass § 8c KStG weder bei dem Erwerb von Stabilisierungselementen noch bei deren Rückübertragung durch den Fonds anzuwenden ist. Im Rahmen des FMStFG ist die Anwendbarkeit des § 8c KStG somit vollständig ausgeschlossen.

c) Ergebnis

Mit § 8c Abs. 2 KStG und dem FMStFG hat der Gesetzgeber bereits die ersten beiden Ausnahmen zu § 8c Abs. 1 KStG erlassen. Beteiligungen von Wagniskapitalbeteiligungsgesellschaften lösen nicht die radikalen Folgen des § 8c Abs. 1 KStG aus; Beteiligungen des Finanzmarktstabilisierungsfonds fallen insgesamt nicht in den Anwendungsbereich des § 8c KStG. Ob dadurch den wirtschaftspolitisch unwünschenswerten Folgen des § 8c Abs. 1 KStG ausreichend entgegengewirkt wird, erscheint zweifelhaft[618]. Zudem widerlegt der Gesetzgeber durch die Ausnahmeregelungen selbst, dass eine Verlustnutzungsbeschränkung allein aufgrund eines Anteilseignerwechsels für die gewünschten Vereinfachungszwecke[619] erforderlich war[620]. Vielmehr wird der Gesetzgeber auch in Zukunft der radikalen Lösung des § 8c Abs. 1 KStG durch weitere, die Vorschrift verkomplizierende Ausnahmeregelungen entgegenwirken, um auf einzelnen Gebieten die uner-

617 Vgl. BT-Drs. 16/10600, S. 18.

618 In der Literatur wird kritisiert, dass § 8c Abs. 2 KStG nur Beteiligungserwerbe im Zusammenhang mit Wagniskapitalbeteiligungsgesellschaften begünstigt, vgl. *Suchanek/Herbst*, GmbHR 2008, 862 (867). Tatsächlich beschränken sich die wirtschaftspolitisch unerwünschten Folgen des § 8c Abs. 1 KStG nicht auf die Fälle, für die der Gesetzgeber bislang Ausnahmeregelungen geschaffen hat, vgl. unten 2. Teil, C. IV.

619 Vgl. BT-Drs. 16/4841, S. 34 und 75.

620 Vgl. *Hey* in: Tipke/Lang, Steuerrecht, § 11 Rn. 58.

wünschten Rechtsfolgen des § 8c Abs. 1 KStG abzuschwächen. Ob er dabei auch die Interessen der Wirtschaft[621] beachten wird, bleibt zweifelhaft.

5. *Übergangsvorschrift*

§ 34 Abs. 6 und 7b KStG regelt die zeitliche Anwendbarkeit des § 8c KStG und des § 8 Abs. 4 KStG a.F.

a) *Erstmalige Anwendung des § 8c KStG*

Gemäß § 34 Abs. 7b KStG gilt § 8c KStG erstmals für den Veranlagungszeitraum 2008 und für Anteilsübertragungen, die nach dem 31.12.2007 erfolgen. Hier stellt sich die Frage, wie ein gestufter Anteilserwerb zu behandeln ist, bei dem im Zeitraum vom 1.1.2003 bis zum 31.12.2007 weniger als 25% der Gesellschaftsanteile einer Verlustgesellschaft übertragen wurden, durch eine weitere Zwerganteilsübertragung im Jahr 2008 aber die Schädlichkeitsgrenze überschritten wird.

Eine solche Fallgestaltung führt nicht zu einem schädlichen Beteiligungserwerb gemäß § 8c Abs. 1 S. 1 KStG. Denn es ist Wille des Gesetzgebers, dass nur solche Transaktionen im Rahmen des § 8c KStG Beachtung finden, die nach dem 31.12.2007 erfolgen. Dies geht aus der Gesetzesbegründung hervor, in der es heißt: „Die Rechtsfolgen der Regelung treten erstmals für den VZ 2008 ein, auf den Verlustfeststellungsbescheid 31.12.2007 findet dagegen ausschließlich § 8 Abs. 4 KStG Anwendung. Tatbestandlich erfasst die Neuregelung Beteiligungstransaktionen nach dem 31.12.2007“[622]. Diese Begründung ist so zu verstehen, dass Beteiligungserwerbe, die vor dem 1.1.2008 vorgenommen wurden, für die Anwendung des § 8c KStG außer Betracht bleiben. Dies muss auch für den Fall eines abweichenden Wirtschaftsjahres gelten. Der Gesetzgeber verzichtet hier offensichtlich auf eine tatbestandliche Rückanknüpfung[623].

Für die Prüfung, ob ein schädlicher Beteiligungserwerb im Sinne des § 8c Abs. 1 S. 1 bzw. S. 2 KStG vorliegt, bleiben also Übertragungen des gezeichneten Kapitals oder der sonstigen Beteiligungsrechte vor dem 1.1.2008 außer Betracht[624].

---

621 Auf diese wird im Laufe der Arbeit noch eingegangen, vgl. unten 2. Teil, C. IV.

622 BT-Drs. 16/4841, S. 78.

623 Eine tatbestandliche Rückanknüpfung hat der Gesetzgeber noch bei der Verschärfung von § 8 Abs. 4 KStG ab dem Jahr 1997 angenommen.

624 Ganz h.M. *Dörr*, NWB Nr. 31 (2007), Fach 4, 5181 (5186); *Neyer*, BB 2007, 1415 (1419); *Dötsch* in: Dötsch/Jost/Pung/Witt, KStG, § 8c Rn. 39; *B. Lang* in: Ernst&Young, KStG, § 8c Rn. 106; *Zerwas/Fröhlich*, DStR 2007, 1933 (1938); *Grützner*, StuB 2007, 339 (342).

b) Letztmalige Anwendung des § 8 Abs. 4 KStG

§ 8 Abs. 4 KStG ist neben § 8c KStG letztmalig anzuwenden, wenn mehr als die Hälfte der Anteile an einer Kapitalgesellschaft innerhalb eines Fünfjahreszeitraums übertragen werden, der vor dem 1.1.2008 beginnt, und der Verlust der wirtschaftlichen Identität vor dem 1.1.2013 eintritt (§ 34 Abs. 6 S. 4 KStG).

Die Übergangsregelung führt dazu, dass § 8 Abs. 4 KStG im Zeitraum vom 1.1.2008 bis zum 31.12.2012 neben § 8c KStG Anwendung findet. Die nicht genutzten Verluste einer Kapitalgesellschaft können in diesem Zeitraum sowohl nach § 8c Abs. 1 KStG (anteilig) als auch gemäß § 8 Abs. 4 KStG untergehen[625].

Beispiel: Die X-GmbH verfügt über einen Verlustvortrag von 1000. Im Jahr 2004 erwirbt B vom Alleingesellschafter A 25% der Gesellschaftsanteile. Im Jahr 2009 erwirbt B weitere 26% der Gesellschaftsanteile von A. Im Jahr 2010 wird der X-GmbH überwiegend neues Betriebsvermögen zugeführt.

Die Anteilsübertragung im Jahr 2004 hat auf die Anwendung des § 8c KStG keinen Einfluss. Der Verlustvortrag der X-GmbH geht jedoch im Jahr 2009 zu 26% gemäß § 8c Abs. 1 S. 1 KStG verloren. Da gemäß § 34 Abs. 6 S. 4 KStG ein Fünfjahreszeitraum für die Anwendbarkeit des § 8 Abs. 4 KStG maßgeblich ist, wobei eine Anteilsübertragung bereits vor dem 1.1.2008 erfolgen muss, sind die Anteilsübertragungen aus den Jahren 2004 und 2009 zusammenzurechnen. Es sind also mehr als die Hälfte der Gesellschaftsanteile der X-GmbH übertragen worden. Da der Gesellschaft in einem zeitlichen und sachlichen Zusammenhang[626] mit der mehrheitlichen Anteilsübertragung überwiegend neues Betriebsvermögen zugeführt wurde, geht im Jahr 2010 der restliche Verlustvortrag der X-GmbH unter.

Die Finanzverwaltung ist der Auffassung, § 34 Abs. 6 KStG sei auch für den Verlust der wirtschaftlichen Identität einer Körperschaft nach § 8 Abs. 4 S. 1 KStG anwendbar[627]. Eine solche Auslegung ist mit dem ausdrücklichen Wortlaut des § 34 Abs. 6 KStG, der nur von Kapitalgesellschaften spricht, nicht vereinbar und damit unzulässig[628].

§ 34 Abs. 6 KStG regelt nicht, ob für den Verlust der wirtschaftlichen Identität einer Gesellschaft ein zeitlicher Zusammenhang von fünf Jahren zwischen der Übertragung der Gesellschaftsanteile und der Betriebsvermögenszuführung ausreicht oder ob ein sachlicher und zeitlicher Zusammenhang erforderlich ist. § 34 Abs. 6 KStG spricht zwar von einem Fünfjahreszeitraum, jedoch ist damit lediglich gemeint, dass bei einem gestuften Anteilserwerb die einzelnen Übertragungen innerhalb von fünf Jahren erfolgen müssen. Dass auch die Anteilsübertragung

---

625 Vgl. *Dörr*, NWB Nr. 33 (2008), Fach 4, 5339 (5355).
626 Vgl. oben 2. Teil, B. 1. c).
627 BMF v. 4.7.2008, IV C 7 – S 2745 – a/08/10001, DStR 2008, 1436 (1438, Rn. 36).
628 *Dörr*, NWB Nr. 33 (2008), Fach 4, 5339 (5354).

und die Betriebsvermögenszuführung innerhalb von fünf Jahren erfolgen sollen, lässt sich dem Wortlaut der Norm nicht entnehmen[629].

Wie dargestellt, hat der BFH im Rahmen des § 8 Abs. 4 KStG entschieden, dass ein enger sachlicher und zeitlicher Zusammenhang zwischen dem Verlust des persönlichen und des sachlichen Substrats der Gesellschaft erforderlich ist[630]. Entsprechend der geänderten Verwaltungsauffassung[631] kann es daher auch im Rahmen des § 34 Abs. 6 KStG grundsätzlich nur dann zu einem Verlust der wirtschaftlichen Identität der Verlustgesellschaft kommen, wenn die schädliche Betriebsvermögenszuführung innerhalb von zwei Jahren nach der Überschreitung der 50%-Grenze für den Anteilseignerwechsel und vor dem 1.1.2013 erfolgt[632]. Ist ein solcher zeitlicher Zusammenhang nicht gegeben, obliegt es der Finanzverwaltung, darzulegen und zu beweisen, dass zwischen der Anteilsübertragung und der Betriebsvermögenszuführung ein sachlicher Zusammenhang besteht.

6. *Ergebnis der Normanalyse*

Gemäß § 8c KStG gehen sämtliche Verluste einer Körperschaft – einschließlich des gewerbesteuerlichen Verlustvortrages sowie des Zinsvortrages – (anteilig) verloren, sobald mehr als 25% der Gesellschaftsanteile oder der Mitgliedschafts-, Beteiligungs- oder Stimmrechte auf einen Erwerber übertragen werden. Da eine einschränkende Auslegung im Rahmen der rein fiskalisch motivierten Vorschrift nur in wenigen Ausnahmefällen möglich ist und nach deren Leitgedanken die Verlustnutzung der Körperschaften allein davon abhängt, ob und inwieweit neue Anteilseigner die Möglichkeit erhalten, auf die Verlustgesellschaft Einfluss auszuüben, führen bei § 8c KStG weit mehr Fälle zu einem endgültigen Verlustuntergang als bei § 8 Abs. 4 KStG.

Der weite Anwendungsbereich des § 8c Abs. 1 KStG erfasst nicht nur die Übertragung von (stimmrechtslosen) Gesellschaftsanteilen, sondern auch – soweit gesellschaftsrechtlich zulässig – die isolierte Übertragung von Stimmrechten. Zudem können auch vergleichbare Sachverhalte zu einem schädlichen Beteiligungserwerb führen, worunter insbesondere die Kapitalherabsetzung, Stimmrechtsvereinbarungen und Umwandlungsfälle zu verstehen sind. Gemäß § 8c Abs. 1 KStG kann jede Veränderung der Beteiligungsverhältnisse auf unmittelbarer oder mittelbarer Gesellschaftsebene zu einem schädlichen Beteiligungserwerb führen. Von einer Konzernbetrachtung hat der Gesetzgeber ausdrücklich Abstand genommen. Konzern-

629 Ebenso *Zerwas/Fröhlich*, DStR 2007, 1933 (1939); *Dörr*, NWB Nr. 31 (2007), Fach 4, 5181 (5192).
630 Vgl. oben 2. Teil, B. II. 1. c).
631 BStBl. I 2007, 624.
632 Vgl. *Dörr*, NWB Nr. 33 (2008), Fach 4, 5339 (5355).

interne Umstrukturierungen können daher regelmäßig zu einem Untergang von steuerlichen Verlusten führen, soweit dadurch nicht lediglich eine Beteiligungskette verkürzt wird.

§ 8c KStG wirkt verlustvernichtend, sobald sich die von der Norm erfassten Beteiligungen an einer Körperschaft zu mehr als 25% auf einen Erwerber verschieben. Mit § 8c Abs. 2 KStG hat der Gesetzgeber allein eine Ausnahmeregelung für Beteiligungserwerbe durch eine bzw. von einer Wagniskapitalbeteiligungsgesellschaft geschaffen. Zudem ist ein Beteiligungserwerb durch den Finanzmarktstabilisierungsfonds nicht im Sinne des § 8c Abs. 1 KStG schädlich. Sonstige Ausnahmen zu § 8c Abs. 1 KStG – insbesondere eine Ausnahme für Unternehmenssanierungen – bestehen im Rahmen des § 8c KStG nicht.

Der Gesetzgeber hat mit § 8c KStG von einer Mantelkaufregelung Abstand genommen und eine allgemeine Verlustvernichtungsregelung geschaffen. Die Vorschrift führt zu einem (anteiligen) Verlustuntergang bei jeder mehr als 25%igen Veränderung der Beteiligungsverhältnisse einer Verlustkörperschaft, unabhängig davon, ob eine missbräuchliche Gestaltung vorliegt oder nicht.

III. Verfassungsrechtliche Bedenken

Aus verfassungsrechtlicher Sicht ist zu untersuchen, ob § 8c KStG – neben der Frage, ob die Norm gegen den Bestimmtheitsgrundsatz verstößt[633] – mit dem objektiven Nettoprinzip vereinbar ist. Darüber hinaus sieht der überwiegende Teil in der Literatur in § 8c KStG einen Verstoß gegen das zivilrechtliche Trennungsprinzip. Auch dies soll im Folgenden geprüft werden.

1. Verstoß gegen das objektive Nettoprinzip und das Gebot der Folgerichtigkeit

a) Objektives Nettoprinzip/Folgerichtigkeitsgebot

Durch die erhebliche Einschränkung der Verlustnutzung von Körperschaften soll das Unternehmensteuerreformgesetz 2008 teilweise gegenfinanziert werden[634]. § 8c KStG dient in erster Linie der Erzielung von Einnahmen sowie der Deckung des Finanzbedarfs der öffentlich-rechtlichen Gemeinwesen und zählt somit zu den Fiskalzwecknormen. Fiskalzwecknormen dürfen nicht beliebig erlassen werden. Sie müssen sich vielmehr an einer gerechten Besteuerung nach der wirtschaftlichen Leistungsfähigkeit orientieren[635]. Auch § 8c KStG ist daher am Leistungsfähigkeitsprinzip zu messen.

---

633 Vgl. oben 2. Teil, C. II. 2. b) dd) (1).
634 Vgl. oben 2. Teil, C. I.
635 Vgl. grundlegend *Tipke*, Die Steuerrechtsordnung, Bd. I, S. 77 ff.

Dieser in Art. 3 Abs. 1 GG verankerte Grundsatz der Steuergerechtigkeit fordert nach ständiger Rechtsprechung des BVerfG, dass die Steuerlasten auf die Steuerpflichtigen im Verhältnis ihrer wirtschaftlichen Leistungsfähigkeit verteilt werden[636].

Dabei können Ausdruck einer steuerlichen Leistungsfähigkeit nicht nur die erwirtschafteten Vermögenszugänge sein. Vielmehr muss eine gerechte Besteuerung nach der Leistungsfähigkeit die durch den Steuerpflichtigen erzielten Aufwendungen, also auch die Verluste, zum Abzug zulassen. Dieses in § 2 Abs. 2 EStG einfach gesetzlich verankerte objektive Nettoprinzip stellt nach der Ansicht der Literatur – wie dargestellt[637] – ein verfassungskräftiges Subprinzip dar, welches das wirtschaftliche Leistungsfähigkeitsprinzip – als systemtragendes Prinzip – im Bereich der Ermittlung der Einkünfte konkretisiert[638]. Jeder Verstoß gegen das objektive Nettoprinzip bedarf danach eines Rechtfertigungsgrundes.

Das BVerfG hat sich dieser Ansicht zwar noch nicht ausdrücklich angeschlossen und eine dogmatische Einordnung des objektiven Nettoprinzips bisher vermieden. Jedoch hat das BVerfG wiederholt betont, dass der Entscheidungsspielraum des Gesetzgebers bei seiner Gesetzgebung durch die Prinzipien der Leistungsfähigkeit und der Folgerichtigkeit entscheidend beschränkt ist[639]. Dem Gesetzgeber steht zwar bei der Auswahl des Steuergegenstandes und bei der Bestimmung des Steuersatzes ein weitreichender Gestaltungsspielraum zu. Die einmal getroffene Belastungsentscheidung des Gesetzgebers für eine gerechte Besteuerung muss er jedoch folgerichtig im Sinne der Belastungsgleichheit umsetzen[640]. Es entspricht dem Gebot der Gleichheit gemäß Art. 3 Abs. 1 GG, dass der Gesetzgeber die Belastungsentscheidung nicht beliebig außer Kraft setzen kann[641]. Jede Ausnahme von einer folgerichtigen Umsetzung bedarf daher eines besonderen sachlichen Rechtfertigungsgrundes[642].

In § 2 Abs. 2 EStG und §§ 4, 9 EStG hat sich der Gesetzgeber für eine Nettobesteuerung entschieden. Diese Belastungsentscheidung gilt nicht nur partiell für jede einzelne abzugsbeschränkende Norm. Der Gesetzgeber hat vielmehr – wie *Drüen*[643] zutreffend festgestellt hat – mit dem objektiven Nettoprinzip die Grund-

---

636 Z.B. BVerfG v. 3.11.1982, 1 BvR 620/78 u.a., BVerfGE 61, 319 (343 ff.); BVerfG v. 29.5.1990, 1 BvL 20, 26, 184 und 4/86, BVerfGE 82, 60 (86).

637 Vgl. oben 1. Teil, A. I. 1.

638 Grundlegend *Söhn*, DStJG 3, 13 (17 f.).

639 Vgl. BVerfG v. 4.12.2002, 2 BvR 400/98 und 1735/00, BVerfGE 107, 27 (46).

640 Vgl. *Englisch*, StuW 2007, 221 (231).

641 *Tipke*, Die Steuerrechtsordnung, Bd. I, S. 327.

642 Vgl. oben 1. Teil, A. I. 1.

643 *Drüen*, StuW 2008, 3 (10), wonach die Grundentscheidung des Gesetzgebers unteilbar ist.

entscheidung für das gesamte Einkommensteuerrecht getroffen[644]. Auch nach der Rechtsprechung des BVerfG bedarf also jede Durchbrechung des objektiven Nettoprinzips – als Ausnahme von der gleichheitsrechtlichen, folgerichtigen Umsetzung der Grundentscheidung des Gesetzgebers – eines besonderen sachlich rechtfertigenden Grundes.

b) Neue Grundentscheidung des Gesetzgebers?

Im Rahmen der Körperschaftsbesteuerung ist der Gesetzgeber auch nicht von seiner Grundentscheidung abgerückt, die Besteuerung an die Nettoeinkünfte anzuknüpfen. Zwar hat der Gesetzgeber im Rahmen des Umwandlungsteuerrechts die Behandlung der Verlustvorträge durch das SEStEG[645] wesentlich geändert. § 12 Abs. 3 S. 2 UmwStG a.F., der regelte, unter welchen Voraussetzungen im Rahmen einer Verschmelzung die aufnehmende Kapitalgesellschaft die Verluste der übertragenden Kapitalgesellschaft wie eigene Verluste abziehen durfte, wurde ersatzlos gestrichen. Darüber hinaus wurde in den Gesetzeswortlaut des § 4 Abs. 2 S. 2 UmwStG die Aussage „Verrechenbare Verluste, verbleibende Verlustvorträge oder vom übertragenden Rechtsträger nicht ausgeglichene negativen Einkünfte gehen nicht über" aufgenommen[646]. Nach der Begründung des Regierungsentwurfs wird dadurch eine „allgemeine Aussage zu Verlustvorträgen" getroffen[647].

Daraus könnte der Schluss gezogen werden, der Gesetzgeber habe eine Grundentscheidung gegen die Nettobesteuerung von Körperschaften getroffen[648]. Jede Umstrukturierung würde danach zu einem Untergang bestehender Verlustvorträge führen, wozu auch lediglich eine Umgestaltung von Anteilseignerstrukturen zählen

644 Anderenfalls wäre das Gebot der Folgerichtigkeit wenig wert, wenn die „Grundentscheidung" frei bestimmbar wäre, vgl. im Zusammenhang mit dem Werkstorprinzip *Tipke*, BB 2007, 1525 (1529).

645 Gesetz über steuerliche Begleitmaßnahmen zur Einführung der Europäischen Gesellschaft und Änderung weiterer steuerrechtlicher Vorschriften v. 7.12.2006, BGBl. I 2006, 2782.

646 Dadurch ersetzt wurde der Passus „Ein verbleibender Verlustvortrag im Sinne der §§ 2a, 10d, 15 Abs. 3 oder 15a des Einkommensteuergesetzes geht nicht über".

647 BT-Drs. 16/2710, S. 38.

648 Dabei ist zweifelhaft, ob der Gesetzgeber beliebig „Grundentscheidungen" treffen kann. *Drüen*, StuW 2008, 3 (10), legt überzeugend dar, dass der Gesetzgeber keine „beliebige Definitionsmacht" über sie hat, da er es anderenfalls in der Hand hätte, durch vermeintliche „Grundentscheidungen" die Bindung an das Folgerichtigkeitsgebot und damit an die besonderen Rechtfertigungsgründe zu umgehen. Gleichwohl wird in der Literatur vertreten, dass der Gesetzgeber – scheinbar beliebig – neue Grundentscheidungen treffen kann, vgl. für das Werkstorprinzip *Leisner-Egensperger*, BB 2007, 639 (643).

könnte[649]. § 8c KStG würde dann eine folgerichtige Umsetzung dieser Grundentscheidung des Gesetzgebers darstellen.

Dass der Gesetzgeber mit der Streichung des § 12 Abs. 3 S. 2 UmwStG eine allgemeine Aussage über die (Versagung der) Verlustnutzung von Körperschaften treffen wollte, ist nicht anzunehmen. Dies gilt insbesondere im Hinblick auf § 8c KStG. Zum einen sind von der Verlustnutzungsbeschränkung des § 8c KStG nicht nur die Verlustvorträge, sondern auch die laufenden Verluste betroffen. Zum anderen käme § 8c KStG nur dann als folgerichtige Umsetzung eines (scheinbaren) neuen gesetzgeberischen Grundsatzes in Betracht, wenn diese Vorschrift und § 12 Abs. 3 S. 2 UmwStG a.F. jedenfalls im Kern dieselbe Qualität aufwiesen.

Die Streichung des § 12 Abs. 3 S. 2 UmwStG a.F. ist zwar in der Literatur teilweise auf erhebliche Kritik gestoßen[650]. Die Vorschrift war jedoch eine nicht zwingend gebotene Steuererleichterung für Umstrukturierungen[651]. Es war steuersystematisch vor dem Hintergrund des Individualsteuerprinzips[652] jedenfalls vertretbar, dass die Verluste der übertragenden Gesellschaft nicht auf die übernehmende Gesellschaft übergehen[653]. Ausgehend von dem zivilrechtlichen Trennungsprinzip kann der Auffassung, dass die übernehmende Gesellschaft – als eigenes Steuersubjekt – nur ihre eigenen Verluste geltend machen darf, durchaus gefolgt werden. Der Gesetzgeber handelte jedenfalls bei der Streichung des § 12 Abs. 3 S. 2 UmwStG im Rahmen seines Gestaltungsspielraums[654].

§ 8c KStG hingegen folgt einer entgegen gesetzten Systematik. Gemäß § 8c KStG sollen nicht die Verluste einer Gesellschaft auf eine zweite Gesellschaft übergehen. Die Vorschrift regelt vielmehr, dass die Verluste einer Gesellschaft nur aufgrund eines Anteilseignerwechsels verloren gehen. § 8c KStG ignoriert damit die rechtliche Eigenständigkeit einer Körperschaft gegenüber ihren Mitgliedern vollständig und nimmt von der zivilrechtlichen zugunsten einer wirtschaftlichen Betrachtungsweise Abstand.

Die Entscheidung des Gesetzgebers, im Rahmen des § 8c KStG nicht auf die rechtliche Identität der Gesellschaft, sondern auf eine wirtschaftliche Betrachtungsweise abzustellen, ist also nicht als „folgerichtige" Umsetzung einer in der

---

649 Mit dieser Frage beschäftigen sich *Kußmaul/Zabel*, BB 2007, 967 (972).
650 Vgl. z.B. *Maiterth/Müller,* DStR 2006, 1861 ff.
651 *Schwedhelm*, GmbHR 2008, 404 (406); *Hey*, BB 2007, 1303 (1307).
652 Vgl. zum Individualsteuerprinzip *Hey* in: Gedächtnisschrift für Trzaskalik, S. 219 (224).
653 § 12 Abs. 3 S. 2 UmwStG wird dennoch in der Literatur als „wirtschaftspolitisch sinnvolle Steuererleichterung für Umstrukturierungen" bezeichnet, vgl. z.B. *Schwedhelm*, GmbHR 2008, 404 (406).
654 Vgl. *Hey*, BB 2007, 1303 (1307).

Begründung zu § 4 Abs. 2 S. 2 UmwStG getroffenen „allgemeinen Aussage“ anzusehen. § 8c KStG bedarf somit als Ausnahme von der gesetzgeberischen Grundentscheidung des objektiven Nettoprinzips eines sachlichen Rechtfertigungsgrundes[655].

c) *Verstoß: Einschränkung der Verlustnutzung*

Gemäß § 8c Abs. 1 KStG gehen die nicht genutzten Verluste einer Körperschaft anteilig verloren, sobald mehr als 25% bis 50%, und vollständig verloren, sobald mehr als 50% ihrer Anteile oder Mitgliedschafts-, Beteiligungs- oder Stimmrechte unmittelbar oder mittelbar auf einen Erwerber oder Erwerberkreis übertragen werden. Durch die Neuregelung erfährt die Verlustnutzung von Körperschaften insgesamt eine erhebliche Einschränkung. Fraglich ist, ob darin eine Durchbrechung des objektiven Nettoprinzips liegt.

Es entspricht einer gerechten Besteuerung nach der Leistungsfähigkeit, den Besteuerungszugriff auf die Nettoeinkünfte zu beschränken. Dabei müssen nach dem objektiven Nettoprinzip nicht nur Verluste innerhalb einer Steuerperiode ausgeglichen werden. Darüber hinaus ist es Ausdruck einer gerechten Besteuerung, dass Verluste periodenübergreifend Berücksichtigung finden[656]. Denn von einer besteuerungswürdigen Leistungsfähigkeit kann – nach dem hier vertretenen Totalitätsprinzip – nicht gesprochen werden, wenn von den erzielten Gewinnen nicht sämtliche Verluste derselben oder vorangegangenen Steuerperioden abgezogen werden.

Diesen Anforderungen wird § 8c KStG nicht gerecht. Die Vorschrift führt dazu, dass negative Einkünfte von Körperschaften nicht mehr uneingeschränkt innerhalb derselben Steuerperiode (Verlustausgleich) sowie innerhalb verschiedener Steuerperioden (Verlustabzug) mit den positiven Einkünften der Körperschaft saldiert werden können, sobald ein Anteils- oder Stimmrechtswechsel bei der Körperschaft zu mehr als 25% eintritt. Im Ergebnis können Körperschaften ihre Verluste nicht steuerlich geltend machen, selbst wenn sie durch die Verluste wirtschaftlich tatsächlich belastet waren und dadurch ihre Fähigkeit zur Teilhabe an der staatlichen Abgabenlast herabgesetzt oder nicht vorhanden war[657].

Dies wiegt insbesondere deshalb schwer, da vom Verlustnutzungsverbot des § 8c KStG auch die durch die Mindestbesteuerung gemäß § 10d Abs. 2 EStG aufgestauten Verluste betroffen sind. Zwar hat der BFH geurteilt, dass die Mindestbesteuerung selbst noch nicht gegen das Gebot einer gleichmäßigen Besteuerung

655 *Hey*, BB 2007, 1303 (1307).
656 Vgl. oben 1. Teil, A. I. 2.
657 *Hans*, FR 2007, 775 (779 f.).

verstößt, da es sich dabei lediglich um eine zulässige zeitliche Streckung von Verlusten handelt[658], im Anwendungsbereich des § 8c KStG besteht jedoch die Gefahr, dass Verluste, die aufgrund der zeitlichen Streckung über eine längere Zeit aufgestaut wurden, gar nicht mehr berücksichtigt werden[659].

Beispiel: A hält 60% und B hält 40% an der X-GmbH. Im Jahr 01 erwirtschaftet die X-GmbH einen Verlust von 2 Mio. EUR. Im Jahr 02 erwirtschaftet die X-GmbH einen Gewinn von 2 Mio. EUR. Im Jahr 03 veräußert A seine Gesellschaftsanteile an den C.

Gemäß § 10d Abs. 2 EStG i.V.m. § 8 Abs. 1 KStG kann die X-GmbH die Verluste aus dem Jahr 01 in das Jahr 02 nicht vollständig vortragen, sondern nur bis zu einem Betrag von 1 Mio. EUR voll, und zu 60% des darüber hinausgehenden Betrages. Der Verlust aus dem Jahr 01 mindert also den Gewinn aus dem Jahr 02 nur zu 1,6 Mio. EUR. Die X-GmbH muss im Jahr 02 einen Gewinn in Höhe von 400.000,00 EUR versteuern. Durch den Anteilseignerwechsel im Jahr 03 tritt ein schädlicher Beteiligungserwerb gemäß § 8c Abs. 1 S. 2 KStG ein, so dass die übrig gebliebenen Verluste in Höhe von 400.000,00 EUR vollständig untergehen.

Selbst wenn man – mit dem BFH[660] und einem Teil der Literatur – keine grundsätzlichen verfassungsrechtlichen Bedenken gegen die Streckung von Verlusten erhebt, kann von einer gerechten Besteuerung nach der Leistungsfähigkeit nicht gesprochen werden, wenn die steuerlichen Verluste insgesamt keine Berücksichtigung mehr finden. § 8c KStG führt insgesamt und insbesondere im Zusammenspiel mit der Mindestbesteuerung gemäß § 10d Abs. 2 EStG zu einem vorzeitigen Besteuerungszugriff ohne Berücksichtigung der nicht genutzten Verluste und letztlich zu einer Bruttobesteuerung der Körperschaften.

§ 8c KStG stellt somit eine Durchbrechung bzw. eine folgeunrichtige Umsetzung des objektiven Nettoprinzips als Grundentscheidung des Gesetzgebers dar.

d) Ergebnis

§ 8c KStG führt zu einer Bruttobesteuerung und durchbricht somit das objektive Nettoprinzip[661]. Unabhängig davon, ob man dem objektiven Nettoprinzip Ver-

---

658 BFH v. 9.5.2001, XI B 151/00, FR 2001, 777 ff.; *J. Lang/Englisch*, StuW 2005, 3 ff., sehen hingegen in der Mindestbesteuerung zu Recht einen nicht gerechtfertigten Verstoß gegen das objektive Nettoprinzip.

659 *J. Lang/Englisch*, StuW 2005, 3 ff., legen überzeugend dar, dass allein die Mindestbesteuerung dazu führt, dass Verluste endgültig verloren gehen und nicht nur zeitlich gestreckt werden.

660 Vgl. BFH v. 6.3.2003, XI B 76/02, BStBl. II 2003, 523 (524).

661 Ebenso *Hans*, FR 2007, 775 (779 f.); *Wiese*, DStR 2007, 741 (741 und 744); *Lenz/Ribbrock*, BB 2007, 587 (589); *Zerwas/Fröhlich*, DStR 2007, 1933 (1935); *Dörfler/Wittkowski*, GmbHR 2007, 513 (516); *Centrale für GmbH Dr. Otto Schmidt*, GmbHR

fassungsrang zumisst oder in ihm eine Grundentscheidung des einfachen Gesetzgebers sieht, bedarf dieser Verstoß eines besonderen sachlich rechtfertigenden Grundes.

2. *Durchbrechung des zivilrechtlichen Trennungsprinzips*

Dem Körperschaftsteuerrecht liegt systematisch das zivilrechtliche Trennungsprinzip zugrunde. Gemäß § 1 Abs. 1 KStG stellt die Körperschaft ein eigenes Steuersubjekt dar, dessen eigene wirtschaftliche Leistungsfähigkeit die Grundlage und Rechtfertigung der Besteuerung bildet. Steuerlich muss also die rechtliche Selbständigkeit der juristischen Person beachtet werden, weswegen strikt zwischen Gesellschafts- und Gesellschafterebene zu differenzieren ist. Gewinne und Verluste werden nicht – wie bei den Personengesellschaften – den Gesellschaftern unmittelbar und ausschließlich zugerechnet, sondern werden zunächst auf Körperschaftsebene besteuert und anschließend u.U. an die Anteilseigner ausgeschüttet. Verluste können zwar sowohl auf Körperschafts- als auch auf Anteilseignerebene anfallen. Das Trennungsprinzip verbietet jedoch die Verrechnung von Gewinnen der Gesellschaft mit Verlusten der Gesellschafter oder umgekehrt. Nach dem Prinzip der Steuersubjektidentität können steuerliche Verluste einer Körperschaft grundsätzlich nur mit ihren Gewinnen verrechnet werden.

Mit seiner Entscheidung, dem Körperschaftsteuersystem eine rein zivilrechtliche Betrachtungsweise zugrunde zu legen, hat sich der Gesetzgeber in seinem Entscheidungsspielraum bewegt. Denn nach ständiger Rechtsprechung des BVerfG hat der Gesetzgeber bei der Auswahl des Steuergegenstandes und bei der Bestimmung des Steuersatzes einen weitgehenden Entscheidungsspielraum. Wie bereits dargestellt, muss der Gesetzgeber eine einmal getroffene Belastungsentscheidung – unter dem Gebot der gleichmäßigen Besteuerung – bei der Ausgestaltung des steuerrechtlichen Ausgangstatbestandes folgerichtig umsetzen[662]. Jede Abweichung von einer derartigen Grundentscheidung des Gesetzgebers bedarf daher unter dem Gesichtspunkt des Art. 3 Abs. 1 GG eines Rechtfertigungsgrundes[663].

§ 8c KStG durchbricht das zivilrechtliche Trennungsprinzip einseitig zulasten des Steuerpflichtigen[664]. Denn während die Verluste der Körperschaft gemäß

2007, 421 (430); *Endres/Spengel/Reister*, WPg 2007, 478 (488); *Schwedhelm*, GmbHR 2008, 404 (405).

662 Vgl. oben 2. Teil, C. III. 1. b).

663 Vgl. Diskussionsbeitrag von *Wassermeyer*, DStJG 28, S. 222; *Tipke*, StuW 2007, 201 (205).

664 *Dörfler/Wittkowski*, GmbHR 2007, 513 (517); *Hey*, BB 2007, 1303 (1306); *Wiese*, DStR 2007, 741 (744); *Watrin/Strohm/Wittkowski*, GmbHR 2007, 785 (788); *Hey* in: Tipke/Lang, Steuerrecht, § 11 Rn. 58.

§ 8c Abs. 1 S. 1 KStG anteilig verloren gehen, sobald mehr als 25% des gezeichneten Kapitals oder der sonstigen Beteiligungsrechte der Körperschaft auf einen Erwerber übertragen werden, hält der Gesetzgeber grundlegend daran fest, Verluste der Körperschaft nur auf Körperschaftsebene zur Verrechnung zuzulassen und nicht den Anteilseignern unmittelbar zuzurechnen. Im Fall eines Beteiligungswechsels von mehr als 25% gehen die Verluste der Körperschaft endgültig (anteilig) unter und werden nicht – wie im Rahmen der Besteuerung von Personengesellschaften – dem ausscheidenden Gesellschafter zugerechnet. Indem der Gesetzgeber mit § 8c KStG für den Fall der Anteilsübertragung die Vermögenssphäre der Körperschaft und der Anteilseigner vermengt, hat er nicht etwa von seiner grundlegenden Entscheidung, der Körperschaftsbesteuerung das Trennungsprinzip zugrunde zu legen, insgesamt Abstand genommen. Vielmehr hat er es ausnahmsweise und einseitig zulasten des Steuerpflichtigen durchbrochen, indem er von einer rein zivilrechtlichen zugunsten einer wirtschaftlichen Betrachtungsweise abweicht. Eine derartige Durchbrechung des Trennungsprinzips zugunsten einer wirtschaftlichen Betrachtungsweise bedarf als Ausnahme der gesetzgeberischen Grundentscheidung eines Rechtfertigungsgrundes[665].

3. *Sachlicher Grund bzw. Rechtfertigung*

Nach ständiger Rechtsprechung des BVerfG darf der Gesetzgeber das objektive Nettoprinzip bei Vorliegen gewichtiger Gründe durchbrechen[666]. Dabei darf er sich generalisierender, typisierender und pauschalierender Regelungen bedienen. Ausnahmen von der folgerichtigen Umsetzung einer Grundentscheidung des Gesetzgebers bedürfen nach der Rechtsprechung des BVerfG eines „besonderen, sachlich rechtfertigenden Grundes“[667] und müssen einer Verhältnismäßigkeitsprüfung standhalten. Die Durchbrechung des objektiven Nettoprinzips und des Trennungsprinzips muss also ein geeignetes, erforderliches und angemessenes Mittel sein, den legitimen Zweck der Vorschrift zu erreichen[668].

a) *Fiskalpolitische und haushaltspolitische Gründe*

§ 8c KStG ist als Gegenfinanzierungsmaßnahme des Unternehmensteuerreformgesetzes 2008 einzuordnen[669]. Die politische Vorgabe, die durch die Steuerre-

---

665 *Hey*, BB 2007, 1303 (1307); *Crezelius*, DB 2002, 2613 (2616).
666 Vgl. BVerfG v. 23.1.1990, 84-1 BvL 7/87, BVerfGE 81, 228 (237).
667 BVerfG v. 4.12.2002, 2 BvR 400/98 und 1735/00, BVerfGE 107, 27 (48).
668 *Tipke*, Die Steuerrechtsordnung, Bd. I, S. 328 und S. 332; *Drüen*, StuW 2008, 3 (11).
669 Vgl. oben 1. Teil, C. I.

form erzielten Mindereinnahmen auf 5 Mrd. EUR zu begrenzen, soll u.a. durch eine Begrenzung der Verlustnutzung von Körperschaften erreicht werden[670]. Ob derartige fiskalische Motive einen geeigneten sachlich rechtfertigenden Grund für die Durchbrechung des objektiven Nettoprinzips oder des Trennungsprinzips darstellen, ist zweifelhaft.

Allgemein erkennt das BVerfG zwar die Schonung der öffentlichen Kassen als vernünftige Erwägung des Gemeinwohls an[671]. Insbesondere bei Leistungsgesetzen können auch finanzielle Erwägungen hinreichende Sachgründe für eine unterschiedliche Behandlung darstellen[672]. Auch in der Literatur wird vereinzelt rein fiskalisch argumentiert[673].

Gleichzeitig betont das BVerfG jedoch, dass fiskalische Motive allein nicht ausreichen, um eine Ungleichbehandlung zu rechtfertigen[674]. Dasselbe gilt auch für eine nicht folgerichtige Umsetzung einer Grundentscheidung des Gesetzgebers. Ungleiche Belastungen infolge der Umsetzung einer gesetzgeberischen Grundentscheidung können nicht schon allein mit dem Finanzbedarf des Staates oder einer knappen Haushaltslage gerechtfertigt werden[675]. Die Berufung auf rein fiskalische Gründe würde nämlich der Willkür Tür und Tor öffnen, weil die Höhe des Finanzbedarfs grundsätzlich keinen Einfluss auf den Verteilungsschlüssel der Finanzmittel haben darf[676]. Auch wenn der Staat auf finanzielle Mittel angewiesen ist, muss er stets eine gerechte Verteilung der Lasten beachten[677].

Daraus folgt, dass die Durchbrechung des objektiven Nettoprinzips und des zivilrechtlichen Trennungsprinzips durch § 8c KStG nicht allein mit fiskalischen Gründen gerechtfertigt werden kann. Die haushaltsmäßige Vorgabe, die „Steuerausfälle" durch das Unternehmensteuerreformgesetz 2008 auf 5 Mrd. EUR zu begrenzen, kann lediglich Anlass für den Staat sein, rechtmäßige Finanzierungsmaßnahmen zu erlassen; sie kann jedoch nicht die Durchbrechung der genannten Prinzipien selbst rechtfertigen. Ein rein fiskalisch motivierter Verstoß stellt daher, ggfs. in Verbindung mit dem Gebot der Folgerichtigkeit, einen Verfassungsverstoß dar.

---

670 BT-Drs. 16/4841, S. 30 und S. 33 ff.

671 BVerfG v. 15.12.1999, 1 BvR 1904/95 u.a., BVerfGE 101, 331 (349).

672 Vgl. BVerfG v. 8.4.1987, 1 BvL 8, 16/84, BVerfGE 75, 40 (72); BVerfG v. 7.7.1992, 1 BvL 51/86, 50/82 und 1 BvR 873/90, 761/91, BVerfGE 87, 1 (45).

673 Vgl. *Leisner-Egensperger*, BB 2007, 639 (644), im Zusammenhang mit dem Werkstorprinzip.

674 BVerfG v. 8.4.1987, 1 BvL 8, 16/84, BVerfGE 75, 40 (72).

675 Vgl. BVerfG v. 21.6.2006, 2 BvL 2/99, DStR 2006, 1316 (1317); zustimmend z.B. *Tipke*, BB 2007, 1525 (1528); *J. Lang*, StuW 2007, 3 (5).

676 Vgl. *Elicker*, S. 81; *Schwedhelm*, GmbHR 2008, 404 (405).

677 Vgl. jüngst BVerfG v. 21.6.2006, 2 BvL 2/99, DStR 2006, 1316 (1318).

b) *Missbrauchsvermeidung*

Die Missbrauchsvermeidung stellt grundsätzlich einen legitimen Rechtfertigungsgrund für die Durchbrechung des objektiven Nettoprinzips und des Trennungsprinzips dar[678]. Ausdrücklich hat das BVerfG die Missbrauchstypisierung zunächst im Zusammenhang mit dem Benachteiligungsverbot gemäß Art. 6 Abs. 1 GG geprüft[679]. Der Gesetzgeber sei zwar grundsätzlich berechtigt, einem Missbrauch von Vertragsgestaltungen z.B. zwischen Ehegatten entgegenzuwirken. Ein missbräuchlicher Fall – insbesondere die Unangemessenheit von Ehegattenverträgen – könne jedoch nicht allein wegen des Familienstandes typisierend vermutet werden[680]. Aber auch in seinen Entscheidungen zu § 22 Nr. 3 EStG[681] sowie zu § 15a EStG[682] bringt das BVerfG zum Ausdruck, dass die Missbrauchsvermeidung grundsätzlich geeignet ist, Ungleichbehandlungen zu rechtfertigen.

Nach ständiger Rechtsprechung des BVerfG darf sich der Gesetzgeber zwar generalisierender, typisierender und pauschalierender Regelungen bedienen[683] und die Besonderheiten des individuellen Falles außer Acht lassen[684]. Dem Gesetzgeber steht jedoch keine unbeschränkte Typisierungsermächtigung zu. Aus Gründen der Steuergerechtigkeit darf er nur steuerliche Vorgänge im typischen Lebensvorgang erfassen. Die sich aus der Typisierung ergebende Ungleichbehandlung darf sich nicht weiter auswirken als der legitime Zweck es rechtfertigt[685]. Als Leitbild für die Pauschalierungen und Generalisierungen darf der Gesetzgeber also keinen atypischen Fall wählen, sondern muss sich an einem typischen Fall orientieren[686].

---

678 Im Rahmen des § 8 Abs. 4 KStG a.F. stellte die Missbrauchsvermeidung den Rechtfertigungsgrund für die Beschränkung der Verlustnutzung und die Durchbrechung des Trennungsprinzips dar, vgl. BFH v. 14.3.2006, I R 8/05, BB 2006, 1426 ff.

679 Vgl. z.B. BVerfG v. 7.11.1995, 2 BvR 802/90, BStBl. II, 34 ff.

680 Vgl. BVerfG v. 7.11.1995, 2 BvR 802/90, BStBl. II, 34 (36).

681 „Es ist nicht erkennbar, dass Einkünfte aus Leistungen typischerweise für unerwünschte Steuergestaltungen genutzt werden, die in einem stärkeren Maße eingedämmt werden müssten als bei den übrigen Einkünften“, BVerfG v. 30.9.1998, 2 BvR 1818/91, BVerfGE 99, 88 (97).

682 BVerfG v. 14.7.2006, 2 BvR 375/00, BFH/NV 2007, Beilage 4, 235 (236).

683 BVerfG v. 6.3.2002, 2 BvL 17/99, DStRE 2002, 349 (363); BVerfG v. 23.1.1990, 84-1 BvL 7/87, BVerfGE 81, 228 (237); BVerfG v. 10.4.1997, 2 BvL 77/92, BVerfGE 96, 1 (7).

684 Vgl. BVerfG v. 10.4.1997, 2 BvL 77/92, BVerfGE 96, 1 (7).

685 *Tipke*, Die Steuerrechtsordnung, Bd. I, S. 351; *Wernsmann/Desens*, DStR 2008, 221 (224).

686 BVerfG v. 7.10.1969, 2 BvR 555/67, BVerfGE 27, 142 (150); BVerfG v.16.3.2002, 2 BvL 7/00, BVerfGE 112, 268 (281).

§ 8c KStG orientiert sich nicht an einem typischen missbräuchlichen Fall[687]. Denn zum einen soll die Verlustnutzung von Körperschaften allein von einer Veränderung ihres persönlichen Substrats abhängen. Ein typisch missbräuchlicher Fall liegt bei einer bloßen Anteilsübertragung aber nicht vor[688]. Die wirtschaftliche Identität einer Gesellschaft wird nicht allein durch die Einflussnahme der neuen Gesellschafter bestimmt. Vielmehr ist neben einer solchen persönlichen auch eine sachliche Komponente für die Bestimmung der wirtschaftlichen Identität einer Gesellschaft erforderlich. Dieser richtige Gedanke, der Grundlage sowohl der alten Mantelkaufrechtsprechung als auch des § 8 Abs. 4 KStG war, ist im Rahmen des § 8c KStG vollständig verloren gegangen. Zum anderen liegt ein schädlicher Beteiligungserwerb gemäß § 8c Abs. 1 S. 1 KStG bereits dann vor, wenn mehr als 25% der Beteiligungsrechte einer Verlustgesellschaft übertragen werden. Ein typisch missbräuchlicher Fall kann aber nur angenommen werden, wenn ein Gesellschafter eine beherrschende Stellung in der Gesellschaft erwirbt.

Der Gesetzgeber hat die abstrakte Gefahr eines missbräuchlichen Mantelkaufs im Rahmen des § 8c KStG zum Anlass genommen, eine allgemeine Verlustnutzungsbeschränkung für Körperschaften zu normieren Der Gesetzgeber hat im Rahmen des § 8c KStG seine Typisierungsbefugnis zur Missbrauchsvermeidung nicht mit der Folge überschritten, dass die Vorschrift lediglich hinsichtlich ihrer überschießenden Tendenz nicht durch den Missbrauchsvermeidungszweck gerechtfertigt ist[689]. § 8c KStG ist vielmehr insgesamt nicht als spezialgesetzliche Missbrauchsvorschrift einzuordnen[690]. Der Verstoß des § 8c KStG gegen das objektive Nettoprinzip kann daher insgesamt nicht durch eine gesetzliche Missbrauchstypisierung gerechtfertigt werden. Der Gedanke der wirtschaftlichen Identität der Verlustgesellschaft ist bei § 8c KStG vollständig verloren gegangen. Auch ist die Durchbrechung des Trennungsprinzips nicht durch die Missbrauchsvermeidung gerechtfertigt. Somit liegt schließlich ein sachlich nicht gerechtfertigter Verstoß gegen das Gebot der Folgerichtigkeit vor.

---

687 Vgl. dazu bereits oben 2. Teil, C. I. 1. b).

688 Vgl. im Zusammenhang mit § 8 Abs. 4 KStG a.F. Diskussionsbeitrag von *Schön*, DStJG 28, S. 223.

689 Insofern missverständlich: *Brandis* in: Blümich, KStG, § 8c Rn. 22.

690 So die h.M., *Schwedhelm*, GmbHR 2008, 404 (406); *Wiese*, DStR 2007, 741 (744); *Hans*, FR 2007, 775 (780); *Hey*, BB 2007, 1303 (1306); *Lenz/Ribbrock*, BB 2007, 587 (589); *Dörfler/Wittkowski*, GmbHR 2007, 513 (516); *Zerwas/Fröhlich*, DStR 2007, 1933 (1935); *a.A. Suchanek/Herbst*, FR 2007, 863 (864), die in § 8c KStG nach wie vor eine Missbrauchsvermeidungsvorschrift sehen, die – aufgrund des weit gefassten Tatbestandes – einschränkend ausgelegt werden muss.

c) *Vereinfachungsgründe?*

Nach Ansicht des Gesetzgebers führt § 8c KStG zu einer Vereinfachung der Rechtsanwendung[691]. Es stellt sich daher die Frage, ob die Vereinfachung der Rechtsanwendung einen legitimen Rechtfertigungsgrund für den Verstoß gegen das objektive Nettoprinzip und damit auch gegen das Trennungsprinzip darstellt. Praktikabilitätserwägungen wirken für Ungleichbehandlungen, die aus einer zulässigen gesetzlichen Typisierung entstehen, rechtfertigend[692]. Wie dargestellt, darf sich der Gesetzgeber typisierender, pauschalierender und generalisierender Regelungen bedienen und die Besonderheiten im Einzelfall vernachlässigen[693]. Hat der Gesetzgeber sich dabei an einem typischen Fall orientiert, können die sich aus der typisierenden Regelung ergebenden Ungleichbehandlungen mit Vereinfachungsgründen gerechtfertigt werden, solange die Ungerechtigkeiten nur eine verhältnismäßig kleine Anzahl von Personen betreffen[694].

§ 8c KStG typisiert jedoch nicht in zulässiger Weise, so dass Vereinfachungsgründe nicht rechtfertigend wirken können. Denn der Gesetzgeber hat mit § 8c KStG weder quantitativ noch qualitativ die Voraussetzungen der Verlustnutzung für Körperschaften in zulässiger Weise typisiert. Eine quantitative Typisierung liegt nur dann vor, wenn der Gesetzgeber den Erwerbsaufwand durch Pauschalierung, Höchstbeträge oder sonstige verallgemeinernde Maßnahmen typisiert[695]. Eine solche Systematik liegt § 8c KStG nicht zugrunde. Eine qualitative Typisierung ist gegeben, wenn der Gesetzgeber bei der Ausgestaltung des typisierenden Tatbestandes den typischen Fall zugrunde legt. Eine qualitative Typisierung darf hingegen nicht dazu führen, dass der Durchschnittsfall nicht berücksichtigt wird und der Steuerabzug nur für bestimmte Steuerpflichtige begünstigend wirkt.

§ 8c KStG orientiert sich gerade nicht an einem Durchschnittsfall und damit an einem legitimen Zweck. Die Missbrauchsvermeidung stellt zwar grundsätzlich einen legitimen Zweck für typisierende Regelungen dar; jedoch ist § 8c KStG nicht den spezialgesetzlichen Missbrauchsvorschriften zuzuordnen[696]. Darüber hinaus ist kein Regelungsgegenstand denkbar, an dem sich § 8c KStG typisierend orientiert[697]. Die Sicherung der wirtschaftlichen Identität einer Körper-

691 BT-Drs. 16/4841, S. 75.
692 *Jachmann* in: Für ein gerechteres Steuerrecht, S. 59 (84).
693 Oben 2. Teil, C. III. 3. b).
694 Vgl. *Leibholz/Rinck*, GG, Art. 3 Rn. 555.
695 Vgl. *J. Lang*, StuW 2007, 3 (11).
696 Vgl. oben 2. Teil, C. III. 3. b).
697 *Drüen*, StuW 2008, 3 (13), ist der Auffassung, dass die Sicherung des Steuervollzugs im Massenfallrecht ein grundsätzlich anzuerkennender Rechtfertigungsgrund

schaft stellt schon – unabhängig davon, dass dieses Konstrukt im Rahmen des § 8c KStG verloren gegangen ist – keinen Selbstzweck dar[698]. Die sich aus § 8c KStG ergebende steuerliche Benachteiligung der Körperschaften, deren Anteile zu mehr als 25% auf einen Erwerber übertragen werden, entsteht vielmehr nicht – wie es das BVerfG in ständiger Rechtsprechung verlangt[699] – aus einer unbeabsichtigten oder gelegentlichen Nebenfolge eines typischen Falls, sondern ist gerade vom Gesetzgeber gewollt. In rein fiskalischen Motiven, die § 8c KStG zugrunde liegen, liegt kein legitimer Zweck[700]. Unter Typisierungsaspekten lässt sich der Verstoß gegen das objektive Nettoprinzip daher nicht rechtfertigen.

Ist § 8c KStG insgesamt keine zulässige typisierende Vorschrift, so stellt die vom Gesetzgeber angeführte Vereinfachung der Rechtsanwendung insgesamt keinen geeigneten Rechtfertigungsgrund dar. Denn die Auslegungsschwierigkeiten, die im Rahmen des § 8 Abs. 4 KStG insbesondere im Zusammenhang mit dem Tatbestand der Betriebsvermögenszuführung bestanden, sind Folge der gewählten Regelungstechnik des Gesetzgebers[701]. Könnte der Gesetzgeber jeden Verstoß gegen das objektive Nettoprinzip oder das Leistungsfähigkeitsprinzip allein mit der Beseitigung von Auslegungsproblemen rechtfertigen, die aus der gewählten Regelungstechnik entstehen, hätte der Maßstab der gerechten Besteuerung praktisch keine Bedeutung mehr.

Die vom Gesetzgeber angeführten Vereinfachungsgründe können daher – unabhängig davon, ob § 8c KStG tatsächlich zu einer Vereinfachung der Rechtsanwendung führt[702] – die Durchbrechung des objektiven Nettoprinzips und des Tren-

---

ist (*a.A. J. Lang*, StuW 2007, 3 (10)). § 8c KStG bezweckt jedoch nicht die Sicherung des Steuervollzugs. Insbesondere war § 8 Abs. 4 KStG a.F. für die Finanzverwaltung nicht unvollziehbar.

698 *Wiese*, DStR 2007, 741 (744, Fn. 19).

699 Vgl. z.B. BVerfG v. 11.7.1961, 1 BvR 845/58, BVerfGE 13, 331 (341 f.); BVerfG v. 8.10.1991, 1 BvR 50/86, 348 (359).

700 Vgl. bereits oben 2. Teil, C. III. 3. a).

701 *Hans*, FR 2007, 775 (778); *Hey*, BB 2007, 1303 (1307, Fn. 60), spricht von der fehlenden „Zielgenauigkeit“ des § 8 Abs. 4 KStG.

702 *Schwedhelm*, GmbHR 2008, 404 (405), ist der Ansicht, dass § 8c KStG wegen seines Tatbestandsmerkmals „vergleichbarer Sachverhalt“ gar nicht erst rechtsvereinfachend wirkt, wobei er offen lässt, ob der Vereinfachungsgrund überhaupt rechtfertigend wirken kann; *Hey*, BB 2007, 1303 (1307), äußert zu Recht dahingehend Bedenken, dass § 8c KStG nach seiner Gesetzesbegründung zwar vereinfachend wirken soll, sich jedoch in dem Finanztableau der Gesetzesbegründung mit 1,475 Mrd. EUR wieder finden lässt. Gegen die Vereinfachungswirkung des § 8c KStG gegenüber § 8 Abs. 4 KStG spricht zudem, dass der Gesetzgeber mit § 8c Abs. 2 KStG eine Ausnahmevorschrift erlassen hat und dass das BMF-Schreiben eine Vielzahl von Einzelproblemen behandelt.

nungsprinzips durch § 8c KStG nicht rechtfertigen, was wiederum einen verfassungswidrigen Verstoß auch gegen das Gebot der Folgerichtigkeit bedeutet.

d) Ermessensspielraum des Gesetzgebers?

Frotscher sieht in § 8c KStG zwar eine Durchbrechung des Trennungsprinzips als tragendes System des Körperschaftsteuergesetzes[703]. Die Vorschrift sei jedoch noch verfassungsgemäß[704]. Die Annahme des Gesetzgebers, dass die Anteilseigner einer Körperschaft die wahren Nutznießer der Verlustvorträge seien, sei nicht schlechthin sachwidrig. Ein Vergleich mit der Verlustnutzung von natürlichen Personen als Einzelgewerbetreibende oder von Gesellschaftern einer Personengesellschaft, bei denen eine Übertragung der Verlustnutzungsmöglichkeit nicht möglich ist, gebiete es, die Verlustnutzung von Körperschaften von ihrer Anteilseignerstruktur abhängig zu machen. Einen Gleichlauf der Regelungen herzustellen, sei jedenfalls nicht schlechthin sachwidrig und falle noch in den Ermessensspielraum des Gesetzgebers[705].

Diese Auffassung kann nicht überzeugen. Zum einen führt § 8c KStG zu einem widersprüchlichen Ergebnis. Denn die Transparenzbetrachtung, die *Frotscher* anstellt, indem er auf die wirtschaftliche Einflussnahme der Anteilseigner einer Körperschaft abstellt, wird nur einseitig zulasten der steuerpflichtigen Körperschaft angestellt[706]. Den Körperschaften wird zwar die Verlustnutzung mit dem Argument versagt, dass die Anteilseigner die wahren Nutznießer der Verluste seien. Eine – hiermit konsequente – unmittelbare Zuordnung der Gewinne oder Verluste der Körperschaft zu den Anteilseignern wird jedoch von *Frotscher* nicht gefordert.

Zum zweiten führt § 8c KStG zu einer Drittwirkung, die bei der Behandlung von Verlustvorträgen im Falle einer Anteilsübertragung von Personengesellschaftern nicht besteht. Während gemäß § 15a EStG den Gesellschaftern einer Personengesellschaft die Verluste einkommensteuerlich zugerechnet werden mit der Folge, dass die Nachteile einer Anteilsübertragung nur den übertragenden Gesellschafter allein treffen, führt § 8c KStG dazu, dass auch Altgesellschafter von der Verlustnutzungsbeschränkung betroffen sind. Denn die Verlustnutzungsbeschränkung tritt nur auf Gesellschaftsebene ein, so dass ein Gesellschafter, der unverändert Einfluss auf die Gesellschaft ausüben kann, von einer Anteilsübertragung wirtschaftlich betroffen ist. Wird allein durch die Übertragung von Ge-

---

703 *Frotscher* in: Frotscher/Maas, KStG, § 8c Rn. 6.
704 *Frotscher* in: Frotscher/Maas, KStG, § 8c Rn. 11.
705 *Frotscher* in: Frotscher/Maas, KStG, § 8c Rn. 11.
706 Vgl. *Hey*, StuW 2008, 167 (175).

sellschaftsanteilen die Verlustnutzung einer Gesellschaft (teilweise) eingeschränkt, hat dies weitreichendere Auswirkungen als eine Anteilsübertragung bei Personengesellschaften[707]. Von einem Gleichlauf der Regelungen – wie es *Frotscher* annimmt – kann daher nicht gesprochen werden.

Beispiel: An der X-GmbH sind A zu 40% und B zu 60% beteiligt. A überträgt am 31.12.01 seine Anteile auf C.

Durch die Anteilsübertragung gehen die Verluste der X-GmbH gemäß § 8c Abs. 1 S. 1 KStG zu 40% unter. B muss also, obwohl er nach wie vor 60% der Gesellschaftsanteile hält, den mit der Anteilsübertragung verbundenen Wegfall der Verlustvorträge der X-GmbH wirtschaftlich tragen.

Eine partielle, nur zulasten der Körperschaft als eigenes Steuersubjekt vorgenommene Durchbrechung des Trennungsprinzips kann somit nicht mit der indirekten Verlustnutzungsmöglichkeit der Anteilseigner gerechtfertigt werden. Als sachwidrige Umsetzung einer Grundentscheidung des Gesetzgebers, bedarf die Durchbrechung des Trennungsprinzips vielmehr eines materiellen Rechfertigungsgrundes, der nicht ersichtlich ist.

Die Beschränkung der Verlustnutzungsmöglichkeit von Körperschaften durch § 8c KStG stellt weder einen Gleichlauf der Regelungen zu den Personengesellschaften dar, noch fällt sie in den Ermessensspielraum des Gesetzgebers.

e) Zwischenergebnis

Die Durchbrechung des objektiven Nettoprinzips und des zivilrechtlichen Trennungsprinzips durch § 8c KStG ist nicht durch einen besonderen sachlichen Grund gerechtfertigt. § 8c KStG ist nicht als spezialgesetzliche Missbrauchsvorschrift ausgestaltet, da eine Anteilsübertragung keinen typischen missbräuchlichen Fall darstellt. Das Kriterium der wirtschaftlichen Identität der Verlustgesellschaft ist bei § 8c KStG verloren gegangen. Da der Gesetzgeber lediglich die abstrakte Gefahr eines Mantelkaufs zum Anlass genommen hat, eine allgemeine, die Verlustnutzung für Körperschaften beschränkende Vorschrift zu erlassen, handelt es sich bei § 8c KStG gerade nicht um eine überschießende Missbrauchsvermeidungsnorm, die nur im Rahmen ihrer überschießenden Tendenz nicht gerechtfertigt ist. Auch wirken die von dem Gesetzgeber angeführten Vereinfachungsgründe – unabhängig davon, ob § 8c KStG überhaupt vereinfachend wirkt – nicht rechtfertigend. Denn Praktikabilitätserwägungen können nur für derartige Ungleichbehandlungen rechtfertigend herangezogen werden, die unbeabsichtigte Nebenfolgen einer sonst unbedenklichen Norm sind. Im Rahmen des § 8c KStG ist die

707 Vgl. zu § 8 Abs. 4 KStG a.F. Diskussionsbeitrag von *Schön*, DStJG 28, S. 223.

Einschränkung der Verlustnutzung von Körperschaften, die mehr als 25% ihrer Anteile auf einen Erwerber übertragen, vom Gesetzgeber jedoch gerade gewollt.

Da allein fiskalische Gründe, die § 8c KStG zugrunde liegen, nicht geeignet sind, Ungleichbehandlungen zu rechtfertigen, ist ein besonderer, sachlich rechtfertigender Grund für die Durchbrechung des objektiven Nettoprinzips und des Trennungsprinzips durch § 8c KStG insgesamt nicht ersichtlich.

4. Ergebnis

Gemäß § 8c KStG können Körperschaften ihre Verluste nicht oder nur noch eingeschränkt geltend machen, sobald mehr als 50% bzw. 25% ihrer Anteile übertragen werden. Damit durchbricht § 8c KStG zum einen das dem Körperschaftsteuergesetz zugrundeliegende zivilrechtliche Trennungsprinzip. Zum anderen führt die Vorschrift zu einer Bruttobesteuerung, indem Erwerbsaufwendungen besteuert werden, die durch die Körperschaften betrieblich veranlasst sind. Dies wiegt insbesondere deshalb schwer, weil die durch die Mindeststeuer gemäß § 10d Abs. 2 EStG aufgelaufenen Verluste insgesamt untergehen können.

Sowohl die Durchbrechung des Trennungsprinzips als auch der Verstoß gegen das objektive Nettoprinzip bedürfen – unabhängig davon, ob letzterem Verfassungsrang zukommt – jedenfalls als Ausnahme von gesetzgeberischen Grundentscheidungen eines besonderen, sachlich rechtfertigenden Grundes.

Die § 8c KStG allein zugrunde liegenden fiskalischen Motive des Gesetzgebers stellen keinen geeigneten Rechtfertigungsgrund dar. Darüber hinaus sind keine sachlichen Gründe ersichtlich, die die Verstöße rechtfertigen können. § 8c KStG führt somit im Ergebnis zu einem nicht gerechtfertigten Verfassungsverstoß[708].

IV. Wirtschaftspolitische Bedenken

Dass § 8c KStG der Gegenfinanzierung des Unternehmensteuerreformgesetzes 2008 dient, stößt nicht nur auf verfassungsrechtliche und steuersystematische Bedenken. Die Neuregelung ist auch in ihren wirtschaftspolitischen Auswirkungen nicht begrüßenswert.

---

708 Ebenso *Lenz*, Ubg 2008, 24 (25); *Wiese*, DStR 2007, 741 (744); *Lenz/Ribbrock*, BB 2007, 587 ff.; *Hans*, FR 2007, 775 (780); *Zerwas/Fröhlich*, DStR 2007, 1933 (1936); *Dörfler/Wittkowski*, GmbHR 2007, 513 (516); *Schwedhelm*, GmbHR 2008, 404 (405 ff.); *Kußmaul/Richter/Tcherveniachki*, GmbHR 2008, 1009 (1010); *Hey* in: Tipke/Lang, Steuerrecht, § 11 Rn. 58; *Olbing* in: Streck, KStG (7. Auflage), § 8c Rn. 2.

In der steuerrechtlichen Literatur wird insbesondere die Behinderung wirtschaftlich sinnvoller und notwendiger Maßnahmen kritisiert. Darüber hinaus besteht im Rahmen des § 8c KStG ein erhebliches Erpressbarkeitspotential.

1. Fehlen einer Sanierungsklausel

Unternehmenssanierungen können auf unterschiedliche Weise erfolgen. Häufig wird das sanierungsbedürftige Unternehmen an Investoren veräußert, die ihrerseits die operative und finanzielle Sanierung vornehmen. Eine Vielzahl von Sanierungsmaßnahmen führt jedenfalls zu einer Verschiebung der Beteiligungsverhältnisse des Krisenunternehmens mit der Folge, dass ein schädlicher Beteiligungserwerb im Sinne des § 8c Abs. 1 KStG eintritt[709].

Für Sanierungsmaßnahmen enthielt § 8c KStG ursprünglich keine Ausnahmeregelung[710]. Die nicht genutzten Verluste des sanierungsbedürftigen Unternehmens gehen im Falle einer Sanierung regelmäßig (anteilig) verloren und gefährden damit die Sanierung.

Im Rahmen des § 8c KStG wurde – im Gegensatz zu § 8 Abs. 4 S. 3 KStG a.F. – bewusst auf eine Sanierungsklausel verzichtet[711]. Die Gesetzesbegründung trifft dazu die Aussage, dass Sanierungsgewinne bereits nach geltender Rechtslage vorrangig mit vorhandenen Verlustvorträgen zu verrechnen seien. Von der Besteuerung des überschießenden Betrages könne auch ohne ausdrückliche gesetzliche Regelung im Billigkeitswege abgesehen werden[712]. Dabei wird ausdrücklich auf das BMF-Schreiben vom 27.3.2003 verwiesen[713].

a) Verwaltungserlass vom 27.3.2003

Der Verwaltungserlass vom 27.3.2003 regelt die ertragssteuerliche Behandlung von Sanierungsgewinnen. Eine Sanierung ist danach eine Maßnahme, die darauf gerichtet ist, ein Unternehmen oder einen Unternehmensträger vor dem finanziellen Zusammenbruch zu bewahren und wieder ertragsfähig zu machen[714]. Dabei soll

---

709 *Eickhorst*, BB 2007, 1707 (1709).

710 Die nunmehr bestehende Sanierungsklausel wurde erstmals – befristet – durch das Bürgerentlastungsgesetz Krankenversicherung vom 22.7.2009 rückwirkend für Beteiligungserwerbe ab dem 1.1.2008 eingeführt; auf die Sanierungsklausel wird unter 2. Teil, C. V. 2. b) eingegangen. Die ursprünglichen wirtschaftspolitischen Bedenken der fehlenden Sanierungsklausel werden im Folgenden dargestellt.

711 BT-Drs. 16/4841, S. 76.

712 BT-Drs. 16/4841, S. 76.

713 BMF v. 27.3.2003, IV A 6 – S 2140 – 8/03, BStBl. I 2003, 240 ff.

714 BMF v. 27.3.2003, IV A 6 – S 2140 – 8/03, BStBl. I 2003, 240 (240, Rn. 1).

grundsätzlich das Unternehmen fortgeführt werden[715]. Ein Sanierungsgewinn entsteht durch die Erhöhung des Betriebsvermögens, die sich dadurch ergibt, dass Schulden im Wege eines Forderungsverzichts oder eines Anerkenntnisses erlassen werden. Dabei muss das Unternehmen sanierungsbedürftig und sanierungsfähig sein[716]. Nach Rn. 8 des Sanierungserlasses bedeutet die Erhebung der Steuer auf einen nach Ausschöpfung der ertragssteuerlichen Verlustverrechnungsmöglichkeiten verbleibenden Sanierungsgewinn für den Steuerpflichtigen aus sachlichen Billigkeitsgründen eine erhebliche Härte. Aus diesem Grund kann auf Antrag des Steuerpflichtigen die Besteuerung von Sanierungsgewinnen nach § 163 AO abweichend festgesetzt und nach § 222 AO mit dem Ziel des späteren Erlasses zunächst gestundet werden. Dabei lässt die Finanzverwaltung – bei der Ermittlung der Besteuerungsgrundlage – eine Verrechnung des Sanierungsgewinns mit solchen Verlusten zu, die aufgrund von Ausgleichs- oder Verrechnungsbeschränkungen von Gesetzes wegen für eine derartige Verrechnung nicht zur Verfügung stehen[717].

b) Anwendbarkeit auf § 8c KStG

aa) Voraussetzungen für § 8c KStG

Nach der Gesetzesbegründung soll der Verwaltungserlass zu der Besteuerung von Sanierungsgewinnen auch im Rahmen des § 8c KStG Geltung haben[718]. Der Gesetzgeber möchte offensichtlich Verluste, die aufgrund eines einer Unternehmenssanierung folgenden schädlichen Beteiligungserwerbs im Sinne des § 8c Abs. 1 KStG (anteilig) verloren gehen, im Rahmen des Steuerfestsetzungsverfahrens bis zu der Höhe des Sanierungsgewinns zur Verrechnung zulassen. Voraussetzung ist dafür, dass ein schädlicher Beteiligungserwerb durch Investoren eintritt, die eine Sanierung im Sinne des BMF-Schreibens vom 27.3.2003 durchführen. In Folge dieser Sanierung muss die Verlustgesellschaft einen Sanierungsgewinn erzielen, was voraussetzt, dass Gesellschaftsgläubiger auf Forderungen verzichten, die gegen die Körperschaft gerichtet sind[719].

Teilweise wird in der Literatur die Ansicht vertreten, dass der Forderungsverzicht vor dem schädlichen Beteiligungserwerb im Sinne des § 8c Abs. 1 KStG

715 BMF v. 27.3.2003, IV A 6 – S 2140 – 8/03, BStBl. I 2003, 240 (240, Rn. 2).
716 BMF v. 27.3.2003, IV A 6 – S 2140 – 8/03, BStBl. I 2003, 240 (240, Rn. 4).
717 BMF v. 27.3.2003, IV A 6 – S 2140 – 8/03, BStBl. I 2003, 240 (241, Rn. 8).
718 BT-Drs. 16/4841, S. 76.
719 Zusätzlich muss die Verlustgesellschaft sanierungsbedürftig und sanierungsfähig sein und die Sanierungsmaßnahme muss sanierungsgeeignet sein, vgl. oben 2. Teil, C. IV. 1. a) aa).

erfolgen muss[720]. Die Verrechnung von Sanierungsgewinnen mit Verlustvorträgen könne nach dem BMF-Schreiben vom 27.3.2003 nur erfolgen, wenn ein entsprechender Verlustvortrag überhaupt noch besteht. Erzielt eine Verlustgesellschaft einen Sanierungsgewinn zeitlich nach dem Eintritt eines schädlichen Beteiligungserwerbs im Sinne des § 8c Abs. 1 S. 2 KStG, seien zu diesem Zeitpunkt die nicht genutzten Verluste der Gesellschaft vollständig verloren gegangen.

Diese Auslegung kann im Rahmen des § 8c KStG nicht überzeugen. Im Rahmen einer Unternehmenssanierung erwirbt ein Investor im Regelfall zuerst die Anteile einer Verlustgesellschaft und trifft anschließend geeignete Maßnahmen, das Unternehmen zu sanieren. Auf eine Forderung gegen die Verlustgesellschaft wird ein Investor jedoch nicht verzichten, solange er keine Sicherheit darüber hat, dass ihm die Gesellschaftsanteile im Gegenzug übertragen werden. Würde das BMF-Schreiben vom 27.3.2003 nur anwendbar sein, wenn ein Forderungsverzicht zeitlich vor dem schädlichen Beteiligungserwerb eintritt, würden Unternehmenssanierungen – vor dem Hintergrund, dass dann die steuerlichen Verluste gemäß § 8c Abs. 1 KStG verloren gingen – behindert werden. Auf die zeitliche Reihenfolge des Forderungsverzichts und des schädlichen Beteiligungserwerbs kann es daher nicht ankommen[721]. Überzeugender ist es, in § 8c KStG eine „Ausgleichs- und Verrechnungsbeschränkung" im Sinne des BMF-Schreibens[722] zu sehen, die ausnahmsweise bei der Besteuerung von Sanierungsgewinnen keine Beachtung findet[723]. Die von § 8c Abs. 1 KStG betroffenen Verluste können auf Antrag des Steuerpflichtigen aus sachlichen Billigkeitsgründen für eine Verrechnung mit dem Sanierungsgewinn zugelassen werden. Liegt ein schädlicher Beteiligungserwerb im Sinne des § 8c Abs. 1 S. 2 KStG vor, sind von dieser Billigkeitsregelung die gesamten vorhandenen Verluste betroffen. Die Steuer des Sanierungsgewinns ist dann gemäß § 163 AO abweichend festzusetzen. Ein darüber hinaus gehender Sanierungsgewinn kann gemäß § 222 AO mit dem Ziel des späteren Erlasses unter Widerrufsvorbehalt gestundet werden.

bb) Kritik

In der Literatur ist der Verweis des Gesetzgebers auf den Billigkeitsweg im Rahmen des § 8c KStG auf Kritik gestoßen[724]. Kritisiert wird zum einen, dass

---

720 *B. Lang*, DStZ 2007, 652 (661); *Dötsch/Pung*, DB 2008, 1703 (1711).
721 Vgl. *Roser*, DStR 2008, 77 (80).
722 BMF v. 27.3.2003, IV A 6 – S 2140 – 8/03, BStBl. I 2003, 240 (241, Rn. 8 Satz 3).
723 Vgl. *Roser*, DStR 2008, 77 (80); *Beußer*, DB 2007, 1549 (1551).
724 Vgl. *Sistermann/Brinkmann*, BB 2008, 1928 (1935); *van Lishaut*, FR 2008, 789 (800); *Wiese*, DStR 2007, 741 (745); *Roser*, DStR 2008, 77 (80); *Suchanek*, GmbHR 2008, 404 (407).

der Verwaltungserlass vom 27.3.2003 nicht auf § 8 Abs. 4 KStG, sondern auf den Wegfalls des § 3 Nr. 66 EStG zugeschnitten sei[725]. Zum anderen führe die fehlende Sanierungsklausel zu erheblichen Problemen mit der Handhabung von Unternehmenssanierungen[726].

(1) Fehlende Rechtsgrundlage für Sanierungserlass?

Zum einen kann nicht überzeugen, dass die Billigkeitsregelungen der AO als allgemeine Gesetzeskorrektur der Finanzverwaltung funktionieren sollen[727]. Der Begriff der Billigkeit im Sinne des § 163 AO stellt auf den Einzelfall ab. Ein subsumierbarer abstrakter Tatbestand kann im Rahmen des § 163 AO grundsätzlich nicht gebildet werden[728]. Vielmehr werden nur die sich aus dem Gesetz ergebenden Rechtsfolgen, die aufgrund der Besonderheiten des Einzelfalles ungerecht wirken, erfasst. Die Unternehmenssanierung stellt gerade keinen derartigen Einzelfall, sondern einen typischen, von § 8c KStG erfassten Sachverhalt dar.

Zum anderen ist fraglich, ob dem Sanierungserlass vom 27.3.2003 mit Streichung des § 3 Nr. 66 EStG die Rechtsgrundlage entzogen wurde. Das FG München hat mit Urteil vom 12.12.2007[729] in einem Fall, in dem zwischen dem Steuerpflichtigen und dem Finanzamt streitig war, ob ein Sanierungsgewinn durch Forderungsverzicht vorlag, entschieden, dass mit der Abschaffung des § 3 Nr. 66 EStG im Regelfall ein Einkommensteuererlass aus sachlichen Billigkeitsgründen ausscheide. Dem BMF-Schreiben vom 27.3.2003 fehle insoweit die Rechtsgrundlage.

In den Entscheidungsgründen führt das FG München aus, dass die von der Rechtsprechung zu § 3 Nr. 66 EStG a.F. gefundenen Rechtsgrundsätze in dem Schreiben vom 27.3.2003 inhaltlich übernommen wurden. Zudem sei nach Rn. 13 des BMF-Schreibens dieses in allen offenen Fällen anzuwenden, für die die Regelung des § 3 Nr. 66 EStG nicht mehr gilt. Mit Abschaffung des § 3 Nr. 66 EStG habe der Gesetzgeber davon Abstand genommen, Sanierungsgewinne steuerlich zu privilegieren. Diesen ausdrücklich abweichenden Willen des Gesetzgebers müsse auch von Verwaltung und Rechtsprechung beachtet werden. Nach dem Grundsatz der Gesetzmäßigkeit der Verwaltung sei daher jede abweichende

725 *Wiese*, DStR 2007, 741 (745).
726 Vgl. *Sistermann/Brinkmann*, BB 2008, 1928 (1935); *Centrale für GmbH Dr. Otto Schmidt*, GmbHR 2008, 421 (425); *Roser*, DStR 2008, 77 (80); *Suchanek*, GmHR 2008, 404 (407).
727 Vgl. *Hey*, Stellungnahme zum Entwurf des JStG 2009, S. 7.
728 *Frotscher* in: Schwarz, AO, § 163 Rn. 13.
729 FG München v. 12.12.2007, 1 K 4487/06, DStR 2008, 1687 f.

Handhabung, einschließlich der Billigkeitsentscheidungen durch generelle Anordnung, ausgeschlossen[730].

Da seitens des BMF noch keine Reaktion auf das Urteil des FG München erfolgt ist, ist anzunehmen, dass im Rahmen des § 8c KStG – wegen der ausdrücklichen Vorgabe in den Gesetzesmaterialien – die Finanzverwaltung weiterhin den Sanierungserlass vom 27.3.2003 anwenden wird[731].

Im Rahmen einer Unternehmenssanierung besteht für einen Investor nunmehr nicht nur die Gefahr, dass die Finanzverwaltung die Sanierung steuerlich nicht anerkennt[732] mit der Folge, dass die Verluste der sanierungsbedürftigen Gesellschaft nach § 8c KStG verloren gehen, sondern auch die Gefahr, dass – im Fall eines gerichtlichen Verfahrens – das Finanzgericht den Sanierungserlass vom 27.3.2003 für insgesamt unanwendbar hält. Das Risiko, dass es im Rahmen einer Unternehmenssanierung zu einem Rechtsstreit kommt mit der Folge, dass die Gefahr des endgültigen Untergangs der Verluste des sanierungsbedürftigen Unternehmens besteht, werden Investoren in ihre wirtschaftliche Entscheidung einer Sanierung einbeziehen. Die dadurch entstehende fehlende Planungssicherheit, die vorhandenen steuerlichen Verluste – denen im Rahmen einer Unternehmenssanierung grundlegende Bedeutung zukommt – nutzen zu können, stellt eine erhebliche Behinderung von Unternehmenssanierungen dar.

(2) Beschränkter Anwendungsbereich

Durch den Erlass sollen nur solche Sanierungsgewinne billigkeitshalber nicht der Besteuerung unterworfen werden, die durch einen Forderungsverzicht bzw. einen Schulderlass erzielt werden[733]. Erfolgsneutrale Sanierungsmaßnahmen sollen hingegen weiterhin schädlich sein. Auch werden Unternehmenssanierungen, die durch Zuführung von Betriebsvermögen durch neue Gesellschafter oder durch ein Kostensenkungsprogramm der Gesellschaft erfolgen, weder von dem Sanierungserlass noch von § 8c KStG selbst aufgefangen. Sobald im Rahmen einer Sanierungsmaßnahme, bei der Schulden nicht erlassen werden, ein schädlicher Beteiligungserwerb im Sinne des § 8c KStG eintritt, gehen die Verluste des Krisenunternehmens – trotz Vorliegens einer Sanierung – endgültig (ggfs. nur anteilig) verloren.

Zudem werden Billigkeitsregelungen regelmäßig von den einzelnen Finanzbehörden nicht einheitlich angewandt[734]. Im Ergebnis bietet der Verweis auf den Sanierungserlass daher keine Verlässlichkeit. Investoren, die grundsätzlich bereit

730 FG München v. 12.12.2007, 1 K 4487/06, DStR 2008, 1687 (1688).
731 Ebenso *van Lishaut*, FR 2008, 789 (800).
732 Vgl. unten 2. Teil, C. IV. 1. b) bb) (2).
733 BMF v. 27.3.2003, IV A 6 – S 2140 – 8/03, BStBl. I 2003, 240 (240, Rn. 3-5).
734 *Beußer*, DB 2007, 1549 (1551); *Schwedhelm*, GmbHR 2008, 404 (407).

sind, ein Unternehmen zu sanieren, werden bei ihrer Entscheidung die ungenutzten Verlustvorträge des Krisenunternehmens nicht mehr einplanen können. Die Sanierung von Krisenunternehmen und der damit regelmäßige Erhalt von Arbeitsplätzen wird durch § 8c KStG also erheblich erschwert.

Die Ausnahmeregelung des § 8c Abs. 2 KStG, wonach wenigstens die Verluste in Höhe der vorhandenen stillen Reserven weiter nutzbar bleiben, sollte daher verallgemeinert und auf alle von § 8c Abs. 1 KStG erfassten Körperschaften ausgedehnt werden[735]. Eine Beschränkung des Anwendungsbereichs allein auf Wagniskapitalbeteiligungsgesellschaften und auf unmittelbare Beteiligungserwerbe kann nicht überzeugen und führt zu einer weiteren Ungleichbehandlung im Rahmen des § 8c KStG[736].

b) Ergebnis

Dadurch, dass § 8c KStG keine ausdrückliche Sanierungsklausel mehr enthält und den Steuerpflichtigen im Falle der Unternehmenssanierung auf den Billigkeitsweg verweist, werden betriebswirtschaftlich sinnvolle und notwendige Unternehmenssanierungen unnötig behindert[737]. Sanierungsgewinne sollen nur im Einzelfall nicht besteuert werden. Auf diese Einzelfallentscheidung werden sich nicht alle Investoren verlassen. Denn entscheidet das Finanzamt im Rahmen einer Unternehmenssanierung, dass keine Sanierung im Sinne des BMF-Schreibens vom 27.3.2003 vorliegt, besteht die Gefahr, dass im Rahmen eines gerichtlichen Verfahrens der Sanierungserlass für insgesamt unanwendbar beurteilt wird. Diese erheblichen Unsicherheiten werden Investoren in ihrer Investitionsentscheidung einbeziehen.

Zudem kann der Sanierungserlass im Rahmen des § 8c KStG auch deshalb nicht überzeugen, da von ihm nur Sanierungsmaßnahmen durch Forderungsver-

---

735 Vgl. *Schönherr/Lemaitre*, SJ 2007, Heft 15, 17 (20); *Hey*, Stellungnahme zum Entwurf des JStG 2009, S. 8.

736 Den Vorschlag des Bundesrates (BT-Drs. 16/10494, S. 18), den Verlustabzug in Höhe der vorhandenen stillen Reserven stets zum Abzug zuzulassen, um Kollateralschäden, insbesondere im Zusammenhang mit Unternehmenssanierungen, zu vermeiden, hat die Bundesregierung abgelehnt (BT-Drs. 16/10494, S. 40). Sanierungsfälle seien durch den Sanierungserlass ausreichend berücksichtigt. Zudem führe eine Berücksichtigung stiller Reserven zu erheblichen Steuermindereinnahmen. Hier verdeutlicht die Bundesregierung erneut, dass § 8c KStG ausschließlich der Einnahmeerzielung dient.

737 Ebenso *Zerwas/Fröhlich* in: PWC, Unternehmensteuerreform 2008, Rn. 1624; *Reitsam* in: Breithecker/Förster/Förster/Klapdor, UntStRefG, § 8c KStG Rn. 55; *Eickhorst*, BB 2007, 1707 (1709); *Beußer*, DB 2007, 1549 (1551); *Dörr*, NWB Nr. 31 (2007), Fach 4, 5181 (5198).

zicht bzw. Schuldenerlass erfasst sind. Alle übrigen Sanierungsmaßnahmen, bei denen mehr als 25% der Gesellschaftsanteile übertragen werden, führen zu einem schädlichen Beteiligungserwerb und damit zu einem Untergang der bestehenden Verluste des Krisenunternehmens[738].

Die vom Bundesrat vorgeschlagene Lösung, § 8c Abs. 2 KStG auf sämtliche Körperschaften auszuweiten, hätte den radikalen Ansatz des § 8c Abs. 1 KStG im Bereich der Unternehmenssanierungen zumindest abgeschwächt. Da eine derartige Ausweitung des Anwendungsbereichs des § 8c Abs. 2 KStG zu erheblichen Mindereinnahmen führen würde, überrascht es nicht, dass die Bundesregierung unter ausdrücklichem Hinweis darauf den Vorschlag des Bundesrates abgelehnt hat.

2. *Behinderung sonstiger wirtschaftlich sinnvoller Maßnahmen*

Durch die Neuregelung des § 8c KStG werden auch sonstige wirtschaftlich sinnvolle unternehmerische Entscheidungen in der Praxis behindert. Mit § 8c KStG hat der Gesetzgeber die Entscheidung getroffen, dass die Verlustnutzung von Körperschaften ausschließlich von der Veränderung ihrer Beteiligungsquoten abhängig ist. Kapitalgesellschaften werden in Zukunft bei jeder unternehmerischen Entscheidung, durch die Gesellschaftsanteile übertragen werden, die radikale Vernichtung steuerlicher Verluste, denen wirtschaftlich eine erhebliche Bedeutung zukommt, berücksichtigen müssen. Dass der Verlustnutzung im Wirtschaftsleben eine bedeutende Rolle zukommt, belegt das vom Gesetzgeber erlassene Finanzmarktstabilisierungsgesetz[739], das einen Beteiligungserwerb des Finanzmarktstabilisierungsfonds an einem Verlustunternehmen des Finanzsektors aus dem Anwendungsbereich des § 8c KStG herausnimmt, da dadurch das Ziel, die Finanzmärkte zu stabilisieren, gefährdet sei[740]. Der Gesetzgeber belegt damit selbst, dass das alleinige Abstellen auf die Beteiligungsverhältnisse für die Verlustnutzung einer Verlustgesellschaft in vielen Fällen ungeeignet ist.

Gleichwohl ist von § 8c KStG – wie dargestellt – jede konzerninterne Übertragung von Gesellschaftsanteilen erfasst, wodurch die Vorschrift – wie *Wiese*[741] zutreffend festgestellt hat – erhebliche Auswirkungen auf das gesamte M&A-Geschäft hat. Da der körperschaftsteuerlichen und gewerbesteuerlichen Verlustnutzung für Kapitalgesellschaften in einer Vielzahl von Fällen existentielle Be-

---

738 Auf die nunmehr im Rahmen des § 8c Abs. 1a KStG bestehende Sanierungsklausel wird unter Teil V. eingegangen.

739 BGBl. I 2008, S. 1982 ff.

740 Vgl. BT-Drs. 16/10600, S. 18.

741 *Wiese*, DStR 2007, 741 (745).

deutung zukommt[742], wird § 8c KStG in Zukunft auf die unternehmerische Entscheidung, ob ein derartiges Transaktionsgeschäft vorgenommen werden soll, erheblichen Einfluss haben[743]. Insbesondere können betriebswirtschaftlich sinnvolle bzw. notwendige konzerninterne Umstrukturierungen – mangels Vorliegens einer Konzernklausel – zu einem Untergang der Verluste einer Konzerngesellschaft führen[744]. Derartige steuerliche Konsequenzen werden insbesondere ausländischen Investoren schwer vermittelbar sein[745]. Gerade in diesem Zusammenhang wird der Zweck des § 8c KStG deutlich, Verlustvorträge von Körperschaften – letztlich insgesamt – zu vernichten. Die Vorschrift wird im Ergebnis dem Ziel der Unternehmensteuerreform 2008, den Steuerstandort Deutschland attraktiver zu machen, entgegen wirken.

Daneben werden von den „vergleichbaren Sachverhalten" Fälle von der Verlustnutzungsbeschränkung erfasst, bei denen sich die Beteiligten über die steuerlichen Folgen der Maßnahme in der Regel keine Gedanken machen. Dass beispielsweise ein Entherrschungsvertrag, bei dem ein Mehrheitsgesellschafter einer Gesellschaft „entherrscht" wird, um die Abhängigkeitsvermutung nach § 17 Abs. 2 AktG zu widerlegen, steuerlich motiviert ist, ist realitätsfern. Gleichwohl führt § 8c Abs. 1 KStG zu einem (anteiligen) Verlustuntergang, sobald eine Entherrschung von mehr als 25% eintritt.

Durch den Verzicht auf die sachliche Komponente im Rahmen des § 8c KStG müssen Unternehmen bei jeder unternehmerischen Entscheidung, bei der Anteile oder Mitgliedschaftsrechte einer Verlustgesellschaft direkt oder indirekt übertragen werden, Überlegungen zum Untergang der Verlustvorträge einbeziehen. Dabei wirkt § 8c Abs. 1 S. 1 KStG insbesondere deshalb behindernd, weil bereits jede Übertragung von nur mehr als 25% der Anteile einer Verlustgesellschaft zu einem anteiligen Verlustuntergang führen kann. Diese 25%-Grenze kann – wie bereits dargestellt – weder vor dem Hintergrund überzeugen, dass sich dadurch die wirtschaftliche Identität der Verlustgesellschaft verändert[746], noch kann bei einer Anteilsübertragung von 25% angenommen werden, dass sich die wirtschaftliche Einflussnahme der Gesellschafter auf die Gesellschaft wesentlich

742 Dies gilt insbesondere auch für kleine und mittelständische GmbHs, die gerade in der Anlaufphase Verluste erwirtschaften und auf neue Gesellschafter angewiesen sind.

743 *Beußer*, DB 2007, 1549 (1552), meint, dass die Steuerpflichtigen dadurch Ausweichstrategien, z.B. durch hybride Finanzierungsformen und Beteiligungen über stille Anteile oder Genussrechte, entwickeln werden.

744 Vgl. *Frotscher* in: Frotscher/Maas, KStG, § 8c Rn. 46; *Schönherr/Lemaitre*, SJ 2007, Heft 15, 17 (19).

745 Vgl. *Hey*, Stellungnahme zum Entwurf des JStG 2009, S. 9.

746 Vgl. oben 2. Teil, C. I.

verändert[747]. Der Gesetzgeber verfolgt mit der 25%-Grenze – wie mit der gesamten Norm – rein fiskalische Gründe, die aus wirtschaftlicher Sicht zu einer erheblichen Behinderung unternehmerischer Entscheidungen führt.

Im Ergebnis werden Körperschaften aufgrund des § 8c KStG bei jeder Maßnahme, durch die sich ihr Beteiligungsverhältnis unmittelbar oder mittelbar verändert, die Gefahr des Untergangs der steuerlichen Verluste beachten müssen.

3. Erpressbarkeitspotential

Regelmäßig wird die Geschäftsführung bzw. der Vorstand einer Körperschaft mit steuerlichen Verlustvorträgen ein erhebliches wirtschaftliches Interesse daran haben, dass ein schädlicher Beteiligungserwerb im Sinne des § 8c Abs. 1 KStG nicht eintritt und die Verluste nicht (teilweise) verloren gehen. Aus diesem Grund bekleidet ein Anteilseigner, der bereits 25% der Gesellschaftsanteile einer Verlustgesellschaft erworben hat, eine erhebliche Machtposition, da er mit jedem weiteren Anteilserwerb innerhalb eines Zeitraums von fünf Jahren einen schädlichen Beteiligungserwerb verursachen kann. Die Androhung gegenüber der Geschäftsleitung bzw. dem Vorstand, weitere Anteile der Gesellschaft zu erwerben, kann also ein erhebliches Druckmittel darstellen, welches indirekt auf die unternehmerischen Entscheidungen Einfluss haben kann[748]. So ist es denkbar, dass sich ein Anteilseigner, der es selbst in der Hand hat, einen schädlichen Beteiligungserwerb eintreten zu lassen, verlangt, dass bestimmte Maßnahmen getroffen oder durchgeführt werden[749]. Darüber hinaus besteht die Gefahr, dass ein 25%-Anteilseigner sich den „Nichterwerb“ weiterer Anteile bezahlen lässt. § 8c KStG eröffnet also, indem die Vorschrift die Verlustnutzung einer Körperschaft allein von der Veränderung ihrer Beteiligungsstrukturen abhängig macht und auf eine sachliche Komponente und damit auf das Konstrukt der wirtschaftlichen Identität der Verlustgesellschaft verzichtet, ein erhebliches Erpressbarkeitspotential[750].

---

747 Davon geht aber offensichtlich die Gesetzesbegründung aus, vgl. BT-Drs. 16/4841, S. 76; zustimmend *Lenz/Ribbrock*, BB 2007, 587 (589).

748 Dies gilt jedenfalls für solche Körperschaften, deren Einfluss auf die Gesellschafterstruktur beeinflusst ist.

749 Denkbar ist sogar, dass z.B. der Vorstand einer Aktiengesellschaft mit hohen Verlustvorträgen gesellschaftsrechtlich dazu verpflichtet ist, Abwehrmaßnahmen zu ergreifen, damit ein schädlicher Beteiligungserwerb und damit ein Untergang der Verluste nicht eintritt, vgl. *Dörr*, NWB Nr. 31 (2007), Fach 4, 5181 (5195).

750 *Dörr*, NWB Nr. 31 (2007), Fach 4, 5181 (5195).

4. Ergebnis

Gegen § 8c KStG bestehen – neben den verfassungsrechtlichen und steuersystematischen Bedenken – auch erhebliche wirtschaftspolitische Bedenken. Dadurch, dass gemäß § 8c Abs. 1 KStG nur eine Veränderung der Beteiligungsquote einer Körperschaft zu einem Verlustuntergang führen kann und ein schädlicher Beteiligungserwerb bereits eintritt, sobald mehr als 25% des gezeichneten Kapitals oder der Stimmrechte auf unmittelbarer oder mittelbarer Gesellschaftsebene übertragen werden, wird eine Vielzahl wirtschaftlich sinnvoller Maßnahmen behindert. Für Unternehmenssanierungen werden die Steuerpflichtigen nunmehr auf den – unverlässlichen – Billigkeitsweg verwiesen[751]. Zudem können konzerninterne Umstrukturierungen, die aus Unternehmenssicht notwendig sind, zu einem endgültigen Untergang der bestehenden Verlustvorträge einer Unternehmensgesellschaft führen.

Darüber hinaus besteht im Rahmen des § 8c KStG die Gefahr, dass ein Gesellschafter, der bereits Gesellschaftsanteile einer Verlustgesellschaft erworben hat, – unter Androhung des Erwerbs weiterer Anteile – entscheidenden Einfluss auf die Geschäftsführung bzw. den Vorstand der Verlustgesellschaft ausüben kann.

V. Änderungen des § 8c KStG durch das Wachstumsbeschleunigungsgesetz

Die bisher dargestellten, insbesondere aus wirtschaftspolitischer Sicht fatalen Auswirkungen des bisherigen § 8c KStG für Verlustgesellschaften hat auch der Gesetzgeber in Zeiten der Wirtschaftskrise erkannt und hat diesen entgegen gewirkt. Durch das Wachstumsbeschleunigungsgesetz[752] wird der Anwendungsbereich des Verlustverwertungsverbotes nach § 8c KStG in mehrfacher Hinsicht eingeschränkt. Zum einen hat der Gesetzgeber eine Verschonungsregelung in § 8c Abs. 1 S. 6 bis 8 KStG installiert, wonach Verlustvorträge auf Rechtsfolgenseite erhalten bleiben, soweit ihnen steuerpflichtige stille Reserven im Betriebsvermögen der Verlustgesellschaft, deren Anteile übertragen werden, gegenüberstehen. Zum anderen sollen bestimmte konzerninterne Anteilsübertragungen von dem Anwendungsbereich des § 8c KStG ausgenommen werden, bei denen dieselbe Person zu 100% an dem übertragenden und übernehmenden Rechtsträger

751 Der Gesetzgeber hat nunmehr eine Sanierungsklausel in § 8c Abs. 1a KStG installiert.
752 BGBl. I 2009, S. 3950.

beteiligt ist. Zusätzlich gilt die in der Zwischenzeit eingeführte Sanierungsklausel nunmehr unbefristet[753].

1. *Verschonungsregelung gemäß § 8c Abs. 1 S. 6 bis 8 KStG n.F.*

In den Sätzen 6 bis 8 des § 8c Abs. 1 KStG ist im Rahmen des Wachstumsbeschleunigungsgesetzes eine Verschonungsregelung für nicht genutzte Verluste einer Körperschaft bei Existenz von stillen Reserven eingeführt worden. Die nicht genutzten Verluste einer Körperschaft werden in Höhe der anteiligen im Inland steuerpflichtigen stillen Reserven vom Untergang verschont, wenn der Beteiligungserwerb nach dem 31.12.2009 eintritt (vgl. § 34 Abs. 7b S. 2 KStG).

a) *Hintergrund der Verschonungsregelung*

Es stellt sich die Frage, vor welchem Hintergrund § 8c KStG um die Sätze 6 bis 8 erweitert wurde.

In der steuerrechtlichen Literatur wird teilweise vertreten, der Neuregelung liege der Gedanke zugrunde, dass nicht genutzte Verluste in einem ursächlichen Zusammenhang mit künftigen Gewinnerwartungen stehen[754]. Entrichtet ein Käufer von Gesellschaftsanteilen einen Kaufpreis in Höhe der vorhandenen stillen Reserven, spricht dies dafür, dass er die Verlustkörperschaft wegen des Unternehmens als solchem und nicht wegen der vorhandenen Verlustvorträge kauft. Die steuerlichen Verluste könnten in Höhe der stillen Reserven regelmäßig auch vor dem Anteilserwerb realisiert werden.

Vor diesem Hintergrund kann aber nicht überzeugen, dass der Gesetzgeber den Tatbestand des § 8c Abs. 1 S. 6 bis 8 KStG auf inländische steuerpflichtige stille Reserven beschränkt hat[755]. Vielmehr spricht dies dafür, dass der Gesetzgeber bestimmte Verlustnutzungsstrategien (z.B. die Konstruktion des „sale & lease-back“) verhindern wollte.

Insgesamt ist § 8c Abs. 1 S. 6 bis 8 KStG, der – anders als die Sanierungs- und Konzernklausel – keine Ausnahmeregelung zu dem Grundtatbestand des § 8c Abs. 1 S. 1 und 2 KStG darstellt, sondern als neue – im Grundsatz begrüßenswerte – Rechtsfolgenentscheidung eines schädlichen Beteiligungserwerbs ausgestaltet ist[756], gleichwohl begrüßenswert.

---

753 Die Sanierungsklausel wurde erstmals durch das Bürgerentlastungsgesetz Krankenversicherung eingeführt, vgl. BGBl. I 2009, S. 1959.

754 Vgl. Frey/Mückl, GmbHR 2010, 71 (73).

755 Vgl. ausführlich Bien/Wagner, BB 2009, 2627 (2630).

756 Dörr, NWB Nr. 3 (2010), 184 (193).

b) Ermittlung der stillen Reserven

Die zweistufige Ermittlung der stillen Reserven ist in § 8c Abs. 1 S. 7 und 8 KStG geregelt.

aa) Steuerliches Eigenkapital – Gemeiner Wert der Anteile

Auf einer ersten Stufe erfolgt eine Gegenüberstellung des anteiligen bzw. gesamten Eigenkapitals (Eigenkapital laut Steuerbilanz) sowie des korrespondierenden gemeinen Werts der Anteile.

Das Eigenkapital der Körperschaft gemäß steuerlicher Gewinnermittlung entspricht dem Eigenkapital in der Steuerbilanz. Im Falle eines unterjährigen Beteiligungserwerbs muss dabei das steuerliche Eigenkapital außerhalb der normalen Jahresrechnung ermittelt werden, da der Vergleich zum Zeitpunkt des schädlichen Beteiligungserwerbs vorzunehmen ist[757].

Der gemeine Wert der Anteile wird bei einem entgeltlichen Erwerb regelmäßig dem gezahlten Entgelt entsprechen[758]. Dabei ist der gemeine Wert der Anteile auf 100% hochzurechnen, wenn ein schädlicher Beteiligungserwerb im Sinne des § 8c Abs. 1 S. 2 KStG vorliegt, da ein Untergang sämtlicher nicht genutzter Verluste droht.

Lässt sich der gemeine Wert auf diese Weise nicht herleiten, muss der Steuerpflichtige den gemeinen Wert der Anteile an der Körperschaft nachweisen. Möglich ist dabei eine Ableitung des gemeinen Werts aus Verkäufen unter fremden Dritten, die weniger als ein Jahr zurückliegen. Soweit dies nicht möglich ist, kann der Steuerpflichtigen den gemeinen Wert der Anteile durch Vorlage einer Unternehmensbewertung nachweisen, die regelmäßig kompliziert und kostspielig ist.

bb) Einschränkungen

Auf einer zweiten Stufe wird auf Grundlage der festgestellten stillen Reserven der maximal vortragsfähige Verlustvortrag ermittelt. Gemäß § 8c Abs. 1 S. 6 KStG finden nur stille Reserven „des inländischen Betriebsvermögens" Berücksichtigung. Unter dem inländischen Betriebsvermögen muss – in Anlehnung an die erbschaftsteuerliche Definition – solches verstanden werden, das einer inländischen Betriebsstätte der Körperschaft zuzuordnen ist. Stille Reserven, die nicht

757 Vgl. Scheipers/Linn, Ubg 2010, 8 (13), die vorschlagen, aus Vereinfachungsgründen ebenfalls eine zeitanteilige Ermittlung des steuerlichen Eigenkapital durch die Addition des Eigenkapitals zum Ende des Vorjahres und der zeitanteiligen Veränderung des steuerlichen Eigenkapitals zuzulassen.

758 BT-Drs. 17/15, S. 19.

auf inländisches Betriebsvermögen, sondern auf eine ausländische Betriebsstätte, entfallen, werden von § 8c Abs. 1 S. 6 KStG damit nicht berücksichtigt, unabhängig davon, ob sie der Besteuerung in Deutschland unterliegen oder nicht. Auf den in § 8c Abs. 1 S. 7 KStG enthaltenen Zusatz, dass die stillen Reserven insoweit im Inland steuerpflichtig sein müssen, kommt es dann nicht mehr an[759].

Soweit die stillen Reserven auf inländisches Betriebsvermögen entfallen, setzt § 8c Abs. 1 S. 6 ff. KStG voraus, dass diese stillen Reserven im Inland steuerpflichtig sind. Stille Reserven, die im Inland steuerfrei sind, werden im Rahmen des § 8c Abs. 1 S. 6 ff. KStG nicht berücksichtigt. Daraus folgt, dass stille Reserven unberücksichtigt bleiben, die auf im Ausland belegenes Vermögen einer inländischen Betriebsstätte entfallen, für das Deutschland nach dem bestehenden Doppelbesteuerungsabkommen kein Besteuerungsrecht zusteht. Ferner betrifft diese Einschränkung insbesondere Anteile an nachgeordneten Kapitalgesellschaften. Soweit Gewinne aus der Veräußerung dieser Anteile nach § 8b Abs. 2 KStG steuerfrei realisiert werden können, werden die entsprechenden stillen Reserven – nach dem ausdrücklichen Willen des Gesetzgebers[760] – nicht für einen Verlustabzug berücksichtigt[761].

c) Ergebnis

§ 8c Abs. 1 S. 6 bis 8 KStG regelt, dass die nicht genutzten Verluste einer Körperschaft infolge eines schädlichen Beteiligungserwerbs nicht verloren gehen, soweit inländische steuerpflichtige stille Reserven vorhanden sind. Der Gesetzgeber hat den weiten Anwendungsbereich des § 8c Abs. 1 S. 1 und S. 2 KStG somit auf Rechtsfolgenseite zugunsten des Steuerpflichtigen eingeschränkt.

Wünschenswert wäre es gewesen, wenn der Gesetzgeber die Verlustnutzung der Körperschaft nicht auf inländische steuerpflichtige stille Reserven beschränkt hätte. Denn sämtliche stillen Reserven können grundsätzlich vor einem schädlichen Anteilserwerb gehoben werden, so dass eine – wohl fiskalisch motivierte – Differenzierung bei § 8c Abs. 1 S. 6 ff. KStG nicht überzeugen kann.

Insgesamt ist die Neuregelung jedoch begrüßenswert und schränkt den zu weiten Anwendungsbereich des § 8c Abs. 1 KStG – in weiten Teilen zielgerechter – zugunsten des Steuerpflichtigen ein.

---

759 Die Mehrzahl der in der steuerrechtlichen Literatur veröffentlichten Stellungnahmen gehen auf diesen Punkt nicht ein. Vgl. hierzu allein überzeugend Scheipers/Linn, Ubg 2010, 8 (14).

760 Vgl. BT-Drs. 17/15, S. 19.

761 Bien/Wagner, BB 2009, 2627 (2631) führen zutreffend aus, dass dies – wenn überhaupt – nur für 95% überzeugend sein kann. Die stillen Reserven müssten in Höhe von 5% Berücksichtigung finden.

2. *Weitere Ausnahmen des § 8c Abs. 1 KStG*

a) *Konzernklausel gemäß § 8c Abs. 1 S. 5 KStG n.F.*

In § 8c Abs. 1 S. 5 KStG, der durch das Wachstumsbeschleunigungsgesetz vom 22.12.2009[762] eingeführt wurde, ist nunmehr eine Konzernklausel für schädliche Beteiligungserwerbe nach dem 31.12.2009[763] in den Tatbestand eingeführt worden.

§ 8c Abs. 1 S. 5 KStG ist als Ausnahmetatbestand konzipiert. Ein schädlicher Beteiligungserwerb soll dann nicht mehr vorliegen, wenn an dem übertragenden und an dem übernehmenden Rechtsträger dieselbe Person zu jeweils 100% mittelbar oder unmittelbar beteiligt ist. Dadurch soll die Konzernklausel laut Gesetzesbegründung auf Fälle beschränkt sein, in denen die „Verschiebung von Verlusten auf Dritte ausgeschlossen ist“[764].

aa) *Beteiligte Personen*

Nach dem Wortlaut der Konzernklausel muss *dieselbe* Person sowohl an dem *übertragenden* als auch an dem *übernehmenden Rechtsträger* zu jeweils 100% unmittelbar oder mittelbar beteiligt sein.

Bei dem übernehmenden und übertragenden Rechtsträger handelt es sich nach ganz h.M. um sämtliche in- und ausländische juristische Personen und Personengesellschaften[765]. Natürliche Personen sollen hingegen nicht übernehmender oder übertragender Rechtsträger sein können, da im Rahmen des § 8c Abs. 1 S. 5 KStG zwingend ein dreistufiger Konzernaufbau erforderlich ist und an einer natürlichen Person niemand „beteiligt“ sein kann[766].

Anders als bei der Bestimmung des Begriffs „Rechtsträger“, kann es sich bei *derselben Person* im Sinne des § 8c Abs. 1 S. 5 KStG n.F. nach dem Wortlaut der Vorschrift um eine natürliche Person handeln, aber auch um eine Kapitalgesellschaft oder sonstige juristische Person. Darüber hinaus greift § 8c Abs. 1 S. 5 KStG n.F. auch, wenn eine gewerblich geprägte Personengesellschaft zu 100% an dem übertragenden und übernehmenden Rechtsträger beteiligt ist[767].

---

762 BGBl. I 2009, 3950 ff.

763 Vgl. § 34 Abs. 7b S. 2 KStG n.F.

764 BT-Drs. 17/15, S. 19.

765 Vgl. Wittkowski/Hielscher, DB 2010, 11 (13); Bien/Wagner, BB 2009, 2627 (2629); Dörr, NWB Nr. 3 (2010), 184 (187); Frey/Mückl, GmbHR 2010, 71 (72); Sistermann/Brinkmann, DStR 2009, 2633 (2633).

766 Vgl. Wittkowski/Hielscher, DB 2010, 11 (13); Bien/Wagner, BB 2009, 2627 (2629); Dörr, NWB Nr. 3 (2010), 184 (187) plädiert dafür, im Wege eines Verwaltungserlasses auch natürliche Personen als Rechtsträger zuzulassen.

767 Vgl. Frey/Mückl, GmbHR 2010, 71 (72); Dörr, NWB Nr. 3 (2010), 184 (187).

bb) Maßgebliche Beteiligung

Für eine nach der Konzernklausel begünstigte Übertragung, muss im Zeitpunkt des schädlichen Beteiligungserwerbs dieselbe Person „jeweils zu 100% mittelbar oder unmittelbar“ an dem übertragenden und übernehmenden Rechtsträger beteiligt sein. Dieses 100%-Erfordernis begründet der Gesetzgeber damit, dass dadurch nur solche Fälle erfasst werden, in denen die Verschiebung von Verlusten auf Dritte ausgeschlossen ist[768].

Nach dem eindeutigen Wortlaut der Vorschrift ist es damit erforderlich, dass eine einzige Person (natürliche oder juristische Person oder Personengesellschaft) sowohl an dem übernehmenden als auch an dem überragenden Rechtsträger zu 100% (auch mittelbar) beteiligt ist. Dabei ist es ausreichend, wenn auf irgendeiner Konzernstufe eine Person an dem übernehmenden und an dem übertragenden Rechtsträger beteiligt ist, auch wenn an dieser Person wiederum mehrere Personen beteiligt sind.

Darüber hinaus ist es nach dem Wortlaut der Vorschrift erforderlich, dass eine mindestens dreistufige Konzernstruktur vorliegt, und dieselbe Person an dem übernehmenden und übertragenden Rechtsträger beteiligt ist[769].

Beispiel: Die T-GmbH ist Alleingesellschafterin der V-GmbH (Verlust 1000). An der T-GmbH ist die M-GmbH zu 100% beteiligt, an der mehrere Gesellschafter beteiligt sind. Erwirbt nun die M-GmbH 100% der Gesellschaftsanteile an der V-GmbH von der T-GmbH, ist nicht dieselbe Person an dem übertragenden Rechtsträger (T-GmbH) und dem übernehmenden Rechtsträger (M-GmbH) beteiligt. § 8c Abs. 1 S. 5 KStG greift daher nicht, und die Verluste der V-GmbH würden insgesamt verloren gehen.

Von dem Wortlaut der Vorschrift wird somit nicht der Fall erfasst, in dem die Konzernspitze selbst übertragender Rechtsträger oder Erwerber ist. Dies kann vor dem Hintergrund der Gesetzesbegründung nicht überzeugen. Der Gesetzgeber wollte mit der Konzernklausel verhindern, dass Verluste auf Dritte verschoben werden[770]. Fungiert die Konzernmutter selbst als übertragender oder übernehmender Rechtsträger, besteht diese Gefahr gerade nicht. § 8c Abs. 1 S. 5 KStG muss daher auch für Anteilsübertragungen greifen, bei denen die Konzernmutter selbst übertragender oder übernehmender Rechtsträger ist[771].

Darüber hinaus ist es nach dem Wortlaut der Vorschrift erforderlich, dass dieselbe Person zu 100% an den Rechtsträgern beteiligt ist. Sobald mehr als eine

---

768 BT-Drs. 17/15, S. 19.

769 Vgl. Bien/Wagner, BB 2009, 2627 (2628).

770 BT-Drs. 17/15, S. 19.

771 Ebenso Dörr, NWB Nr. 3 (2010), 184 (187); Wittkowski/Hielscher, DB 2010, 11 (14).

Person an dem übernehmenden oder überragenden Rechtsträger beteiligt ist, greift die Konzernklausel nicht. Dieses 100%-Erfordernis stellt eine erhebliche Beschränkung der Konzernklausel dar und kann bei Gestaltungen, bei denen keine neuen Gesellschafter hinzutreten, nicht überzeugen.

Beispiel: Die A-GmbH und die B-GmbH sind jeweils zu 50% an der T1-GmbH und der T2-GmbH beteiligt. Die T2-GmbH ist Alleingesellschafterin der Verlustgesellschaft V-GmbH. Überträgt die T2-GmbH sämtliche Anteile an der V-GmbH auf die T1-GmbH, ist nicht dieselbe Person zu 100% an der T-GmbH und der T2-GmbH beteiligt, und die Konzernklausel ist nicht einschlägig.

Weshalb der Gesetzgeber konzerninterne Umstrukturierungen nur begünstigt, wenn *eine* Person zu 100% an der Konzernspitze steht, ist nicht ersichtlich. In dem dargestellten Beispiel besteht auch nicht die Gefahr, dass die Verluste der V-GmbH mittelbar neu hinzutretenden Gesellschaftern übertragen werden. Vielmehr sind die A-GmbH und die B-GmbH unverändert jeweils 50%ige Gesellschafter ihrer Tochtergesellschaften.

Gleichwohl ist der Wortlaut der Vorschrift insofern eindeutig. Mit Ausnahme des Falls, in dem die Konzernmutter selbst übertragender oder übernehmender Rechtsträger ist, ist ein dreistufiger Konzernaufbau erforderlich, und eine Person muss zu 100% an den Rechtsträgern beteiligt sein.

cc) Ergebnis

Der Gesetzgeber hat mit § 8c Abs. 1 S. 5 KStG auf die harsche Kritik in der steuerrechtlichen Literatur reagiert und eine Konzernklausel in § 8c Abs. 1 KStG installiert. Insbesondere für konzerninterne Umstrukturierungen wirkt diese Konzernklausel in Zukunft erleichternd. In der Regel werden bei Gestaltungen wie der „Verkürzung der Beteiligungskette" die steuerlichen Verluste nicht mehr gemäß § 8c Abs. 1 KStG verloren gehen.

Gleichwohl wäre es wünschenswert gewesen, wenn der Gesetzgeber die Konzernklausel nicht auf einen solch engen Anwendungsbereich beschränkt hätte.

b) Sanierungsklausel gemäß § 8c Abs. 1a KStG n.F.

§ 8c KStG in der Form des Unternehmensteuerreformgesetzes 2008 führte – wie dargestellt – dazu, dass die Suche nach sanierungswilligen Investoren in der Finanz- und Wirtschaftskrise erheblich erschwert wird, da ein Erwerb zum Zweck der Sanierung steuerlich in der Regel mit dem Untergang bestehender Verlustvorträge bestraft wird[772]. Dies hat der Gesetzgeber Mitte 2009 erkannt und § 8c KStG im Rahmen des Bürgerentlastungsgesetz Krankenversicherung vom 16.7.2009[773] rückwirkend um eine Sanierungsklausel in Absatz 1a erweitert. Ursprünglich war die Anwendbarkeit der Sanierungsklausel zeitlich für Anteilsübertragungen nach dem 31.12.2007 und vor dem 1.1.2010 begrenzt (vgl. § 34 Abs. 7c KStG). Im Rahmen des Wachstumsbeschleunigungsgesetzes[774] hat der Gesetzgeber diese zeitliche Beschränkung aufgehoben, so dass auch zukünftig Anteilsübertragungen im Hinblick auf die Verlustabzugsbeschränkungen des § 8c KStG unschädlich sind, sofern sie den Tatbestand der Sanierungsklausel erfüllen. Mit Datum vom 30.03.2010 hat die Oberfinanzdirektion Rheinland eine Verfügung zur Sanierungsklausel erlassen und damit die Anwendbarkeit der komplizierten Regelung erleichtert[775].

Allerdings hat die Europäische Kommission mit Beschluss vom 24.02.2010 gegen die Sanierungsklausel des § 8c Abs. 1a KStG ein Vertragsverletzungsverfahren eingeleitet[776]. Daraufhin hat das BMF mit Schreiben vom 30.04.2010 beschlossen, dass die Sanierungsklausel bis zu einem abschließenden Beschluss der Kommission nicht mehr anzuwenden ist[777] und dass sämtliche betroffenen Bescheide unter dem Vorbehalt der Nachprüfung nach § 164 AO erlassen werden[778].

Im Folgenden soll daher nur kurz auf § 8c Abs. 1a KStG eingegangen werden.

aa) Tatbestand

Gemäß § 8c Abs. 1a KStG ist ein Beteiligungserwerb zum Zweck der Sanierung für die Anwendbarkeit der Mantelkaufregelung unbeachtlich. Liegen die Voraussetzungen der Sanierungsklausel vor, werden auch Zinsvorträge und gewerbesteuerliche Fehlbeträge vom Sanierungsprivileg erfasst. Der Beteiligungserwerb löst dann weder einen anteiligen oder vollständigen Verlustuntergang aus, noch ist er mit anderen innerhalb der Fünfjahresfrist des § 8c Abs. 1 KStG erfolgten Anteilserwerben zusammenzurechnen[779].

---

772 Vgl. oben 2. Teil, C. III. 1.
773 BGBl. I 2009, 1959.
774 BT-Drs. 17/15, S. 6.
775 OFD Rheinland v. 30.3.2010 – S 2745 – 1007 – St 131.
776 Eur. Kommission v. 24.2.2010, Az. C 7/2010, Amtsblatt der Europäischen Union v. 8. April 2010.
777 Dies soll auch gelten, wenn eine verbindliche Auskunft eingeholt wurde.
778 BMF v. 30.4.2010 – IV C 2 – S 2745-a/08/10005:002.
779 OFD Rheinland v. 30.3.2010 – S 2745 – 1007 – St 131, Rz. 2.

(1) Beteiligungserwerb zur Sanierung des Geschäftsbetriebes

Voraussetzung für die neue Sanierungsklausel gemäß § 8c Abs. 1a KStG ist zunächst, dass ein Beteiligungserwerb zum Zweck der Sanierung des Geschäftsbetriebes erfolgt.

Gemäß § 8c Abs. 1a S. 2 KStG ist eine Sanierung eine Maßnahme, die auf die Verhinderung oder Beseitigung der Zahlungsunfähigkeit oder Überschuldung der Zielgesellschaft gerichtet ist und zugleich die wesentlichen Betriebsstrukturen der Gesellschaft erhält. Es muss daher eine ursächliche Verknüpfung zwischen dem Erwerb der Beteiligung und der Sanierungsabsicht bestehen[780]. Nach Auffassung der Finanzverwaltung muss der Anteilserwerb daher zu einem Zeitpunkt erfolgen, zu dem die Zahlungsunfähigkeit oder Überschuldung der Körperschaft zumindest droht oder bereits eingetreten ist. Demgegenüber sollen Anteilserwerbe, die bereits vor der Krise erfolgt sind, nicht von § 8c Abs. 1a KStG erfassen werden[781]. In der steuerrechtlichen Literatur wird hingegen überwiegend vertreten, dass ein privilegierter Beteiligungserwerb auch zeitlich vor der Krise möglich ist. Einige Vertreter wollen das strenge Krisenerfordernis aufweichen und sämtliche Körperschaften, die sanierungsbedürftig sind, in den Anwendungsbereich der Sanierungsklausel mit einzubeziehen[782]. Teilweise wird überzeugend gefordert, in Anlehnung an den Tatbestand der Betriebsvermögenszuführung (§ 8c Abs. 1a S. 3 Nr. 3 KStG) einen Beteiligungserwerb innerhalb von zwölf Monaten durch § 8c Abs. 1a KStG zu privilegieren[783].

Entsprechend den bereits dargestellten Grundsätzen des Sanierungserlasses[784], setzt die Sanierung kumulativ Sanierungsabsicht der Körperschaft bzw. ihres neuen Gesellschafters, Sanierungsbedürftigkeit des erworbenen Unternehmens sowie Sanierungsfähigkeit der Körperschaft nach der pflichtgemäßen Einschätzung eines objektiven Dritten zum Zeitpunkt des Anteilserwerbs voraus[785]. Dies können Maßnahmen zur Kostenreduzierung, Umstrukturierung der geschäftlichen Tätigkeit sowie die Erschließung von Finanzierungsquellen sein. Dabei muss der erwerbende Gesellschafter keinen eigenen Finanzierungsbeitrag erbringen[786]. Nach Auffassung der Finanzverwaltung muss die Sanierungsmaßnahme aller-

780 Vgl. Cortez/Brucker, BB 2010, 734 (736).
781 OFD Rheinland v. 30.3.2010 – S 2745 – 1007 – St 131, Rz. 4.
782 So Cortez/Brucker, BB 2010, 734 (736).
783 Vgl. Sistermann/Brinkmann, DStR 2009, 1453.
784 Vgl. oben 2. Teil, C. IV 1.
785 Vgl. BT-Drs. 16/12674 S. 9 ff.
786 OFD Rheinland v. 30.3.2010 – S 2745 – 1007 – St 131, Rz. 7.

dings im zeitlichen Zusammenhang, d.h. innerhalb eines Jahres, mit dem Beteiligungserwerb erfolgen[787].

(2) Erhaltung wesentlicher Betriebsstrukturen

Gemäß § 8c Abs. 1 S. 2 KStG liegt eine Sanierung nur vor, wenn die Maßnahme – neben der Verhinderung der Zahlungsunfähigkeit oder Überschuldung – auch darauf gerichtet ist, die wesentlichen Betriebsstrukturen zu erhalten. Im Wege der Konkretisierung der Sanierungseignung sieht § 8c Abs. 1 S. 3 KStG drei abschließende, für den Steuerpflichtigen wahlweise bestehende Maßnahmen vor, die die wesentlichen Betriebsstrukturen erhalten. So gilt die wesentliche Betriebsstruktur als erhalten, wenn die Körperschaft eine Betriebsvereinbarung mit Arbeitsplatzregelung abschließt (Nr. 1), die Lohnsumme der Körperschaft innerhalb von fünf Jahren nach dem Beteiligungserwerb 400% der Ausgangslohnsumme nicht unterschreitet (Nr. 2) oder der Körperschaft durch Einlage wesentliches Betriebsvermögen zugeführt wird (Nr. 3).

(a) Einhaltung der Betriebsvereinbarung

Bei der geschlossenen Betriebsvereinbarung mit einer Arbeitsplatzregelung handelt es sich um einen Vertrag zwischen Arbeitgeber und Betriebsrat. Voraussetzung für § 8c Abs. 1a S. 3 Nr. 1 KStG ist, dass in dem von der Betriebsvereinbarung betroffenen Geschäftsbereich mehr als die Hälfte der sozialversicherungspflichtiger Arbeitnehmer tätig ist.

In der steuerrechtlichen Literatur wurde diskutiert, ob § 8c Abs. 1a S. 3 Nr. 1 KStG nur für Unternehmen anwendbar ist, die über einen Betriebsrat verfügen[788]. Die OFD Rheinland hat nunmehr entschieden, dass auch eine Körperschaft, die – z.B. aufgrund einer zu geringen Anzahl von Arbeitnehmern – über keinen Betriebsrat verfügt, gleichwohl mit ihren Arbeitnehmern individuelle Vereinbarungen treffen kann, die den Anforderungen des § 8c Abs. 1a S. 3 Nr. 1 KStG entsprechen[789]. Voraussetzung sei nur, dass mehr als die Hälfte der sozialversicherungspflichtigen Arbeitnehmer betroffen sind und dass ein sachlicher Zusammenhang zwischen dem Beteiligungserwerb und dem Abschluss der Betriebsvereinbarung besteht.

Es ist zu begrüßen, dass die OFD Rheinland insofern Klarheit geschaffen hat und Unternehmen, die über keinen Betriebsrat verfügen, dennoch die Möglichkeit des § 8c Abs. 1a S. 3 Nr. 1 KStG eröffnet.

---

787 OFD Rheinland v. 30.3.2010 – S 2745 – 1007 – St 131, Rz. 7.
788 So bislang die h.M., vgl. z.B. Dörr, NWB 2009, 2050 (2056).
789 OFD Rheinland v. 30.3.2010 – S 2745 – 1007 – St 131, Rz. 14.

(b) Lohnsummenvergleich

Gemäß § 8c Abs. 1a S. 3 Nr. 2 KStG werden die wesentlichen Betriebsstrukturen erhalten, wenn die Summe der maßgebenden jährlichen Lohnsummen der Körperschaft innerhalb von fünf Jahren nach dem Beteiligungserwerb 400 Prozent der Ausgangslohnsumme nicht unterschreitet. Dabei gelten § 13a Abs. 1 S. 3 und 4, Abs. 4 ErbStG sinngemäß.

Die durchschnittliche jährliche Lohnsumme muss also innerhalb eines Fünfjahreszeitraumes mindestens 80% der Ausgangslohnsumme betragen. Dabei wird zunächst die Ausgangslohnsumme ermittelt, die sich aus der durchschnittlichen Lohnsumme der fünf dem Beteiligungserwerb vorangegangenen Wirtschaftsjahre ergibt. Sodann wird (taggenau), beginnend mit dem Tag des Beteiligungserwerbs, die Lohnsumme der nachfolgenden fünf Zeitjahre ermittelt.

Die Finanzverwaltung ist der Auffassung, dass § 8c Abs. 1a S. 3 Nr. 2 KStG nicht anwendbar ist, wenn die Ausgangslohnsumme € 0 beträgt oder wenn die Körperschaft nicht mehr als 10 bzw. ab dem Veranlagungszeitraum 2010[790] nicht mehr als 20 Arbeitnehmer hat. In diesen Fällen soll die Körperschaft die Tatbestandsmerkmale der Erhaltung der wesentlichen Betriebsstrukturen nur über § 8c Abs. 1a S. 3 Nr. 1 oder Nr. 3 KStG erfüllen können[791].

(c) Wesentliche Betriebsvermögenszuführung

Zudem sollen die wesentlichen Betriebsstrukturen gemäß § 8c Abs. 1a S. 3 Nr. 3 KStG erhalten bleiben, wenn der Körperschaft durch Einlagen wesentliches Betriebsvermögen zugeführt wird. Nach § 8c Abs. 1a S. 3 Nr. 3 S. 2 KStG liegt eine wesentliche Betriebsvermögenszuführung vor, wenn der Körperschaft innerhalb von zwölf Monaten nach dem Beteiligungserwerb neues Betriebsvermögen zugeführt wird, das mindestens 25% des in der Steuerbilanz zum Schluss des vorangehenden Wirtschaftsjahrs erhaltenen Aktivvermögens entspricht[792]. Unter

790 § 13a Abs. 1 S. 4 ErbStG ist mit Gesetz v. 22.12.2009 insofern geändert worden, vgl. BGBl. I 2009, 3950.

791 OFD Rheinland v. 30.3.2010 – S 2745 – 1007 – St 131,, Rz. 18, wobei die Finanzverwaltung noch einmal ausdrücklich darlegt, dass die Nr. 1 und 3 in einem Alternativverhältnis stehen.

792 Der Gesetzgeber hat nunmehr die Betriebsvermögenszuführung, die im Rahmen des § 8 Abs. 4 KStG steuerschädlich war, als privilegierendes Tatbestandsmerkmal installiert. Dieser Konflikt wird deutlich, wenn die Betriebsvermögenszuführung, die im Rahmen des § 8c Abs. 1a S. 3 Nr. 3 KStG erforderlich ist, zeitgleich – wegen einer mehrheitlichen Anteilsübertragung vor dem 1.1.2008 – dazu führt, dass die Verluste gemäß § 8 Abs. 4 KStG verloren gehen.

dem Aktivvermögen fallen sämtliche Wirtschaftsgüter im steuerlichen Sinne, d.h. Anlage- und Umlaufvermögen. Damit hat sich der Gesetzgeber im Nachhinein der h.M. im Rahmen des § 8 Abs. 4 KStG a.F. angeschlossen[793].

Das Kriterium der Betriebsvermögenszuführung misst die gesetzliche Voraussetzung an den Erhalt der wesentlichen Betriebsstrukturen anhand der Gegenüberstellung zweier zahlenmäßig bestimmter Größen, nämlich die Mindesteinlage als Bruchteil des Aktivvermögens am Stichtag und der Betrag des innerhalb des Zwölfmonatszeitraums tatsächlich zugeführten Betriebsvermögens[794]. Die 25%-Grenze gilt nur bei einem 100%igen Anteilserwerb. Werden weniger als 100% der Gesellschaftsanteile einer Körperschaft erworben, ist die Grenze anteilig zu reduzieren.

Das Betriebsvermögen muss durch Einlage zugeführt werden. Die begünstigten Einlagen können sich auch auf die Passivseite der Bilanz beziehen, soweit die Verbindlichkeiten werthaltig sind (vgl. § 8c Abs. 1a S. 3 Nr. 3 S. 4 und S. 8 KStG). Die Beweislast für die Werthaltigkeit trägt nach Auffassung der Finanzverwaltung die Gesellschaft[795].

Erfolgt die Einlage im Wege einer Sacheinlage gemäß §§ 20, 21 UmwStG in eine Verlustkörperschaft, ist in Höhe der Erhöhung des steuerlichen Eigenkapitals eine Einlage im Sinne des § 8c Abs. 1a S. 3 Nr. 3 KStG zu berücksichtigen und zwar in Höhe des Wertes, mit dem die Sacheinlage vom übernehmenden Rechtsträger angesetzt wird abzüglich gewährter Gegenleistungen[796]. Die Einlage ist stets mit dem Betrag in die Vergleichsrechnung nach § 8c Abs. 1a S. 3 Nr. 3 S. 2 KStG einzubeziehen, mit dem sie nach § 8 Abs. 1 KStG i.V.m. § 6 Abs. 1 Nr. 5 EStG steuerlich zu bewerten ist. Dabei ist auf die Einlagen abzustellen, die innerhalb eines Jahres nach dem Beteiligungserwerb erfolgt sind. Nach Auffassung der Finanzverwaltung beginnt diese Jahresfrist in dem Zeitpunkt, in dem die 25% bzw. die 50%-Grenze erstmalig überschritten wird[797]. In der steuerrechtlichen Literatur wird hingegen auch vertreten, dass jeder Erwerbsschritt einzeln zu betrachten ist, so dass die Zwölfmonatsfrist auch schon mit jedem Beteiligungserwerb zu laufen beginnt[798]. Vor dem Hintergrund des Wortlauts der Vorschrift, der vom schlichten „Beteiligungserwerb“, und nicht vom „schädlichen Beteiligungserwerb“ spricht, kann nur letztere Auffassung überzeugen.

---

793 Vgl. hierzu oben 2. Teil, B. II. 1. b) aa).
794 Neyer, BB 2009, 2284 (2285).
795 OFD Rheinland v. 30.3.2010 – S 2745 – 1007 – St 131, Rz. 20.
796 Vgl. umfassend Neyer, BB 2009, 2284 (2285).
797 OFD Rheinland v. 30.3.2010 – S 2745 – 1007 – St 131, Rz. 27.
798 Vgl. Neyer, BB 2009, 2284 (2286); Sistermann/Brinkmann, DStR 2009, 1453 (1453).

Werden innerhalb der Jahresfrist nicht in ausreichendem Maße Einlagen geleistet, führt dies dazu, dass die wesentlichen Betriebsstrukturen nach § 8c Abs. 1a S. 3 Nr. 3 KStG nicht erhalten werden konnten und die zum Zeitpunkt des schädlichen Beteiligungserwerbs nicht genutzten Verluste nach Maßgabe des § 8c Abs. 1 KStG untergehen.

bb) Fazit

Insgesamt ist die Sanierungsklausel – trotz des komplizierten Anwendungsbereichs – zu begrüßen. Für wirtschaftlich angeschlagene Unternehmen besteht nunmehr die Möglichkeit, Investoren zu finden, ohne dass ihre steuerlichen Verluste dadurch verloren gehen. Der Gesetzgeber hat die grundlegende Kritik an § 8c Abs. 1 KStG daher jedenfalls teilweise beherzigt und sich mit der (schnellen) Einführung der Sanierungsklausel gleichzeitig eingestanden, dass § 8c Abs. 1 KStG in seiner wirtschaftlichen Konsequenz zu weit gefasst ist. Es wäre begrüßenswert gewesen, wenn der Gesetzgeber – anstatt einen weiteren Ausnahmetatbestand zu § 8c Abs. 1 KStG zu erlassen – die Vorschrift und ihre wirtschaftlichen Folgen insgesamt überdacht hätte.

Aktuell bleibt abzuwarten, wie die Europäische Kommission § 8c Abs. 1a KStG handhaben wird. Sollten die europarechtlichen Bedenken tatsächlich durchgreifen, würde § 8c Abs. 1a KStG wohl rückwirkend für nichtig erklärt werden und § 8c Abs. 1 KStG würde mit seinen weitreichenden wirtschaftspolitischen Folgen auch für sanierungsbedürftige Unternehmen greifen. Gerade in Zeiten fehlenden Wirtschaftswachstums könnte die Aufhebung der Sanierungsklausel katastrophale Konsequenzen für deutsche Unternehmen haben.

3. Ergebnis

Der Gesetzgeber hat mit dem Wachstumsbeschleunigungsgesetz § 8c KStG erheblich in seinen weitreichenden Wirkungen eingeschränkt. Verluste gehen bei einem schädlichen Beteiligungserwerb nur noch dann verloren, soweit keine stillen Reserven bei der Körperschaft vorhanden sind. Der Gesetzgeber trägt damit der in der steuerrechtlichen Literatur geäußerten Kritik insofern Rechnung.

Darüber hinaus hat der Gesetzgeber durch die Konzern- und Sanierungsklausel für Einzelfälle Ausnahmen zu § 8c Abs. 1 KStG erlassen. Der Gesetzgeber gesteht sich damit ein, dass der Tatbestand und insbesondere die wirtschaftlichen Konsequenzen des § 8c KStG zu weit reichen. Auch hier wird ersichtlich, dass der Gesetzgeber besser beraten gewesen wäre, von Anfang an eine auf den Missbrauch gerichtete Vorschrift zu erlassen, anstatt von einer allgemeinen Verlustvernichtungsvorschrift Einzelausnahmen zu installieren.

VI. Zusammenfassung des 2. Teils und Schlussfolgerungen

1. Zusammenfassung

1. Durch das Unternehmensteuerreformgesetz 2008 wird die bisherige Mantelkaufregelung des § 8 Abs. 4 KStG durch § 8c KStG ersetzt. § 8 Abs. 4 KStG machte die Verlustnutzung einer Körperschaft davon abhängig, dass die Körperschaft neben ihrer rechtlichen auch ihre wirtschaftliche Identität nicht verändert hat. Im Rahmen des § 8c KStG, der die Verlustnutzung von Körperschaften allein von der Veränderung ihrer Beteiligungsstrukturen abhängig macht, ist das Konstrukt der wirtschaftlichen Identität vollständig aufgegeben worden.
2. § 8 Abs. 4 KStG diente der Verhinderung missbräuchlicher Gestaltungen. Trotz einem erheblichen Maß an Unsicherheit, welches im Rahmen des § 8 Abs. 4 KStG bestand, sollte durch die Regelung insbesondere der typische Fall des Mantelkaufs verhindert werden.
   § 8c KStG dient nicht mehr der Missbrauchsvermeidung, sondern allein der Erzielung von Mehreinnahmen als Gegenfinanzierung zum Unternehmensteuerreformgesetz 2008.
3. Der persönliche Anwendungsbereich des § 8c KStG ist – entgegen der Auffassung der Finanzverwaltung – auf Körperschaften beschränkt. Die Ausdehnung des Anwendungsbereichs auf Vermögensmassen und Personenvereinigungen verstößt gegen den eindeutigen Gesetzeswortlaut des § 8c Abs. 1 KStG.
4. Gemäß § 8c Abs. 1 KStG kommt es für die Verlustnutzung einer Körperschaft nunmehr entscheidend auf das wirtschaftliche Engagement der neuen Anteilseigner an. Der Neuregelung liegt der Leitgedanke zugrunde, dass die Verlustnutzung von Körperschaften allein von dem objektiven Kriterium abhängig ist, ob und inwieweit neue Anteilseigner die Möglichkeit erhalten, auf die Körperschaft Einfluss auszuüben. Auf subjektive Motive der Anteilseigner, auf sachliche Zusammenhänge zwischen den einzelnen Tatbestandsmerkmalen, auf die tatsächliche Ausübung des durch den Anteilserwerb erhaltenen Einflusses oder auf die Fortführung des Geschäftsbetriebes kommt es hingegen nicht an, so dass eine einschränkende Auslegung des § 8c Abs. 1 KStG nur bedingt möglich ist.
5. Im Rahmen des § 8c Abs. 1 KStG stellen das gezeichnete Kapital und die Stimmrechte die Bezugsgrößen für Kapitalgesellschaften dar, während sich die Mitgliedschafts- und Beteiligungsrechte auf sonstige Körperschaften beziehen. Da die Rechte in einem Alternativverhältnis stehen, können sowohl eine isolierte – gesellschaftsrechtlich zulässige – Stimmrechtsübertragung als auch die Übertragung von stimmrechtslosen Vorzugsaktien zu einem schädlichen

Beteiligungserwerb führen. Dabei ist für die Bestimmung der Schädlichkeitsquote stets das gesamte Grundkapital maßgeblich.

6. Zu einem schädlichen Beteiligungserwerb kann jede unmittelbare und mittelbare Übertragung oder Kapitalerhöhung führen. Von einer befreienden Konzernbetrachtung ist im Rahmen des § 8c Abs. 1 KStG ausdrücklich Abstand genommen worden. Auch eine Begrenzung der mittelbaren Übertragungen auf eine bestimmte Konzernstufe lässt der Wortlaut der Norm nicht zu.
7. Auch können vergleichbare Sachverhalte zu einem schädlichen Beteiligungserwerb führen. Der Begriff des „vergleichbaren Sachverhalts" ist zwar bestimmbar. Allerdings führt dadurch praktisch jede Gestaltung zu einem schädlichen Beteiligungserwerb, durch die in irgendeiner Weise Beteiligungen (am Nennkapital oder an den Stimm- oder Mitgliedschaftsrechten) an einer Körperschaft zu mehr als 25% verschoben werden. Insbesondere Stimmrechtsvereinbarungen und nicht rechtsgeschäftliche Übertragungen, z.B. die Kapitalherabsetzung oder Umwandlungsfälle, werden darunter erfasst. Allerdings sind solche konzerninternen Umstrukturierungen aus dem Anwendungsbereich des § 8c Abs. 1 KStG herauszunehmen, durch die eine Beteiligungskette lediglich verkürzt und die Einflussnahme eines Anteilseigners damit verstärkt wird.
8. Anders als § 8 Abs. 4 KStG geht § 8c Abs. 1 KStG von einer personenbezogenen Betrachtungsweise aus, wonach die Anteile in „einer Hand" maßgeblich sind. Zu dem Erwerberkreis gehören der Erwerber, diesem nahe stehende Personen und Erwerbergruppen mit gleichgerichtetem Interesse. Für ein Näheverhältnis im Sinne des § 8c Abs. 1 KStG ist es maßgeblich, dass der Zweiterwerber im Interesse des Haupterwerbers die Anteile (oder sonstigen Rechte) der Körperschaft erworben, was die Finanzverwaltung nachzuweisen hat. Eine widerlegbare Vermutung für ein solches Interesse besteht nur dann, wenn der Zweiterwerber eine Kapitalgesellschaft ist und der Haupterwerber die absolute Mehrheit der Anteile an dem Zweiterwerber hält. Von einer Gruppe mit gleichgerichtetem Interesse gemäß § 8c Abs. 1 S. 3 KStG sind dagegen nur sog. Erwerberquartette erfasst.
9. Von der Verlustnutzungsbeschränkung sind alle Verluste einer Körperschaft betroffen, die bis zum Eintritt des schädlichen Beteiligungserwerbs entstanden sind und die im Wege des Verlustausgleichs oder des Verlustvortrages geltend gemacht werden. Der Verlustrücktrag ist hingegen – entgegen der Auffassung der Finanzverwaltung – nicht gemäß § 8c Abs. 1 KStG ausgeschlossen.
10. Tritt ein schädlicher Beteiligungserwerb während eines Wirtschaftsjahres ein, sind die Verluste bis zum Eintritt des schädlichen Beteiligungserwerbs durch Erstellung einer Zwischenbilanz zu bestimmen. Ergänzend eröffnet § 8c KStG dem Steuerpflichtigen die Möglichkeit, die Verluste zeitanteilig aufzuteilen.

11. Bei mittelbaren Anteilsübertragungen wird die Quote der Verluste rechnerisch bestimmt. Wird innerhalb eines Fünfjahreszeitraums ein Gesellschaftsanteil erneut übertragen, findet § 8c Abs. 1 S. 1 KStG nicht erneut unbeschränkt Anwendung, sondern ist nur für die Verluste anwendbar, die in der Zwischenzeit – also zwischen dem ersten und zweiten Anteilserwerb – entstanden sind.
12. Im Rahmen des Wachstumsbeschleunigungsgesetzes hat der Gesetzgeber die weitreichenden Folgen des § 8c Abs. 1 KStG eingeschränkt. Sowohl eine Konzern- als auch eine Sanierungsklausel wurden in § 8c KStG installiert. Danach gehen die Verluste einer Körperschaft ausnahmsweise unter engen Voraussetzungen nicht verloren, obwohl ein (schädlicher) Beteiligungserwerb vorliegt. Darüber hinaus werden nunmehr gemäß § 8c Abs. 1 S. 6 ff. KStG nicht genutzte Verluste einer Körperschaft in Höhe der anteiligen im Inland steuerpflichtigen stillen Reserven vor dem Untergang verschont.

2. *Schlussfolgerungen*

1. Gegen § 8c KStG bestehen erhebliche steuersystematische und verfassungsrechtliche Bedenken. Dass eine Körperschaft ein selbständiges Steuersubjekt ist, welches eigenständig – insbesondere von ihren Anteilseignern unabhängig – besteuert wird, wird von § 8c KStG vollständig ignoriert. Es ist gerade Ausfluss des Trennungsprinzips, dass eine Veränderung auf Gesellschafterebene keine Auswirkungen auf die Gesellschaftsebene hat. Dieses Prinzip wird durch § 8c KStG unterlaufen. Die Verlustnutzung einer Körperschaft soll nunmehr nur noch davon abhängig sein, ob die Anteilseignerstruktur der Verlustgesellschaft im Wesentlichen unverändert fortbesteht.
   Gleichzeitig verstößt § 8c KStG dadurch gegen das objektive Nettoprinzip, welches Ausfluss einer gerechten Besteuerung entsprechend der allgemeinen Leistungsfähigkeit ist. Denn durch § 8c KStG wird die Verlustnutzung von Körperschaften, die schon durch die Mindestbesteuerung erheblich eingeschränkt wurde, in einer Vielzahl von Fällen praktisch unmöglich. Körperschaften werden im Anwendungsbereich des § 8c KStG nicht mehr entsprechend ihrer Leistungsfähigkeit besteuert.
   Ein geeigneter sachlicher Grund für den Verstoß gegen das Leistungsfähigkeitsprinzip und die Durchbrechung des Trennungsprinzips ist bei § 8c KStG nicht ersichtlich, da § 8c KStG allein die Mitfinanzierung des Unternehmensteuerreformgesetzes 2008 bezweckt.
2. Gegen § 8c KStG bestehen erhebliche wirtschaftspolitische Bedenken. Die Neuregelung führt zu einer Behinderung wirtschaftlich sinnvoller Maßnahmen und dadurch zu einem Verlust unternehmerischer Beweglichkeit. Insbesondere

wird sich die Vorschrift im M&A-Geschäft bemerkbar machen. Da im Rahmen des § 8c KStG zudem auf eine Sanierungsklausel verzichtet wurde[799], die wirtschaftliche Entscheidung eines Investors aber regelmäßig gerade von der Nutzbarkeit der vorhandenen Verluste abhängig ist, werden Unternehmenssanierungen in Zukunft erheblich erschwert. Auch können nach § 8c KStG solche Gestaltungen zu einer Beschränkung der Verlustnutzung einer Körperschaft führen, die gerade nicht steuerlich motiviert sind. Die im Rahmen des MoRaKG ursprünglich vorgesehene Ausnahme für Wagniskapitalbeteiligungsgesellschaften (§ 8c Abs. 2 KStG) war zwar begrüßenswert, erfasste aber nur einen kleinen Teil der Fälle, die – aus wirtschaftlicher Sicht – gerade nicht zu einem Verlustuntergang führen dürfen.

799 Vgl. zu der nunmehr eingeführten Sanierungsklausel, 2. Teil, C. V. 1. b).

3. Teil: Die Verlustnutzung von Körperschaften im US-amerikanischen Steuerrecht

A. Einführung in das US-amerikanische Steuerrecht

Anders als das deutsche Rechtssystem beruht das US-amerikanische Rechtssystem auf dem *common law* (Fallrecht). Dieses ist dadurch gekennzeichnet, dass Richter in ihren Entscheidungen an frühere gerichtliche Entscheidungen gebunden sind. Präzedenzfälle entfalten für folgende Entscheidungen Bindungswirkung, solange der zu entscheidende Sachverhalt dem des Präzedenzfalls gleicht. Dabei sind höhere Gerichte allerdings nicht an Entscheidungen unterer Instanzen gebunden.

Neben dem Fallrecht finden im US-amerikanischen Steuerrecht gesetzliche Regelungen Anwendung. Im Bereich des Körperschaftsteuerrechts haben die Vorschriften des *Internal Revenue Code* (Bundessteuergesetz, im Folgenden: „IRC") grundlegende Bedeutung. Daneben finden für die Besteuerung von Körperschaften in den einzelnen Bundesstaaten ergänzend staateninterne Vorschriften Anwendung. Im Bereich der Verlustnutzung von Körperschaften entsprechen jedoch die Vorschriften der einzelnen Staaten (mit Ausnahme von New Hampshire) denen des IRC, so dass die IRC-Regelungen allein maßgeblich sind.

Darüber hinaus enthält Sec. 7805 (a) IRC die Ermächtigung für die Finanzverwaltung, die Steuergesetze näher auszugestalten. Die darauf ergangenen sog. *Regulations* entfalten grundsätzlich für die Gerichte Bindungswirkung, solange die *Regulations* vernünftig ausgestaltet sind und mit dem Gesetz im Einklang stehen[800]. Soweit das Gesetz eine ausdrückliche Einzelermächtigung enthält, eine *Regulation* zu erlassen, hat diese sogar – vergleichbar mit einer deutschen Verordnung – Gesetzeskraft (*Legislative Regulations*)[801]. Den *Regulations* kommt daher im US-amerikanischen Steuerrecht eine weitaus größere Bedeutung als den Richtlinien im deutschen Steuerrecht zu.

---

800 Cottage Savings Assn. v. Commissioner, 91-1 USTC, No. 50,187, 87,770 ff. (1991).

801 Es existieren endgültige Steuerrichtlinien (*final*), vorübergehende, jedoch verbindliche Steuerrichtlinien (*temporary*) und nur vorgeschlagene und damit unverbindliche Steuerrichtlinien (*proposed*). Richtlinien werden mit „Reg. § (Ziffer)" zitiert; zeitweilige Richtlinien mit „Temp.Reg. § (Ziffer)". Den verschiedenen Steuerarten sind verschiedene Ziffern zugeordnet.

B. Verlustausgleich und Verlustabzug

Der IRC enthält verschiedene Vorschriften zur Verlustnutzung von Körperschaften. Ähnlich wie im deutschen Steuerrecht bestehen dabei zunächst allgemeine Vorschriften zur Verlustnutzung, die sowohl für natürliche als auch für juristische Personen Anwendung finden. Zusätzlich bestehen Sondervorschriften, die allein die Verlustnutzung von Körperschaften regeln.

I. Verlustausgleich

Der Verlustausgleich ist in Sec. 165 IRC geregelt. Gemäß Sec. 165 (a) IRC dürfen Verluste grundsätzlich innerhalb eines Jahres steuermindernd berücksichtigt werden, solange sie nicht durch eine Versicherung oder auf andere Weise ausgeglichen sind. Für den Verlustausgleich von natürlichen Personen enthält Sec. 165 (c) IRC Einschränkungen. Soweit passive Verluste durch eine natürliche Person erzielt werden, d.h. Verluste, die aus einer Tätigkeit stammen, an der der Steuerpflichtige nicht regelmäßig, fortwährend und wesentlich mitwirkt, dürfen diese Verluste nicht mit aktiven Einkünften verrechnet werden[802]. Der Verlustausgleich für natürliche Personen ist daher auf Verluste aus Handel oder Geschäft (*losses incurred in a trade or business*) und aus gewinnbringenden Transaktionen (*losses incurred in any transaction entered into for profit*) beschränkt. Darüber hinaus werden Vermögensverluste durch höhere Gewalt oder Diebstahl (*losses of property [...] arise from [...] other casualty, or from theft*) gemäß Sec. 165 (c) (3) IRC erfasst. Diese Einschränkungen finden im Rahmen des Körperschaftsteuerrechts keine Anwendung[803]. Im Rahmen der Körperschaftsteuer können grundsätzlich sämtliche Verluste (*net operating loss*, kurz NOL, im Folgenden „Verlust" genannt) eines Steuerjahres berücksichtigt werden[804], wobei Veräußerungsverluste (*capital losses*) nur mit Veräußerungsgewinnen (*capital gains*) verrechnet werden dürfen[805].

---

802 Sec. 469 (a) IRC.

803 *McDaniel/McMahon/Simmons/Abreu*, Federal Income Taxation, S. 502; *Bittker/Eustice*, Vol. 1, § 5.03 [1], S. 5-12.

804 *McDaniel/McMahon/Simmons/Abreu*, Federal Income Taxation, S. 887.

805 Vgl. Sec. 165 (f), 1211, 1212 IRC.

II. Verlustabzug

Ist der Gesamtbetrag der Einkünfte negativ, kann die Gesellschaft diesen Verlust im Wege des Verlustabzuges geltend machen. Sec. 172 (b)(1)(A)(i) IRC sieht zunächst einen – vorrangig zu behandelnden – Verlustrücktrag von zwei Jahren vor, wobei der Steuerpflichtige auf den Verlustrücktrag auch insgesamt verzichten kann[806]. Die der Kapitalgesellschaft zur Verfügung stehenden Verluste werden dabei zunächst mit Gewinnen aus dem vorletzten Jahr und anschließend mit Gewinnen aus dem vorangegangenen Jahr verrechnet[807]. Bestehen anschließend weitere Verluste oder hat die Gesellschaft auf den Verlustrücktrag insgesamt verzichtet, kann die Gesellschaft die übrig gebliebenen Verluste in die folgenden 20 Jahre vortragen[808].

Übersteigen in einem Jahr die Veräußerungsverluste (*capital losses*) die Veräußerungsgewinne (*capital gain*), kann die Gesellschaft diese Verluste gemäß Sec. 1212 (a) IRC drei Jahre zurück- und anschließend fünf Jahre vortragen.

III. Mindestbesteuerung

Zusätzlich besteht im US-amerikanischen Steuerrecht eine Mindestbesteuerung (*alternative minimum tax*, kurz: AMT) gemäß Sec. 55 ff. IRC[809]. Die 1986 eingeführten Vorschriften zur Mindestbesteuerung sollen verhindern, dass Steuerpflichtige mit erheblichen positiven Einkünften der Besteuerung aufgrund von steuerbegünstigten Investitionen oder durch die Inanspruchnahme anderer Steuerbefreiungen entgehen[810].

Für die Bestimmung der Mindestbesteuerung wird zunächst – in einem von der Ermittlung der regulären Körperschaftsteuer unabhängigen Verfahren – eine

806 Sec. 172 (b)(3) IRC; ein Verzicht kann z.B. vorteilhaft sein, wenn der Steuerpflichtige erwartet, zukünftig in eine höhere Steuerklasse zu gelangen. Erklärt der Steuerpflichtige den Verzicht auf den Verlustrücktrag nicht ordnungsgemäß, darf er seine Verluste nicht vortragen, solange er von der Möglichkeit des Verlustrücktrages nicht Gebrauch gemacht hat; vgl. *Colburn/Englebrecht/Lockwood*, Practical Tax Strategies/Taxation for Accountants, Sept. 2006, 132 (135).

807 *Colburn/Englebrecht/Lockwood*, Practical Tax Strategies/Taxation for Accountants, Sept. 2006, 132 (135).

808 Sec. 172 (b)(1)(A)(ii).

809 Die folgende Darstellung ist auf die Mindestbesteuerung von Kapitalgesellschaften beschränkt. Gemäß Sec. 55 (e)(A) IRC ist die AMT nicht auf sog. *small corporations,* also Gesellschaften, die innerhalb der letzten drei Jahre durchschnittlich weniger als 7,5 Millionen USD Umsatz erzielt haben, anwendbar.

810 So der Finanzausschuss im Rahmen des Gesetzgebungsverfahrens, vgl. Senate Finance Committee Report, No. 313, 99th Congress, 2d Session 518-519 (1986).

separate Bemessungsgrundlage (AMT-*income*) ermittelt, die im Vergleich mit der regulären körperschaftsteuerlichen Bemessungsgrundlage erheblich verbreitert ist[811]. Auf diese verbreiterte Bemessungsgrundlage wird ein Steuersatz von nur 20% erhoben[812]. Diese vorläufige AMT-Steuer (*tentative minimum tax*) wird der regulären Körperschaftsteuer gegenüber gestellt. Ergibt dieser Vergleich, dass die Mindeststeuer höher ist als die reguläre Körperschaftsteuer, muss der Steuerpflichtige zusätzlich zur Körperschaftsteuer diese Differenz zahlen. Die Mindeststeuer ist also nicht – wie der Name vermuten lässt – eine alternative, sondern eine zusätzliche Steuer[813].

1. Berechnung der AMT

Gemäß Sec. 55 (a) IRC wird die AMT auf den Betrag erhoben, um den die vorläufige AMT (*tentative minimum tax*) die reguläre Körperschaftsteuerschuld übersteigt.

a) Vorläufige AMT , tentative minimum tax

Gemäß Sec. 55 (b)(2) IRC ist mit dem AMT-*income* die reguläre körperschaftsteuerliche Bemessungsgrundlage[814] gemeint, die um die *adjustments* gemäß Sec. 56 und 58 IRC korrigiert und anschließend um die Summe der *preferences* gemäß Sec. 57 IRC erhöht wird[815].

Gemäß Sec. 56 IRC ergeben sich Korrekturen der Bemessungsgrundlage (*adjustments*) beispielsweise aus der Anwendung eines linearen statt degressiven Abschreibungsverlaufs für bestimmte Wirtschaftsgüter[816] und der Teilgewinnrealisierung bei langfristigen Auftragsfertigungen[817]. Sec. 58 IRC enthält Abweichungen hinsichtlich bestimmter Verluste.

Die durch die *adjustments* korrigierte Bemessungsgrundlage wird sodann um einige der in Anspruch genommenen Steuervergünstigungen (*items of tax preference*), die in Sec. 57 IRC aufgezählt sind, erhöht[818]. Davon erfasst sind beispielweise gemäß Sec. 57 (a)(5) und (6) IRC bestimmte steuerfreie Zinserträge.

---

811 Vgl. für die Ermittlung des AMT-*income* unten 3. Teil, B. III. 1. a).

812 *Djanani/Brähler/Lösel*, IWB Nr. 15 (2002), Gruppe 2, 1603 (1607).

813 *Kroniger*, BB 2003, 1987 (1988).

814 Ohne Berücksichtigung eines Verlustvortrages.

815 Die Ermittlung des AMT-*income* kann mit erheblichen Aufwand verbunden sein. Im Folgenden sollen daher nur Grundzüge dargestellt werden.

816 Sec. 56 (a)(1) IRC.

817 Sec. 56 (a)(3) IRC.

818 Sec. 55 (b)(2)(B) IRC.

Dieses bisher ermittelte korrigierte Einkommen wird anschließend gemäß Sec. 56 (g) IRC um 75% der Differenz der sog. *adjusted current earnings* zu dem bisher ermittelten AMT-*income*[819] entweder erhöht oder – bei einer negativen Differenz – verringert. Unter den *adjusted current earnings* wird grundsätzlich das bisher korrigierte Einkommen verstanden, welches jedoch gemäß Sec. 56 (g) (4) IRC angepasst wird[820]. Dadurch soll die wirtschaftliche Leistungsfähigkeit der Kapitalgesellschaften zielgenauer ermittelt werden[821].

Nach Berücksichtigung eines Freibetrages in Höhe von 40.000,00 USD[822] wird auf diese vorläufige Bemessungsgrundlage der AMT[823] für Kapitalgesellschaften ein Steuersatz in Höhe von 20% angewandt[824]. Die auf diese Weise vorläufig berechnete AMT wird dann der regulären Steuerschuld gegenüber gestellt.

b) Reguläre Steuerschuld

Mit der regulären Steuerschuld gemäß Sec. 55 (a)(2) IRC ist die Steuerschuld gemeint, die im Rahmen des Ertragsteuerrechts Geltung hat. Dabei bleiben allerdings bestimmte Abgaben bei der Bestimmung der regulären Steuerschuld außer Betracht, wie z.B. die Körperschaftsteuer auf einbehaltende Gewinne (*accumulated earnings tax*)[825] oder die Besteuerung von Holdinggesellschaften gemäß Sec. 541 IRC (*personal holding company tax*)[826].

---

819 Wobei die einkommenserhöhenden Ausnahmen nach Sec. 56 IRC hier außer Betracht bleiben, vgl. Sec. 56 (g)(1)(B). Es handelt sich also um ein *pre-adjustment AMT-income.*

820 Vgl. Reg. § 1.56 (g)-1 (a)(6)(ii). Einkommen erhöhend kann sich beispielsweise eine ausgedehnte Anwendung der linearen Abschreibungsmethode auswirken, vgl. Sec. 56 (g)(4)(A).

821 Vgl. *Kroniger*, BB 2003, 1987 (1988).

822 Dieser Freibetrag wird ab einer Bemessungsgrundlage von 150.000,00 USD fortlaufend um 25% reduziert, vgl. Sec. 55 (d)(3)(A) IRC.

823 Ergibt die Ermittlung des AMT-*income* einen Verlust, kann dieser auf die folgenden Veranlagungszeiträume vorgetragen werden, in denen die AMT Anwendung findet. Gemäß Sec. 56 (a)(4) und (d) IRC darf in diesen Fällen jedoch das mindeststeuerpflichtige Einkommen durch den Verlustabzug nicht um mehr als 90% des bisher ermittelten AMT-*income* verringert werden, so dass stets mindestens 10% des im jeweiligen Jahr ermittelten AMT-*income* der Mindeststeuer unterliegen.

824 Sec. 55 (b)(1)(B)(i) IRC.

825 Schüttet eine Gesellschaft ihre Gewinne nicht aus, sondern sammelt diese an, um einer Besteuerung von Dividenden zu entgehen, wird im US-amerikanischen Steuerrecht auf diese einbehaltenen Gewinne Steuern in Höhe von 15% erhoben; vgl. Sec. 531 IRC.

826 Vgl. *Bittker/Eustice*, Vol. 1, § 5.08 [1], S. 5-80.

2. *Rechtsfolge*

Ergibt die Gegenüberstellung, dass die AMT höher als die reguläre Körperschaftsteuer ist, muss der Steuerpflichtige – gegebenenfalls zusätzlich zur Körperschaftsteuer[827] – die Mindeststeuer entrichten[828]. Im Gegenzug erhält er sog. *minimum tax credits*, die auf die reguläre Körperschaftsteuer der folgenden Jahre angerechnet werden, soweit diese Steuer aus zeitlich vorangegangenen Aufwendungen resultiert[829]. Auf eine in späteren Jahren anfallende Mindeststeuer kann die gezahlte Mindeststeuer allerdings nicht angerechnet werden[830].

C. Übergang und Beschränkung des Verlustabzuges

Auch im US-amerikanischen Steuerrecht ist eine *corporation* grundsätzlich ein eigenes – von ihren Anteilseignern unabhängiges – Steuersubjekt[831]. Die Gesellschaft selbst ist körperschaftsteuerpflichtig, selbst wenn sämtliche Anteile von einer natürlichen Person gehalten werden. Veränderungen auf Ebene der Anteilseigner haben grundsätzlich keine Auswirkungen auf die Gesellschaft selbst[832]. Für den Verlustabzug bedeutet dies, dass eine Gesellschaft nur ihre eigenen Verluste geltend machen darf[833]. Maßgeblich ist also auch im US-amerikanischen Steuerrecht die rechtliche Identität einer Gesellschaft[834].

Allerdings sieht das Gesetz für die Verlustnutzung von Körperschaften Ausnahmen vor. Zum einen können die Verluste einer Gesellschaft gemäß Sec. 381 IRC ausnahmsweise von einer anderen Gesellschaft im Rahmen einer Liquidati-

---

827 Unter Umständen kann die Körperschaftsteuer auch null betragen, beispielsweise, wenn die Gesellschaft über erhebliche Verluste verfügt.

828 Der Steuersatz der Mindeststeuer für Kapitalgesellschaften beträgt gemäß Sec. 55 (b)(1)(B) IRC 20%.

829 Sec. 53 (a) IRC.

830 *Kroniger*, BB 2003, 1987 (1988).

831 *Ditsch/Meier-Holzgräbe* in: Endres/Schreiber, D. Unternehmensbesteuerung, Rn. 5; *Lind/Schwarz/Lathrope/Rosenberg*, Fundamentals of Corporate Taxation, S. 13; Ausnahmen gelten für sog. *S-Corporations*, die die Besteuerung als Personengesellschaft wählen können, soweit an ihnen nicht mehr als 75% natürliche Personen mit US-Wohnsitz beteiligt sind, die Gesellschaft nur eine Aktiengattung ausgegeben hat und nicht zu einem Konzern gehört. Sonstige Kapitalgesellschaften, die keine *S-Corporations* sind, können durch das sog. *Check-the-Box*-Verfahren wählen, ob sie als Kapitalgesellschaft oder als transparente Einheit behandelt werden. Im Folgenden ist mit einer „Gesellschaft“ stets ein Körperschaftsteuersubjekt gemeint.

832 *Bittker/Eustice*, Vol. 1, § 1.05 [1] [a], S. 1-13.

833 *Bittker/Eustice*, Vol. 1, § 1.07 [3], S. 1-31.

834 *McDaniel/McMahon/Simmons*, Federal Income Taxation of Corporations, S. 736.

on oder einer Umstrukturierung genutzt werden. Unter welchen Voraussetzungen Verluste auf eine andere Gesellschaft übergehen, wird unter I. dargestellt. Zum anderen sieht das Gesetz mehrere Einschränkungen des Verlustabzuges einer Gesellschaft vor, obwohl die rechtliche Identität der Gesellschaft unverändert fortbesteht. Auf diese Regelungen, namentlich auf Sec. 382, 384 und 269 IRC, wird unter II. eingegangen.

I. Übergang des Verlustvortrages gemäß Sec. 381 IRC

Sec. 381 IRC regelt, dass unter gewissen Voraussetzungen die Besteuerungsmerkmale einer Gesellschaft auf eine andere Gesellschaft übergehen können. Während bei einem *share deal* die Besteuerungsmerkmale der Gesellschaft grundsätzlich erhalten bleiben[835] und lediglich durch eine Übertragung von Gesellschaftsanteilen ein Anteilseignerwechsel eintritt[836], können nach Maßgabe der Sec. 381 IRC die Besteuerungsmerkmale bei einem *asset deal* – also nicht bei einer Anteilsübertragung, sondern bei einer Übertragung sämtlicher Wirtschaftsgüter einer Gesellschaft – auf die erwerbende Gesellschaft übergehen[837]. Der Zweck dieser Vorschrift liegt darin, einer Gesellschaft, die die Vermögensgegenstände einer anderen Gesellschaft erworben hat, auch die übrigen Besteuerungsmerkmale der übertragenden Gesellschaft nutzbar zu machen[838]. Sec. 381 IRC bestimmt daher zwei Möglichkeiten eines *asset deal*, die eine Übertragung der Besteuerungsmerkmale zur Folge haben[839]. Entweder wird eine Tochtergesellschaft nach Maßgabe der Sec. 332 IRC liquidiert oder sämtliche[840] Wirtschaftsgüter der Verlustgesellschaft werden im Wege einer gesellschaftsrechtlichen Umstrukturierung gemäß Sec. 368 (a) IRC übertragen[841].

Sec. 381 (c) IRC regelt, welche Besteuerungsmerkmale übertragbar sind. Neben dem wichtigsten Merkmal – dem Verlustabzug[842] – gehen nach Sec. 381 (c) IRC

835 Ggfs mit Einschränkung der Sec. 382 IRC, vgl. unten ab 3. Teil, C. II.

836 Aus diesem Grund hat Sec. 381 IRC für den *share deal* keine Bedeutung, vgl. *Bittker/Eustice*, Vol. 2, § 14.21 [2], S. 14-21.

837 *Bittker/Eustice*, Vol. 2, § 14.21 [2], S. 14-21, sprechen davon, dass die rechtliche Identität der Gesellschaft betroffen ist.

838 *Bittker/Eustice*, Vol. 2, § 14.20 [1], S. 14-19.

839 Da verhindert werden soll, dass Besteuerungsmerkmale – insbesondere Verluste – aufgrund von Steuergestaltungen „künstlich" nutzbar gemacht werden, ist Sec. 381 IRC auf zwei Fälle beschränkt. Vgl. *Bittker/Eustice*, Vol. 2, § 14.20 [1], S. 14-19.

840 Gemäß Reg. § 1.381 (a)-1 (b)(2) muss es sich um einen *asset deal* handeln, bei dem die übernehmende Gesellschaft sämtliche Wirtschaftsgüter der übertragenden Gesellschaft direkt oder indirekt erwirbt.

841 Sec. 381 (a)(1) und (2) IRC.

842 Sec. 381 (c)(1) IRC.

noch weitere 25 Besteuerungsmerkmale der übertragenden auf die erwerbende Gesellschaft über[843]. Da der Schwerpunkt dieser Arbeit auf der Verlustnutzung von Körperschaften liegt, wird auf die übrigen Besteuerungsmerkmale nicht weiter eingegangen.

1. Voraussetzungen

a) Liquidation einer Tochtergesellschaft

Gemäß Sec. 381 (a)(1) IRC geht der Verlustabzug einer untergeordneten Gesellschaft auf ihre Muttergesellschaft über, wenn die Tochtergesellschaft nach Maßgabe der Sec. 332 IRC liquidiert wird. Voraussetzung für eine Liquidation nach Sec. 332 IRC ist zunächst, dass die Tochtergesellschaft ihrer Muttergesellschaft ihre Wirtschaftsgüter überträgt und dadurch ihr gesamtes Gesellschaftsvermögen – einem Liquidationsplan entsprechend – auflöst[844]. Zusätzlich müssen zwei Voraussetzungen gegeben sein. Erstens muss die Muttergesellschaft nach Sec. 1504 (a)(2) IRC mindestens 80% aller Stimmrechte sowie 80% aller Gesellschaftsanteile[845] an der Tochtergesellschaft halten[846]. Zweitens muss die Übertragung sämtlicher Wirtschaftsgüter der Tochtergesellschaft grundsätzlich innerhalb eines Steuerjahres erfolgen[847]. Erfolgt die Übertragung nicht innerhalb eines Jahres, muss der Liquidationsplan vorsehen, dass die Wirtschaftsgüter der Tochtergesellschaft innerhalb von drei Jahren nach Ende des Steuerjahres übertragen werden, in dem die erste Übertragung erfolgte[848]. Wird diese zeitliche Grenze überschritten, wird die Liquidation nachträglich für untauglich erklärt[849]. Der Verlustabzug der Tochtergesellschaft geht dann nicht gemäß Sec. 381 (a)(1) IRC auf die Muttergesellschaft über[850].

---

843 Z.B. Einkommen und Profite (Sec. 381 (c)(2) IRC), *capital losses* (Sec. 381 (c)(3) IRC) oder die Bilanzierungsmethoden (Sec. 381 (c)(4) IRC).

844 Sec. 332 (a) IRC.

845 Ausgenommen sind solche Gesellschaftsanteile, die in Sec. 1504 (a)(4) IRC genannt sind.

846 *McDaniel/McMahon/Simmons*, Federal Income Taxation of Corporations, S. 345.

847 Sec. 332 (b)(2) IRC.

848 Sec. 332 (b)(3) IRC.

849 *Lind/Schwarz/Lathrope/Rosenberg*, Fundamentals of Corporate Taxation, S. 346.

850 *Bittker/Eustice*, Vol. 2, § 14.21 [2], S. 14-21. Wird die Tochtergesellschaft infolge ihrer Insolvenz liquidiert, ist Sec. 381 IRC ebenfalls nicht einschlägig. Ihre Verluste gehen dann unter, vgl. § 14.21 [2], S. 14-22.

b) *Umstrukturierungen*

Die Verluste der übertragenden Gesellschaft gehen auch dann auf die übernehmende Gesellschaft über, wenn die Übertragung der Wirtschaftsgüter im Rahmen einer Umstrukturierung im Sinne der Sec. 368 (a)(1)(A), (C), (D), (F) oder (G) IRC erfolgt.

aa) *Allgemeine Voraussetzungen*

Gewisse Voraussetzungen müssen bei jeder Umstrukturierung im Sinne der Sec. 368 (a)(1) IRC erfüllt sein. Gemäß Reg. § 1.368-1 (b) gehört dazu, dass der Geschäftsbetrieb der übertragenden Gesellschaft (auch Zielgesellschaft genannt) in einem gewissen Umfang von der übernehmenden Gesellschaft fortgeführt wird (*continuity of the business enterprise*) und dass die Anteilseigner der Zielgesellschaft in einem gewissen Umfang Anteile an der übernehmenden Gesellschaft erhalten (*continuity of interest*).

(1) *Fortführung des Geschäftsbetriebes*

Die Fortführung des Geschäftsbetriebes ist in Reg. § 1.368-1 (d) geregelt. Danach muss die übernehmende Gesellschaft entweder den ursprünglichen Geschäftsbetrieb der Zielgesellschaft fortführen oder einen erheblichen Teil der Wirtschaftsgüter der Zielgesellschaft nutzen[851]. Was unter einem „erheblichen Teil" zu verstehen ist, ist einzelfallabhängig zu entscheiden[852]. Für die Fortführung des Geschäftsbetriebes der Zielgesellschaft ist es ausreichend, wenn die übernehmende Gesellschaft im selben Geschäftsbereich tätig ist[853]. Verfügte die Zielgesellschaft über mehrere Geschäftsbetriebe, ist es für eine Umstrukturierung nach Sec. 368 IRC ausreichend, wenn die übernehmende Gesellschaft nach der Umstrukturierung einen wesentlichen Geschäftsbetrieb fortführt[854].

(2) *Fortführung der Anteilseignerstruktur*

Nach der sog. *continuity of interest doctrine* müssen Umstrukturierungen gemäß Sec. 368 IRC dazu führen, dass die Anteilseigner der Zielgesellschaft eine gewisse Anzahl von Anteilen an der übernehmenden Gesellschaft erhalten (*continuity of*

---

851 Reg. § 1.368-1 (d)(1).
852 Reg. § 1.368-1 (d)(3)(iii).
853 Reg. § 1.368-1 (d)(2)(i).
854 Reg. § 1.368-1 (d)(2)(ii).

interest). Diese Voraussetzung ist bei einigen Umstrukturierungen – insbesondere beim Typ C[855] – selbstverständlich, weil dabei Wirtschaftsgüter ausschließlich gegen Gewährung von Gesellschaftsanteilen übertragen werden[856]. Wann darüber hinaus ein wesentlicher Teil der Gegenleistung in Anteilen an der übernehmenden Gesellschaft besteht, ist im Einzelfall streitig und wird im Rahmen der einzelnen Umstrukturierung dargestellt.

bb) Umstrukturierungen im Einzelnen

(1) Verschmelzung (A-Merger)

Sec. 368 (a)(1)(A) IRC regelt die Umstrukturierung im Wege einer Verschmelzung durch Aufnahme (*merger*) oder Neubildung (*consolidation*), die regelmäßig „Typ A Umstrukturierung" bzw. *A-merger* genannt wird. Bei der Verschmelzung durch Aufnahme überträgt die übertragende Gesellschaft ihr Vermögen auf eine übernehmende Gesellschaft, die dann in verändertem Zuschnitt fortbesteht. Die übertragende Gesellschaft erlischt dabei[857]. Bei der Verschmelzung durch Neubildung werden zwei oder mehrere Fusionspartner so zusammengeführt, dass eine völlig neue Gesellschaft entsteht und die alten Gesellschaften erlöschen[858]. Überträgt die übertragende Gesellschaft ihr Gesamtvermögen auf mehrere Gesellschaften, ist keine Umstrukturierung im Sinne der Sec. 368 (a)(1)(A) IRC gegeben, auch wenn eine solche Übertragung nach dem Landesrecht (*state law*) als *merger* bezeichnet wird[859].

Beispiel: Die X-Corp. überträgt einige ihrer Aktiva und Passiva auf die Y-Corp. und auf die Z-Corp. Die X-Corp. erlischt anschließend. Die Gesellschafter der X-Corp. erhalten Anteile an der Y-Corp. und an der Z-Corp.

Auch wenn eine solche Übertragung nach Landesrecht als *merger* bezeichnet wird, handelt es sich hierbei nicht um eine Umstrukturierung im Sinne der Sec. 368 (a)(1)(A) IRC. Das Vermögen der X-Corp. wird nicht von einer Gesellschaft übernommen, sondern zwischen zwei Gesellschaften aufgeteilt. Eine solche „spaltende" Verschmelzung (*divisive merger*) ist kein Fall eines *A-merger*.

Im Gegenzug erhalten die Anteilseigner der Zielgesellschaft eine Mindestanzahl der Anteile der übernehmenden Gesellschaft (*continuity of interest*)[860]. Die *con-*

---

855 Dazu ausführlich unten 3. Teil, C. I. 1. b) bb) (2).
856 Vgl. unten ab 3. Teil, C. I. 1. b) bb).
857 Vgl. Reg. § 1.368-2 (b)(1)(ii)(B).
858 *Hamilton/Booth*, Corporations, S. 796.
859 *Lind/Schwarz/Lathrope/Rosenberg*, Fundamentals of Corporate Taxation, S. 427.
860 Reg. § 1.368-1 (e).

tinuity of interest doctrine erfordert, dass ein „wesentlicher“ Teil der Gegenleistung, den die Gesellschafter der Zielgesellschaft im Rahmen einer Umstrukturierung erhalten, aus Gesellschaftsanteilen der erwerbenden Gesellschaft besteht und dass der Wert der gesamten Gegenleistung einem „wesentlichen“ Teil des Wertes der übertragenden Wirtschaftsgüter entspricht[861]. Die Finanzverwaltung versteht unter einem „wesentlichen“ Teil eine Gegenleistung, die zu mehr als 50% aus Gesellschaftsanteilen besteht[862]. In der Rechtsprechung wurden in der Vergangenheit 56% der Gesellschaftsanteile für ausreichend befunden[863].

(2) Type C reorganization

Eine *type C reorganization* gemäß Sec. 368 (a)(1)(C) IRC ist gegeben, wenn die Zielkapitalgesellschaft ihr gesamtes oder nahezu gesamtes Betriebsvermögen (*substantially all of the properties*[864]) auf die erwerbende Kapitalgesellschaft überträgt und die Anteilseigner der Zielgesellschaft als Gegenleistung ausschließlich stimmberechtigte Anteile an der erwerbenden Kapitalgesellschaft oder ihrer Muttergesellschaft erhalten. Die übertragende Gesellschaft wird anschließend gemäß Sec. 368 (a)(2)(G) IRC – entsprechend einem Restrukturierungsplan – liquidiert[865].

Sec. 368 (a)(1)(C) IRC knüpft bei der *type C reorganization* mit dem *substantially all*-Test und den Anforderungen an die Gegenleistung an – im Vergleich zu der Verschmelzung nach Sec. 368 (a)(1)(A) IRC – wesentlich engere Voraussetzungen an. Gleichwohl führt diese Art der Umstrukturierung zu ähnlichen Ergebnissen wie eine Verschmelzung nach Sec. 368 (a)(1)(A) IRC[866]. Aus diesem Grund haben die *type C reorganizations* neben der Verschmelzung nur Bedeutung, wenn ein *A-merger* nach staatlichem Recht fehlschlägt[867].

---

861 Entscheidend ist, dass nicht auf das Verhältnis der empfangenen Gesellschaftsanteile zu den gesamten Gesellschaftsanteilen der erwerbenden Gesellschaft abgestellt wird, sondern auf das Verhältnis der empfangenen Gesellschaftsanteile zum Wert der gesamten Gegenleistung.

862 Rev. Rul. 66-224, 1966-2 CB 114 f.; Rev. Proc. 77-37, 1977-2 CB 568 (569).

863 Helvering vs. Minnesota Tea Co., 296 US 378 (1935).

864 Die Finanzverwaltung geht davon aus, dass dafür eine Übertragung von mindestens 90% des Nettovermögens und mindestens 70% des Bruttovermögens der Zielgesellschaft erforderlich ist, vgl. z.B. Rev. Proc. 77-37, 1977-2 CB 568 (569).

865 Dass die Zielgesellschaft liquidiert werden muss, ist erst 1984 in das Gesetz eingefügt worden. Sinn und Zweck war es, Steuerumgehungen zu verhindern, vgl. *Bittker/Eustice*, Vol. 2, § 12.24 [4], S. 12-89 f.

866 *Lind/Schwarz/Lathrope/Rosenberg*, Fundamentals of Corporate Taxation, S. 467.

867 Vgl. *Bittker/Eustice*, Vol. 2, § 12.24 [1], S. 12-77.

Sec. 368 IRC enthält zwei Ausnahmeregelungen in Bezug auf die ausschließliche Übertragung von stimmberechtigten Anteilen. Zum einen bleibt gemäß Sec. 368 (a)(1)(C) IRC die Übernahme von Verbindlichkeiten der Zielgesellschaft durch die erwerbende Gesellschaft für die Bestimmung, ob der Austausch ausschließlich gegen stimmberechtigte Anteile erfolgt, außer Betracht[868]. Zum anderen kann die erwerbende Gesellschaft neben den stimmberechtigten Anteilen zusätzlich anderes Vermögen (*boot*) bis zu 20% des Wertes der Gegenleistung auf die Zielgesellschaft übertragen[869]. In diesem Fall wird jedoch für die Bestimmung, ob die 20%-Grenze erreicht ist, die Übernahme von Verbindlichkeiten als Barzahlung behandelt[870].

Beispiel: Die Zielgesellschaft Z-Corp. verfügt über Aktiva in Höhe von 120.000,00 USD und Verbindlichkeiten in Höhe von 30.000,00 USD. Die übernehmende Gesellschaft X-Corp. erwirbt die gesamten Wirtschaftsgüter der Z-Corp. Im Gegenzug übernimmt die X-Corp. die gesamten Verbindlichkeiten in Höhe von 30.000,00 USD und überträgt ihre stimmberechtigten Anteile mit einem Wert von 90.000,00 USD auf die Z-Corp.

Eine *type C reorganization* liegt hier vor. Zwar hat die X-Corp. für die Wirtschaftsgüter der Z-Corp. nicht nur stimmberechtigte Anteile übertragen, sondern auch Verbindlichkeiten in Höhe von 30.000,00 USD übernommen. Jedoch bleibt die Übernahme der Verbindlichkeiten in diesem Fall gemäß Sec. 368 (a)(1)(C) IRC außer Betracht. Die X-Corp. wird so behandelt, als habe sie ausschließlich stimmberechtigte Anteile als Gegenleistung übertragen.

Abwandlung: Der Sachverhalt entspricht dem des Ausgangsfalls, jedoch übernimmt die X-Corp. als Gegenleistung die Verbindlichkeiten und überträgt zusätzlich stimmberechtigte Anteile mit einem Wert von 80.000,00 USD und 10.000,00 USD in bar.

Hier liegt keine *type C reorganization* vor. Gemäß Sec. 368 (a)(2)(B)(iii) IRC kann die übernehmende Gesellschaft zwar neben den stimmberechtigten Anteilen zusätzlich Bargeld auf die Zielgesellschaft übertragen, solange dieser Betrag nicht mehr als 20% des Wertes der gesamten Wirtschaftsgüter der Z-Corp. entspricht. Jedoch wird dann gemäß Sec. 368 (a)(2)(B) IRC die Übernahme von Verbindlichkeiten so behandelt, als sei der Zielgesellschaft Bargeld übertragen worden. Die X-Corp. wird also behandelt, als habe sie der Z-Corp. 80.000,00 USD in stimmberechtigten Anteilen und 40.000,00 USD (10.000,00 USD + 30.000,00 USD Verbindlichkeiten) Bargeld übertragen. Da diese 40.000,00 USD die 20%-Grenze der Sec. 368 (a)(2)(B)(iii) IRC überschreiten, sind die Voraussetzungen der Sec. 368 (a)(2)(B) IRC nicht erfüllt.

868 *Lind/Schwarz/Lathrope/Rosenberg*, Fundamentals of Corporate Taxation, S. 467.
869 Sec. 368 (a)(2)(B) IRC.
870 Sec. 368 (a)(2)(B) letzter Satz IRC.

(3) Type D reorganization

Der Übergang des Verlustvortrages einer Gesellschaft auf eine andere Gesellschaft tritt auch bei einer sog. *type D reorganization* ein, wenn diese den Maßgaben der Sec. 354 (b)(1) IRC genügt (sog. *nondivisive D reorganization*)[871]. Eine solche Typ D Umstrukturierung liegt unter drei Voraussetzungen vor. Erstens überträgt eine Gesellschaft alle oder einen Teil ihrer Wirtschaftsgüter (*all or part of its assets*[872]) auf die übernehmende Kapitalgesellschaft, wobei dieses Kriterium nach Sec. 354 (b)(1)(A) IRC dem *substantially all*-Kriterium gleichzusetzen ist. Gegenüber der *type C reorganization*, bei der das Gesetz auch diese Formulierung verwendet, kann nach der Auffassung der Rechtsprechung und der Finanzverwaltung bereits eine Übertragung von nur 65% bis 75% des Nettovermögens des Veräußerers ausreichen[873]. In Einzelfällen haben US-Finanzgerichte die Voraussetzungen der Sec. 354 (b)(1)(A) IRC bei einer Übertragung von 15%[874] bzw. 20%[875] der Wirtschaftsgüter angenommen, da es sich dabei ausschließlich um Wirtschaftsgüter des Betriebsvermögens (*operating assets*) handelte.

Zweitens erhält die übertragende Gesellschaft gemäß Sec. 368 (a)(1)(D) IRC als Gegenleistung Aktien oder Schuldverschreibungen (*stock or securities*) der übernehmenden Gesellschaft. Zusätzlich kann die übertragende Gesellschaft gemäß Sec. 354 (b)(1)(B) IRC *boot* erhalten, d.h. in der Regel eine zusätzliche Geldleistung, um Wertunterschiede auszugleichen. Diese Gegenleistung muss zusammen mit den sonstigen verbliebenen Vermögensgegenständen der übertragenden Gesellschaft gemäß Sec. 354 (b)(1)(A) IRC an die Gesellschafter der übertragenden Gesellschaft ausgeschüttet werden (sog. *distribution requirement*)[876]. Dies hat – auch wenn das Gesetz dies nicht ausdrücklich vorsieht – in der Regel die Liquidation der übertragenden Gesellschaft zur Folge[877].

---

871 Eine *type D reorganization* liegt auch vor, wenn die Umstrukturierung den Anforderungen der Sec. 355 oder 356 IRC entspricht. Diese Arten der Umstrukturierungen haben jedoch nach Sec. 381 (a)(2) IRC nicht den Übergang der Besteuerungsmerkmale zur Folge.

872 Vgl. Sec. 368 (a)(1)(D) IRC.

873 Vgl. *Schreiber/Busch* in: Endres/Schreiber, F. Umwandlungen, Rn. 99.

874 Smothers v. US, 91-1 USTC, No. 9368, 86,983 ff. (5th Circ. 1981).

875 American Manufacturing Co. Inc. v. Commissioner, 55 T.C. 204 (222), (1970).

876 Sec. 368 (b)(1)(B) IRC.

877 Vgl. *Beller*, Journal of Corporate Taxation 1999, 177 (178 Fn. 5); *Cummings*, Tax Analysts 2005, 249 (250); *McCarty*, Harvard Law Review 1977, 837 (845 Fn. 26); *Bittker/Eustice*, Vol. 1, § 12.26 [3], S. 12-113. Eine *type D reorganization*, die nicht die Liquidation der übertragenden Gesellschaft zur Folge hat, muss den Anforderungen der Sec. 355 IRC entsprechen. Bei einer solchen Umstrukturierung gehen jedoch nicht gemäß Sec. 381 IRC die Besteuerungsmerkmale der übertragenden Gesellschaft auf die erwerbende Gesellschaft über, vgl. oben 3. Teil, C. I. 1. b) bb) (3).

Unmittelbar nach der Umwandlung müssen die Anteilseigner der übertragenden Gesellschaft die übernehmende Gesellschaft beherrschen[878]. Eine Beherrschung im Sinne dieser Vorschrift ist gemäß Sec. 368 (a)(2)(H)(i) IRC i.V.m. Sec. 304 (a) IRC dann gegeben, wenn die Anteilseigner unmittelbar nach der Übertragung mindestens 50% der stimmberechtigten Anteile der erwerbenden Gesellschaft halten[879].

Erfüllt eine Umstrukturierung sowohl die Voraussetzungen der *type C* als auch der *type D reorganization,* regelt Sec. 368 (a)(2)(A) IRC, dass die Transaktion nur als *type D reorganization* behandelt wird. Gegenüber den Typ C Umstrukturierungen weisen Typ D Umstrukturierungen den Vorteil auf, dass auch *boot* übertragen werden kann, solange das Kontroll-Kriterium der Sec. 368 (a)(1)(D) IRC eingehalten ist.

(4) Type F reorganization

Eine *type F reorganization* nach Sec. 368 (a)(1)(F) IRC beinhaltet formwechselnde Umwandlungen oder Umwandlungen, die zu einem Identitätswechsel einer Gesellschaft führen[880]. Darüber hinaus sind Umstrukturierungen erfasst, die dazu führen, dass eine Gesellschaft in einem anderen Bundesstaat besteuert wird[881]. Typischerweise wird von Sec. 368 (a)(1)(F) IRC der Fall erfasst, dass eine Gesellschaft mit neuer Gründungsurkunde unter neuem Namen neu gegründet wird, jedoch den Geschäftsbetrieb, die Anteilseigner sowie alle Wirtschaftsgüter einer Altgesellschaft übernimmt[882].

Gemäß Sec. 368 (a)(1)(F) IRC muss die Identität oder Form *einer* Gesellschaft betroffen sein. Zwar dürfen mehrere Gesellschaften in eine *type F reorganization* verwickelt sein, jedoch ist für diese Art der Umstrukturierung erforderlich, dass nur eine aktive Gesellschaft beteiligt ist[883]. Sind von einer Umstrukturierung

---

878 Grundsätzlich ist es ausreichend, wenn die übertragende Gesellschaft selbst die erwerbende Gesellschaft beherrscht, vgl. Sec. 304 (a) IRC. Da im Rahmen der hier behandelten *type D reorganization* die übertragende Gesellschaft liquidiert wird, kommt es nur auf die Beherrschung der Anteilseigner der übertragenden Gesellschaft an.

879 Sec. 368 (a)(2)(H) IRC stellt gegenüber Sec. 368 (c) IRC, die die Grenze bei 80% ansetzt, die speziellere Vorschrift für *type D reorganizations* dar.

880 Sec. 368 (a)(1)(F) IRC.

881 So ist „*place or organization*" im Sinne der Sec. 368 (a)(1)(F) IRC zu verstehen, vgl. *Englebrecht/Iyer/Colburn*, The CPA Journal, Feb. 1994, 28 (29); *Willens*, Journal of Taxation, Nov. 2005, 271 (273).

882 *Englebrecht/Iyer/Colburn*, The CPA Journal, Feb. 1994, 28 (28).

883 *McDaniel/McMahon/Simmons*, Federal Income Taxation of Corporations, S. 659; *Lind/Schwarz/Lathrope/Rosenberg*, Fundamentals of Corporate Taxation, S. 596.

mehrere aktive Gesellschaften betroffen, kann ein Fall einer *type A, C oder D reorganization* vorliegen. Für eine *type F reorganization* ist darüber hinaus erforderlich, dass mindestens 50% der Gesellschafter der Altgesellschaft auch an der Neugesellschaft beteiligt werden. Notwendige Folge dieser Art der Umstrukturierung ist, dass die Altgesellschaft erlischt, also dass nicht die Alt- und die Neugesellschaft nebeneinander bestehen[884]. Dies kann entweder durch Verschmelzung oder durch Liquidation erfolgen.

Im Gegensatz zu den sonstigen Umstrukturierungen ist für eine *type F reorganization* nicht die Art der Übertragung maßgeblich, sondern die dahinterstehende Absicht bzw. der Effekt, den eine solche Transaktion nach sich zieht. Aus diesem Grund kommt es bei *type F reorganizations* in den meisten Fällen zu Überschneidungen mit anderen Umstrukturierungen. Kann eine Maßnahme sowohl als *type F reorganization* als auch als eine andere Umstrukturierung (Typ A, C oder D) eingeordnet werden, wird die Übertragung als *type F reorganization* behandelt[885]. Auswirkungen hat dies auf die Behandlung von Verlustvorträgen[886].

(5) Type G reorganization

Bei einer *type G reorganization*, die die Voraussetzungen der Sec. 354 (b)(1) IRC erfüllt[887], werden die gesamten oder nahezu gesamten (*substantially all*[888]) Wirtschaftsgüter einer Gesellschaft, über die ein Insolvenz- oder Vergleichsverfahren eröffnet ist, auf eine andere Gesellschaft gegen Aktien oder Schuldverschreibungen (*stock or securities*) der erwerbenden Gesellschaft übertragen. Diese Aktien bzw. Schuldverschreibungen werden anschließend – einem Umstrukturierungsplan entsprechend – zwischen den Gesellschaftern der übertragenden Gesellschaft verteilt und die übertragende Gesellschaft wird liquidiert[889].

Nach der Verwaltungsauffassung ist das *substantially all*-Kriterium erfüllt, wenn mindestens 50% aller Aktiva (*gross assets*) und 70% des Nettovermögens auf die erwerbende Gesellschaft übergehen[890]. Sinn und Zweck der Sec. 368 (a)

884 *Englebrecht/Iyer/Colburn*, The CPA Journal, Feb. 1994, 28 (32).
885 *Bittker/Eustice*, Vol. 1, § 12.28 [2], S. 12-153.
886 Vgl. unten 3. Teil, C. I. 2.
887 Gemäß Sec. 368 (a)(1)(G) IRC liegt eine *type G reorganization* auch vor, wenn eine Umstrukturierung den Maßgaben der Sec. 355 oder 356 IRC entspricht. Diese Arten der Umstrukturierung lösen jedoch nach Sec. 381 (a)(2) IRC nicht die Rechtsfolgen der Sec. 381 IRC aus.
888 Vgl. Sec. 368 (a)(1)(G) IRC i.V.m. Sec. 354 (b)(1)(A) IRC.
889 *Bittker/Eustice*, Vol. 1, § 12.30 [2] [a], S. 12-161.
890 IRS Letter Ruling 8503064, October 24, 1984; IRS Letter Ruling 8521083, February 27, 1985; Letter Ruling 8909007, November 30, 1988.

(1)(G) IRC ist es, die Umstrukturierung von Gesellschaften, die insolvent sind, zu erleichtern. Gemäß Sec. 368 (a)(3)(C) IRC werden Umstrukturierungen, die sowohl die Voraussetzungen einer *type G reorganization* erfüllen als auch den Anforderungen einer sonstigen Umstrukturierung im Sinne der Sec. 368 (a)(1) IRC[891] entsprechen, als Typ G Umstrukturierung behandelt.

2. *Steuerjahr der übertragenden Gesellschaft*

Das Steuerjahr der übertragenden Gesellschaft endet grundsätzlich an dem Tag, an dem die – für eine Liquidation bzw. Umstrukturierung im Sinne der Sec. 381 (a) IRC erforderliche – Vermögensübertragung dieser Gesellschaft auf die erwerbende Gesellschaft erfolgt[892]. Überträgt eine Gesellschaft ihr Vermögen nicht an einem Tag, ist der Tag für das Ende des Steuerjahres maßgeblich, an dem die Vermögensübertragung vollendet ist („Tag der Umstrukturierung oder Liquidation")[893].

Erwirtschaftet die erwerbende Gesellschaft nach diesem Zeitpunkt einen Verlust, darf sie diesen Verlust – außer im Fall einer *type F reorganization* – nicht in ein zurückliegendes Steuerjahr der übertragenden Gesellschaft übertragen, sondern muss diesen Verlust mit eigenen Gewinnen aus vergangenen Jahren verrechnen.

Beispiel: Die Y-Corp. wird am 31.12.01 auf die X-Corp. nach Maßgabe der Sec. 368 (a)(1)(A) IRC verschmolzen. Erwirtschaftet die X-Corp. im Jahr 02 Verluste, darf sie diese Verluste nicht mit Gewinnen der Y-Corp. aus dem Jahr 01 verrechnen. Gemäß Sec. 172 (b)(A)(i) IRC kann die X-Corp. diese Verluste nur mit ihren eigenen Gewinnen aus den zwei vorangegangenen Jahren verrechnen[894].

Daraus folgt, dass bei Umstrukturierungen, bei denen die erwerbende Gesellschaft neu gegründet wird (z.B. bei der Verschmelzung durch Neugründung), ein Verlustrücktrag nicht möglich ist[895]. Die erwerbende Gesellschaft kann dann ihre Verluste nur im Wege eines Verlustvortrages geltend machen.

Eine Ausnahme besteht für *type F reorganizations*. Gemäß Sec. 381 (b) IRC endet das Steuerjahr bei dieser Art der Umstrukturierung nicht mit dem Tag der Neugründung der Gesellschaft. Aus diesem Grund kann die neue Gesellschaft nach Maßgabe der Sec. 172 IRC auch Verluste, die sie nach dem Zeitpunkt der

---

891 Sec. 368 (a)(1)(G) IRC wirkt auch gegenüber Sec. 332 und 351 IRC vorrangig, vgl. Sec. 368 (a)(3)(C)(ii) IRC.
892 Reg. § 1.381(b)-1 (b)(1).
893 Reg. § 1.381(b)-1 (b)(2).
894 Reg § 1.381(b)-1 (d) i.V.m. Reg. § 1.381(c)(1)-1 (b).
895 Vgl. Reg. § 1.381(c)-1 (b) Beispiel (2).

Umstrukturierung erwirtschaftet hat, in vergangene Steuerjahre der alten Gesellschaft zurücktragen[896]. Der Grund hierfür besteht darin, dass es sich bei einer Gesellschaft, die im Wege einer *type F reorganization* umstrukturiert wird, dem Grunde nach um dieselbe Gesellschaft handelt. Ein Verlustrücktrag in Steuerjahre der alten Gesellschaft muss daher möglich sein[897].

3. *Übergang des Verlustabzuges der übertragenden Gesellschaft*

Gemäß Sec. 381 (c)(1) IRC geht der Verlustabzug der übertragenden Gesellschaft auf die erwerbende Gesellschaft grundsätzlich zu 100% über, auch wenn die erwerbende Gesellschaft nicht 100% der Wirtschaftsgüter der übertragenden Gesellschaft erworben hat[898]. Jedoch kann die erwerbende Gesellschaft diesen Verlustabzug frühestens in dem Steuerjahr geltend machen, welches nach dem Tag der Umstrukturierung oder Liquidation endet[899].

Fällt der Tag der Umstrukturierung oder Liquidation nicht auf das Ende eines Steuerjahres, erfolgt eine unterjährige Betrachtungsweise. Die übertragende Gesellschaft kann ihre Verluste in dem Zeitraum von Anfang des Steuerjahres bis zum Zeitpunkt der Umstrukturierung selbst geltend machen. Bleibt ein Verlustabzug bestehen, geht dieser mit der Umstrukturierung auf die erwerbende Gesellschaft über. Diese kann den Verlustabzug in dem Jahr der Umstrukturierung jedoch nicht vollständig geltend machen, sondern nur mit solchen Gewinnen verrechnen, die auf den Zeitraum nach der Umstrukturierungsmaßnahme bis zum Ende des Steuerjahres anteilig entfallen[900]. Der darüber hinaus gehende Betrag kann dann im Wege des Verlustabzuges in die folgenden Jahre vorgetragen werden.

4. *Zusammenfassung*

Auch im US-amerikanischen Steuerrecht ist Voraussetzung für den Verlustabzug von Kapitalgesellschaften, dass die verlustnutzende Gesellschaft mit der Kapitalgesellschaft rechtlich identisch ist, die den Verlust erwirtschaftet hat. Allerdings enthält das US-amerikanische Steuerrecht mit Sec. 381 IRC eine Ausnahmeregelung, wonach der Verlustabzug einer Gesellschaft bei einem *asset deal* auf eine andere Gesellschaft übergeht. Werden Wirtschaftsgüter – im Wege einer Liquidation nach Sec. 381 (a), 332 IRC oder einer Umstrukturierung nach Sec. 368 (a)(1)(A), (C),

---

896 *Willens*, Journal of Taxation, Nov. 2005, 271 (272 f.).
897 *McDaniel/McMahon/Simmons*, Federal Income Taxation of Corporations, S. 657.
898 Reg. § 1.381(c)(1)-1 (c)(2).
899 Sec. 381 (c)(1)(A) IRC.
900 Sec. 381 (c)(1)(C) IRC.

(D), (F) oder (G) IRC – auf die erwerbende Gesellschaft übertragen, geht auch der Verlustabzug der übertragenden Gesellschaft auf die erwerbende Gesellschaft über.

II. Einschränkung der Verlustnutzung

Ist die rechtliche Identität der Gesellschaft gewahrt oder sind die Verluste der übertragenden Gesellschaft nach Maßgaben von Sec. 381 IRC auf die übernehmende Gesellschaft übergegangen, bedeutet dies noch nicht, dass die Gesellschaft stets ihre aufgelaufenen Verluste im Wege des Verlustabzugs unbeschränkt steuerlich geltend machen kann.

Auch das US-amerikanische Steuerrecht kennt Regelungen, die die Verlustnutzung von Körperschaften einschränken. Gemäß Sec. 269 IRC gehen die Verluste einer Körperschaft vollständig verloren, wenn ein Beteiligungserwerb an einer Verlustgesellschaft nur vor dem Hintergrund erfolgt, die vorhandenen steuerlichen Verluste nutzbar zu machen[901]. Die Vorschrift ist als missbrauchsvorbeugende Mantelkaufregelung einzuordnen, deren Schwerpunkt in der Steuerumgehungsabsicht des Steuerpflichtigen liegt[902]. Da Absichten und Motive regelmäßig schwer nachzuweisen sind, wurde im Jahr 1954 zusätzlich Sec. 382 IRC erlassen, wonach der Verlustabzug einer Gesellschaft beschränkt oder ausgeschlossen ist, wenn – unter gewissen objektiven Voraussetzungen – ein Anteilseignerwechsel bei einer Kapitalgesellschaft vorliegt[903]. Seit Inkrafttreten dieser – im Jahr 1986 modifizierten – Regelung, die ebenfalls dem Handel mit Verlusten vorbeugen soll[904], hat Sec. 269 IRC erheblich an Bedeutung verloren, ist aber nach wie vor neben Sec. 382 IRC anwendbar. Schließlich entfällt gemäß Sec. 384 IRC in gewissen Fällen der Verlustabzug einer Körperschaft bei der Realisierung stiller Reserven.

Im Folgenden wird zunächst Sec. 382 IRC dargestellt, da dieser Regelung die praktisch größte Bedeutung zukommt. Anschließend wird auf Sec. 384 IRC und auf Sec. 269 IRC eingegangen.

1. Sec. 382 IRC

Während gemäß Sec. 381 IRC ausnahmsweise der Verlustabzug einer Gesellschaft auf eine andere, rechtlich nicht identische Gesellschaft übergeht, regelt

---

901 Vgl. unten 3. Teil, C. II. 3.

902 *McDaniel/McMahon/Simmons*, Federal Income Taxation of Corporations, S. 775.

903 Vgl. Begründung des Kongresses, U.S. Code Cong. & Admin. News, 83d Cong. 2d Sess., S. 4067 (1954).

904 Vgl. Coast Quality Costruction Corp. v. US, 72-2 USTC, No. 71-2624; *Peischel*, Corporate Taxation, Nov./Dez. 2003, 3 (3).

Sec. 382 IRC, dass der Verlustabzug eingeschränkt wird bzw. verloren geht, wenn die rechtliche Identität der verlustnutzenden und verlustverursachenden Gesellschaften zwar besteht, jedoch ein Anteilseignerwechsel eintritt[905]. Sec. 382 IRC sieht dabei eine zweistufige Prüfung vor. Auf einer ersten Stufe wird der Verlustabzug jährlich begrenzt, wenn ein im Sinne der Sec. 382 (b) IRC schädlicher Anteilseignerwechsel vorliegt. Auf einer zweiten Stufe regelt Sec. 382 (c) IRC, dass sämtliche Verluste der Gesellschaft untergehen, wenn zusätzlich der Geschäftsbetrieb der Verlustgesellschaft nicht mindestens zwei weitere Jahre nach dem Gesellschafterwechsel fortgeführt wird.

a) Begriffe

Im Regelfall tritt ein im Sinne der Sec. 382 IRC schädlicher Anteilseignerwechsel bei einem *share deal*, also bei einem Erwerb von Gesellschaftsanteilen ein. Unter den Begriff des Gesellschaftsanteils im Sinne der Sec. 382 IRC fallen grundsätzlich alle Beteiligungen am Eigenkapital mit Ausnahme stimmrechtsloser Beteiligungen[906]. Die Gesellschaftsanteile können im Rahmen der Sec. 382 IRC in jeder Form übertragen werden. Ausgenommen davon sind gemäß Sec. 382 (l)(3)(B) IRC Übertragung durch Schenkung, Erbschaft[907], Ehescheidung oder die Anteilsüberführung auf einen *Trust*.

b) Anforderungen an einen Anteilseignerwechsel

Für einen schädlichen Anteilseignerwechsel gemäß Sec. 382 IRC müssen zwei Voraussetzungen erfüllt sein. Zunächst ist zu untersuchen, ob ein *testing date* vorliegt. Ein *testing date* ist dann gegeben, wenn von dem Anteilseignerwechsel ein oder mehrere 5%-Anteilseigner der Gesellschaft betroffen sind, oder eine sonstige steuerfreie Umstrukturierung (*equity structure shift*) gegeben ist.

Sodann ist zu untersuchen, inwieweit sich die Anteilsquoten der einzelnen 5%-Anteilseigner durch den Anteilseignerwechsel verändert haben. Eine schädliche Anteilsübertragung im Sinne der Sec. 382 IRC liegt vor, wenn sich bei einem 5%-Anteilseigner oder bei mehreren 5%-Anteilseignern zusammen die Quote der An-

905 Ein Anteilseignerwechsel erfolgt regelmäßig durch die Übertragung von Gesellschaftsanteilen, sog. *share deal*.

906 Vgl. Sec. 382 (k)(6)(a) IRC i.V.m. Sec. 1504 (a)(4) IRC.

907 Die Anteilsübertragung durch einen Erbfall ist aus dem Anwendungsbereich der Sec. 382 IRC ausgenommen, wenn der Wert der Anteile nach Sec. 1014 IRC bestimmt wird.

teile in einem Zeitraum von drei Jahren vor dem *testing date* (dieser Zeitraum wird *testing period* genannt[908]) um insgesamt mehr als 50 Prozentpunkte erhöht hat[909].

aa) Testing date

Ein *testing date* tritt entweder ein, wenn ein schädlicher Anteilseignerwechsel gegeben ist oder wenn eine sonstige steuerfreie Umstrukturierung (*equity structure shift*) nach Sec. 382 (g)(2) IRC vorliegt.

(1) Anteilseignerwechsel eines 5% Anteilseigners

Ein Anteilseignerwechsel muss mindestens einen Anteilseigner betreffen, der vor oder nach dem Übertragungszeitpunkt mindestens 5% der Anteile an der Gesellschaft unmittelbar oder mittelbar[910] hält[911]. Die 5%-Grenze dient dazu, den Anwendungsbereich einzuschränken, um eine Beschränkung des Verlustabzuges durch den öffentlichen Handel mit Minderheitsaktionären zu vermeiden[912]. Zudem sorgt die 5%-Grenze für eine Entlastung bei Verlustgesellschaften, nicht jede Veränderung ihrer Gesellschafter, die weniger als 5% der Anteile halten, nachvollziehen zu müssen[913].

Handelt es sich bei dem 5%-Anteilseigner um eine natürliche Person, liegt ein *testing date* bei jedem von diesem getätigten Erwerb bzw. bei jeder Übertragung von Gesellschaftsanteilen vor. Darüber hinaus ist ein *testing date* bei dem Anteilserwerb einer Person gegeben, die danach zu einem 5%-Anteilseigner wird[914].

Handelt es sich bei dem 5%-Anteilseigner um eine juristische Person, ist nicht die juristische Person selbst für die Bestimmung des 5%-Anteilseigners maßgeblich, sondern die hinter ihr stehenden natürlichen Personen[915]. Die Anteile werden den natürlichen Personen in dem Verhältnis zugerechnet, wie sie an der juristischen Person beteiligt sind. Ist eine juristische Person innerhalb des Dreijahreszeitraums an der Verlustgesellschaft zu mindestens 5% beteiligt, nennt man diese *first tier*

---

908 Temp.Reg. § 1.382-2T (d).

909 *Henderson/Goldring*, S. 165; *Lind/Schwarz/Lathrope/Rosenberg*, Fundamentals of Corporate Taxation, S. 608 f.

910 Vgl. Temp.Reg. 1.382-2T (g)(1)(i)(B).

911 Sec. 382 (g) (2) IRC.

912 Vgl. *Feiner/Goldring*, TAXES, Sept. 1988, 619 (620); *Ditsch/Meier-Holzgräbe* in: Endres/Schreiber, D. Unternehmensbesteuerung, Rn. 65; vgl. aber das Konstrukt der *public group*, 3. Teil, C. II. 1. b) aa) (1)(a).

913 *Feiner/Goldring*, TAXES, Sept. 1988, 619 (621); *McDaniel/McMahon/Simmons*, Federal Income Taxation of Corporations, S. 746.

914 *Henderson/Goldring*, S. 173.

915 Sec. 318 IRC i.V.m. Sec. 382 (l)(3) IRC.

entity[916]. Ist an der *first tier entity* wiederum eine juristische Person beteiligt, handelt es sich dabei um eine *higher tier entity*. Auch ihre Anteile an der Verlustgesellschaft werden den an der *higher tier entity* beteiligten natürlichen Personen entsprechend zugerechnet. Voraussetzung dafür ist allerdings, dass die *higher tier entity* mindestens 5% der Anteile an der Verlustgesellschaft hält, da es der Verlustgesellschaft nicht zumutbar ist, jeden ihrer Anteilseigner, der weniger als 5% der Anteile hält, und die hinter ihm stehenden natürlichen Personen, ausfindig zu machen[917]. Eine Gesellschaft, die an einer *first tier entity* oder an einer *higher tier entity* beteiligt ist, nennt man *highest tier entity*, soweit an ihr nur natürliche Personen beteiligt sind[918].

Beispiel: An der X-Corp. sind A zu 40% und die Y-Corp. zu 60% beteiligt. An der Y-Corp. sind B zu 70% und die Z-Corp. zu 30% beteiligt. Die Anteile der Z-Corp. halten C zu 80% und D zu 20%. Daraus ergibt sich folgendes Schaubild:

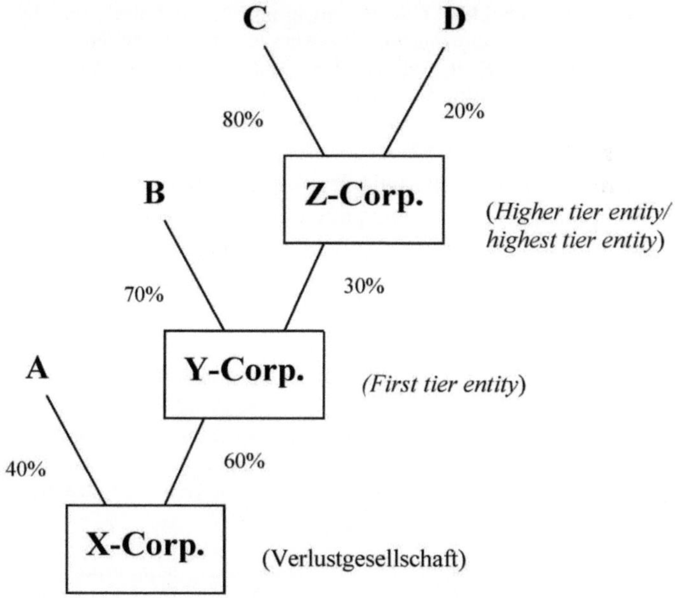

---

916 Temp.Reg. § 1.382-2T (f)(9).
917 *Silverman/Keyes*, Journal of Taxation, März 1988, 142 (144).
918 Eine Gesellschaft, die an einer *first tier entity* beteiligt ist und an der ausschließlich natürliche Personen beteiligt sind, wird auch *highest tier entity* genannt, vgl. Temp.Reg. § 1.382-2T (f)(16). Die Gesellschaft ist dann sowohl eine *higher tier entity* als auch eine *highest tier entity,* vgl. Temp.Reg. § 1382-2T (g)(4)(iii).

A ist zu 40% an der X-Corp. direkt beteiligt. B ist über die Y-Corp. zu 42% (70% von 60%) an der X-Corp. beteiligt und ist damit ein 5%-Anteilseigner. C ist über die Z-Corp. und Y-Corp. zu 14,4% an der X-Corp. beteiligt (die Z-Corp. ist an der X-Corp. zu 18% beteiligt. 80% von 18% = 14,4%). D ist über die Z-Corp. und die Y-Corp. zu 3,6% an der X-Corp. beteiligt. D ist damit kein 5%-Anteilseigner.

(a) Public groups/ Aggregation Rule

Gemäß Sec. 382 (g)(4)(A) IRC werden alle Anteilseigner, die weniger als 5% der Anteile an der Verlustgesellschaft halten, zusammen als ein 5%-Anteilseigner behandelt (sog. *public group*). Dabei sind die natürlichen Personen, die die *public group* bilden, anonym zu behandeln. Anteilsübertragungen innerhalb einer *public group* sind daher grundsätzlich irrelevant.

Beispiel: An der X-Corp. sind ausschließlich natürliche Personen beteiligt, die jeweils weniger als 5% der Anteile halten. Innerhalb von drei Jahren veräußern alle Gesellschafter ihre Anteile auf Dritte, wobei kein Erwerber mehr als 5% der Anteile erwirbt. Obwohl die Gesellschafter als *public group* als ein 5%-Anteilseigner behandelt werden, stellt die Veräußerung der Anteile keinen Fall der Sec. 382 IRC dar, da Anteilsveräußerungen innerhalb einer *public group* grundsätzlich keine Beachtung finden. Die *public group* hält sowohl vor als auch nach der Veräußerung 100% der Gesellschaftsanteile.

Entscheidend für die Anwendbarkeit der Sec. 382 IRC im Zusammenhang mit den *public groups* ist, ob die Anteilsquote der *public group* selbst sich verändert hat. Eine solche Veränderung kann entweder eintreten, indem ein oder mehrere 5%-Anteilseigner insgesamt mehr als 5% ihrer Anteile an mehrere natürliche Personen veräußern, die danach jeweils weniger als 5% der Gesellschaftsanteile halten und damit eine neue *public group* bilden, oder durch eine disquotale Kapitalerhöhung bzw. -verringerung oder der Einziehung von Anteilen.

Beispiel 1: An der X-Corp. ist A zu 100% beteiligt. A veräußert 75% der Gesellschaftsanteile an 75 natürliche Personen (jeweils 1%). Die 75 natürlichen Personen werden gemäß Sec. 382 (g)(4) IRC als eine *public group* behandelt. Ihr Gesellschaftsanteil hat sich von 0% auf 75% erhöht.

Beispiel 2: An der X-Corp. ist dessen CEO zu 60% und eine *public group* zu 40% beteiligt. Die X-Corp. beschließt 50 Anteile des CEO einzuziehen[919]. Der CEO ist nun nur noch zu 20% an der X-Corp. beteiligt, während sich die Beteiligungsquote der *public group* von 40% auf 80% erhöht hat.

919 Ein Rückkauf (*redemption*) der Anteile durch die Gesellschaft ist im US-amerikanischen Gesellschaftsrecht gemäß Del.Gen.Corp.Law § 151(b) möglich.

Sind an einer Verlustgesellschaft mehrere Gesellschaften beteiligt, deren Anteilseigner jeweils weniger als 5% der Anteile halten[920], können an einer Verlustgesellschaft auch mehrere *public groups* beteiligt sein[921]. Die Anteilseigner einer jeden Gesellschaft bilden dann eine eigene *public group*, die jeweils als 5%-Anteilseigner behandelt wird. Ist an einer *highest tier entity* eine *public group* beteiligt, die indirekt weniger als 5% der Anteile der Verlustgesellschaft hält, wird diese nicht als eigener 5%-Anteilseigner behandelt, sondern ihre Anteile werden der Gesellschaft zugerechnet, die sich eine Stufe unter der *highest tier entity* befindet (sog. *next lower tier entity*[922])[923].

Temp.Reg. § 1.382-2T (g)(5) enthält für die Bestimmung, in welcher Höhe ein Anteilseignerwechsel eingetreten ist, zwei Vermutungsregelungen. Nach der ersten Vermutungsregelung kann derjenige, der während der *testing-period* weniger als 5% der Gesellschaftsanteile hält und durch einen Anteilserwerb am *testing-date* zu einem 5%-Anteilseigner wird, von einer Verlustgesellschaft so behandelt werden, als gehöre sein Anteil während der gesamten *testing-period* der *public group*, der er zuvor angehört hat. Dabei kann sich die Verlustgesellschaft auf diese Vermutung auch dann berufen, wenn ihr die Anteilsquote dieses Anteilseigners während der *testing-period* tatsächlich bekannt war[924]. Folge dieser Vermutung ist, dass eine größere Anteilserhöhung vermutet wird als tatsächlich eingetreten ist[925].

Beispiel: An der X-Corp. sind 40 sich nicht nahe stehende Personen zu je 2,5% beteiligt, die die *public group* X bilden. A, der Mitglied der *public group* X ist, erwirb im Jahr 01 weitere 5% der Anteile an der X-Corp., wodurch er zu einem 5%-Anteilseigner wird (Erhöhung der Beteiligung von 2,5% auf 7,5%). Obwohl tatsächlich eine Erhöhung der Beteiligungsquote von 5% bei A eingetreten ist, kann die Verlustgesellschaft gemäß Temp.Reg. § 1.382-2T(g)(5)(i)(A) die 2,5% der Anteile, die A während der *testing-period* an der X-Corp. gehalten hat, für die Bestimmung der Anteilserhöhung außer Betracht lassen und A so behandeln, als sei bei ihm eine Erhöhung seiner Beteiligung um 7,5% eingetreten.

Nach der zweiten Vermutung, die Temp.Reg. § 1.382-2T (g)(5) enthält, kann eine Verlustgesellschaft – für den Fall, dass die Beteiligung eines 5%-Anteilseigners auf

---

920 Dabei handelt es sich um eine *highest tier entity*, da an der Gesellschaft nur natürliche Personen beteiligt sind; vgl. 3. Teil, C. II. 1. B) aa) (1).

921 Vgl. *Henderson/Goldring*, S. 202.

922 Temp.Reg. § 1.382-2T (f)(17).

923 Vgl. *Henderson/Goldring*, S. 202.

924 *Silverman/Keyes*, Journal of Taxation, März 1988, 300 (304 Fn. 26).

925 In der Literatur wird deshalb angenommen, dass nur solche Gesellschaften sich auf Temp.Reg. § 1.382-2T (g)(5)(i)(A) berufen werden, die einen schädlichen Anteilseignerwechsel auslösen wollen; vgl. *Silverman/Keyes*, Journal of Taxation, März 1988, 300 (304).

unter 5% sinkt – annehmen, dass die Anteilsquote dieses Anteilseigners nach der Senkung für jedes folgende *testing-date* innerhalb einer *testing-period* unverändert bleibt[926]. Dies gilt allerdings nur solange, wie die Beteiligungsquote dieses Anteilseigners nicht erneut die 5%-Grenze übersteigt[927]. Folge dieser Vermutungsregelung ist, dass die Anteile, die von einem solchen Anteilseigner gehalten werden, so behandelt werden, als ob sie von einer eigenständigen *public group* gehalten werden.

Beispiel: An der X-Corp. ist A zu 10% beteiligt. Im Jahr 01 verkauft A 7% seiner Anteile an der X-Corp. Die verbleibenden 3% der Anteile des A können von der X-Corp. innerhalb eines Dreijahreszeitraums so behandelt werden, als ob sie von einer eigenen *public group* gehalten werden, solange die Beteiligung des A nicht erneut die 5%-Grenze übersteigt.

(b) Segregation Rule

Gemäß Sec. 382 (g)(4)(B)(i) und 382 (g)(4)(C) IRC können Anteilseigner, die weniger als 5% der Anteile halten, auch in zwei oder mehrere Gruppen unterteilt werden. Jede dieser Gruppen wird dann als ein eigener 5%-Anteilseigner behandelt. Diese Teilungsregelung (*Segregation Rule*) findet typischerweise bei Umstrukturierungen Anwendung, bei denen zwei oder mehrere *public groups* beteiligt sind[928]. Erhält eine *public group* im Wege einer Umstrukturierung neue Anteile an einer Verlustgesellschaft, wird sie als eigener – von den vor der Umstrukturierung bestehenden *public groups* unabhängiger – 5%-Anteilseigner behandelt[929].

Beispiel: Die Anteile an der Verlustgesellschaft X-Corp. halten die *public group* L, die *public group* P und die Personengesellschaft E (bei der kein Gesellschafter mehr als 5% der Anteile hält) zu je einem Drittel. Am 31.10.01 verkauft E ihre Anteile an der X-Corp. an der Börse, wobei kein Erwerber mehr als 5% der Anteile an der X-Corp. erwirbt.

Durch die Anteilsübertragung durch E erhält eine neue *public group* (EL) Anteile an der X-Corp. Die Teilungsregelung greift also ein. Folge der Anteilsübertragung ist, dass die X-Corp. nach der Übertragung drei Anteilseigner hat: die *public group* L, die *public group* P und die *public group* EL zu je einem Drittel. Während sich die Anteilsquoten bei L und P nicht verändert haben (unverändert 33,33% der Anteile), ist ein Anteilseignerwechsel bei EL eingetreten (von 0% auf 33,33%).

---

926 Temp.Reg. § 1.382-2T (g)(5)(i)(B).

927 Steigt die Beteiligungsquote des Anteilseigners erneut über 5%, ist die Verlustgesellschaft gemäß Temp.Reg. § 1.382-2T (k)(3)(i) verpflichtet, diesen Anteilseigner zu bestimmen.

928 Temp.Reg. § 1.382-2T (j)(2) und (3).

929 Temp.Reg. § 1.382-2T (j)(2)(iii)(B)(ii); vgl. *Henderson/Goldring*, S. 205.

(c) Sonstige Erwerber

Gemäß Sec. 382 (l)(3)(A)(i) IRC werden Familienmitglieder im Sinne der Sec. 318 (a)(1) IRC als ein Anteilseigner behandelt. Dazu gehören Ehegatten, Eltern, Kinder und Enkelkinder. Folge dieser Regelung ist, dass Anteilsübertragungen zwischen diesen Familienmitgliedern grundsätzlich nicht zu einem Anteilseignerwechsel im Sinne der Sec. 382 IRC führen. Im Gesetz ist die Anteilsübertragung zwischen Geschwistern nicht ausdrücklich genannt. Mit dieser Frage befasste sich die *Garber Industries, Inc.*-Entscheidung[930].

Sachverhalt (verkürzt): An der Garber Industries Gesellschaft, einem Familienunternehmen, waren Charles Garber zu 68% und dessen Bruder Kenneth Garber zu 26% beteiligt. Die übrigen Anteile hielten Geschwister, Eheleute und Kinder der beiden Hauptanteilseigner. Die Garber Industries Gesellschaft verfügte Ende 1997 über Verluste in Höhe von über 20 Millionen USD. Im Juli 1996 wurde im Rahmen einer Umstrukturierung Charles Anteil auf 19% verringert, während Kenneths Anteil auf 65% erhöht wurde. Im April 1998 verkaufte Kenneth alle seine Anteile (65%) an Charles, dessen Beteiligung an der Gesellschaft auf 84% erhöht wurde.

Das Gericht musste klären, ob die Anteilsübertragung im Jahr 1998 einen schädlichen Anteilseignerwechsel darstellte oder ob es sich dabei um eine Anteilsübertragung innerhalb einer Familie im Sinne der Sec. 382 (l)(3)(A) IRC handelte. Die Argumentation des Steuerpflichtigen stützte sich in erster Linie auf Sec. 382 (l)(3)(A)(i) IRC, wonach Sec. 318 (a)(5)(B) IRC keine Anwendung findet. Sec. 318 (a)(5)(B) IRC regelt, dass die doppelte Übertragung zwischen Familienmitgliedern (z.B. Übertragung von Kind 1 auf Vater, Übertragung von Vater auf Kind 2) nicht auch zu einer doppelten Anwendung der Sec. 318 (1) IRC führt. Wenn diese Regelung aber – wie es Sec. 382 IRC vorsieht – nicht anwendbar sei, so müssen – so die Argumentation der Kläger – die Brüder auch als ein Anteilseigner behandelt werden, da sie durch ein Elternteil „verbunden" seien. Die Anteilsübertragung von einem auf den anderen Bruder habe deshalb keinen schädlichen Anteilseignerwechsel verursacht.

Diesem Argument hielt das Gericht entgegen, dass Sec. 382 (l)(3)(A)(i) IRC die Regelungen der Sec. 318 (a)(1) und Sec. 318 (a)(5)(B) IRC zunächst für nicht anwendbar erklärt und zusätzlich diese Regelungen dadurch ersetzt, dass alle Familienmitglieder im Sinne der Sec. 318 (a)(1) IRC als ein Anteilseigner gemäß Sec. 382 IRC behandelt werden. Es könne nicht – wie der Kläger argumentierte – nur auf die Nichtanwendbarkeit der Sec. 318 (a)(5)(B) IRC abgestellt

930 Garber Industries, Inc. v. Commissioner, 2006-1 USTC, No. 50109, 83,045 ff. (5th Cir., 2006).

werden. Vielmehr sei die einzige entscheidende Frage, ob der Übertragende und der Erwerber Familienmitglieder im Sinne der Sec. 382 (l)(3)(A)(i) IRC i.V.m. Sec. 318 (a) IRC seien. Eine über den Wortlaut der Sec. 318 (a) IRC hinausgehenden Familienkreis könne in diese Regelungen nicht hinein interpretiert werden. Aus diesem Grund sei eine Übertragung zwischen Geschwistern kein Fall der Sec. 382 (l)(3)(A)(i) IRC[931].

Zudem stellte das Gericht fest, dass Sec. 318 (a)(5)(B) IRC – selbst wenn diese Regelung im vorliegenden Fall grundsätzlich anwendbar wäre – nicht einschlägig wäre. Denn Voraussetzung für Sec. 318 (a)(5)(B) IRC sei, dass alle Beteiligten Anteilseigner der Gesellschaft sind. Die Argumentation der Kläger stützte sich darauf, dass die beiden Brüder durch ihren Vater „verbunden" seien. Da der Vater jedoch nie Anteilseigner der Garber Industries Gesellschaft war, sind – so stellte das Gericht abschließend fest – die Voraussetzungen der Sec. 318 (a)(5)(B) IRC schon deshalb nicht gegeben[932].

Eine natürliche Person kann auch Mitglied in mehreren Familien sein. So stellt jeder einzelne Familienzweig zwischen Ehegatten, Eltern, Kindern und Großeltern eine eigene Familie im Sinne der Sec. 382 (l)(3)(A)(i) IRC dar. Beachtet man, dass ein Ehepaar – für den Fall das alle Verwandten noch leben – vier Großväter und vier Großmütter hat, besteht eine Vielzahl von verschiedenen Kombinationen von Familien, in denen ein Ehegatte Mitglied sein kann. Zur Vermeidung, dass derselbe Gesellschaftsanteil von mehreren Familien, die jeweils als eine eigenständige Person behandelt werden, gehalten wird, sieht Temp.Reg. § 1.382-2T(h)(6)(iv) vor, dass eine natürliche Person nur als Mitglied derjenigen Familie behandelt wird, bei der die geringste Erhöhung der Anteilsquote zum *testing date* eintritt. Im Hinblick auf alle übrigen Familien, wird diese Person als Nichtmitglied behandelt[933]. Folge dieser Regelung ist, dass der Fall eintreten kann, dass eine natürliche Person bei einem ersten Anteilseignerwechsel als Mitglied einer Familie, und bei einem zweiten Anteilseignerwechsel als Mitglied einer anderen Familie behandelt wird[934].

(2) Equity structure shift

Unter einen *equity structure shift* fallen gemäß Sec. 382 (g)(3) IRC steuerfreie Umstrukturierungen, bestimmte öffentliche Angebote sowie Übertragungen, die

931 Garber Industries, Inc. v. Commissioner, 2006-1 USTC, No. 50109, 83,045 (83,047 f.) (5th Cir., 2006).
932 Vgl. zu diesem Fall *Klein/Looney*, Mai/Jun. 2006, 48 ff.
933 Temp.Reg. § 1.382-2T (h)(6)(iv).
934 *Henderson/Goldring*, S. 185.

mit einer Umstrukturierung vergleichbar[935] sind und an denen die Verlustgesellschaft beteiligt ist[936]. Nach Sec. 382 (g)(3)(A) IRC sind „Typ F, D und G“ Umstrukturierungen aus dem Anwendungsbereich ausgeschlossen[937]. In vielen Fällen stellen die vom *equity structure shift* erfassten Fälle gleichzeitig auch einen Fall des Anteilseignerwechsels dar. Daher wird in der Literatur die Auffassung vertreten, dass der *equity structure shift* nur für solche Umstrukturierungen Geltung hat, die vor dem 1. Januar 1987 erfolgten[938] oder die zu der Teilungsregelung (*segregation rule*) für *public groups* führen[939].

bb) Quotenveränderung um mehr als 50 Prozentpunkte

Sec. 382 IRC stellt auf eine übertragungsbezogene Betrachtungsweise ab[940]. Liegt ein *testing date* vor, ist zu untersuchen, ob innerhalb eines Zeitraums von drei Jahren bei einem oder mehreren 5%-Anteilseignern einer Verlustgesellschaft eine Erhöhung der Beteiligungsquote von insgesamt 50 Prozentpunkten eingetreten ist.

Beispiel: An der X-Corp. sind die Gesellschafter A, B und C zu jeweils einem Drittel beteiligt. Zum 31.12.00 verfügt die X-Corp. über Verluste in Höhe von 1.000,00 USD. Im Jahr 01 überträgt A seine 33,33% auf den D. Im Jahr 02 überträgt B weitere 20% auf D.

Abwandlung: Im Jahr 02 überträgt B weitere 20% auf E.

In beiden Fällen ist ein *testing date* gegeben, weil alle Beteiligten mehr als 5% der Anteile an der X-Corp. halten. Im Ausgangsfall stellt die Übertragung im Jahr 01 noch keinen schädlichen Anteilserwerb dar, weil die Quote des D sich in den letzten drei Jahren nicht um mehr als 50 Prozentpunkte erhöht hat (von 0% auf 33,33%). Durch die Anteilsübertragung im Jahr 02 erhöht sich die Quote des D innerhalb von drei Jahren um mehr als 50 Prozentpunkte (von 0% auf 53,33%). Ein schädlicher Anteilseignerwechsel liegt im Jahr 02 vor.

Nichts anderes ergibt die Abwandlung. Die Anteilserwerbe von D und E sind zusammenzurechnen. Die Beteiligungsquote der zwei 5%-Anteilseigner hat sich innerhalb von drei Jahren um mehr als 50 Prozentpunkte erhöht (von 0% auf 53,33%).

---

935 *Lind/Schwarz/Lathrope/Rosenberg*, Fundamentals of Corporate Taxation, S. 608 nennen als Beispiel die sog. „cash merger“. Dabei handelt es sich um eine Unternehmensfusion, bei denen die Gesellschafter keine neuen Gesellschaftsanteile erhalten, sondern ausgezahlt werden.

936 Temp.Reg. § 1.382-2T (e)(2); vgl. *Lind/Schwarz/Lathrope/Rosenberg*, Fundamentals of Corporate Taxation, S. 599.

937 Für eine “Typ G” Umstrukturierung gilt dies nur, soweit sie den Anforderungen der Sec. 354 (b)(1) IRC nicht entspricht, vgl. *Lind/Schwarz/Lathrope/Rosenberg*, Fundamentals of Corporate Taxation, S. 609 Fn. 14.

938 *Henderson/Goldring*, S. 174; *Bittker/Eustice*, Vol. 2, § 14.43 [5], S. 14-76, sprechen sogar davon, dass der *equity structure shift* ein irrelevantes Konzept ist.

939 Vgl. dazu 3. Teil, C. II. 1. b) aa) (b).

940 Vgl. Sec. 382 (g) (1) IRC.

Maßgeblich für einen schädlichen Anteilseignerwechsel sind die letzten drei Jahre eines jeden *testing date*, wobei bei jedem schädlichen Anteilseignerwechsel die Dreijahresfrist neu beginnt[941]. Anteilsübertragungen, die in einem Jahr erfolgen, in dem die Gesellschaft weder Verluste erwirtschaftet noch über Verlustvorträge verfügt, finden bei der Prüfung, ob ein schädlicher Anteilseignerwechsel vorliegt, keine Beachtung[942].

Gemäß Sec. 382 (g)(1)(B) IRC ist für die Erhöhung der Beteiligung um 50 Prozentpunkte die niedrigste Anteilsquote eines 5%-Anteilseigners innerhalb des Dreijahreszeitraums maßgeblich. Dabei stellt Temp.Reg. § 1.382-2T (c)(3) darauf ab, ob zu irgendeinem Zeitpunkt innerhalb der drei Jahre eine Erhöhung von 50 Prozentpunkten eingetreten ist.

Beispiel: An der X-Corp. sind A zu 50%, B und C zu jeweils 25% beteiligt. Am 1.1.01 überträgt A 30% seiner Anteile auf den B. Zu diesem Zeitpunkt hält A 20%, B 55% und C 25% der Anteile an der X-Corp. Am 1.1.02 erwirbt A sämtliche Anteile des C. An der X-Corp. sind nun A zu 45% und B zu 55% beteiligt.

Obwohl die Beteiligung an der X-Corp. sich insgesamt um nur 25% verändert hat (die Beteiligung von B hat sich von 25% auf 55% erhöht, während sich die Beteiligung von A von 50% auf 45% verringert hat), behandelt Temp.Reg. § 1.382-2T (c)(4)(i) den Anteilserwerb des A von C im Jahr 02 als schädlichen Anteilseignerwechsel. Entscheidend sei nämlich die niedrigste Anteilsquote des A innerhalb des Dreijahreszeitraums. Im Jahr 01 hielt A nur 20% der Anteile an der X-Corp., so dass bei ihm im Ergebnis eine Erhöhung von 25% (von 20% auf 45%) eingetreten ist. Da sich die Beteiligung des B von 25% auf 55% innerhalb des Dreijahreszeitraums erhöht hat und beide Anteilsübertragungen zusammengerechnet werden, liegt eine Veränderung Anteilseigner von 55 Prozentpunkten vor.

Dass in diesem Beispiel ein schädlicher Anteilseignerwechsel vorliegt mit der Folge, dass die Verlustnutzung der X-Corp. beschränkt wird, ist nicht überzeugend[943]. Schließlich könnte Sec. 382 (g)(1)(A) und (B) IRC auch so gelesen werden, dass eine Erhöhung von 50 Prozentpunkten bei den Gesellschaftern gemeinsam eintreten muss. Da A und B gemeinsam über den gesamten Zeitraum mindestens 75% der Anteile an der X-Corp. halten, wäre Sec. 382 IRC bei einer solchen Auslegung nicht einschlägig[944].

941 Sec. 382 (i)(2) IRC.

942 Sec. 382 (i)(3) IRC; vgl. *McDaniel/McMahon/Simmons*, Federal Income Taxation of Corporations, S. 756.

943 *McDaniel/McMahon/Simmons*, Federal Income Taxation of Corporations, S. 758.

944 In der Praxis werden derartige Fälle auch zukünftig entsprechend der Verwaltungsansicht gelöst, vgl. *McDaniel/McMahon/Simmons*, Federal Income Taxation of Corporations, S. 758.

c) *Rechtsfolge*

Sec. 382 IRC sieht eine zweistufige Rechtsfolge vor. Auf einer ersten Stufe gehen die Verluste einer Gesellschaft im Falle eines schädlichen Anteilseignerwechsels vollständig unter, wenn der Geschäftsbetrieb der Gesellschaft nicht mindestens zwei weitere Jahre nach dem Anteilseignerwechsel aufrechterhalten wird. Wird der Geschäftsbetrieb im ausreichenden Umfang fortgeführt, hat der schädliche Anteilseignerwechsel eine jährliche Beschränkung des Verlustabzuges zur Folge.

aa) *Vollständiger Verlustuntergang*

Gemäß Sec. 382 (c) IRC ist Grundvoraussetzung für die Verlustnutzung einer Gesellschaft, dass diese ihren Geschäftsbetrieb mindestens zwei Jahre nach dem Anteilseignerwechsel aufrechterhält. Unter der Fortführung des Geschäftsbetriebes versteht Reg. § 1.368-1 (d), dass der ursprüngliche Geschäftsbetrieb der Verlustgesellschaft für zwei weitere Jahre fortgeführt wird[945]. Verfügt die ursprüngliche Verlustgesellschaft über mehrere Geschäftsbetriebe, ist es ausreichend, dass die neue Gesellschaft[946] einen bedeutenden Geschäftsbetrieb fortführt[947], wobei es sich nicht um den Teil des Geschäftsbetriebes handeln muss, der die Verluste erwirtschaftet hat[948]. Zudem lässt Reg. § 1.368-1 (d) für die Verlustnutzung einer Gesellschaft ausreichen, dass eine neue Gesellschaft eine bedeutende Anzahl von Wirtschaftsgütern der ursprünglichen Verlustgesellschaft nach dem Anteilseignerwechsel in einem neuen Geschäftsbetrieb nutzt[949]. Eine Veränderung des Standortes oder der Anzahl der Arbeitnehmer einer Verlustgesellschaft ist dabei grundsätzlich nicht schädlich[950].

Ist eine wesentliche Veränderung des Geschäftsbetriebes nach den genannten Voraussetzungen eingetreten, gehen sämtliche Verlustvorträge der Gesellschaft ab dem Zeitpunkt des Anteilseignerwechsels unter.

bb) *Beschränkung der Verlustnutzung*

Kann die neue Kapitalgesellschaft ihre Verlustvorträge aufgrund der Fortführung des Geschäftsbetriebes grundsätzlich geltend machen, ist Folge der schädlichen

---

945 Reg. § 1.368-1 (d)(2).

946 Das US-amerikanische Steuerrecht spricht von der„alten“ und „neuen“ Gesellschaft. Als „neue“ Gesellschaft wird die Gesellschaft nach dem Anteilseignerwechsel genannt; vgl. Temp.Reg. § 1.382-2T (f)(2) und (3).

947 Reg. § 1.368-1 (d)(2)(ii).

948 *Henderson/Goldring*, S. 213.

949 Vgl. Reg. § 1.368-1 (d)(3)(i).

950 1986 Act Conference Report, *supra* note 2, at II-189; vgl. auch *Ditsch/Meier-Holzgräbe* in: Endres/Schreiber, D. Unternehmensbesteuerung, Rn. 69.

Anteilsübertragung eine jährliche Beschränkung der Verlustnutzung. Eine Gesellschaft kann ihre Verluste in den Jahren nach dem schädlichen Anteilseignerwechsel nur noch bis zu einer Höhe geltend machen, die sich aus dem Marktwert der alten Gesellschaft unmittelbar vor dem Anteilseignerwechsel multipliziert mit der sog. *long-term tax-exempt rate* errechnet.

(1) Long-term tax-exempt rate

Bei der *long-term tax-exempt rate* für steuerfreie Schulverschreibungen handelt es sich um einen langfristigen steuerfreien Zinssatz, der monatlich von dem *US Treasury Department* veröffentlicht wird und der auf Basis durchschnittlicher Rendite von steuerfreien Anleihen mit einer Restlaufzeit von mehr als neun Jahren berechnet wird[951]. In den vergangenen Jahren lag dieser Zinssatz zwischen 4% und 6%[952].

(2) Marktwert des Unternehmens

(a) Allgemeines

Diese *long-term tax-exempt rate* wird mit dem unmittelbar vor dem Anteilseignerwechsel bestehenden Marktwert der Gesellschaft multipliziert[953]. Gemäß Sec. 382 (e)(1) IRC ist für den Marktwert der alten Gesellschaft der Wert ihrer Anteile maßgeblich. Dabei fließen in die Berechnung auch stimmrechtslose Anteile gemäß Sec. 1504 (a)(4) IRC ein, die bei der Prüfung des Anteilseignerwechsels außer Betracht bleiben[954]. Im Einzelfall kann für die Bestimmung des Marktwerts der Gesellschaft eine Schätzung erforderlich sein[955].

Ist der Wert der Gesellschaft bestimmt, kann eine Verlustgesellschaft errechnen, inwieweit sie ihre Verluste nach einem Anteilseignerwechsel geltend machen darf. Übersteigen die Verlustvorträge, die die Gesellschaft geltend machen darf, die Gewinne der neuen Gesellschaft, können die übrig gebliebenen nicht genutzten Verluste gemäß Sec. 382 (b)(2) IRC in das folgende Jahr vorgetragen werden. Dies hat zur Folge, dass die Verluste, die die Gesellschaft nach Maßgabe der dargestellten Berechnung im folgenden Jahr nutzen darf, um die vorgetragenen Verluste erhöht werden. Davon abgesehen, bleibt grundsätzlich die Verlustbeschränkung für die folgenden Jahre gleich. Die Verlustbeschränkung wird einmal zum Zeitpunkt

951 Vgl. Sec. 1274 (d) IRC.
952 Die *long-term tax-exempt rate* lag das letzte Mal Ende 2000 bei mehr als 6%. Im Jahr 2008 beträgt der maßgebliche Zinssatz 4,71%, vgl. Rev.Rul 2008-28.
953 Sec. 382 (b)(1) IRC.
954 Vgl. Sec. 382 (e)(1) IRC, vgl. oben 3. Teil, C. II. 1. a).
955 So auch *Peischel*, Corporate Taxation, Nov./Dez. 2003, 3 (4).

des Anteilseignerwechsels festgelegt und gilt dann für die „Lebensdauer" der Verlustvorträge. Insbesondere kann eine neue Gesellschaft jährlich nicht mehr Verluste geltend machen, als das Produkt aus Marktwert und *long-term tax-exempt rate* zum Zeitpunkt des Anteilseignerwechsels ergeben hat. Erfolgt eine weitere schädliche Anteilsübertragung bei der neuen Gesellschaft, kann dies jedoch zu einer weiteren Beschränkung der nutzbaren Verluste führen[956].

(b) „Anti-stuffing" rule

Bei jeder Erhöhung des Wertes der Gesellschaft in einem Zeitraum von zwei Jahren[957] vor dem Anteilseignerwechsel durch *capital contributions* (*capital contributions* werden in diesem Zusammenhang weit definiert als Erhöhung des Grundkapitals oder gewisser Finanzinstrumente oder als Erhöhung liquider Mittel durch gewisse Finanzinstrumente[958]) besteht die widerlegbare Vermutung, dass, wenn die Erhöhung als Teil eines Planes nur zu dem Zweck erfolgt, die Verlustnutzungsbeschränkung nach Sec. 382 IRC zu umgehen oder ihren Wert zu erhöhen, der erhöhte Wert bei der Bestimmung der Verlustbeschränkung außer Betracht bleibt (sog. *„anti-stuffing" rule*[959]).

Eine Gesellschaft kann diese *„anti-stuffing" rule* umgehen, wenn sie nachweist, dass ihre Werterhöhung als Betriebskapital (*working capital*) genutzt wird. Zwar bestehen für diese Ausnahme noch keine *Regulations*, jedoch hat der Kongress das Finanzministerium angewiesen, derartige Regelungen zu erlassen[960]. Eine der Schwierigkeiten dieser Ausnahme ist, dass nicht geklärt ist, was unter *working capital* zu verstehen ist. Die Finanzverwaltung hat diesen Begriff in einem Fall als den Geldbetrag definiert, der für die Zahlung von Gläubigern und Angestellten zur Verfügung steht[961]. Gleichwohl besteht dies bezüglich nach wie vor eine erhebliche Unsicherheit[962]. In der Literatur wird vertreten, dass Geldmittel, die für *current payrolls* (laufende Gehaltsaufwendungen) oder *current operating expenses* (laufende Betriebsaufwendungen) einer Gesellschaft zugeführt werden, nicht unter die *„anti-stuffing" rule* fallen[963]. Zudem sollen auch solche Geldmittel nicht unter die *„anti-stuffing" rule* fallen, die der Gesellschaft zur Forschung

956 Vgl. *Bittker/Eustice*, Vol. 2, § 14.44 [1][b], S. 14-92.
957 Vgl. Sec. 382 (l)(1)(B) IRC.
958 Vgl. *Peischel*, Corporate Taxation, Nov./Dez. 2003, 3 (4 f.).
959 Vgl. Sec. 382 (l)(1)(A) IRC.
960 Die Finanzverwaltung hat die Ausnahme des Betriebskapitals in mehreren „private letter rulings" und „technical advice memoranda" geregelt.
961 IRS Letter Ruling 9630038, May 1, 1996.
962 *Peischel*, Corporate Taxation, Nov./Dez. 2003, 3 (5).
963 *Peischel*, Corporate Taxation, Nov./Dez. 2003, 3 (6).

und Entwicklung zugeführt werden[964]. Letztlich unterliegt die Ausnahme des *working capital* einer Einzelfallbetrachtung der Finanzverwaltung.

(c) Nonbusiness assets

Verfügt die neue Gesellschaft unmittelbar nach dem Anteilseignerwechsel über erhebliche nicht betriebsnotwendige Wirtschaftsgüter (*nonbusiness assets*), ist der Wert der alten Gesellschaft gemäß Sec. 382 (l)(4)(A) IRC um den Nettowert ihrer *nonbusiness assets* zu mindern. Gemäß Sec. 382 (l)(4)(C) IRC sind damit „*assets held for investment*" gemeint. Welche Wirtschaftsgüter darunter fallen, ist weder im IRC noch in den *Regulations* näher beschrieben. Betrieblich genutzte technische Anlagen und Maschinen, Goodwill, Forderungen aus Lieferungen und Leistungen, Vorratsvermögen oder ähnliche Wirtschaftsgüter stellen keine *nonbusiness assets* dar[965].

Sec. 382 (l)(4)(A) IRC stellt entscheidend darauf ab, ob die *neue* Gesellschaft über erhebliche *nonbusiness assets* verfügt. Ist dies der Fall, soll der Wert der *alten* Gesellschaft gemindert werden, und zwar nicht um den Anteil der *nonbusiness assets* der neuen, sondern ausschließlich der *alten* Gesellschaft[966]. Dieser Gesetzeswortlaut ist im Rahmen des *Berry Petroleum Company* Falls durch den *Tax Court* bestätigt worden[967].

Wann die neue Gesellschaft über einen erheblichen Teil von *nonbusiness assets* verfügt, regelt das Gesetz indes nicht. Sec. 382 (l)(4)(B)(i) IRC sieht nur vor, dass eine *alte* Gesellschaft als eine Gesellschaft mit erheblichen *nonbusiness assets* behandelt wird, bei der mindestens ein Drittel aller Anteile *nonbusiness assets* darstellen. Dass diese Vermutung auch für die neue Gesellschaft gelten soll, besagt das Gesetz hingegen nicht. Allerdings haben in der Vergangenheit sowohl die Finanzverwaltung[968] als auch der *Tax Court*[969] den „Ein Drittel Test" auch für die neue Gesellschaft angewendet.

Sec. 382 (l)(4) IRC führt zu Ergebnissen, die mit dem Sinn und Zweck der Regelung, nämlich den Handel mit Verlustvorträgen zu unterbinden, nicht vereinbar sind.

---

964 *Peischel*, Corporate Taxation, Nov./Dez. 2003, 3 (6).

965 *Peischel*, Corporate Taxation, Nov./Dez. 2003, 3 (9).

966 Sec. 382 (l)(4)(A)(i) und (ii) IRC. *a.A. Henderson/Goldring*, S. 223, die auf die alte Gesellschaft abstellen wollen.

967 Berry Petroleum Company and Subsidiaries v. Commissioner, 104 T.C. 584 (1995), aff'd, 142 F.3d 442 (CA-9, 1998).

968 Vgl. z.B. FSA 200140049.

969 Vgl. den *Berry Petroleum Company Case*, 104 TC 584 (1995), aff'd, 142 F.3d 442 (CA-9, 1998).

Beispiel 1: Die X-Corp. verfügt über keine erheblichen *nonbusiness assets*. Die X-Corp. wird auf die Y-Corp. verschmolzen, die über erhebliche *nonbusiness assets* verfügt.

Obwohl die X-Corp. nicht über erhebliche *nonbusiness assets* verfügt, ist Folge der Sec. 382 (l)(4) IRC, dass ihr Wert vor dem Anteilseignerwechsel um den Wert ihrer *nonbusiness assets* gemindert wird.

Beispiel 2: Die X-Corp. verfügt über erhebliche *nonbusiness assets*. Die X-Corp. wird auf die erheblich größere Y-Corp. verschmolzen, die über keine *nonbusiness assets* verfügt.

Wenn Folge der Verschmelzung ist, dass die neue Gesellschaft über keine erheblichen *nonbusiness assets* verfügt, kommt es auch zu keiner Wertminderung bei der alten Gesellschaft.

Schon aufgrund dieser Ergebnisse ist Sec. 382 (l)(4) IRC in der Literatur kritisiert worden[970]. Solange keine weiteren Erklärungen seitens des Gesetzgebers oder der Verwaltung erfolgen, besteht eine erhebliche Unsicherheit, ob das Vorliegen von *nonbusiness assets* zu einer Wertminderung der alten Gesellschaft führt.

cc) Unterjähriger Anteilseignerwechsel

Findet ein unterjähriger Anteilseignerwechsel in einem Jahr statt, in dem die Gesellschaft Gewinne erzielt, können die Verluste gemäß Sec. 382 (b)(3)(A) IRC unbeschränkt mit den Gewinnen verrechnet werden, die im Jahr des Anteilseignerwechsels vor dem *testing date* erzielt wurden. Eine Verlustverrechnung mit Gewinnen, die nach dem Anteilseignerwechsel erzielt werden, ist hingegen nur beschränkt möglich. Dafür wird die jährliche Verlustbeschränkung, die sich aus dem Produkt des Marktwertes der Gesellschaft und der *long-term tax-exempt rate* ergibt, anteilig auf die Tage des Jahres verteilt[971].

Beispiel: Die X-Corp. hat einen Marktwert von 200.000,00 USD und verfügt über Verluste in Höhe von 800.000,00 USD. Die *long-term tax-exempt rate* beträgt 6%. Am 31.08.01 überträgt der Alleingesellschafter A 100% seiner Anteile auf B.

Die X-Corp. darf ihre Verluste nur noch beschränkt geltend machen. Die jährliche Beschränkung beträgt 200.000,00 USD x 0,06 = 12.000,00 USD. Da der Anteilseignerwechsel nach zwei Dritteln des Jahres, am 31.08., erfolgte, darf die X-Corp. für das Jahr 01 nur Verluste in Höhe von 4.000,00 USD (12.000,00 USD x 1/3 = 4.000,00 USD) mit Gewinnen verrechnen, die nach dem 31.8. erzielt wurden.

Findet der Anteilseignerwechsel während eines Jahres statt, in dem die Gesellschaft nur Verluste erzielt, sind von der Verlustbeschränkung gemäß Sec. 382 (d) IRC nur die Verluste betroffen, die vor dem Anteilseignerwechsel erzielt werden. Verluste die nach dem Anteilseignerwechsel erwirtschaftet werden, kann die

---

970 *Peischel*, Corporate Taxation, Nov./Dez. 2003, 3 (8); *Henderson/Goldring*, S. 220 ff.
971 Vgl. Sec. 382 (b)(3)(B) IRC.

Gesellschaft unbeschränkt geltend machen[972]. Um die anteiligen Verluste bis zum Anteilseignerwechsel zu bestimmen, werden die Verluste des gesamten Jahres auf die Anzahl der Tage des Jahres verteilt[973]. Die Verlustbeschränkung erfolgt in dem Jahr des Anteilseignerwechsels somit nur anteilig[974].

d) Zwischenergebnis

Mit Sec. 382 IRC enthält auch das US-amerikanische Steuerrecht eine Regelung, wonach die Verlustnutzung einer Kapitalgesellschaft beschränkt bzw. versagt wird, wenn ein Anteilseignerwechsel bei der Gesellschaft eintritt. Die Verlustnutzung einer Kapitalgesellschaft kann auch im US-amerikanischen Steuerrecht eingeschränkt werden, obwohl die rechtliche Identität der Gesellschaft unverändert fortbesteht. Entscheidend für die Verlustnutzung einer Gesellschaft ist ihr persönliches Substrat. Verändert sich die Beteiligungsquote der Gesellschaft um mehr als 50 Prozentpunkte[975], kommt es zu einer Beschränkung der Verlustnutzung. Verändert die Gesellschaft zusätzlich ihr sachliches Substrat, indem sie ihren Geschäftsbetrieb nach dem Anteilseignerwechsel nicht in einem gewissen Umfang fortführt, führt dies zu einem vollständigen Verlustuntergang.

2. Sec. 384 IRC

Ist die Verlustnutzung einer Kapitalgesellschaft nicht gemäß Sec. 382 IRC eingeschränkt oder ausgeschlossen, bedeutet dies noch nicht, dass diese Gesellschaft ihre Verluste unbeschränkt geltend machen kann. Sec. 384 IRC regelt zwei Fälle, in denen bei der Realisierung stiller Reserven die Verlustnutzung einer Gesellschaft eingeschränkt ist.

Gemäß Sec. 384 (a)(1)(A) IRC darf zum einen eine Verlustgesellschaft, die die Kontrolle über eine Gewinngesellschaft erlangt hat, Gewinne, die innerhalb eines Zeitraums von fünf Jahren nach dem Kontrollerwerb durch Realisierung stiller Reserven der Gewinngesellschaft erzielt werden (sog. *recognized built-in gain*), nicht mit ihren Verlusten, die aus der Zeit vor dem Kontrollerwerb stammen

972 Vgl. *Bittker/Eustice*, Vol. 2, § 14.44 [1][b], S. 14-92.
973 Vgl. Sec. 382 (d)(1)(B) IRC.
974 Die Berechnung der Verluste ist hier vergleichbar mit der Berechnung aus dem zuletzt genannten Beispiel.
975 Grundsätzlich werden nur solche Anteilseigner gezählt, die mehr als 5% der Gesellschaftsanteile halten.

(sog. *preacquisition loss*[976]), verrechnen. Ein Kontrollerwerb tritt dabei ein, wenn eine Gesellschaft mindestens 80% der Anteile und der Stimmrechte einer anderen Gesellschaft erwirbt[977].

Zum zweiten ist die Verlustnutzung einer Kapitalgesellschaft gemäß Sec. 384 (a)(1)(B) IRC eingeschränkt, wenn eine Gesellschaft innerhalb von fünf Jahren Gewinne durch eine Veräußerung von Wirtschaftsgütern erzielt, die sie im Wege einer Typ A, C oder D Umstrukturierung erlangt hat, wobei entweder die übertragende oder die erwerbende Gesellschaft eine Gewinngesellschaft sein muss.

Eine Gewinngesellschaft liegt vor, wenn bei Berücksichtigung aller Vermögenswerte stille Reserven in Höhe von mehr als 15% des Marktwertes aller Vermögensgegenstände oder in Höhe von mehr als 10.000.000,00 USD existieren[978].

Von der Verlustbeschränkung gemäß Sec. 384 IRC ist grundsätzlich jeder Gewinn aus der Realisierung stiller Reserven innerhalb eines Zeitraums von fünf Jahren ab dem Kontrollerwerb bzw. dem Zeitpunkt der Umstrukturierung erfasst (*recognized built-in gain*), es sei denn, die Gewinngesellschaft bzw. die erwerbende Gesellschaft weist nach, dass die übertragenden Wirtschaftsgüter zum Übertragungszeitpunkt nicht zu den Aktiva der Gewinngesellschaft gehörten oder dass der realisierte Gewinn den Betrag der stillen Reserven zum Übertragungsstichtag übersteigt[979]. Zudem werden auch solche Gewinne dem Begriff *built-in gain* zugeordnet, die zwar nach dem Übertragungszeitpunkt erzielt wurden, jedoch Besteuerungsperioden vor diesem Zeitpunkt zuzuordnen sind[980].

Sec. 384 IRC soll verhindern, dass eine Verlustgesellschaft ihre Verluste nur dazu nutzt, Gewinne, die aus der Realisierung stiller Reserven einer anderen Gesellschaft erzielt werden, zeitnah auszugleichen, um so einer Besteuerung dieser Gewinne zu entgehen[981].

Beispiel: Die Verlustgesellschaft X-Corp. (Verluste 500,00 USD) erwirbt im Jahr 01 sämtliche Anteile an der Gewinngesellschaft Y-Corp. Die Y-Corp. verfügt über ein Wirtschaftsgut mit einem Marktwert 1.000,00 USD und einem Buchwert von 500,00 USD. Im Jahr 02 verkauft die Y-Corp. dieses Wirtschaftsgut für 1.000,00 USD.

Sec. 382 IRC ist nicht einschlägig, da kein Anteilseignerwechsel bei der Verlustgesellschaft X-Corp. vorliegt. Allerdings hat die X-Corp. – durch den Erwerb sämtlicher

---

976 Vgl. Sec. 384 (c)(3) IRC. Unter dem Begriff *preacquisition loss* werden grundsätzlich sämtliche Verluste erfasst, die vor dem Tag des Kontrollerwerbs bzw. der Umstrukturierung entstanden sind, vgl. *Silverman/Keyes*, Journal of Taxation, Feb. 1990, 74 (77).

977 Sec. 384 (c)(5) IRC i.V.m. 1504 (a)(2) IRC.

978 Sec. 384 (c)(8) IRC i.V.m. Sec. 382 (h)(3)(A).

979 Sec. 384 (c)(A)(ii) IRC; *Silverman/Keyes*, Journal of Taxation, Feb. 1990, 74 (76).

980 Sec. 384 (c)(1)(B) IRC.

981 *McDaniel/McMahon/Simmons*, Federal Income Taxation of Corporations, S. 774; *Lind/Schwarz/Lathrope/Rosenberg*, Fundamentals of Corporate Taxation, S. 620.

Gesellschaftsanteile – die Kontrolle über die Y-Corp. erlangt. Sec. 384 (a)(1)(A) IRC sieht vor, dass die Verlustgesellschaft (X-Corp.) einen Gewinn, der durch den Verkauf eines Wirtschaftsgutes der Gewinngesellschaft (Y-Corp.) erzielt wird, in einem Zeitraum von fünf Jahren nicht mit ihren Verlusten ausgleichen darf. Die Y-Corp. muss ihren Gewinn aus dem Jahr 02 in Höhe von 500,00 USD versteuern.

Sec. 384 IRC findet grundsätzlich neben Sec. 382 IRC Anwendung. Zunächst wird geprüft, ob ein schädlicher Anteilseignerwechsel im Sinne der Sec. 382 IRC bei einer Verlustgesellschaft eingetreten ist. In einem zweiten Schritt wird dann untersucht, ob die übrig gebliebenen Verluste nach Maßgabe der Sec. 384 IRC die erzielten Gewinne der kontrollierten Gesellschaft bzw. der Zielgesellschaft ausgleichen dürfen[982].

3. Sec. 269 IRC

Der im Jahr 1943 erlassenen Sec. 269 IRC kommt als eigentliche Mantelkaufregelung heute eine Auffangfunktion zu. Kann eine Kapitalgesellschaft ihre Verluste nach Maßgabe der Sec. 382 und 384 IRC beschränkt oder unbeschränkt geltend machen, kann ein vollständiger Verlustuntergang dennoch eintreten, wenn bestimmte gesellschaftsrechtlichen Gestaltungen nur zum Zwecke der Steuerumgehung erfolgen. Sec. 269 IRC macht die Verlustnutzung von Körperschaften also insbesondere von subjektiven Merkmalen abhängig.

a) Gestaltungen im Sinne der Sec. 269 IRC

aa) Kontrollerwerb

Ein Kontrollerwerb im Sinne der Sec. 269 (a)(1) IRC liegt vor, wenn eine oder mehrere Personen direkt oder indirekt mindestens 50% der gesamten Stimmrechte oder 50% aller Anteile einer Gesellschaft erwerben[983].

Nach ständiger Rechtsprechung ist Sec. 318 (a) IRC im Rahmen der Sec. 269 IRC nicht anwendbar[984]. Dem Steuerpflichtigen werden somit nicht die Anteile seines Ehegatten, der Eltern, Kinder und Enkel zugerechnet[985]. Entscheidend ist allein, ob ein direkter oder indirekter Kontrollerwerb bei einem Steuerpflichtigen eingetreten ist.

---

982 *Bittker/Eustice*, Vol. 2, § 14.45 [3], S. 14-118.

983 Reg. § 1.269-2 (c).

984 Z.B. Dobra Homes v. Commissioner, 68-2 USTC No. 9642, 88,228 ff. (CA-2, 1968); Thomas E. Snyder Sons Co. v. Commissioner, 61-1 USTC No. 9312, 79,807 ff. (CA-7, 1961).

985 *Emory/Swenson/Lerner*, Journal of Corporate Taxation 1980, 181 (182).

bb) Tax-Free asset acquisition

Neben dem Kontrollerwerb kann auch der Erwerb von Vermögensgegenständen einer Gesellschaft durch eine andere Gesellschaft die Rechtsfolgen der Sec. 269 IRC auslösen, wenn die Buchwerte dieser Vermögensgegenstände von der erwerbenden Gesellschaft fortgeführt werden und wenn beide Gesellschaften unmittelbar vor dem Übergang nicht unter gemeinsamer Kontrolle stehen[986]. Sec. 269 (a)(2) IRC kann insbesondere im Rahmen von steuerfreien Umstrukturierungen, bei denen grundsätzlich sämtliche Verluste der übertragenden Gesellschaft auf die erwerbende Gesellschaft gemäß Sec. 381 IRC übergehen, zu einem vollständigen Verlustuntergang führen, wenn die Übertragung der Vermögensgegenstände nur zum Zwecke der Steuervermeidung erfolgt[987]. Von Sec. 269 (a)(2) IRC ist hingegen nicht der Erwerb von Vermögensgegenständen erfasst, die natürlichen Personen oder Schwestergesellschaften zuzuordnen sind.

cc) Sec. 269 (b) IRC

Während Sec. 269 (a) IRC auf die Entscheidung des Steuerpflichtigen abstellt, Gesellschaftsanteile oder Vermögensgegenstände einer anderen Gesellschaft zu erwerben, ist Kernaussage der Sec. 269 (b) IRC, dass auch die Liquidation einer anderen Gesellschaft eine missbräuchliche Gestaltung darstellen kann[988]. Voraussetzung für Sec. 269 (b) IRC ist, dass eine bestimmte Übertragung von Gesellschaftsanteilen einer Verlustgesellschaft vorliegt, die ein Wahlrecht nach Sec. 338 IRC[989] ermöglicht, welches jedoch nicht ausgeübt wird. Anstatt dessen wird die erworbene Verlustgesellschaft innerhalb eines Zeitraums von zwei Jahren nach dem Tag der vollständigen Übertragung – einem Liquidationsplan entsprechend – liquidiert. Sec. 269 (b) IRC erfordert die Übertragung von Gesellschaftsanteilen und Stimmrechten der übertragenden Gesellschaft auf die erwerbende Gesellschaft in Höhe von mindestens 80% innerhalb eines Zeitraums von zwölf Monaten[990].

Sec. 269 (b) IRC wurde eingeführt, weil der Kongress Bedenken hatte, ob Sec. 269 (a) IRC auch den Fall der missbräuchlichen Liquidation erfasst. Durch Einführung der Sec. 269 (b) IRC ist nunmehr klargestellt, dass eine Liquidation,

---

986 Sec. 269 (a)(2) IRC; unter gemeinsamer Kontrolle stehen insbesondere Schwestergesellschaften.

987 *Bittker/Eustice*, Vol. 2, § 14.41 [3] [c], S. 14-49.

988 *Bittker/Eustice*, Vol. 2, § 14.41 [3] [e], S. 14-52.

989 Sec. 338 IRC eröffnet das Wahlrecht, bei einem Anteilskauf einen *share deal* als *asset deal* zu behandeln.

990 Dies ergibt sich aus dem Begriff *qualified stock purchase*, vgl. Sec. 269 (b), 338 (d)(3), 1504 (a)(2) IRC.

die hauptsächlich die Nutzung der Verluste der liquidierten Gesellschaft bezweckt, zu einem Verlustuntergang führt.

b) *Erfordernis eines subjektiven Tatbestandes*

Das alleinige Vorliegen eines Kontrollerwerbs bzw. einer Gestaltung nach Sec. 269 (a)(2) oder (b) IRC reicht nicht aus, um einen vollständigen Verlustuntergang bei der Verlustgesellschaft zu bewirken. Darüber hinaus muss der Steuerpflichtige zum Zeitpunkt der Transaktion[991] die Absicht haben, durch die genannten Gestaltungen Steuern zu umgehen oder zu mindern[992]. Der Schwerpunkt der Norm liegt also – im Gegensatz zu Sec. 381, 382 und 384 IRC – nicht im objektiven, sondern im subjektiven Tatbestand[993].

Aufgrund der Schwierigkeiten, die im Zusammenhang mit dem Nachweis subjektiver Motive bestehen[994], enthalten die *Regulations* Vorgaben, wonach die Steuervermeidungsabsicht des Steuerpflichtigen – widerlegbar – vermutet wird. Eine Steuervermeidungsabsicht wird danach vermutet, wenn

- eine Gewinngesellschaft (oder eine natürliche Person) sämtliche Anteile einer Verlustgesellschaft erwirbt und einen anderen – profitablen – Geschäftsbetrieb unter dem Namen der Verlustgesellschaft fortführt, um sich so die bestehenden Verluste zu Nutze zu machen[995];
- eine oder mehrere Personen profitable Wirtschaftsgüter auf eine neu gegründete Gesellschaft übertragen, die Verluste erwirtschaftet und die von den Erwerbern kontrolliert wird[996];
- im Rahmen eines Erwerbs von Vermögensgegenständen im Sinne der Sec. 269 (a)(2) IRC eine Gesellschaft Vermögensgegenstände mit hohen Verlustvorträgen (*carry over basis*) erwirbt, deren Wert höher als der Marktwert dieser Gegenstände ist, und die Gesellschaft diese Vermögensgegenstände steuermindernd nutzt[997];

---

991 In Ausnahmefällen kann auch ein späterer Zeitpunkt maßgeblich sein, z.B. wenn eine übernommene Gesellschaft innerhalb eines kurzen Zeitraums nach dem Kontrollerwerb durch die erwerbende Gesellschaft liquidiert wird; vgl. *R. Knight/L. Knight*, The CPA Journal, Dez. 1991, 42 (44).

992 Vgl. z.B. Scroll, Inc. v. Commissioner, 447 F.2d 612 (5th Cir., 1971); *McDaniel/McMahon/Simmons*, S. 775.

993 *R. Knight/L. Knight*, The CPA Journal, Dez. 1991, 42 (44).

994 *Stewart/Call*, Journal of Corporate Taxation 1995, 353 (354).

995 Reg. § 1.269-3(b)(1) und Reg. § 1.269-6 Beispiel 1.

996 Reg. § 1.269-3 (b)(3).

997 Reg. § 1.269-3(c)(1).

- eine Tochtergesellschaft mit hohen Verlustvorträgen Wirtschaftsgüter ihrer Muttergesellschaft einschließlich eines anderen profitablen Geschäftsbetriebes zu einem Zeitpunkt erwirbt, in dem sich die Muttergesellschaft die Verluste ihrer Tochtergesellschaft auch durch ihre Liquidation nicht hätte zu Nutze machen können[998];
- eine Verlustgesellschaft auf eine Gewinngesellschaft verschmolzen wird und nach dieser Umstrukturierung die Gesellschafter der Verlustgesellschaft nur noch 12% der Anteile der neuen Gesellschaft halten[999].

Ist eine der genannten Vermutungen einschlägig, obliegt es dem Steuerpflichtigen zu beweisen, dass der Hauptzweck der Gestaltung nicht in der Steuervermeidung lag.

Auch die Rechtsprechung hat anhand von objektiven Maßstäben in der Vergangenheit wiederholt beurteilt, ob der Hauptzweck der Gestaltung in der Steuervermeidung lag. Hierzu wurden beispielsweise folgende Fragen aufgeworfen:

- War sich die erwerbende Gesellschaft zum Zeitpunkt der Übertragung des Steuervorteils bewusst, und haben die Parteien diesem Vorteil Beachtung geschenkt?[1000]
- Verfügte die zu erwerbende Gesellschaft über einen funktionierenden Geschäftsbetrieb, der auch nach der Übertragung fortgeführt wird?[1001]
- Übersteigt der steuerliche Vorteil, der durch die Gestaltung entsteht, den wirtschaftlichen Gewinn des Unternehmens, den die Umstrukturierung zur Folge hat?[1002]
- Hätte der Steuerpflichtige den Steuervorteil unabhängig von der Gestaltung im Sinne der Sec. 269 (a) und (b) IRC geltend machen können?

Sowohl die Verwaltung als auch die Rechtsprechung schließen also von dem Verhalten des Steuerpflichtigen auf dessen Absicht. Letztlich wird im Rahmen einer Einzelfallentscheidung beurteilt, ob die Verluste gemäß Sec. 269 IRC verloren gehen.

---

998 Reg. § 1.269-3 (c)(2); zusätzlich muss der profitable Geschäftsbetrieb soviel Gewinn erzielen, dass der Großteil des Verlustvortrages genutzt werden kann.

999 Reg. § 1.269-6 Beispiel 2.

1000 Z.B. Hawaiian Trust Co. v. US, 291 F.2d 761 (9th Cir. 1961); D'Arcy-MacManus & Masius, Inc., 63 T.C. 440 (1975); U.S. Shelter Corp. v. US, 87-2 USTC, No. 9588, 89,752 ff. (U.S. Claims Court, 1987).

1001 Z.B. Federated Department Stores, Inc. and Allied Stores Corporation, Debtors, 92-1 USTC, No. 50,091, 83,360 (83,366) (U.S. Bankruptcy Court, 1992).

1002 Z.B. R.P. Collins & Co., Inc. v. US, 62-1 USTC, No. 9472, 84,372 (84,374 ff.) (1st Cir. 1962).

Sec. 269 IRC ist grundsätzlich neben Sec. 382 IRC anwendbar und kann zu einem vollständigen Verlustuntergang führen[1003]. Reg. § 1.269-7 enthält die Aussage, dass der Umstand, dass die Verlustnutzung einer Gesellschaft gemäß Sec. 382 (a) IRC eingeschränkt wird, Bedeutung für die Feststellung der Steuervermeidungsabsicht haben kann. In der Praxis hat Sec. 269 IRC seit Einführung der Sec. 381 ff. IRC erheblich an Bedeutung verloren[1004]. Im Regelfall ist die Verlustnutzung einer Kapitalgesellschaft bei Gestaltungen, bei denen es zu einem Kontrollerwerb kommt, gemäß Sec. 382 IRC beschränkt. Jedoch sind durchaus Fälle denkbar, in denen Sec. 382 IRC nicht einschlägig ist, eine Verlustbeschränkung aber gemäß Sec. 269 IRC denkbar ist[1005]. Zudem ist der Grundgedanke der Vorschrift, nämlich missbräuchliche Gestaltungen zu verhindern, nach wie vor in einer Vielzahl von *Regulations* präsent[1006].

III. Sonderregelungen für Konzerne

Grundsätzlich wird im US-amerikanischen Steuerrecht eine Kapitalgesellschaft als eigenständiges Steuersubjekt behandelt. Allerdings enthält der IRC eine Reihe von Sonderregelungen, wonach verbundene Gesellschaften als eine Einheit behandelt werden. Diese Vorschriften eröffnen einer Konzerngruppe in gewissen Fällen – insbesondere bei der Verlustverrechnung – einen erheblichen Vorteil[1007]. Im Folgenden werden nur die Regelungen dargestellt, die die Verlustverrechnung innerhalb einer Unternehmensgruppe (*affiliated group*) betreffen.

1. Verlustverrechnung innerhalb eines Konzerns

Sec. 1501 IRC eröffnet einer Unternehmensgruppe das Wahlrecht, unter gewissen Voraussetzungen eine konsolidierte Steuererklärung abzugeben und auf diese Weise das Einkommen aller Gruppenmitglieder durch Abgabe einer einzigen Steuererklärung einheitlich zu versteuern. Eine *affiliated group* besteht gemäß Sec. 1504 (a) IRC aus einer Muttergesellschaft und einer oder mehreren unter-

---

1003 Reg. § 1.269-7.

1004 *Bittker/Eustice*, Vol. 2, § 14.40, S. 14-42; *McDaniel/McMahon/Simmons*, S. 776.

1005 Dies gilt vor allem vor dem Hintergrund, dass für Sec. 382 IRC ein Anteilseignerwechsel von *mehr* als 50 Prozentpunkten innerhalb eines Zeitraums von drei Jahren erforderlich ist. Für Sec. 269 IRC ist hingegen ein 50%iger Kontrollerwerb ohne zeitliche Begrenzung ausreichend, vgl. *Bittker/Eustice*, Vol. 2, § 14.44 [7] [a], S. 14-108; *Abrams/Doernberg*, Essentials of United States Taxation, S. 2-298.

1006 *Bittker/Eustice*, Vol. 2, § 14.40, S. 14-43.

1007 *McDaniel/McMahon/Simmons*, Federal Income Taxation of Corporations, S. 431 f.; *Ditsch/Meier-Holzgräbe* in: Endres/Schreiber, D. Unternehmensbesteuerung, Rn. 72.

geordneten Gesellschaften, die mit der Muttergesellschaft verbunden sind. Dabei muss die Muttergesellschaft mindestens 80% der Stimmrechte sowie 80% der Kapitalanteile (80% *in vote and value*) mindestens einer zur Gruppe gehörenden Kapitalgesellschaft direkt halten[1008]. Zur Einbeziehung jeder weiteren Gesellschaft muss die Summe der Kapital- und Stimmrechtsanteile aller bereits zur Gruppe gehörenden Gesellschaften an der einzubeziehenden Gesellschaft 80% überschreiten[1009]. Zu einer *affiliated group* können somit auch indirekte Beteiligungsverhältnisse zählen[1010]. Zur Ausübung des Wahlrechts, eine konsolidierte Steuererklärung abgeben zu wollen, ist die Zustimmung aller Gesellschaften erforderlich, die in einem Wirtschaftsjahr zu der *affiliated group* gehören[1011].

Um die Steuerpflicht einer konsolidierten Gruppe zu berechnen, wird zunächst das Einkommen jedes einzelnen Gruppenmitgliedes bestimmt[1012]. Dabei sehen die *Regulations* eine Reihe von Berichtigungen vor, die auf Ebene jedes einzelnen Gruppenmitgliedes greifen[1013]. Anschließend wird im Rahmen der konsolidierten Steuererklärung das Einkommen jedes einzelnen Gruppenmitgliedes zusammengefasst[1014]. Dabei können beispielsweise Gewinne einer Konzerngesellschaft mit den Verlusten einer anderen Konzerngesellschaft verrechnet werden[1015]. Schließlich wird die konsolidierte Gruppe so besteuert, als sei sie eine einzige Gesellschaft[1016].

Führt ein Verlustausgleich insgesamt zu einem negativen Ergebnis, können die Verluste grundsätzlich gemäß Sec. 172 IRC auch in die zwei vorangegangenen Wirtschaftsjahre einer anderen Gesellschaft zurück- oder in folgende Wirtschaftsjahre einer anderen Gesellschaft vorgetragen werden[1017].

1008 Sec. 1504 (a) IRC.

1009 Sec. 1504 (a)(1)(B)(ii) IRC.

1010 Hält eine Muttergesellschaft 80% der Stimmrechte an mehreren Tochtergesellschaften, können auch Schwestergesellschaften zu einer *affiliated group* gehören.

1011 Reg. § 1.1502-75 (a)(1).

1012 Reg. § 1.1502-11 (a).

1013 Reg. § 1.1502-12.

1014 Vgl. ausführlich *Ditsch/Meier-Holzgräbe* in: Endres/Schreiber, D. Unternehmensbesteuerung, Rn. 76.

1015 Vgl. z.B. Reg. § 1.1502-21; dies stellt den Hauptvorteil einer konsolidierten Steuererklärung dar, vgl. *McDaniel/McMahon/Simmons*, Federal Income Taxation of Corporations, S. 440.

1016 Reg. § 1.1502-2.

1017 Reg. § 1.1502-21 (b); *McDaniel/McMahon/Simmons*, Federal Income Taxation of Corporations, S. 440.

2. *Einschränkung der Verlustnutzung*

In zwei Fällen ist eine Einschränkung der Verlustnutzung innerhalb eines Konzerns möglich. Zum einen kann eine Beschränkung der Verlustnutzung aus den *Separate Return Limitation Year* (*SRLY*) Regelungen folgen. Zum anderen kann auch im Rahmen der Konzernbesteuerung ein schädlicher Anteilseignerwechsel zu einer Verlustnutzungsbeschränkung führen.

a) SRLY-Regelungen

Die *SRLY*-Regelungen sehen Einschränkungen für die Nutzung von Verlusten vor, die vor der Gruppenzugehörigkeit einzelner Gesellschaften entstanden sind. Diese Verluste dürfen nur mit Einkünften derjenigen Konzerngesellschaft verrechnet werden, die die Verluste erzielt hat.

Grundsätzlich liegt ein *SRLY* dann vor, wenn ein Gruppenmitglied in einem Jahr eine eigenständige – d.h. nicht konsolidierte – Steuererklärung abgibt. Jedoch bestehen zu diesem Grundsatz zwei Ausnahmen. Zum einen führt eine eigene Steuererklärung einer Tochtergesellschaft nicht zu einem *SRLY*, wenn diese Gesellschaft im gesamten Jahr Mitglied der Gruppe war[1018]. Zum zweiten darf eine Muttergesellschaft, die Verluste erwirtschaftet, eine Gewinngesellschaft erwerben, um ihre Verluste mit den Gewinnen der Tochtergesellschaft zu verrechnen. Zu diesem Zwecke darf die Muttergesellschaft eine eigene Steuererklärung einreichen, ohne dass diese Maßnahme zu einem *SRLY* führt[1019].

Liegt ein *SRLY*-Verlust vor, kann dieser im Rahmen einer konsolidierten Steuererklärung grundsätzlich nicht vollständig geltend gemacht werden, sondern kann nur mit dem Einkommen des Konzerns verrechnet werden, das der Konzerngesellschaft, welche den *SRLY*-Verlust erwirtschaftet hat, zuzurechnen ist[1020]. Mit anderen Worten ist die Nutzung eines *SRLY*-Verlustes auf den Betrag beschränkt, um den das gesamte konsolidierte steuerpflichtige Einkommen der *affiliated group* das konsolidierte Einkommen abzüglich Abzugsposten und Einkommen der *SRLY*-Verlustgesellschaft übersteigt.

Beispiel: Die X-Corp., Y-Corp. und Z-Corp. sind Mitglieder einer *affiliated group* und geben eine konsolidierte Steuererklärung ab. Die unbeteiligte Gesellschaft L-Corp. erwirtschaftet im Jahr 01 einen Verlust in Höhe von 100,00 USD. Am 1.1.02 erwirbt die X-Corp. 100% der Anteile an der L-Corp., wodurch die L-Corp. ein Mitglied der *affilia-*

1018 Reg. § 1.1502-1 (f)(2)(ii).
1019 Reg. § 1.1502-1 (f)(2)(i).
1020 Reg. § 1.1502-21 (c)(1)(i), vgl. *Peaslee/Levy*, Tax Notes, Sept. 1992, 1779 (1787 ff.).

ted group wird. Im Jahr 02 erwirtschaftet die *affiliated group* einen Gewinn in Höhe von 300,00 USD, wovon 70,00 USD von der L-Corp. stammen.

Der Verlust der L-Corp. aus dem Jahr 01 unterliegt der Einschränkung der *SRLY*-Regelungen, da im Jahr 01 die L-Corp. noch nicht zum Konzern gehörte. Gemäß Reg. § 1.1502-21 (c)(1) darf der Konzern die Verluste der L-Corp. aus dem Jahr 01 nur in Höhe von 70,00 USD im Jahr 02 geltend machen.

Existieren Verlustvorträge aus mehreren Jahren, sind diese in historischer Reihenfolge zu verrechnen[1021]. Bleibt ein Verlust – entweder des Konzerns oder der *SRLY*-Gesellschaft – über, kann dieser in vergangene Jahre zurück – oder in folgende Jahre vorgetragen werden[1022]. Dafür muss der Verlust der jeweiligen Konzerngesellschaft zugeteilt werden. Reg. § 1.1502-21 (b)(2)(iv)(B) sieht dafür folgende Formel vor: Eigener NOL-Verlust der Konzerngesellschaft, geteilt durch die Summe der NOL-Verluste aller Konzerngesellschaften, multipliziert mit dem konsolidierten NOL-Verlust.

Im folgenden Beispiel wird der Verlustvortrag innerhalb einer *affiliated group* dargestellt. Hierbei wird die Möglichkeit eines Verlustrücktrages nicht beachtet. Die Berechnung, inwieweit die Verluste der jeweiligen Konzerngesellschaft zuzurechnen sind, gilt jedoch auch im Rahmen des Verlustrücktrages[1023].

Beispiel[1024]: Die Verlustgesellschaft X-Corp. erwirtschaftet im Jahr 01 einen Verlust in Höhe von 40,00 USD. Im Jahr 02 erzielt sie keine Einkünfte. Die Y-Corp. erzielt im Jahr 01 keine Einkünfte und erwirtschaftet im Jahr 02 einen Verlust von 50,00 USD. Im Jahr 03 erwirbt die X-Corp. 100% der Anteile an der Y-Corp. Die X-Corp. und die Y-Corp. geben im Jahr 03 noch eigenständige Steuererklärungen ab, wobei die X-Corp. einen Verlust in Höhe von 120,00 USD und die Y-Corp. einen Verlust in Höhe von 60,00 USD erzielt. Im Jahr 04 geben die X-Corp. und die Y-Corp. eine konsolidierte Steuererklärung ab. Während des Jahres 04 erzielt diese *affiliated group* einen Gewinn von 160,00 USD, wobei davon 90,00 USD der X-Corp. zuzuordnen sind.

1021 Reg. § 1.1502-21 (b)(1).

1022 Reg. § 1.1502-21 (b)(1) und (2); ein Rücktrag eines SRLY-Verlustes erfolgt dabei vorrangig jeweils in das Steuerjahr des Gruppenmitgliedes, für das eine separate Steuererklärung abgegeben wurde. Besteht ein Verlust einer Gesellschaft, die in der Vergangenheit eine separate Steuererklärung abgegeben hat, darf dieser Verlust nicht in vergangene Jahre der konsolidierten Gruppe zurückgetragen werden; vgl. *Warner/Frias*, Practical Tax Strategies/Taxation for Accountants, Sept. 2001, 148 (153 f.).

1023 Reg. § 1.1502-21 (b)(2)(iv).

1024 Reg. § 1.1502-21 (c)(1)(iii) Example 2; es wird angenommen, dass ein Verlustrücktrag nicht möglich ist z.B., weil der Alleingesellschafter A die X-Corp. und die Y-Corp. im Jahr 01 neu gründet.

	Eigenständige Steuererkl.	Eigenständige Steuererkl.	Eigenständige Steuererkl.	Konsolidierte Steuererkl.
	Jahr 01	Jahr 02	Jahr 03	Jahr 04
X-Corp.	(40) USD	0	(120)	90
Y-Corp.	0	(50)	(60)	70
				160

Da die X-Corp. die Muttergesellschaft ist, finden die *SRLY*-Einschränkungen auf sie keine Anwendung[1025]. Die Verluste in Höhe von 40,00 USD und 120,00 USD unterliegen somit nicht den *SRLY*- Einschränkungen.

Die Verluste der Y-Corp. aus den Jahren 02 und 03 unterliegen hingegen den *SRLY*-Einschränkungen. Gemäß Reg. § 1.1502-21 (c)(1) dürfen diese Verluste im Jahr 04 nur in Höhe von 70,00 USD geltend gemacht werden. Da gemäß Reg. § 1.1502-21 (b)(1) eine historische Reihenfolge maßgeblich ist, darf die *affiliated group* zunächst die Verluste der X-Corp. aus dem Jahr 01 in Höhe von 40,00 USD geltend machen (160,00 USD – 40,00 USD = 120,00 USD). Anschließend können die Verluste der Y-Corp. aus dem Jahr 02 geltend gemacht werden (120,00 USD – 50,00 USD= 70,00 USD)[1026].

Die Verluste aus dem Jahr 03 werden in das Jahr 04 vorgetragen. Da die Verluste aus dem Jahr 03 (-120,00 USD – 60,00 USD = -180,00 USD) das übrig gebliebene Einkommen aus dem Jahr 04 (+70,00 USD) übersteigt, ist fraglich, inwieweit die Verluste der X-Corp. und Y-Corp. in das Jahr 05 vorgetragen werden. Beachtet werden muss dabei, dass die Verluste der Y-Corp. aufgrund der *SRLY*-Regelungen nur noch höchstens in Höhe von 20,00 USD geltend gemacht werden dürfen[1027]. Für die Bestimmung der Höhe des Verlustvortrages kommt die oben dargestellte Formel zur Anwendung[1028]:

Verluste der X-Corp., die im Jahr 04 abzugsfähig sind: Verluste in Höhe von 120/(120+20) x 70 = 60.

Verluste der Y-Corp., die im Jahr 04 abzugsfähig sind: Verluste in Höhe von 20/(120+20) x 70 = 10.

Im Jahr 04 werden also Verluste der X-Corp. in Höhe von 60,00 USD und Verluste der Y-Corp. in Höhe von 10,00 USD verrechnet. Die übrig gebliebenen Verluste (bei der X-Corp. 60,00 USD und bei der Y-Corp. 50,00 USD) können in das Jahr 05 vorgetragen werden. Im Jahr 05 erfolgt dann eine erneute Berechnung, inwieweit die Verluste der Y-Corp. genutzt werden dürfen, was davon abhängig ist, inwieweit diese Gesellschaft an den Einkünften im Jahr 05 beteiligt ist.

1025 Reg. § 1.1502-1 (f)(2)(i), vgl. oben 3. Teil, C. III. 2.

1026 Zwar unterliegt die Y-Corp. den *SRLY*-Einschränkungen. Jedoch dürfen die Verluste der Y-Corp. im Jahr 04 gemäß Reg. § 1.1502-21 (c)(1) insgesamt in Höhe von 70,00 USD verrechnet werden.

1027 Insgesamt darf die *affiliated group* die Y-Corp.-Verluste in Höhe von 70,00 USD geltend machen. Davon sind bereits die Verluste in Höhe von 50,00 USD aus dem Jahr 02 abgezogen worden.

1028 Vgl. oben 3. Teil, C. III. 2. a).

b) Schädlicher Anteilseignerwechsel innerhalb eines Konzerns

Gibt eine *affiliated group* eine konsolidierte Steuererklärung ab, wird diese Gruppe als eine einzige Gesellschaft behandelt[1029]. Im Rahmen der Konzernbesteuerung ist daher die Frage, ob ein schädlicher Anteilseignerwechsel im Sinne der Sec. 382 IRC vorliegt, nach besonderen Vorschriften zu beurteilen[1030]. Dabei bestehen Vorschriften, die regeln, unter welchen Voraussetzungen ein schädlicher Anteilseignerwechsel innerhalb eines Konzern bei gleichbleibender Konzernstruktur eintritt und welche Folgen ein solcher Anteilseignerwechsel nach sich zieht[1031]. Ein zweiter Teil der *Regulations* behandeln das Problem, dass eine neue Gesellschaft einer konsolidierten Gruppe beitritt oder eine Konzerngesellschaft aus dem Konzernverbund ausscheidet[1032].

aa) Gleichbleibende Konzernstruktur

Innerhalb eines Konzerns wird die jährliche Verlustnutzung grundsätzlich nur dann eingeschränkt, wenn auf Ebene der Muttergesellschaft ein Anteilseignerwechsel eingetreten ist (*parent change method*)[1033]. Für die Beurteilung, ob ein schädlicher Anteilseignerwechsel vorliegt, findet Sec. 382 IRC nach den oben dargestellten Maßstäben Anwendung. Sec. 382 IRC führt auch innerhalb eines Konzerns zu einem zweistufigen Verlustuntergang. Der schädliche Anteilseignerwechsel führt zu einem vollständigen Verlustuntergang, wenn der Konzern nicht gemäß Reg. § 1.1502-93 (d) seinen Geschäftsbetrieb im Sinne der Sec. 382 (c)(1) IRC fortführt. Abzustellen ist dabei jedoch nicht auf den Geschäftsbetrieb der einzelnen Konzerngesellschaften, sondern auf den Konzern insgesamt. Ausreichend ist deshalb, wenn der Konzern nach dem Anteilseignerwechsel auf Ebene der Muttergesellschaft irgendeinen Geschäftsbetrieb einer Konzerngesellschaft fortführt[1034]. Sind die Verluste nicht insgesamt untergegangen, führt ein schädlicher Anteilseignerwechsel auf Ebene der Muttergesellschaft zu einer jährlichen Beschränkung der Verlustnutzung innerhalb des Konzerns[1035]. Der jährlich abziehbare Betrag errechnet sich aus der *long-term tax-exempt rate* multipliziert mit dem Wert der Anteile aller Konzerngesellschaften unmittelbar vor dem Anteilseigner-

1029 Vgl. *Collins/Garrett/Tucker*, Journal of Corporate Taxation 1998, 349 (349).
1030 Reg. §§ 1.1502-91 – 1.1502-99.
1031 Reg. §§ 1.1502-91 – 1.1502-93.
1032 Reg. §§ 1.1502-94 – 1.1502-95.
1033 Reg. § 1.1502-92 (b)(1).
1034 Reg. § 1.1502-93 (d)(2).
1035 *Silberberg*, TAXES, Jul. 1991, 395 (403); *Blanchard*, TAXES, Dez. 1991, 915 (919).

wechsel[1036]. Dabei werden nur solche Anteile der *affiliated group* gezählt, die von Außenstehenden, d.h. Nicht-Gruppenmitgliedern, gehalten werden[1037], wozu zum einen sämtliche Anteile der Muttergesellschaft und zum anderen Anteile der Tochtergesellschaften zählen, die von Minderheitsgesellschaftern gehalten werden[1038].

Beispiel: A ist Alleingesellschafter der X-Corp. An der Verlustgesellschaft Y-Corp. sind die X-Corp. zu 80% und B zu 20% beteiligt. Die X-Corp. und die Y-Corp. geben eine konsolidierte Steuererklärung ab. Der Wert der Anteile der X-Corp. beträgt 1000,00 USD, der Wert der Anteile der Y-Corp. beträgt 100,00 USD. A überträgt im Jahr 01 100% der Anteile an der X-Corp. auf C.

Auf Ebene der Muttergesellschaft – der X-Corp. – ist ein schädlicher Anteilseignerwechsel im Sinne der Sec. 382 IRC eingetreten. Dieser führt – bei Fortführung des Geschäftsbetriebes – zu einer Beschränkung der Verluste der Konzerngruppe. Diese Beschränkung errechnet sich aus dem Produkt der für das Jahr 01 geltenden *long-term tax-exempt rate* und einem Wert von 1020,00 USD (Wert der Muttergesellschaft: 1000,00 USD + Wert der Anteile der Tochtergesellschaft, die von einem Nicht-Gruppenmitglied gehalten werden: 20% der Anteile, die von B gehalten werden = 20,00 USD).

Abwandlung: Wie der Ausgangsfall, jedoch überträgt A im Jahr 01 nur 40% der Anteile an der X-Corp. auf C und B überträgt im selben Jahr seine 20% der Anteile an der Y-Corp. auf D.

Obwohl bei der Y-Corp. im Jahr 01 ein Anteilseignerwechsel von über 50 Prozentpunkten eingetreten ist (20% über B und 32% über die X-Corp.) liegt hier kein schädlicher Anteilseignerwechsel im Sinne der Sec. 382 IRC vor. Nach der *parent change method* ist ausschließlich auf die Konzernmuttergesellschaft (X-Corp.) abzustellen, bei der lediglich 40% der Anteile übertragen wurden.

Die *Regulations* enthalten zwei wichtige, missbrauchsvorbeugende Sonderregelungen für Anteilseignerwechsel auf untergeordneter Konzernebene.

Reg. § 1.1502-92 (c) enthält die sog. *supplemental rule*, die neben der *parent change method* Anwendung findet[1039]. Danach liegt ein schädlicher Anteilseignerwechsel auch dann vor, wenn ein 5%-Anteilseigner der Muttergesellschaft sowohl seine Beteiligung an der Muttergesellschaft als auch an einer Tochtergesellschaft innerhalb eines Zeitraums von drei Jahren insgesamt um mehr als 50 Prozentpunkte erhöht und die Muttergesellschaft davon positive Kenntnis hatte[1040]. Der Erwerber wird in diesem Fall so behandelt, als habe er nicht Anteile einer Tochter-

---

1036 Dabei finden die allgemeinen Regelungen der Sec. 382 IRC Anwendung; vgl. *Silberberg*, TAXES, Jul. 1991, 395 (403).

1037 Reg. § 1.1502-93 (a)(1) und (b)(1).

1038 *Yates/Eisenberg/Madden/Rainey/Vogel*, Journal of Taxation, Dez. 1999, 325 (327).

1039 *Collins/Garrett/Tucker*, Journal of Corporate Taxation 1998, 349 (356).

1040 Diese Kenntnis kann auch nach Temp.Reg. § 1.382-2T (k) vermutet werden; vgl. *Yates/Eisenberg/Madden/Rainey/Vogel*, Journal of Taxation, Dez. 1999, 325 (327 Fn. 7).

gesellschaft, sondern Anteile der Muttergesellschaft selbst mit einem entsprechenden Wert erhalten[1041].

Nach der sog. *subsidiary special method* kann gemäß Reg. § 1.1502-96 (b) ausnahmsweise auch ein Anteilseignerwechsel auf Ebene einer untergeordneten Gesellschaft Bedeutung haben. Die untergeordnete Gesellschaft wird dann ausnahmsweise als eigenständige Gesellschaft mit der Folge behandelt, dass der jährlich zur Verfügung stehende Verlustvortrag dieser Gesellschaft begrenzt wird. Ein im Sinne dieser Regelung schädlicher Anteilseignerwechsel liegt vor, wenn entweder gemäß Reg. § 1.382-4 (d) die Ausübung eines Bezugsrechts fingiert wird und dies zu einem Erwerb von mehr als 20% der Anteile an der untergeordneten Gesellschaft führt[1042] oder ein 5%-Anteilseigner – einem Plan entsprechend – seine Beteiligung an der untergeordneten Gesellschaft erhöht, um so einen schädlichen Anteilseignerwechsel zu vermeiden[1043].

bb) Eintritt einer neuen Gesellschaft

(1) Erwerb einer Verlustgesellschaft

Gemäß Reg. § 1.1502-94 findet Sec. 382 IRC grundsätzlich isoliert auf eine Verlustgesellschaft Anwendung, die einem Konzerverbund beitritt. Als „neue" Verlustgesellschaft in diesem Sinne wird eine Gesellschaft entweder bezeichnet, die nicht Mitglied einer *loss subgroup*[1044] im Sinne der Reg. § 1.1502-91 (d)(1) ist und die über einen Verlustvortrag verfügt, der in einem *SRLY* entstanden ist, oder die über negative stille Reserven (*net unrealized built-in loss*) verfügt, der nicht einer *loss subgroup* im Sinne der Reg. § 1.1502-91 (d)(2) zuzurechnen ist[1045]. Tritt eine solche Gesellschaft einer Konzerngruppe bei, wird sie grundsätzlich als eigenständige Gesellschaft behandelt.

Diese separate Behandlung der Neugesellschaft endet zum einen nach einem Zeitraum von fünf Jahren seit dem Tag, an dem die Gesellschaft der Gruppe beigetreten ist, soweit während dieses Zeitraums kein Anteilseignerwechsel bei

---

1041 Reg. § 1.1502-92 (c)(4)(ii); vgl. *Yates/Eisenberg/Madden/Rainey/Vogel*, Journal of Taxation, Dez. 1999, 325 (327 Fn. 7).

1042 Reg. § 1.1502-96 (b)(1)(i).

1043 Vgl. dazu Reg. § 1.1502-96 (b)(1)(ii) und Reg. § 1.1502-96 (b)(4); ein solcher Fall liegt z.B. vor, wenn ein Anteilseigner an einer untergeordneten Konzerngesellschaft nur 20% der Anteile direkt erwirbt, darüber hinaus – einem Plan entsprechend – jeweils 20% an zwischengeschalteten Holdinggesellschaften und die Summe der direkten und indirekten Beteiligung mehr als 50% beträgt, vgl. *Blanchard*, TAXES, Dez. 1991, 915 (923).

1044 Vgl. zum Begriff der *loss subgroup* unten 3. Teil, C. III. 2. b) bb) (2).

1045 Reg. § 1.1502-94 (a)(1).

der Gesellschaft eingetreten ist[1046]. Zum anderen führt jeder schädliche Anteilseignerwechsel bei der Neugesellschaft, der in einem Zeitraum von sechs Monaten vor dem Konzernbeitritt bis zu fünf Jahren nach dem Konzernbeitritt eingetreten ist, dazu, dass diese Gesellschaft als Teil der Konzerngruppe behandelt wird (*fold-in rules*)[1047]. In diesen Fällen werden die Verlustvorträge der Neugesellschaft den Verlusten des Konzerns zugerechnet[1048].

(2) Erwerb einer Verlustuntergruppe (loss subgroup)

Erwirbt die Konzerngruppe eine *loss subgroup*, finden für die Beurteilung, ob Sec. 382 IRC einschlägig ist, besondere Regelungen Anwendung.

Gemäß Reg. § 1.1502-91 (d)(1) besteht eine sog. *net-operating loss subgroup* aus mindestens zwei Mitgliedern einer konsolidierten Gruppe, die in einer anderen Gruppe miteinander verbunden waren, die unmittelbar nach Konzernbeitritt miteinander über eine gemeinsame Muttergesellschaft der Untergesellschaft gemäß Sec. 1504 (a)(1) IRC verbunden sind und bei der eines der Mitglieder über einen Verlustvortrag verfügt, der nicht in einem *SRLY*-Jahr der alten Unternehmensgruppe entstanden ist.

Eine sog. *built-in loss subgroup* liegt vor, wenn mindestens zwei Gesellschaften, die einem Konzern beitreten, während eines Zeitraums von fünf Jahren unmittelbar vor dem Konzernbeitritt miteinander verbunden waren und anschließend über eine gemeinsame Muttergesellschaft der Untergesellschaft gemäß Sec. 1504 (a)(1) IRC verbunden sind. Darüber hinaus muss dieser Unternehmensverbund über negative stille Reserven (*net unrealized built-in loss*) verfügen[1049].

Erwirbt ein Konzern eine *loss subgroup*, wird diese Untergesellschaft als eigenständige Einheit behandelt, für die zu prüfen ist, ob Sec. 382 IRC einschlägig ist. Ein schädlicher Anteilseignerwechsel innerhalb einer *loss subgroup* liegt grundsätzlich dann vor, wenn auf Ebene der Muttergesellschaft der jeweiligen Untergruppe ein Anteilseignerwechsel nach der *parent change method* – also nach den allgemeinen Regeln der Sec. 382 IRC[1050] – eingetreten ist[1051]. Als Muttergesellschaft einer Untergruppe wird die Gesellschaft verstanden, die zu den Mitgliedern ihrer Untergruppe im selben Verhältnis steht wie eine Konzernmut-

---

1046 Reg. § 1.1502-96 (a)(1)(ii).
1047 Reg. § 1.1502-96 (a)(1)(i).
1048 Gemäß Reg. § 1.1502-96 (2)(a) werden dann *SRLY*-Verluste des Neumitgliedes so behandelt, als seien diese Verluste nicht in einem *SRLY*-Jahr entstanden.
1049 Reg. § 1.1502-91 (d)(2).
1050 Zu der *parent change method* bestehen Ausnahmen, vgl. oben 3. Teil, C. II. 1. b).
1051 Reg. § 1.1502-92 (b)(1)(ii).

tergesellschaft zu ihren untergeordneten Gesellschaften[1052]. In Ausnahmefällen kann auch auf die Anteilseignerstruktur untergeordneter Gesellschaften abgestellt werden, wenn die Muttergesellschaft der Untergruppe nicht mindestens drei Jahre vor dem Anteilseignerwechsel die Muttergesellschaft war[1053].

Liegt ein schädlicher Anteilseignerwechsel im Sinne der Sec. 382 IRC auf Ebene der Muttergesellschaft der *loss subgroup* vor, führt dies entweder zu einem Verlustuntergang oder zu einer Verlustnutzungsbeschränkung der gesamten Untergruppe. Ein Untergang der Verluste tritt gemäß Reg. § 1.1502-93 (d) dann ein, wenn nicht ein Geschäftsbetrieb der Untergruppe für mindestens zwei Jahre fortgeführt wird[1054]. Ist dies nicht der Fall, kommt es zu einer Beschränkung der Verlustnutzung. Der jährliche abziehbare Betrag berechnet sich aus dem Produkt der *long-term tax-exempt rate* und dem Wert der Anteile der Mitgliedsgesellschaften, die von Nicht-Mitgliedern gehalten werden[1055].

cc) Ausscheiden einer Konzerngesellschaft

Reg. § 1.1502-95 regelt den Fall, dass eine untergeordnete Konzerngesellschaft aus dem Konzernverbund ausscheidet, und anschließend als selbständige Einheit behandelt wird, auf die Sec. 382 IRC Anwendung findet[1056]. Der Teil des Konzernverlusts, der gemäß Reg. § 1.1502-21 (b) der ausscheidenden Gesellschaft zuzurechnen ist, wird als Verlust dieser Gesellschaft ab dem ersten Tag des Steuerjahres, in dem dieser Verlust entstanden ist, behandelt[1057]. Darüber hinaus wird der Tag, an dem die Gesellschaft aus dem Konzern ausscheidet, als *testing-date* behandelt[1058].

Sonderregelungen enthält Reg. § 1.1502-95 für den Fall, dass es innerhalb einer Konzerngruppe zu einem schädlichen Anteilseignerwechsel vor dem Ausscheiden der Konzerngesellschaft gekommen ist. Ist die Verlustnutzung innerhalb der Konzerngruppe gemäß Sec. 382 IRC beschränkt (sog. *pre-change loss*), enthält Reg. § 1.1502-95 (c) eine Wahlrecht für die Konzernmuttergesellschaft[1059], ob und in welcher Höhe sie der ausscheidenden Gesellschaft einen Teil des begrenzten Verlustabzuges zuteilen möchte[1060]. Teilt sie der ausscheidenden Gesellschaft

---

1052 Reg. § 1.1502-91 (d)(3).
1053 Reg. § 1.1502-92 (b)(3)(ii).
1054 Die Fortführung eines Geschäftsbetriebes einer Mitgliedsgesellschaft der Untergruppe ist ausreichend, vgl. oben 3. Teil, C. II. 1. c) aa).
1055 Reg. § 1.1502-93 (a) und (b).
1056 Reg. § 1.1502-95 (b).
1057 Reg. § 1.1502-95 (b)(1)(i); vgl. *Silberberg*, TAXES, Jul. 1991, 395 (411).
1058 Reg. § 1.1502-95 (b)(1)(iii).
1059 Dieses Wahlrecht besteht nicht für eine Muttergesellschaft einer *subgroup*.
1060 Reg. § 1.1502-95 (c)(1).

keine Verluste zu, ist die Abzugsfähigkeit dieser *pre-change losses* für die ausscheidende Gesellschaft auf null beschränkt[1061]. Die ausscheidende Gesellschaft kann dann ihre Verluste, die ihr nach Reg. § 1.1502-21 (b) zuzurechnen sind, nicht mit Gewinnen, die nach dem Ausscheiden entstanden sind, verrechnen[1062].

Beispiel: Die X-Corp. ist 100%ige Anteilseignerin der Y-Corp. und der Z-Corp., wobei letztere über einen Verlustvortrag verfügt. Die drei Gesellschaften geben für das Jahr 01 eine konsolidierte Steuererklärung ab. Anfang 02 erwirbt die A-Corp. 100% der Anteile an der X-Corp. für 1000,00 USD. Kurz darauf veräußert die X-Corp. 100% der Anteile an der Z-Corp. für 100,00 USD an einen Dritten.

Durch den Anteilserwerb der A-Corp. an der X-Corp. ist bei der Konzerngruppe ein schädlicher Anteilseignerwechsel im Sinne der Sec. 382 IRC eingetreten. Es wird angenommen, dass die *long-term tax-exempt rate* bei 7% lag, so dass die Verlustnutzung für die Konzerngruppe auf 70,00 USD jährlich beschränkt war[1063]. Durch Ausscheiden der Z-Corp. aus dem Konzernverbund, findet Sec. 382 IRC auf diese Gesellschaft ab dem Ausscheidungszeitpunkt selbständig Anwendung. Ihre jährliche Verlustnutzung beträgt 7,00 USD (7% x 100,00 USD). Allerdings darf die ausscheidende Gesellschaft diese *pre-change losses* nur dann steuerlich geltend machen, wenn ihr diese Verluste oder ein Teil dieser Verluste von der Konzernmuttergesellschaft (A-Corp.) zugeteilt werden[1064]. Werden der ausscheidenden Gesellschaft keine Verluste durch die A-Corp. zugeteilt, darf sie die *pre-change losses* in folgenden Jahren nicht steuerlich geltend machen.

Scheidet eine Mitgliedsgesellschaft einer *loss subgroup* aus dieser aus, finden die oben dargestellten Grundzüge[1065] auf die ausscheidende Gesellschaft entsprechend Anwendung[1066]. Eine Gesellschaft scheidet aus einer Untergruppe mit dem ersten Tag eines Steuerjahres aus, in dem sie eine eigene Steuererklärung abgibt[1067], oder an dem Tag, an dem die Verbindung gemäß Sec. 1504 (a)(1)(A) IRC mit der Muttergesellschaft ihrer Untergruppe nicht mehr besteht[1068].

Beispiel: Die Gesellschaften A-Corp., B-Corp., C-Corp. und D-Corp. bilden eine konsolidierte Gruppe (ABCD-Gruppe), wobei jeweils die übergeordnete Gesellschaft 100% der Anteile an der jeweils ihr untergeordneten Gesellschaft hält. Die ABCD-Gruppe verfügt

---

1061 Reg. § 1.1502-95 (b)(ii).

1062 Vgl. *Gordon/Stewart/Thompson*, Journal of Corporate Taxation, Jul./Aug. 2002, 3 ff.

1063 Zur Berechnung der Verlustnutzungsbeschränkung siehe oben 3. Teil, C. II. 1. c).

1064 Reg. § 1.1502-95 (c).

1065 Vgl. oben 3. Teil, C. III. 2. b) cc).

1066 Reg. § 1.1502-95 (b)(3); vgl. *Gordon/Stewart/Thompson*, Journal of Corporate Taxation, Jul./Aug. 2002, 3 ff.

1067 Reg. § 1.1502-95 (d)(1)(i).

1068 Reg. § 1.1502-95 (d)(1)(ii); Reg. § 1.1502-95 (2) sieht Ausnahmen vor, wonach die ausscheidende Gesellschaft – ähnlich wie im Fall der Reg. § 1.1502-96 – Mitglied der Gruppe bleibt.

über einen konsolidierten Verlustvortrag. Am 31.12.01 veräußert die A-Corp. 100% der Anteile an der B-Corp. auf die X-Corp., wodurch ein schädlicher Anteilseignerwechsel im Sinne der Sec. 382 IRC bei der „BCD-*subgroup*" eingetreten ist. Am 31.12.02 veräußert die C-Corp. 40% der Anteile an der D-Corp. auf Y.

Durch den Anteilsverkauf an der D-Corp. scheidet diese Gesellschaft aus der *subgroup* aus[1069]. Die ihr zurechenbaren Verluste werden als *pre-change losses* behandelt. Solange die Muttergesellschaft der Untergruppe (X-Corp.) nicht der D-Corp. einen Teil der Verlustnutzung zuteilt, beträgt die Höhe der zu nutzenden Verluste für die D-Corp. im Jahr 03 null[1070].

Nicht ausgeglichene Verluste aus negativen stillen Reserven (*net unrealized built-in loss*), die am Ende eines Jahres bestehen, in dem die ausscheidende Gesellschaft aus dem Konzern austritt, werden zwischen der Konzerngruppe und der ausscheidenden Gesellschaft aufgeteilt[1071]. Dabei berechnet sich der Betrag, der der ausscheidenden Gesellschaft zuzurechnen ist, nach folgender Formel: Produkt der negativen stillen Reserven des Konzerns und dem Quotienten der negativen stillen Reserven der ausscheidenden Gesellschaft, dividiert durch die Summe aller stillen Reserven[1072].

3. *Zusammenfassung*

Grundsätzlich können Verluste einer Konzerngesellschaft unbeschränkt mit Gewinnen einer anderen Konzerngesellschaft verrechnet werden. Diese unbeschränkte Verlustverrechnung wird nur in zwei Fällen eingeschränkt. Zum einen erfolgt eine beschränkte Verrechnung solcher Verluste, die in einem *SRLY*-Jahr entstanden sind. Zum anderen kann auch innerhalb einer Unternehmensgruppe ein schädlicher Anteilseignerwechsel nach Sec. 382 IRC zu einer Verlustnutzungsbeschränkung führen. Ein schädlicher Anteilseignerwechsel wird bei einem Konzern jedoch grundsätzlich nur auf Ebene der Konzernmuttergesellschaft geprüft. Ausnahmen dazu bestehen für die Fälle des Erwerbs bzw. des Ausscheidens einer Konzerngesellschaft.

D. Ergebnis des 3. Teils

Für US-amerikanische Körperschaften besteht ein grundsätzliches Wahlrecht, ob sie als Personengesellschaft oder als Körperschaft besteuert werden (sog. *Check-*

1069 Reg. § 1.1502-95 (d)(1).
1070 Vgl. Reg. § 1.1502-95 (a)(2) und (b)(2).
1071 Reg. § 1.1502-95 (e).
1072 Reg. § 1.1502-95 (e)(2).

the-Box-Verfahren). Fällt die Wahl auf die Körperschaftsbesteuerung, ist die Körperschaft selbst steuerpflichtig. Solange die rechtliche Identität einer Körperschaft fortbesteht, darf sie also grundsätzlich ihre Verluste – unter Beachtung der zeitlichen Beschränkung nach Sec. 172 IRC – mit ihren positiven Einkünften vollständig verrechnen.

Von diesem Grundsatz enthält das Gesetz zwei wesentliche Ausnahmen. Zum einen können die Verluste einer Gesellschaft gemäß Sec. 381 IRC bei einer Liquidation bzw. bei gewissen Umstrukturierungen auf eine andere Gesellschaft übergehen, obwohl die rechtliche Identität der Verlustgesellschaft verloren geht. Mit Sec. 381 IRC enthält der IRC also eine Regelung, die die Verlustnutzung einer Gesellschaft zugunsten des Steuerpflichtigen wesentlich ausdehnt.

Zum anderen enthält das Gesetz mehrere Regelungen, die die Verlustnutzung einer Gesellschaft wesentlich beschränken, obwohl die rechtliche Identität dieser Gesellschaft unverändert fortbesteht. Die wichtigste dieser einschränkenden Vorschriften stellt Sec. 382 IRC dar. Kommt es bei einer Gesellschaft zu einem Anteilseignerwechsel eines oder mehrerer 5%-Anteilseigner und wird die Beteiligungsquote durch diesen Anteilseignerwechsel um mehr als 50 Prozentpunkte verändert, hat dies eine Verlustnutzungsbeschränkung bei der Gesellschaft zur Folge. Die Gesellschaft darf den Verlustabzug jährlich nur noch in Höhe eines Betrages geltend machend, den das Produkt des Unternehmenswertes und der *long-term tax-exempt rate* ergibt. Wird nach dem Anteilseignerwechsel der Geschäftsbetrieb der Verlustgesellschaft nicht mindestens für zwei weitere Jahre fortgeführt, gehen die Verluste der Gesellschaft vollständig verloren.

Eine Rückausnahme dazu erfolgt innerhalb der Konzernbesteuerung. Gibt eine Unternehmensgruppe eine konsolidierte Steuererklärung ab, ist für einen schädlichen Anteilseignerwechsel grundsätzlich die Konzernmutterebene entscheidend. Anteilseignerwechsel auf Ebene untergeordneter Konzerngesellschaften haben hingegen grundsätzlich keine Auswirkungen auf die Verlustnutzung der Konzerngesellschaft.

4. Teil: Rechtsvergleich

Während das deutsche Steuerrecht aus abstrakt formulierten Regelungen besteht, setzt der US-amerikanische Gesetzgeber auf eine Vielzahl von gesetzlichen Vorschriften, durch die möglichst viele Detailprobleme geregelt werden. Zusätzlich bestehen sehr umfangreiche *Regulations*, die – für die Finanzverwaltung verbindlich – die gesetzlichen Vorschriften näher erläutern.

Diese unterschiedlichen gesetzlichen Methoden können vor- und nachteilhaft sein. Die US-amerikanische Regelungstechnik führt zu mehr Rechtssicherheit für den Steuerpflichtigen, die durch die Vielzahl der geregelten Einzelfälle erreicht wird. Andererseits kann gerade diese detaillierte Darstellung der Vorschriften zu Nachteilen führen, wenn der Sachverhalt im Einzelfall nicht gesetzlich geregelt ist. Die deutsche Regelungstechnik besteht aus auslegungsbedürftigen und damit in der Regel auch umstrittenen Rechtsbegriffen, die gleichzeitig flexibler zu handhaben sind.

Im Ergebnis kommt es nicht darauf an, welche Regelungstechnik vorzugswürdig ist. Entscheidend ist vielmehr, wie die beiden Steuersysteme die Verlustnutzung von Körperschaften und insbesondere das Problem des Mantelkaufs gesetzlich regeln.

A. Verlustnutzung von Körperschaften

Körperschaften sind in Deutschland eigene – von ihren Anteilseignern oder Mitgliedern unabhängige – Steuersubjekte. In den USA besteht für Körperschaften im Rahmen des *Check-the-Box*-Verfahrens ein grundsätzliches Wahlrecht, ob sie als Körperschaft oder Personengesellschaft besteuert werden wollen[1073]. Fällt diese Wahl auf die Körperschaftsbesteuerung[1074], ist die Körperschaft selbst körperschaftsteuerpflichtig, unabhängig davon, ob sämtliche Anteile nur von einer natürlichen Person gehalten werden.

In beiden Rechtsordnungen dürfen Körperschaften regelmäßig nur solche Verluste steuerlich geltend machen, die sie selbst erwirtschaftet haben. Sowohl das

---

1073 Dies gilt nicht für sog. *S-Corporations*, vgl. oben 3. Teil, C.

1074 Die folgenden Ausführungen gehen davon aus, dass das *Check-the-Box*-Verfahren zugunsten der Körperschaftsbesteuerung ausgeübt wurde.

deutsche als auch das US-amerikanische Steuerrecht knüpfen die Verlustnutzung einer Körperschaft somit grundsätzlich an die rechtliche Identität der Körperschaft[1075].

Im Gegensatz zum deutschen Recht[1076] können nach dem US-Recht die Verluste einer Gesellschaft gemäß Sec. 381 IRC ausnahmsweise von einer anderen Gesellschaft im Rahmen einer Liquidation oder einer Umstrukturierung genutzt werden. In diesen Fällen wird ausnahmsweise nicht auf die rechtliche Identität der Verlustgesellschaft abgestellt.

Darüber hinaus enthalten beide Rechtsordnungen Vorschriften, die die Verlustnutzung von Körperschaften erheblich einschränken, obwohl sich die rechtliche Identität zwischen der verlustverursachenden und der verlustnutzenden Körperschaft nicht verändert hat. Dabei knüpfen die Verlustnutzungsbeschränkungen in beiden Ländern an eine Veränderung der Beteiligungsquoten der Körperschaften an.

Nach deutschem Recht gehen die nicht genutzten Verluste einer Körperschaft gemäß § 8c Abs. 1 S. 1 KStG anteilig unter, sobald innerhalb von fünf Jahren mehr als 25%, und gemäß § 8c Abs. 1 S. 2 KStG vollständig unter, sobald innerhalb von fünf Jahren mehr als 50% des gezeichneten Kapitals, der Mitgliedschafts-, Beteiligungs- oder Stimmrechte einer Körperschaft auf einen Erwerber oder Erwerberkreis unmittelbar oder mittelbar übertragen werden oder ein vergleichbarer Sachverhalt vorliegt. Der deutsche Gesetzgeber macht die Verlustnutzung einer Körperschaft allein davon abhängig, inwieweit sich die Beteiligungsverhältnisse an der Verlustkörperschaft verändert haben.

Das US-amerikanische Recht kennt mit Sec. 269 IRC eine typische Mantelkaufregelung, nach der die Verluste einer Kapitalgesellschaft verloren gehen, sobald ein Kontrollerwerb über eine Gesellschaft nur deshalb erfolgt, um sich die vorhandenen Verluste steuerlich zu Nutze zu machen. Der Schwerpunkt der Norm liegt in der Steuerumgehungsabsicht des Steuerpflichtigen, welche regelmäßig schwer nachzuweisen ist. Bereits 1954 stellte der Kongress daher fest, dass im Rahmen der Sec. 269 IRC der Nachweis der Steuerumgehungsabsicht des Steuerpflichtigen häufig nicht möglich ist[1077].

Aus diesem Grund wurde mit Sec. 382 IRC eine Regelung eingeführt, die die Verlustnutzung von Körperschaften anhand objektiver Merkmale einschränkt. Seit dem *Tax Reform Act* von 1986, durch den diese Vorschrift modifiziert wurde,

---

1075 Vgl. *McDaniel/McMahon/Simmons*, Federal Income Taxation of Corporations, S. 736, die von *legal identity* sprechen.

1076 § 12 Abs. 3 S. 2 UmwStG wurde im Rahmen des SEStEG, welches am 7.12.2006 vom Bundestag mit Zustimmung des Bundesrates erlassen worden ist, abgeschafft, vgl. BGBl. I 2006, 2782 ff. und BGBl. I 2007, 68 ff.

1077 U.S. Code Cong. & Admin. News, 83d Cong. 2d Sess., S. 4067 (1954).

hat Sec. 269 IRC gegenüber Sec. 382 IRC erheblich an Bedeutung verloren[1078]. Gemäß Sec. 382 IRC gehen die Verluste einer Körperschaft bereits vollständig verloren, sobald ein 5%-Anteilseigner an einem Anteilseignerwechsel beteiligt ist *und* sich bei einem oder mehreren 5%-Anteilseignern die Beteiligungsquote um mehr als 50 Prozentpunkte über die niedrigste Quote erhöht hat *und* der Geschäftsbetrieb der verlustverursachenden Gesellschaft innerhalb eines Zeitraums von zwei Jahren nicht aufrechterhalten wird. Wird der Geschäftsbetrieb der Verlustgesellschaft fortgeführt, hat die Erhöhung der Beteiligungsquote von mehr als 50 Prozentpunkten eine jährliche Beschränkung des Verlustabzuges zur Folge. Der Umfang des Verlustabzuges, der jährlich geltend gemacht werden darf, errechnet sich aus dem Produkt des Unternehmenswertes zum Zeitpunkt der Anteilsübertragung und des Zinssatzes für steuerfreie Schuldverschreibungen (*long-term tax-exempt rate*)[1079].

§ 8c KStG und Sec. 382 IRC sehen jeweils eine zweistufige Prüfung vor, wonach die Verlustnutzung einer Körperschaft eingeschränkt oder vollständig versagt wird. In ihren einzelnen Tatbestandsmerkmalen unterscheiden sich diese Regelungen jedoch erheblich.

I. Vergleich des § 8c KStG mit Sec. 382 IRC

Sowohl § 8c KStG als auch Sec. 382 IRC setzen hinsichtlich der Verlustnutzung von Kapitalgesellschaften beim persönlichen Substrat der Gesellschaft an. Entscheidend ist in beiden Rechtsordnungen, ob Gesellschaftsanteile (bzw. sonstige Beteiligungsrechte) an einer Verlustgesellschaft übertragen werden. Zusätzlich stellt Sec. 382 IRC für den vollständigen Verlustuntergang auf eine sachliche Komponente ab, auf die im Rahmen des § 8c KStG vollständig verzichtet wurde.

Wie oben ausgeführt, stellt § 8c KStG eine nicht gerechtfertigte Durchbrechung des objektiven Nettoprinzips dar[1080]. § 8c KStG dient nicht der Vermeidung missbräuchlicher Gestaltungen, sondern verfolgt als Verlustnutzungsbeschränkung rein fiskalische Ziele[1081].

Eine Regelung, die die Verlustnutzung einer Kapitalgesellschaft einschränkt, ist im deutschen Recht verfassungsrechtlich nur gerechtfertigt, wenn sie der Missbrauchsvermeidung – im Wesentlichen der Vermeidung missbräuchlicher Mantelkäufe – dient[1082].

1078 *Bittker/Eustice*, Vol. 2, § 14.40, S. 14-42; vgl. oben 3. Teil, C. II.

1079 Vgl. hierzu ausführlich 3. Teil, C. II. 1. c) bb).

1080 Vgl. oben 2. Teil, C. III.

1081 Oben 2. Teil, C. I.

1082 *Hey*, Stellungnahme zum Entwurf des JStG 2009, S. 6.

Im Folgenden soll daher im Wege des Rechtsvergleichs untersucht werden, ob Sec. 382 IRC missbräuchliche Gestaltungen zielgenauer erfasst.

1. Anknüpfung an einen Anteilseignerwechsel

Ein missbräuchlicher Mantelkauf hat sein Wesen darin, dass Anteilseigner eine vermögenslose Verlustgesellschaft nur vor dem Hintergrund erwerben, sich die vorhandenen Verluste steuerlich zu Nutze zu machen und auf diese Weise eine Besteuerung zu umgehen[1083]. Jeder Mantelkauf setzt daher notwendig eine Veränderung der Beteiligungsverhältnisse einer Verlustkörperschaft voraus[1084]. Ohne einen Anteilseignerwechsel wäre ein Handel mit Verlustvorträgen, der durch eine Mantelkaufregelung verhindert werden soll, nicht möglich[1085]. Dabei ist es erforderlich, dass die neuen Anteilseigner die Entscheidungen der Verlustkörperschaft beeinflussen und dadurch die Verlustnutzung der Körperschaft steuern können[1086]. Nur wenn sie die Möglichkeit erhalten, Einfluss auszuüben, liegt es in ihrer Hand, sich die Verluste steuerlich zu Nutze zu machen, so dass ein „Handel mit Verlusten“ gegeben ist.

Im Folgenden ist zu untersuchen, inwieweit Sec. 382 IRC im Vergleich zu § 8c KStG diesem Erfordernis gerecht wird.

a) Möglichkeit der Einflussnahme neuer Anteilseigner

aa) Übertragungsgegenstand

Im Rahmen der Sec. 382 IRC kann nur die Übertragung von stimmberechtigten Gesellschaftsanteilen zu einem schädlichen Anteilserwerb führen[1087].

Nach dem deutschen Recht tritt ein schädlicher Beteiligungserwerb einer Kapitalgesellschaft durch die Übertragung von Gesellschaftsanteilen oder Stimm-

---

1083 Vgl. hierzu bereits BFH v. 8.1.1958, I 131/57 U, BStBl. III 1958, 97 (98).

1084 Vgl. *Tiedchen*, FR 2008, 201 (202); *Breinersdorfer*, StuW 2008, 216 (219); damit stehen Mantelkaufregelungen stets mit dem zivilrechtlichen Trennungsprinzip in Konflikt; diese Durchbrechung kann aber durch das Ziel der Missbrauchsvermeidung gerechtfertigt sein.

1085 *Tiedchen*, FR 2008, 201 (205).

1086 Vgl. *Bock*, GmbHR 2004, 221 (225), der bereits im Rahmen des § 8 Abs. 4 KStG darauf abgestellt hat, ob „die mehrheitliche Anteilsübertragung dem neuen Anteilseigner die Möglichkeit verschafft, die Geschicke der Gesellschaft zu bestimmen, d.h. auf sie durchzugreifen“.

1087 Vgl. oben 3. Teil, C. II. 1. a) aa).

rechten ein[1088], wobei sowohl die Übertragung stimmrechtsloser Anteile[1089] als auch die isolierte Stimmrechtsübertragung[1090] erfasst sind.

Ein Gesellschafter kann die Willensbildung einer Gesellschaft nur dann beeinflussen, wenn ihm die Teilnahme an der Gesellschafterversammlung und der Beschlussfassung gestattet ist. Diese Befugnis wird einem Gesellschafter durch das Stimmrecht vermittelt. Ohne ein entsprechendes Stimmrecht besteht für den Anteilseigner keine Beherrschungsmöglichkeit[1091]. Indem gemäß § 8c Abs. 1 KStG auch die Übertragung stimmrechtsloser Vorzugsaktien zu einem schädlichen Beteiligungserwerb führt, trägt das deutsche Recht dem Merkmal der Einflussnahmemöglichkeit der neuen Anteilseigner nicht ausreichend Rechnung. Auch kann nicht überzeugen, dass nach § 8c Abs. 1 KStG die Einräumung von Mehrstimmrechten zu einem schädlichen Beteiligungserwerb führen kann[1092]. Ein neuer Anteilseigner kann sich im Regelfall die Verluste einer Gesellschaft, auf die es im Rahmen einer verlustbeschränkenden Vorschrift ankommt, nur in Höhe seiner Kapitalbeteiligung steuerlich zu Nutze machen[1093]. Durch die Einräumung von Mehrstimmrechten entstehen hingegen keine weiteren steuerlichen Vorteile.

Das US-amerikanische Steuerrecht kommt mit dem Übertragungsgegenstand der stimmberechtigten Gesellschaftsanteile dem Erfordernis der Einflussnahmemöglichkeit neuer Anteilseigner näher als das deutsche Steuerrecht. Im Rahmen einer spezialgesetzlichen Missbrauchsvorschrift, die einen Mantelkauf zielgenau erfasst, sollte nur auf die Übertragung stimmberechtigter Gesellschaftsanteile abgestellt werden.

bb) Übertragung

(1) Rechtsgeschäftlich/nicht rechtsgeschäftlich

Gemäß Sec. 382 IRC kann grundsätzlich jede Anteilsübertragung zu einer Beschränkung der Verlustnutzung der Gesellschaft führen. Dabei ist unerheblich, ob die Anteilsübertragung rechtsgeschäftlich oder nicht rechtsgeschäftlich – z.B. im Wege einer gesetzlichen Umwandlung – erfolgt[1094].

1088 Die Mitgliedschafts- und Beteiligungsrechte im Sinne des § 8c Abs. 1 KStG sind maßgebliche Bezugsgrößen für sonstige Körperschaften im Sinne des § 1 Abs. 1 KStG, vgl. oben 2. Teil, C. II. 2. a) bb).

1089 Darunter fallen insbesondere stimmrechtslose Vorzugsaktien, vgl. oben 2. Teil, C. II. 2. a) dd) (2).

1090 Oben 2. Teil, C. II. 2. a) cc).

1091 Ebenso *Wacke*, S. 240.

1092 Vgl. oben 2. Teil, C. II. 2. a) cc).

1093 Vgl. z.B. § 29 GmbHG.

1094 Vgl. oben 3. Teil, C. II. 1. a) bb).

Von dem Regelfall des § 8c Abs. 1 KStG werden nur rechtsgeschäftliche Übertragungen erfasst[1095]. Der Anwendungsbereich der Norm wird jedoch dadurch erheblich erweitert, dass auch die mit der Anteilsübertragung vergleichbaren Sachverhalte zu einem schädlichen Beteiligungserwerb führen können. Unter einem vergleichbaren Sachverhalt werden zum einen nicht rechtsgeschäftliche Übertragungen von Gesellschaftsanteilen verstanden, die zu einer Veränderung der Beteiligungsquote der Gesellschaft führen. Zum anderen können auch Stimmrechtsvereinbarungen oder der Erwerb eigener Anteile einen vergleichbaren Sachverhalt im Sinne des § 8c Abs. 1 KStG darstellen[1096].

Für eine den Missbrauchsfall typisierende Vorschrift kann nicht überzeugen, den Anwendungsbereich der Vorschrift auf vergleichbare Sachverhalte auszudehnen, da dadurch Sachverhalte zu einem schädlichen Beteiligungserwerb führen, die mit der Verlustnutzung einer Gesellschaft in keinem Zusammenhang stehen. Ein Stimmrechtsvertrag, der gemäß § 8c Abs. 1 KStG zu einem vollständigen Untergang der nicht genutzten Verluste einer Körperschaft führt, sobald sich dadurch die Stimmrechte zu mehr als 50% verschieben, ist beispielsweise im Regelfall nicht steuerlich motiviert, sondern erfolgt aus rein gesellschaftsrechtlichen Gründen[1097]. Die Ausweitung des Tatbestandes einer Mantelkaufregelung hätte zum einen zur Folge, dass bei rein gesellschaftsrechtlichen Gestaltungen der Verlustuntergang als Nebenwirkung eintritt. Zum anderen führt die Aufnahme eines unbestimmten Tatbestandsmerkmals – auch wenn es mit dem Bestimmtheitsgrundsatz vereinbar ist – zu Rechtsunsicherheiten, und ist streitanfällig.

Überzeugender ist das US-amerikanische Recht, welches nur auf rechtsgeschäftliche und nicht rechtsgeschäftliche Anteilsübertragungen abstellt. Sonstige vergleichbare Sachverhalte sollten aus dem Anwendungsbereich einer Mantelkaufregelung ausscheiden.

(2) Unmittelbar/mittelbar

Gemäß § 8c KStG kann jede unmittelbare oder mittelbare Übertragung des gezeichneten Kapitals oder der Stimmrechte einer Kapitalgesellschaft auf einen Erwerber zu einem schädlichen Beteiligungserwerb führen. Dabei sieht das Gesetz keine Beschränkung auf eine gewisse Beteiligungsstufe vor, so dass auch äußerst mittelbare Anteilsübertragungen schädlich sein können[1098]. Darüber hinaus hat der

1095 Vgl. oben 2. Teil, C. II. 2. b) aa).
1096 Vgl. oben 2. Teil, C. II. 2. b) dd) (2).
1097 Vgl. oben 2. Teil. C. IV. 2.
1098 Eine Ausnahme besteht, wenn eine Beteiligungskette einer Verlustgesellschaft lediglich verkürzt wird.

deutsche Gesetzgeber im Rahmen des § 8c KStG ausdrücklich von einer Konzernbetrachtung Abstand genommen. Konzerninterne Umstrukturierungen werden demnach auch dann von dem Anwendungsbereich des § 8c KStG erfasst, wenn auf Ebene der Konzernmuttergesellschaft kein Anteilseignerwechsel eintritt[1099].

Im Rahmen einer spezialgesetzlichen, den Mantelkauf verhindernden Missbrauchsvorschrift ist es zwar grundsätzlich vertretbar, auch Übertragungen auf mittelbarer Unternehmensebene zu erfassen, um Umgehungsgestaltungen zu verhindern. Sollen mittelbare Übertragungen zu einer Veränderung des persönlichen Substrats einer Verlustgesellschaft führen können, kann jedoch nicht überzeugen, dass im Rahmen einer auf die Verhinderung eines Mantelkaufs gerichteten Vorschrift keine Konzernbetrachtung vorgenommen wird. Denn bei einer konzerninternen Umstrukturierung, bei der die jeweils untergeordnete Gesellschaft von der ihr übergeordneten Gesellschaft abhängig ist und bei der Gesellschaftsanteile an der untersten Konzerngesellschaft übertragen werden, verändert sich die Einflussnahme auf diese Verlustgesellschaft nicht wesentlich, wenn die Konzernmuttergesellschaft unverändert fortbesteht.

Dem Erfordernis einer Konzernklausel hat das US-amerikanische Steuerrecht umfassend Rechnung getragen. Gemäß Sec. 382 IRC kann zwar neben der unmittelbaren, auch grundsätzlich jede mittelbare Anteilsübertragung zu einem Verlust des persönlichen Substrats der Gesellschaft führen[1100]. Allerdings bestehen im US-Recht eine Reihe von Vorschriften, die – für den Fall, dass ein verbundenes Unternehmen eine konsolidierte Steuererklärung abgibt – die Verlustnutzung innerhalb eines Konzerns erleichtern. Für die Beurteilung, ob ein schädlicher Anteilseignerwechsel im Sinne der Sec. 382 IRC innerhalb eines Konzerns gegeben ist, ist grundsätzlich nur die Ebene der Muttergesellschaft maßgeblich[1101]. Darüber hinaus kann ein schädlicher Anteilseignerwechsel innerhalb eines Konzerns unter den Voraussetzungen der *loss group rules* bzw. der *loss subgroup rules* vorliegen[1102].

Im US-amerikanischen Steuerrecht werden konzerninterne Umstrukturierungen gegenüber dem deutschen Recht begünstigt. Eine dem US-Recht entsprechende Konzernbetrachtung wäre jedoch – insoweit ist der deutschen Finanzverwaltung zuzustimmen – mit einem erheblichen Verwaltungsaufwand verbunden und aufgrund der fehlenden Regelungen im deutschen Recht nicht durchführbar.

Für die Erfassung von missbräuchlichen Gestaltungen ist es daher sachgemäßer, die mittelbaren Anteilsübertragungen aus dem Anwendungsbereich einer Mantelkaufregelung vollständig herauszunehmen. Das persönliche Substrat einer Gesellschaft verändert sich dann nur, wenn mehr als 50% der stimmberechtigten

1099 Vgl. oben 2. Teil, C. II. 2. b) bb) (2).
1100 Vgl. oben 3. Teil, C. II. 1. b) aa) (1).
1101 Vgl. oben 3. Teil, C. III. 2. b) aa).
1102 Vgl. oben 3. Teil, C. III. 2. b) bb).

Gesellschaftsanteile einer Verlustgesellschaft unmittelbar auf einen Erwerber oder Erwerberkreis übertragen werden.

cc) Schädlichkeitsgrenze

Gemäß § 8c Abs. 1 S. 1 KStG gehen die Verluste einer Kapitalgesellschaft bereits anteilig unter, sobald mehr als 25% ihrer Gesellschaftsanteile oder ihrer Stimmrechte auf einen Erwerber oder Erwerberkreis übertragen werden. Hingegen erfolgt nach Sec. 382 IRC eine Beschränkung der Verlustnutzung von Körperschaften erst bei einer Veränderung der Beteiligungsquoten der Körperschaft von mehr als 50 Prozentpunkten.

Ein typischer missbräuchlicher Fall, der nach dem deutschen Recht im Rahmen einer spezialgesetzlichen Missbrauchsnorm sowohl im Tatbestand als auch in der Rechtsfolge erkennbar sein muss[1103], kann bei dem Erwerb einer Minderheitsbeteiligung nicht angenommen werden. Denn ein Anteilseigner, der mehr als 25% und weniger als 50% der Gesellschaftsanteile einer Gesellschaft erwirbt, kann auf diese Gesellschaft keinen beherrschenden Einfluss ausüben. Minderheitsgesellschafter können lediglich solche Gesellschafterbeschlüsse selbst verhindern, für die eine qualifizierte Mehrheit der Stimmen erforderlich ist. Eine qualifizierte Mehrheit ist aber regelmäßig nur für Grundlagenbeschlüsse, z.B. Satzungsänderungen, Auflösungsbeschlüsse oder für die Umwandlung erforderlich[1104]. Unternehmerische Entscheidungen, die mit einfacher Mehrheit getroffen werden, kann ein Minderheitsgesellschafter hingegen nur bedingt beeinflussen.

Im Rahmen einer spezialgesetzlichen Mantelkaufvorschrift ist es daher – mit dem US-amerikanischen Recht – überzeugender, für die Veränderung des persönlichen Substrats einer Verlustgesellschaft auf eine Veränderung der Beteiligungsquote um mehr als 50 Prozentpunkte[1105] abzustellen. Denn die Einflussnahme neuer Gesellschafter auf eine Gesellschaft verändert sich erst maßgeblich, sobald sich ihre Beteiligungsquote zu mehr als 50 Prozentpunkte verändert[1106].

dd) Übertragungsbezogene und personenbezogene Betrachtungsweise

§ 8c KStG geht von einer personenbezogenen Betrachtungsweise aus[1107]. Ein schädlicher Beteiligungserwerb liegt nur vor, wenn mehr als 25% der Gesell-

---

1103 Vgl. oben 2. Teil, C. I. 1. und 2. Teil, C. III. 3. b).
1104 Vgl. z.B. § 53 GmbHG.
1105 Damit ist die Beteiligung an den stimmberechtigten Gesellschaftsanteilen gemeint.
1106 Im Ergebnis ebenso *Tiedchen*, FR 2008, 201 (205).
1107 Vgl. ausführlich dazu oben 2. Teil, C. II. 2. c) aa).

schaftsanteile oder der Stimmrechte einer Gesellschaft auf *einen* Erwerber innerhalb von fünf Jahren übertragen werden.

Würde eine Mantelkaufregelung allein darauf abstellen, ob *ein* Anteilseigner beherrschenden Einfluss auf eine Verlustgesellschaft erlangt, könnte die Vorschrift z.B. durch Anteilserwerbe durch nahe Familienangehörige unterlaufen werden. § 8c KStG begegnet dieser Gestaltungsanfälligkeit der personenbezogenen Betrachtungsweise dadurch, dass auch Anteilserwerbe durch nahe stehende Personen und Gruppen mit gleichgerichtetem Interesse steuerschädlich sein können[1108]. Die personenbezogene Betrachtungsweise wird zugunsten einer übertragungsbezogenen Betrachtungsweise „aufgeweicht". Dabei bestehen erhebliche Schwierigkeiten, den Erwerberkreis zu bestimmen. Durch den Verweis auf die BFH-Rechtsprechung zur vGA bzw. durch die Bestimmung des Begriffs des gleichgerichteten Interesses im Rahmen des BMF-Schreibens, eröffnet § 8c KStG ein erhebliches Streitpotential[1109].

Sec. 382 IRC liegt eine übertragungsbezogene Betrachtungsweise zugrunde. Anteilsübertragungen einer Verlustgesellschaft, die innerhalb eines Zeitraums von drei Jahren erfolgen, werden zusammengerechnet. Ausgenommen davon sind Anteilsübertragungen zwischen Verwandten gerader Linie. Verändert sich innerhalb dieses Zeitraums die Beteiligungsquote an der Verlustgesellschaft insgesamt zu mehr als 50 Prozentpunkten, wird die Verlustnutzung der Gesellschaft eingeschränkt. Für diese Berechnung werden Anteilsübertragungen innerhalb einer Gruppe geringfügig Beteiligter (weniger als 5%) ausgeklammert.

Eine derartige übertragungsbezogene Betrachtungsweise ist weniger streitanfällig und daher insgesamt überzeugender. Anteilsübertragungen innerhalb eines Übertragungszeitraums werden addiert. Die im US-amerikanischen Steuerrecht bestehende 5%-Regelung, wonach Anteilsübertragungen auf Gesellschafter, die weniger als 5% der Anteile einer Gesellschaft halten, nicht steuerschädlich sind[1110], führt zwar zu einer Vereinfachung der Norm. Gleichzeitig wird aber die Vorschrift durch einige Ausnahmen der 5%-Regelung, z.B. durch die *segregation rule* gemäß Sec. 382 (g)(4)(B)(i) und 382 (g)(4)(C) IRC[1111], verkompliziert. Aus diesem Grund sollte im Rahmen einer Mantelkaufregelung auf eine ähnliche Ausnahmeregelung verzichtet werden.

1108 Vgl. oben 2. Teil, C. II. 2. c) bb) und cc).
1109 Vgl. zu den Begriffsbestimmungen oben 2. Teil, C. II. c) bb) und cc).
1110 Vgl. oben 3. Teil, C. II. 1. b) aa) (1).
1111 Vgl. oben 3. Teil, C. II. 1. b) aa) (1) (b).

ee) Zeitraum

Die Rechtsordnungen unterscheiden sich des Weiteren in dem Zeitraum, der bei einem gestuften Anteilserwerb bzw. bei einer gestuften Anteilsübertragung maßgeblich ist. Gemäß Sec. 382 IRC ist bei einem gestuften Anteilseignerwechsel ein Dreijahreszeitraum für die Beurteilung maßgeblich, ob sich die Beteiligungsquote an der Verlustgesellschaft zu mehr als 50 Prozentpunkten verändert hat. Dabei regelt Sec. 382 (i)(3) IRC ausdrücklich, dass dieser Zeitraum nur in einem Jahr beginnen kann, in dem die Gesellschaft entweder über Verlustvorträge verfügte oder in dem sie Verluste erwirtschaftet hat[1112].

Hingegen werden gemäß § 8c Abs. 1 KStG alle Anteilserwerbe einer Person innerhalb eines Zeitraums von fünf Jahren zusammengerechnet.

Die Länge des Übertragungszeitraums muss davon abhängig sein, ob einer Mantelkaufregelung eine personen- oder übertragungsbezogene Betrachtungsweise zugrunde liegt. Da durch eine übertragungsbezogene Betrachtungsweise häufiger ein schädlicher Beteiligungserwerb eintritt als bei einer personenbezogenen Betrachtungsweise, sollte der Übertragungszeitraum auch kürzer bemessen sein.

Für gestufte Anteilserwerbe bei einer übertragungsbezogenen Betrachtungsweise ist der Dreijahreszeitraum, den das US-amerikanische Recht vorsieht, sachgerecht. Dadurch wird die Wahrscheinlichkeit verhindert, dass Anteilserwerbe von Minderheitsgesellschaftern zu einer Beschränkung des Verlustabzuges führen. Insofern kann das US-amerikanische Steuerrecht, welches einen dreijährigen Betrachtungszeitraum vorsieht, überzeugen.

b) Zwischenergebnis

Der Anwendungsbereich der Sec. 382 IRC ist wesentlich enger als der des § 8c KStG, wodurch Gestaltungen, durch die neue Anteilseigner die Möglichkeit erhalten, auf eine Verlustgesellschaft beherrschenden Einfluss zu nehmen, zielgenauer erfasst werden.

Im Rahmen einer Mantelkaufregelung sollte es – wie es Sec. 382 IRC vorsieht – nur auf die Übertragung von stimmberechtigten Gesellschaftsanteilen ankommen, da ein Erwerber nur durch diese die Möglichkeit erhält, auf eine Verlustgesellschaft einzuwirken, um sich die vorhandenen Verluste steuerlich zu Nutze zu machen. Dabei sollten nur rechtsgeschäftliche und nicht rechtsgeschäftliche Übertragungen der stimmberechtigten Gesellschaftsanteile zu einer Veränderung der Beteiligungsverhältnisse führen können, nicht jedoch – wie es § 8c KStG vorsieht – damit vergleichbare Sachverhalte. Zwar erfasst auch Sec. 382 IRC

1112 Vgl. oben 3. Teil, C. II. 1. b) bb).

jede mittelbare Anteilsübertragung, jedoch sieht das US-amerikanische Steuerrecht gemäß Sec. 1501 ff. IRC eine umfassende Konzernbesteuerung vor. Für die Verlustnutzungsbeschränkung bedeutet dies, dass Sec. 382 IRC nur Anwendung findet, wenn ein Anteilseignerwechsel auf Ebene der Konzernmuttergesellschaft eintritt. Derartige Konzernvorschriften kennt das deutsche Steuerrecht nicht. Eine Konzernklausel im Rahmen des § 8c KStG wäre sehr verwaltungsaufwändig. Überzeugender ist es daher, insgesamt die mittelbaren Anteilsübertragungen aus dem Anwendungsbereich einer Mantelkaufregelung herauszunehmen.

Zudem kann im Rahmen des § 8c KStG nicht überzeugen, dass bereits jede Übertragung von mehr als 25% der Gesellschaftsanteile zu einem schädlichen Beteiligungserwerb führt. Ein Minderheitsgesellschafter kann die Willensbildung einer Verlustgesellschaft nicht entscheidend beeinflussen. Eine Mantelkaufregelung darf die Verlustnutzung vielmehr – entsprechend Sec. 382 IRC – nur an eine Veränderung der Mehrheitsverhältnisse einer Verlustgesellschaft anknüpfen.

2. *Anknüpfung an den Unternehmensgegenstand*

Der deutsche Gesetzgeber hat im Rahmen des § 8c Abs. 1 KStG auf eine sachliche Komponente in Form eines Aktivitätsvorbehalts verzichtet. Die Verluste einer Körperschaft gehen allein infolge eines Anteilseignerwechsels verloren. Ob die neuen Anteilseigner den Geschäftsbetrieb einer Verlustgesellschaft unverändert fortführen, spielt bei § 8c Abs. 1 KStG keine Rolle.

Schon im 2. Teil wurde dargestellt, dass für die Verlustnutzung von Körperschaften der Verzicht des deutschen Gesetzgebers auf die Unternehmensidentität und das alleinige Abstellen auf die Beteiligungsverhältnisse der Verlustgesellschaft nicht überzeugen kann[1113]. Eine solche Systematik ignoriert die zivilrechtliche Trennung zwischen Gesellschaft und Anteilseignern vollständig und orientiert sich nicht an einem typisch missbräuchlichen Fall[1114]. Ein Anteilseigner, der zwar mehr als die Hälfte aller stimmberechtigten Anteile einer Verlustgesellschaft erwirbt, jedoch den ursprünglichen Unternehmensgegenstand unverändert fortführt, handelt im Regelfall nicht missbräuchlich[1115].

Sec. 382 IRC knüpft die Verlustnutzung von Gesellschaften partiell an das sachliche Substrat der Gesellschaft an. Die Verluste einer Gesellschaft gehen nur vollständig verloren, wenn die Gesellschaft ihren Geschäftsbetrieb nicht mindestens für zwei Jahre ab dem Anteilseignerwechsel aufrechterhält. Für die Fortführung des Geschäftsbetriebs reicht es aus, wenn mindestens ein bedeutender Ge-

---

1113 Vgl. oben 2. Teil, C. I. 2. b).

1114 Vgl. oben 2. Teil, C. III. 1. b) (bb) und 2. Teil, C. III. 2. b).

1115 Vgl. *Breinersdorfer*, StuW 2008, 216 (223).

schäftszweig aufrechterhalten wird[1116]. Im Gegensatz zu § 8c Abs. 1 S. 2 KStG, wonach die Verluste einer Gesellschaft bereits vollständig verloren gehen, sobald mehr als 50% ihrer Gesellschaftsanteile übertragen werden, macht Sec. 382 IRC den vollständigen Verlustuntergang zusätzlich von der Nicht-Fortführung des Geschäftsbetriebs der Verlustgesellschaft abhängig.

Allerdings sieht auch das US-amerikanische Steuerrecht eine Beschränkung der Verlustnutzung von Körperschaften vor, wenn der Geschäftsbetrieb über einen Zeitraum von zwei Jahren fortgeführt wird. Dabei gehen die Verluste nicht wie gemäß § 8c Abs. 1 S. 1 KStG anteilig verloren, sondern werden – entsprechend der deutschen Mindestbesteuerung – zeitlich gestreckt. Die jährliche Begrenzung des Verlustabzuges errechnet sich aus dem Produkt des Unternehmenswertes unmittelbar vor der Anteilsübertragung und dem Zinssatz für steuerfreie Schuldverschreibungen (*long-term tax-exempt rate*)[1117].

Wacke[1118] möchte diese Begrenzung des jährlich zur Verfügung stehenden Verlustabzuges, sobald ein schädlicher Anteilseignerwechsel vorliegt und der Geschäftsbetrieb der Verlustgesellschaft über zwei Jahre fortgeführt wird, auf das deutsche Recht übertragen. Die jährliche Beschränkung errechne sich u.a. aus dem Unternehmenswert zum Zeitpunkt des Anteilseignerwechsels, so dass das sachliche Substrat der Gesellschaft auch hier Beachtung finde[1119].

Diese Ansicht kann nicht überzeugen, da ein typisch missbräuchlicher Fall nur dann angenommen werden kann, wenn sich auch der Unternehmensgegenstand einer Verlustgesellschaft verändert. Sec. 382 IRC führt jedoch zu einer (zeitlichen) Beschränkung der Verlustnutzung von Körperschaften, obwohl der Geschäftsbetrieb der Verlustkörperschaft fortgeführt wird. Mit dem zivilrechtlichen Trennungsprinzip ist eine – wenn auch nur zeitliche – Einschränkung der Verlustnutzung aufgrund eines Anteilseignerwechsels nicht vereinbar. Zudem stände eine derartige Regelung im deutschen Steuerrecht mit der derzeit bestehenden Mindestbesteuerung gemäß § 10d Abs. 2 EStG in Konflikt. Denn durch die Mindestbesteuerung ist die Verlustnutzung auch von Körperschaften bereits jährlich erheblich eingeschränkt[1120]. Würde zusätzlich eine zeitliche Streckung der Verlustnutzung eintreten, sobald ein Beteiligungswechsel bei einer Körperschaft vorliegt, würden kleine Unternehmen, die unter der Freigrenze des § 10d Abs. 2 EStG liegen, im Verhältnis stärker von der „Mantelkaufregelung" belastet werden als Unternehmen, die über einen Verlustvortrag von mehr als 1 Mio. EUR verfügen.

1116 Vgl. 3. Teil, C. II. 1. c) aa).
1117 Vgl. 3. Teil, C. II. 1. c) bb).
1118 Vgl. *Wacke*, S. 245 f.
1119 *Wacke*, S. 245.
1120 Vgl. 1. Teil, A. II. 2. b) bb).

Eine Regelung, die den missbräuchlichen Fall des Mantelkaufs zielgenau typisierend erfasst, sollte die Verlustnutzung einer Körperschaft vollständig versagen, sobald eine missbräuchliche Gestaltung – also eine Veränderung des persönlichen und sachlichen Substrats einer Verlustgesellschaft – vorliegt. Insofern ist Sec. 382 IRC, die die Verlustnutzung einer Körperschaft vollständig versagt, wenn ihr Geschäftsbetrieb nicht mindestens zwei weitere Jahre durch die neuen Anteilseigner fortgeführt wird, begrüßenswert.

Liegt hingegen nur ein Beteiligungswechsel an der Verlustgesellschaft vor, sollte eine Körperschaft ihre Verluste – entsprechend dem objektiven Nettoprinzip – vollständig[1121] nutzen dürfen. Solange die Unternehmensidentität einer Verlustgesellschaft gewahrt bleibt, also ihr Geschäftsbetrieb fortgeführt wird, liegt kein typischer Missbrauchsfall vor. Eine zeitliche Streckung der Verlustnutzung nach dem US-amerikanischen Steuerrecht und der Untergang der vorhandenen Verluste gemäß § 8c Abs. 1 KStG sind daher abzulehnen.

II. Übergang der Verluste

Mit Sec. 381 IRC enthält das US-amerikanische Gesetz eine Regelung, wonach die Verluste einer Gesellschaft im Rahmen von Umstrukturierungen auf eine andere Gesellschaft übergehen können. Liegen die Voraussetzungen einer Verschmelzung oder einer Typ C, D, F oder G Umstrukturierung[1122] vor, gehen die Verluste der übertragenden Gesellschaft auf die übernehmende Gesellschaft über, sobald der Geschäftsbetrieb der übertragenden Gesellschaft durch die übernehmende Gesellschaft fortgeführt wird und die Anteilseigner der Zielgesellschaft Anteile an der übertragenden Gesellschaft erhalten[1123]. Sec. 381 IRC stellt also eine Ausnahme dazu dar, dass für die Verlustnutzung von Körperschaften grundsätzlich ihre rechtliche Identität erforderlich ist[1124].

Bis Ende 2006 bestand mit § 12 Abs. 3 S. 2 UmwStG auch im deutschen Steuerrecht eine Vorschrift, wonach die Verluste einer übertragenden Kapitalgesellschaft auf die übernehmende Kapitalgesellschaft im Falle einer Verschmelzung übergehen. Diese Vorschrift wurde im Rahmen des SEStEG ersatzlos gestrichen[1125]. Nach dem deutschen Recht muss nunmehr die verlustnutzende Körperschaft stets

---

1121 Ggfs. unter Beachtung der Mindestbesteuerung gemäß § 10d Abs. 2 EStG.

1122 Vgl. oben 3. Teil, C. I. 1. b) bb).

1123 Vgl. ausführlich dazu oben 3. Teil, C. I.

1124 Vgl. *McDaniel/McMahon/Simmons*, Federal Income Taxation of Corporations, S. 736.

1125 Gesetz über steuerliche Begleitmaßnahmen zur Einführung der Europäischen Gesellschaft und Änderung weiterer steuerrechtlicher Vorschriften vom 7.12.2006, BGBl. I 2006, 2782.

mit der Körperschaft rechtlich identisch sein, die den Verlust erwirtschaftet hat. Der Übergang der Verluste einer Gesellschaft auf eine andere Gesellschaft ist hingegen nicht (mehr) möglich.

Die Streichung des § 12 Abs. 3 S. 2 UmwStG ist in der Literatur wiederholt auf Kritik gestoßen[1126]. Die Abschaffung dieser Regelung sei steuerpolitisch fragwürdig. Die Begründung des Gesetzgebers, § 12 Abs. 3 S. 2 UmwStG führe zu dem Risiko des Imports ausländischer steuerlicher Verlustvorträge durch die Möglichkeit der Hereinverschmelzung, könne nicht überzeugen. Aus diesem Grund hat ein Teil der Literatur sich für eine Beibehaltung des § 12 Abs. 3 S. 2 UmwStG ausgesprochen[1127].

§ 12 Abs. 3 S. 2 UmwStG war wirtschafts- und steuerpolitisch zwar sinnvoll, da die Vorschrift Umstrukturierungen steuerlich erleichterte. Die Abschaffung der Vorschrift war jedoch steuersystematisch vertretbar. Im Zusammenhang mit der Vererbbarkeit von Verlustvorträgen hat der Große Senat des BFH jüngst entschieden, dass negative Einkünfte unlösbar mit der Person des Einkünftebeziehers verbundene Besteuerungsgrundlagen verkörpern[1128]. Sie mindern die wirtschaftliche Leistungsfähigkeit des Einzelnen und seien daher personenbezogen zu behandeln. Diese Grundsätze können auch auf das Körperschaftsteuerrecht übertragen werden. Denn bei der Körperschaftsteuer handelt es sich um eine Personensteuer, die die im Einkommen sich wiedergebende wirtschaftliche Leistungsfähigkeit von juristischen Personen erfasst[1129]. Auch im Körperschaftsteuerrecht herrschen die Prinzipien der Individualbesteuerung und der Besteuerung nach der wirtschaftlichen Leistungsfähigkeit[1130]. Stellen Verluste höchstpersönliche Rechte dar, die personenbezogen zu behandeln sind, ist es jedenfalls steuersystematisch vertretbar, die Übertragung von Verlusten eines Rechtsträgers auf einen anderen Rechtsträgers grundsätzlich abzulehnen.

Eine der Sec. 381 IRC entsprechende Regelung, wonach im Falle von Umstrukturierungen die Verluste einer Körperschaft auf einen andere Körperschaft übergehen, würde zwar im deutschen Recht eine erhebliche Erleichterung wirtschaftlich sinnvoller Umstrukturierungen darstellen und wäre daher wirtschaftspolitisch begrüßenswert. In steuersystematischer Hinsicht ist eine solche Rege-

---

1126 Vgl. z.B. *Rödder* in: Rödder/Herlinghaus/Van Lishaut, UmwStG, § 12 Rn. 107; *Montag* in: Tipke/Lang, Steuerrecht, § 18 Rn. 469 Fn. 458; *Maiterth/Müller*, DStR 2006, 1861 ff., die allerdings einen betriebswirtschaftlichen Ansatz vertreten, wonach dem Körperschaftsteuerrecht nicht das zivilrechtliche Trennungsprinzip zugrunde liegt.

1127 Z.B. *Rödder* in: Rödder/Herlinghaus/Van Lishaut, UmwStG, § 12 Rn. 107 Fn. 2.

1128 Gr. Senat des BFH v. 17.12.2007, GrS 2/04, DStR 2008, 545 ff.

1129 Vgl. 1. Teil, B. I.

1130 *Hey* in: Gedächtnisschrift für Trzaskalik, 2005, S. 219 (223).

lung jedoch nicht zwingend, da auch im Körperschaftsteuerrecht das Individualsteuerprinzip Geltung hat. Besteht zwischen der verlustverursachenden und der verlustnutzenden Körperschaft keine rechtliche Identität, ist ein Verlustübergang vor dem Hintergrund der Besteuerung der individuellen Leistungsfähigkeit verfassungsrechtlich nicht erforderlich.

B. Ergebnis des Rechtsvergleichs

Körperschaften dürfen grundsätzlich die Verluste steuerlich geltend machen, die sie selbst erwirtschaftet haben. Aus diesem Grund ist es steuersystematisch vertretbar, dass das deutsche Recht keine der Sec. 381 IRC vergleichbare Regelung (mehr) enthält. Nach den im deutschen Körperschafsteuerrecht geltenden Prinzipien der Individualbesteuerung sowie der Besteuerung nach der wirtschaftlichen Leistungsfähigkeit ist die rechtliche Identität zwischen der verlustverursachenden und der verlustnutzenden Körperschaft Grundvoraussetzung für die Verlustnutzung. Eine Ausnahme dieses Grundsatzes im Rahmen von Umstrukturierungen mag zwar steuerpolitisch wünschenswert, jedoch nicht zwingend geboten sein.

Wird die Verlustnutzung von Körperschaften eingeschränkt, bedarf diese Einschränkung des objektiven Nettoprinzips eines sachlich rechtfertigenden Grundes. Eine die Verlustnutzung von Körperschaften einschränkende Mantelkaufvorschrift kann nur dann verfassungsrechtlich gerechtfertigt sein, wenn sie missbräuchliche Gestaltungen zielgenau erfasst. Von einem missbräuchlichen Mantelkauf kann typischerweise nur gesprochen werden, wenn sich die Beteiligungsverhältnisse einer Verlustgesellschaft wesentlich verändern und der ursprüngliche Geschäftsbetrieb der Verlustgesellschaft nicht fortgeführt wird.

Diesen Erfordernissen werden weder § 8c KStG noch Sec. 382 IRC ausreichend gerecht. In beiden Rechtsordnungen knüpft die Verlustnutzung von Körperschaften ausschließlich bzw. überwiegend an eine Veränderung der Beteiligungsverhältnisse der Verlustkörperschaft an. Dabei ist der Anwendungsbereich der Sec. 382 IRC im Vergleich mit § 8c KStG zwar wesentlich enger, indem nur eine Veränderung von mehr als 50 Prozentpunkten der stimmberechtigten Gesellschaftsanteile zu einer gestreckten Verlustnutzung führt. Für die Veränderung des persönlichen Substrats einer Verlustgesellschaft kommt Sec. 382 daher dem Erfordernis, dass neue Anteilseigner beherrschenden Einfluss auf die Verlustgesellschaft ausüben und auf diese Weise die Verlustnutzung der Gesellschaft beeinflussen können, wesentlich näher. Jedoch führt auch nach dem US-amerikanischen Steuerrecht allein eine Veränderung der Beteiligungsverhältnisse einer Verlustgesellschaft zu einer Einschränkung der Verlustnutzung. Die Verluste einer Körperschaft gehen zwar nur vollständig verloren, wenn der Geschäftsbetrieb der Körperschaft nicht fortgeführt wird; allerdings hat allein eine Veränderung der Beteiligungsverhältnisse eine zeitliche Streckung der Verlustnutzung zur Folge, wenn der Geschäftsbetrieb aufrechterhalten wird. Auch Sec. 382 IRC schränkt also die Verlustnutzung von Körperschaften ein, wenn kein missbräuchlicher Mantelkauf vorliegt.

Im Ergebnis ist Sec. 382 IRC in seinen Wirkungen zwar nicht so weitgehend wie § 8c KStG und erfasst partiell den Mantelkauf zielgenauer als § 8c KStG. Indem Sec. 382 IRC jedoch zu einer Verlustnutzungsbeschränkung infolge eines Anteilseignerwechsels führt, geht auch Sec. 382 IRC über den Missbrauchsvermeidungszweck hinaus.

Zusammenfassung der Arbeit in Thesen

1. § 8c KStG macht die Verlustnutzung von Körperschaften nicht mehr von ihrer wirtschaftlichen Identität abhängig.
   Die wirtschaftliche Identität einer Gesellschaft verändert sich nicht infolge eines Anteilseignerwechsels. Die in der Gesetzesbegründung vertretene Ansicht, dass sich die wirtschaftliche Identität einer Verlustgesellschaft durch das wirtschaftliche Engagement eines anderen Anteilseigners verändert, verstößt gegen das zivilrechtliche Trennungsprinzip, welches dem System der Körperschaftsteuer zugrunde liegt. Eine Veränderung der Beteiligungsstruktur einer Verlustgesellschaft hat keine Auswirkung auf die rechtliche Identität der Gesellschaft. Wenn ein Anteilseignerwechsel allein nicht zu einer Veränderung der rechtlichen Identität der Gesellschaft führen kann, kann er auch allein nicht die wirtschaftliche Identität der Gesellschaft verändern.
2. § 8c KStG ist verfassungswidrig.
   § 8c KStG durchbricht das objektive Nettoprinzip, indem Verluste einer Körperschaft verloren gehen, sobald mehr als 25% des gezeichneten Kapitals oder der Mitgliedschafts-, Beteiligungs- oder Stimmrechte auf einen Erwerber mittelbar oder unmittelbar übertragen werden. Körperschaften können durch § 8c KStG ihre Verluste nicht mehr steuerlich geltend machen, selbst wenn sie tatsächlich wirtschaftlich durch diese belastet sind. Unabhängig davon, ob dem objektiven Nettoprinzip selbst Verfassungsrang zukommt, oder ob es als Grundentscheidung des einfachen Gesetzgebers folgerichtig umgesetzt werden muss, ist für diese Durchbrechung des objektiven Nettoprinzips ein besonderer sachlich rechtfertigender Grund erforderlich, der dem § 8c KStG nicht zu entnehmen ist. Als eine rein fiskalisch motivierte Vorschrift dient § 8c KStG nicht der Missbrauchsvermeidung, sondern allein der Einnahmeerzielung. Dieses rein fiskalische Motiv kann einen Verstoß gegen das objektive Nettoprinzip nicht rechtfertigen.
3. Gegen § 8c KStG bestehen erhebliche wirtschaftspolitische Bedenken.
   § 8c KStG hat zur Folge, dass jede Übertragung von Gesellschaftsanteilen oder Stimmrechten auf unmittelbarer oder mittelbarer Gesellschaftsebene zu einem Untergang der vorhandenen Verluste führen kann. Die Vorschrift kann dadurch wirtschaftlich sinnvolle Maßnahmen behindern und führt zu einem Verlust an unternehmerischer Beweglichkeit. Zudem enthält die Vorschrift keine Ausnahme für Unternehmenssanierungen, sondern der Steuerpflichtige

wird durch den Sanierungserlass, dessen Rechtsgrundlage zudem angezweifelt wird, auf den Billigkeitsweg verwiesen.

4. Den US-amerikanischen Regelungen kommt keine Vorbildwirkung für eine verfassungsgemäße Regelung der steuerlichen Verlustnutzungsbeschränkung im Zusammenhang mit Anteilseignerwechseln zu.
   Auch nach dem US-amerikanischen Steuerrecht wird die Verlustnutzung von Körperschaften bei einem Anteilseignerwechsel beschränkt. Allerdings gehen die Verluste dort nicht verloren, sondern werden nur – wie bei der deutschen Mindestbesteuerung – bei der Fortführung des Geschäftsbetriebes zeitlich gestreckt. Zudem greift die US-amerikanische Vorschrift erst bei einem Wechsel der Mehrheit der Gesellschafter und nicht, wie bei § 8c KStG, bereits bei einem Anteilserwerb von mehr als 25% ein.
   Das US-amerikanische Steuerrecht geht in seinen Wirkungen zwar nicht so weit wie § 8c KStG, jedoch machen auch die US-Regelungen die Verlustnutzung von der Veränderung der Beteiligungsverhältnisse abhängig. Eine Verlustnutzungsbeschränkung allein infolge eines Anteilseignerwechsels ist im deutschen Recht nicht mit dem zivilrechtlichen Trennungsprinzip vereinbar und führt zu einem Verfassungsverstoß. Den US-amerikanischen Regelungen kommt daher keine Vorbildwirkung für eine verfassungsgemäße, die Verlustnutzung von Körperschaften einschränkende Regelung im Zusammenhang mit einem Anteilseignerwechsel zu.
5. Eine verfassungsgemäße Mantelkaufvorschrift muss die Beschränkung der Verlustnutzung von Körperschaften zusätzlich an die Veränderung des Unternehmensgegenstandes anknüpfen.
   Im Rahmen einer Mantelkaufvorschrift dürfen die Verluste einer Körperschaft nur verloren gehen, wenn sich zum einen ihre Beteiligungsverhältnisse wesentlich verändern und zum anderen der Unternehmensgegenstand der Gesellschaft nicht im Wesentlichen fortgeführt wird. Eine wesentliche Veränderung der Beteiligungsverhältnisse einer Körperschaft kann nur angenommen werden, wenn die neuen Anteilseigner beherrschenden Einfluss auf die Körperschaft erhalten. Eine Veränderung des Unternehmensgegenstandes ist gegeben, wenn der ursprüngliche Geschäftsbetrieb nicht oder nicht im ausreichenden Umfang fortgeführt wird. Eine Regelung, wonach die Verluste einer Körperschaft allein infolge eines Anteilseignerwechsels verloren gehen, stellt hingegen keine Typisierung eines missbräuchlichen Falls dar und kann vor dem Hintergrund des objektiven Nettoprinzips verfassungsrechtlich nicht bestehen.

Fazit und Ausblick

§ 8c KStG schränkt die Verlustnutzung von Körperschaften erheblich ein und stellt eine Durchbrechung des objektiven Nettoprinzips dar. Der Gesetzgeber hat eine rein fiskalisch motivierte Verlustvernichtungsregelung für Körperschaften geschaffen.

Im Zusammenhang mit Beteiligungserwerben von Wagniskapitalbeteiligungsgesellschaften bzw. dem Finanzmarktstabilisierungfonds versuchte der Gesetzgeber ursprünglich, dem weiten Anwendungsbereich des § 8c Abs. 1 KStG einzuschränken. Nunmehr wirkt der Gesetzgeber der ungerechten Besteuerung des § 8c KStG durch weitere Ausnahmeregelungen in Form einer Sanierungs- und Konzernklausel entgegen. Dies zeigt zum einen, dass für die Vereinfachungszwecke, die der Gesetzgeber als Grund für § 8c KStG anführt, die radikale Lösung der Vorschrift ungeeignet ist. Zum anderen schafft der Gesetzgeber dadurch weitere Ungleichbehandlungen und damit Streitpotential.

Anstatt eine radikale Verlustvernichtungsregelung zu schaffen, deren Anwendungsbereich durch Ausnahmefällen eingeschränkt wird, hätte der Gesetzgeber die Verlustnutzung von Körperschaften – entsprechend dem objektiven Nettoprinzip – besser zielgenau bei Vorliegen missbräuchlicher Mantelkäufe einschränken sollen. Für eine derartige zielgenaue Erfassung ist § 8c KStG, der die Verlustnutzung einer Körperschaft allein an eine Veränderung ihrer Beteiligungsverhältnisse anknüpft, gänzlich ungeeignet.

Es bleibt abzuwarten, wie die Finanzverwaltung und die Gerichte auf den sehr weiten Anwendungsbereich des § 8c KStG reagieren werden. Da in der Literatur § 8c KStG fast einhellig als verfassungsrechtlich bedenklich eingestuft wird und das BMF-Schreiben zu § 8c KStG den Anwendungsbereich der Vorschrift nicht weiter einschränkt, ist mit eine Flut von Einspruchs- und Klageverfahren zu rechnen. Es ist daher nur eine Frage der Zeit, bis sich das BVerfG mit § 8c KStG befassen wird. Hält das BVerfG § 8c KStG für verfassungswidrig, muss bezweifelt werden, ob der Gesetzgeber sein Ziel, mit § 8c KStG Mehreinnahmen in Höhe von 1,475 Mrd. EUR zu erzielen, verwirklichen kann. Insoweit wird sich zeigen, ob der Gesetzgeber nicht besser beraten gewesen wäre, an § 8 Abs. 4 KStG festzuhalten bzw. als Nachfolgevorschrift weiterhin eine verfassungsgemäße Missbrauchsvermeidungsnorm zu schaffen.

Bochumer Schriften zum Steuerrecht

Herausgegeben von Roman Seer

Band 1 Roman Seer / Burkhard Kämper (Hrsg.): Bochumer Kirchensteuertag. Grundlagen, Gestaltung und Zukunft der Kirchensteuer. 2004.

Band 2 Roman Seer (Hrsg.): Bochumer Lohnsteuertag. Die Lohnsteuer im Spannungsfeld zwischen Unternehmerfreiheit und Fiskalinteresse. 2005.

Band 3 Frank-André Mönkemöller: Die Zurechnung der Überschusseinkünfte bei Personengesellschaften. 2005.

Band 4 Kai Thulfaut: Die Besteuerung international tätiger Anwaltssozietäten. 2005.

Band 5 Jens Hoffmann: Die Besteuerung von Kapitalgesellschaften und ihren Anteilseignern in Irland im Vergleich zu Deutschland. Zugleich ein Beitrag zu den Grenzen des Steuerwettbewerbs in der Europäischen Union. 2005.

Band 6 Theresa Franz: Körperschaftsteuerliche Behandlung der grenzüberschreitenden Betätigung von Kapitalgesellschaften innerhalb der EG. Eine Betrachtung unter Berücksichtigung der Rechtsprechung des EuGH, der geplanten 14. gesellschaftsrechtlichen Richtlinie und der Societas Europaea. 2006.

Band 7 Jan Michaelis: Die territoriale Zuordnung von Beteiligungsaufwand im Europäischen Unternehmenssteuerrecht. Zugleich zur Verfassungsmäßigkeit des § 8b Abs. 5 KStG in der Fassung des ProtErklG. 2006.

Band 8 Hans Anders: Die Überschussrechnung nach § 4 Abs. 3 EStG im System der steuerlichen Einkünfteermittlung. 2007.

Band 9 Björn Kahler: Die Freistellungsmethode in deutschen Doppelbesteuerungsabkommen und ihre Vereinbarkeit mit dem EG-Vertrag. Betrachtung der Freistellungsmethode in deutschen Doppelbesteuerungsabkommen, Untersuchung ihrer Folgen im Ertragsteuerrecht und Prüfung ihrer Vereinbarkeit mit dem EG-Vertrag. 2007.

Band 10 Lars Rehfeld: Die Vereinbarkeit des Außensteuergesetzes mit den Grundfreiheiten des EG-Vertrags. 2008.

Band 11 Heike Rüping: Die Umsatzsteuer-Nachschau nach § 27b UStG. 2008.

Band 12 Marius Frederik Schumann: Das Dispensverfahren im europäischen Mehrwertsteuerrecht. Grenzen nationaler Alleingänge nach Art. 395 der Mehrwertsteuersystemrichtlinie in der Betrugsbekämpfung. 2008.

Band 13 Daniela Zuschlag: Die pauschalierte Gewerbesteueranrechnung nach § 35 EStG. 2009.

Band 14 Napoleão Dagnese: Verrechnungspreise und die Aufzeichnungspflicht im brasilianischen und deutschen Steuerrecht. 2009.

Band 15 Marcel Krumm: Steuervollzug und formelle Insolvenz. 2009.

Band 16 Martin Karl Plappert: Gemeinnützigkeits- und Spendenrecht: Ein steuersystematischer Rechtsvergleich zwischen den USA und Deutschland. 2009.

Band 17 Karina Grundmann: Das Recht auf Akteneinsicht im Besteuerungsverfahren. 2009.

Band 18 Claus Möllenbeck: Das Verhältnis der EG-Amtshilfe zu den erweiterten Mitwirkungspflichten bei internationalen Steuerfällen. 2010.

Band 19 Sibyl Tanja Rieper: Steuerverfehlungen als Tatbestandsmerkmale von AO-Vorschriften. 2010.

Band 20 Kristina Frankus: Die Verlustverrechnung von Körperschaften nach § 8 Abs. 4 KStG, § 8c KStG im Rechtsvergleich mit dem US-amerikanischen Steuerrecht. 2010.

www.peterlang.de

For the avoidance of doubt, input of the whole or any part of this publication into any generative artificial intelligence model, chatbot, program, software or technology is expressly prohibited without the prior written consent of the publisher.